CONVERSAS

CONVERSAS

GRACILIANO RAMOS

ORGANIZAÇÃO
THIAGO MIO SALLA
E **IEDA LEBENSZTAYN**

1ª edição

EDITORA RECORD
RIO DE JANEIRO • SÃO PAULO
2014

CIP-BRASIL. CATALOGAÇÃO NA PUBLICAÇÃO
SINDICATO NACIONAL DOS EDITORES DE LIVROS, RJ

Ramos, Graciliano, 1892-1953

R143c   Conversas / Graciliano Ramos; organização Thiago Mio
Salla, Ieda Lebensztayn. – 1. ed. – Rio de Janeiro: Record,
2014.

ISBN 978-85-01-40433-6

1. Ramos, Graciliano, 1892-1953. 2. Escritores brasileiros – Entrevistas. I. Salla, Thiago Mio. II. Lebensztayn, Ieda.
III. Título.

14-14843   CDD: 928.69
                                      CDU: 929:821.134.3(81)

Agradecemos a Sebastião Nery e aos herdeiros de Aurélio Buarque de Holanda, Brito Broca, Carlos Castelo Branco, Castro Soromenho, Dalcídio Jurandir, Edmar Morel, Francisco de Assis Barbosa, Homero Senna, José Condé, Joel Silveira, José Guilherme Mendes, Newton Rodrigues, Paulo de Medeiros e Albuquerque, Paulo Mendes Campos, Ruy Facó e Ricardo Ramos pela gentil autorização de publicação dos depoimentos e das entrevistas reunidos neste livro.

Texto revisado segundo o novo Acordo Ortográfico da Língua Portuguesa.

Editoração eletrônica: Abreu's System

Direitos exclusivos desta edição reservados pela
EDITORA RECORD LTDA.
Rua Argentina, 171 – Rio de Janeiro, RJ – 20921-380 – Tel.: 2585-2000,
que se reserva a propriedade literária desta tradução.

Impresso no Brasil

EDITORA AFILIADA

ISBN 978-85-01-40433-6

Seja um leitor preferencial Record.
Cadastre-se e receba informações sobre nossos lançamentos e nossas promoções.

Atendimento e venda direta ao leitor:
mdireto@record.com.br ou (21) 2585-2002.

[...] *Desejo de ir além das aparências, tentar descobrir nas pessoas qualquer coisa imperceptível aos sentidos comuns. Compreensão de que as diferenças não constituem razão para nos afastarmos, nos odiarmos. Certeza de que não estamos certos, aptidão para enxergarmos pedaços de verdades nos absurdos mais claros. Necessidade de compreender, e se isto é impossível, a pura aceitação do pensamento alheio.*

— Não concordo com as suas ideias, mas respeito-as. [...].

Graciliano Ramos, *Memórias do cárcere*, v. I, capítulo 11

Sumário

ENQUETES E DEPOIMENTOS

CAUSOS

VIDA E OBRA DE GRACILIANO RAMOS

Prefácio

IEDA LEBENSZTAYN E THIAGO MIO SALLA

**onversas com Graciliano Ramos: calado e prosador do inferno**

Falar. No princípio era o verbo *fabular*, do latim *fabulare*. Compreende-se: *falar* é expressar(-se) por meio de palavras, e também criar imagens, inventar histórias, revelar, fazer(-se) entender. E falar com o outro, trocar ideias, ou seja, *conversar* tem em sua etimologia os sentidos de *voltar a um lugar, frequentá-lo* e, portanto, *conviver*.

Nesse arco de vitalidade e sombras entre *falar, fabular, conversar* e *conviver* delineia-se o propósito deste livro. A ideia é reunir falas de Graciliano Ramos, cujo cenário em geral é a Livraria José Olympio, ponto de convívio de diversos intelectuais nos anos 1930 e 1940. Trata-se de um conjunto disperso em vários periódicos e livros: respostas a entrevistas e a enquetes da imprensa, além dos diálogos que compõem causos, em que figuram o romancista e outros intelectuais conhecidos do público. As *Conversas* possibilitam relativizar a imagem de Graciliano como homem tão só calado, avesso a bate-papos, e perceber a dimensão crítica de seus silêncios e das palavras que proferiu, a que não faltavam agudez, humor, afabilidade.

Calado e falante singular: assim Graciliano se revela, em especial numa das enquetes ora coligidas, que se voltava para crianças mas incluiu também a perspectiva de adultos. O *Observador Econômico e Financeiro* inquiriu, em 1938, qual o brinquedo preferido do menino Graciliano e como decidiu sua vocação. Única, a resposta sobressai. O brinquedo permitido àquele menino, a quem todos convenceram de ser inepto, foi "ler romance". E sua vocação, a voz que o chamava, dando-lhe a possibilidade de falar, e logo de falar a sua poesia, sempre esteve articulada ao silêncio, à solidão e à escrita: "Não podendo falar com os outros, habituei-me a falar só: a escrever."

Escrever é falar só: observar a si e ao mundo, experimentar sofrimentos, remoer impasses na consciência, debruçar-se sobre a escolha de palavras e a composição de frases, embrenhar-se em emendas textuais, conceber personagens e conviver com elas e seus conflitos.

No entanto, escrever como o fez Graciliano é também falar com os outros, partilhar dessa fala solitária. E justamente a força de sua arte e o desejo de dar voz à sua consciência, inconformada com a naturalização da violência e de iniquidades, propiciaram a comunicação com os leitores também por meio de falas publicadas pela imprensa. Entrevistas e depoimentos do escritor foram objeto de interesse de jornais e revistas, constituindo um vasto material, aqui recolhido.

Sim, decerto o leitor dos romances poderia dizer que prescinde dessas outras falas do autor. Elas constituem, porém, uma oportunidade para reencontrar a consciência que deu forma às personagens admiradas, alguns passos do processo de composição do escritor, seu olhar diante de realidades políticas e sociais, além de informações sobre sua vida, a família, os cargos públicos ocupados por ele.

E cumpre saber que tais falas são contemporâneas e componentes do substrato da fortuna crítica de Graciliano Ramos: além dos seus amigos dos tempos de Alagoas (Aurélio Buarque de Holanda, Valdemar Cavalcanti, José Lins do Rego), os primeiros críticos da obra e que escreveram fora da terra natal dele — Antonio Candido,[1] Álvaro Lins[2] — certamente acompanharam pela imprensa as entrevistas; ou até participaram delas, como Francisco de Assis Barbosa e Otto Maria

Carpeaux, este que nos oferece uma bela conversa com Graciliano sobre contos.[3] Elas foram, em sua maioria, publicadas no Rio de Janeiro a partir de 1937, depois da prisão do romancista (de março de 1936 a janeiro de 1937). A exceção é a primeira entrevista, de 1910, concedida pelo jovem de quase dezoito anos ao *Jornal de Alagoas*.

A organização dos falares de Graciliano

De acordo com a especificidade dos gêneros em que podem ser enquadradas, estas *Conversas* dividem-se em três partes: 1) entrevistas, 2) enquetes e depoimentos e 3) causos (pequenas tiradas de caráter anedótico). No interior de cada uma dessas macrodivisões, os textos são organizados em ordem cronológica, de modo a permitir o exame, em perspectiva, dos posicionamentos do autor a se desdobrarem ao longo de sua trajetória artística e intelectual.

. Segundo Edgar Morin, a entrevista pode ser definida, de modo geral, como uma comunicação pessoal que conjuga a transmissão de informações e o envolvimento psicoafetivo entre os interlocutores. Mais especificamente, a entrevista jornalística constitui-se como um método por meio do qual um profissional da imprensa entra em contato com uma figura pública, em relação à qual se pressupõe um interesse coletivo, quer por suas declarações, quer por seu estatuto social e cultural, quer por sua personalidade.[4] No caso de Graciliano, os três focos de interesse apontados por Morin se combinam: a força e a contundência das opiniões do artista alagoano sobre a própria obra e sobre o universo letrado brasileiro; a ressonância de seu nome (não por acaso inúmeros entrevistadores repetem o mesmo epíteto ao se referirem a ele: "o maior romancista vivo do Brasil"); bem como a postura, em princípio, introvertida e pouco aberta do escritor, que desafia e coloca em xeque os jornalistas, potencializando o vigor de sua elocução. Em certo sentido, Graciliano não só escreve, mas fala como quem passa telegrama, "pagando caro por palavra".[5]

Para além do impacto causado por seus romances na crítica, o interesse pela figura pública do escritor Graciliano Ramos amplifica-se com o lançamento de *Vidas secas*. Embora já houvesse interesse anterior (como atesta a favorável recepção alcançada por *Caetés*, *S. Bernardo* e *Angústia*; este último confere ao escritor, de modo unânime, o Prêmio Lima Barreto de 1937),[6] a voz de Graciliano enquanto entrevistado ganha eco a partir da edição em livro das estórias de Baleia, Fabiano e família. A entrevista com Brito Broca, estampada em *A Gazeta* em 1938, constitui-se como porta de entrada para o mergulho na fala do artista Graciliano Ramos, ajudando a esclarecer diferentes aspectos de sua vida e obra.[7]

Nos anos 1940, com a amplificação do interesse pela figura cada vez mais célebre de Graciliano (por mais que seu contradiscurso autodepreciativo se esmerasse por afirmar o contrário e, em sentido oposto, provocasse a eloquência dos louvores por ele negados), os mais diferentes prismas da biografia e do fazer artístico do autor de *Angústia* foram capturados pela pena dos mais variados entrevistadores. São quinze entrevistas ao longo dessa década, com focos diversos: episódios da vida de Graciliano (principalmente seu cinquentenário, comemorado em 27 de outubro de 1942,[8] e sua entrada no Partido Comunista pelas mãos do próprio Luís Carlos Prestes, em agosto de 1945;[9] bem como a composição de novos perfis do escritor que não se atrelavam a nenhuma efeméride ou evento especial);[10] a divulgação de *Infância* e de uma coleção de contos que ele estava a aprontar para a Casa do Estudante do Brasil;[11] o interesse pelo meticuloso artesanato de suas obras, no qual subjaz o desejo de críticos e jornalistas de captar-lhe o "método" artístico; suas considerações sobre os horizontes literários brasileiros;[12] e a rememoração dos horrores vividos no presídio da Ilha Grande, ainda antes do início da escritura de suas *Memórias do cárcere*.

Do início dos anos 1950 até a morte do escritor em março de 1953, o número de entrevistas que concedeu à imprensa se tornou mais escasso, sobretudo em razão de debilidades físicas que comprometiam sua saúde, e também da continuidade de sua militância partidária (apesar da enfermidade, nos últimos anos de sua vida, o autor alagoano esteve à frente da Associação Brasileira de Escritores, viajou à URSS e dirigiu a publicação *Partidários da Paz*).[13] Nesse período, os destaques da interlocução de Graciliano com os meios de comunicação foram a publicação de novos perfis do artista que então completava sessenta anos de idade e, sobretudo, a entrevista que concedeu a Marques Gastão, quando de sua rápida passagem por Portugal em direção à França (fora convidado a participar das comemorações dos 150 anos do nascimento de Victor Hugo, em 1952) no transcorrer de sua viagem para a URSS. Na conversa com o jornalista português, o romancista brasileiro teria criticado seus colegas de geração (sobretudo Erico Verissimo, descrito como "um influenciado pela literatura norte-americana") e teria feito menção à morte da arte como decorrência do comunismo e do fascismo. Diante de tais afirmações, que causaram viva polêmica no Brasil, Graciliano se valeu de entrevistas e depoimentos para rebater e desmentir essas palavras a ele imputadas pelo entrevistador lusitano, apresentado como um fascista a serviço do repressivo Estado salazarista. Com todas as letras, Graciliano reafirma: "Eu sou um comunista e me orgulho disso."[14]

Diferentemente das entrevistas, as enquetes e depoimentos privilegiam o assunto específico em discussão, mais do que a pessoa eleita para discorrer sobre ele. Claro que o nome Graciliano Ramos se faz presente nos textos incluídos neste tópico, mas a força de sua voz se enquadra em uma conversa jornalística mais ampla, na qual tomam corpo uma miríade de interlocutores e testemunhos na abordagem de diferentes facetas do tema posto em debate pelos repórteres. Nesse processo, observa-se que a textualização do diálogo entre entrevistador e entrevistado resume-se, em regra, a perguntas mais esquemáticas, respostas direcionadas e comentários pontuais.

Ao lado de pessoas comuns, mas, sobretudo, de escritores de prestígio no cenário intelectual brasileiro, Graciliano afirma que o Brasil derrotaria a Polônia em jogo válido pelas oitavas de final da Copa do Mundo de 1938; enfatiza o seu amor à França; retoma aspectos de sua infância; comenta a influência da literatura de Anatole France em nosso país; especula sobre a possibilidade de um nazista escrever um poema, entre outras matérias relacionadas, principalmente, às letras nacionais. No âmbito mais propriamente político, enaltece a campanha do livro promovida pelo Partidão em 1946; no ano seguinte, repudia as manobras utilizadas pelo então ministro da Justiça Costa Neto contra o senador Luís Carlos Prestes; posteriormente, comenta o Manifesto de Agosto de 1950, que procurou traçar uma linha revolucionária para o PCB; posiciona-se contra a repressão policial aos comícios promovidos pelo Partido, bem como rejeita a proibição, por parte de Vargas, à Conferência Continental Pela Paz (1952), organizada pelos comunistas.

Os causos que compõem a terceira parte destas *Conversas* estruturam-se como narrativas breves centradas na apresentação seja de fatos curiosos e engraçados, seja de fatos graves vistos com humor. Tais historietas cômicas, situadas no limite entre realidade e fantasia, deixam ver e reforçam a aura mítica em torno do escritor. Não por acaso, a grande maioria dos textos recolhidos nesta seção data de 1952 ou do período posterior à morte de Graciliano, pois a partir daí a figura tanto do autor de *Vidas secas* quanto do homem Graciliano Ramos encontrava-se mais bem estabelecida no panteão da literatura nacional. Mostras de sagacidade e bom humor, suas tiradas cáusticas enfeixam, entre outros assuntos, as arbitrariedades do poder; a condição do escritor no Brasil; sua própria práxis literária; seus posicionamentos críticos quanto à produção de seus colegas de geração; o modo como recebeu o primeiro livro que discorria sobre sua personalidade artística,[15] entre outros elementos a adensar a imagem complexa do renomado romancista. Nesse sentido, na medida em que a anedota, enquanto método heurístico, permite representar algo típico de realidades mais abrangentes por meio de particularidades supostamente corriqueiras, acaba por vivificar diferentes aspectos concernentes à poética e à trajetória intelectual de Graciliano.

A fala suprimida encontra formas

Falar, fabular, conversar, compreender. As etimologias dos verbos *falar* e *conversar*, as quais evocamos neste livro, parecem delinear-se em alguns capítulos de *Infância* (1945). Logo o leitor se lembra de Terteão, do capítulo "Leitura": tateando com dificuldade os escritos da cartilha, o menino deparou com "ter-te-ão"; julgou tratar-se de um homem, mas não podia atinar com seu sentido ali. "Quem não ouve conselhos raras vezes acerta — Fala pouco e bem: *ter-te-ão* por alguém." Natural que a mesóclise terminada em *-ão* figurasse um homem desconhecido para o menino que, aos nove anos, era quase analfabeto.

O conselho parcialmente compreendido levava ao silêncio, e as próprias letras eram monstros, "malvadas", num ambiente hostil em que a palmatória *suprimia a fala* das crianças, obstando as possibilidades de ler mas não de idear açudes.

> Vozes impacientes subiam, transformavam-se em gritos, furavam-me os ouvidos; as minhas mãos suadas se encolhiam, experimentando nas palmas o rigor das pancadas; uma corda me apertava a garganta, suprimia a fala; e as duas consoantes inimigas dançavam: *d, t.* Esforçava-me por esquecê-las revolvendo a terra, construindo montes, abrindo rios e açudes.
>
> As amolações da carta não me saíam do pensamento. "Fala pouco e bem: ter-te-ão por alguém." Não me explicaram isto — e veio-me grande enjoo às adivinhações e aos aforismos.[16]

Se infante é o que ainda não fala,[17] a violência da educação sertaneja em casa e também na escola, numa terra de "professores analfabetos",[18] vedava com angústia a fala e a leitura. Exatamente o fato de ter sido um menino que "falava pouco", estigmatizado como "bruto em demasia", fecha o primeiro parágrafo de "Os astrônomos", capítulo de *Infância* que traz uma poética de Graciliano, lição de hermenêutica. E na sequência podemos reviver com o narrador adulto uma "noite extraordinária": o pai o chamou, menino de nove anos quase analfabeto, para ler um romance sobre crianças abandonadas; no decorrer da leitura, *conversou* com ele, ajudando-o a *compreender* o texto, e uma "luzinha quase imperceptível" piscou nas "trevas" de seu espírito. Mas logo nos embarga a decepção enorme do menino, sua desgraça no dia em que lhe faltou a maravilha daquela leitura. Por fim, e a poesia do capítulo não cabe aqui — apenas em *Infância* —, o menino *conversa* com a prima Emília, e a fala dela *fabula* a tarefa hermenêutica: se os astrônomos leem o céu distante, o menino conseguiria "adivinhar" a página diante de seus olhos, *voltando* sempre ao texto, afinal distinguia as letras e sabia reuni-las em palavras. Quanto aos textos e também quanto às pessoas, embora haja sempre algo inapreensível, a partir do que conhecemos é possível compreender o outro.

Assim, aquela criança que falava pouco, habituada a julgar-se inferior às demais, dobrou-se ao texto e se tornou outra, à semelhança dos astrônomos: pôde viver com intensidade o mundo do romance e elegeria em seguida a biblioteca do tabelião Jerônimo Barreto sua "provisão de sonhos", seu meio de habitar o mundo. No entanto, Graciliano seria *astrônomo do inferno*, não do céu: a identificação que lhe marcaria a obra era com os homens abandonados como os daquele livro da infância.

"Foi uma inexplicável desaparição da timidez, quase a desaparição de mim mesmo": com essas palavras sobressai o artista de *Infância*, dando forma à poesia do momento em que o desejo de ler o impeliu, menino, a falar com Jerônimo Barreto, para lhe pedir livros. Tendo sido *O guarani* o primeiro romance que o tabelião lhe emprestou, sorrindo, o resultado dificilmente se adivinharia no antigo menino que mastigava as palavras, suprimidas a fala e a leitura: seu primo José, ao ouvi-lo descrever uma casa queimada, resmungou: "— Falante como o diabo."

Pela prosa realista: olhos agudos, modéstia e simpatia

Se a linguagem atraente de José de Alencar marcou o menino de *Infância*, tendo contribuído para seu desenvolvimento verbal, o moço de dezessete anos, em entrevista para o *Jornal de Alagoas*, em 1910, atribui sua antiga admiração pelo enredo "intrincado e belo" de *O guarani* à ingenuidade e ao desconhecimento do que há de podre no mundo. Era a primeira entrevista de Graciliano Ramos, vinte e três anos antes de estrear com *Caetés*.

Salta à vista o gosto do jovem formado pelo realismo, que já considerava necessário conhecerem-se "as misérias da vida", sem falseamentos nem pieguices: Aluísio Azevedo, com seu romance *Casa de pensão*, e Adolfo Caminha, além de Eça de Queirós, eram seus escritores prediletos. Confessava sua preferência pela prosa, pelo realismo, segundo os critérios de verdade, sinceridade e simplicidade. Porém, escrevia versos — para adquirir ritmo, afirmará posteriormente — e se dizia desprovido de talento para dedicar-se à prosa realista, a modéstia sinalizando o nível de exigência de seu horizonte. O tempo o desmentiria, o mesmo tempo que já garantia, à época, a maturidade intelectual de Graciliano: ele defende, nessa primeira entrevista, a importância do jornal no Brasil, terra de pouco acesso a livros. Com lucidez crítica, compreende que os jovens precisavam empenhar-se continuamente no trabalho de escrita e os jornais deviam conceder espaço aos "moços inteligentes e ativos".

Note-se que, já em 1910, inteligência, desejo de mudança e iniciativa são os valores ressaltados por Graciliano, por oposição ao caráter imitativo de uma Academia de Letras em Alagoas. Sobressaindo a franqueza não dogmática de seu pensamento, ele deixa ver seu apego ao bom amadorismo e ao potencial comunicativo do jornal, crítico do cotidiano, e sua repulsa à "imortalidade", à arrogância, à prolixidade e às "panelinhas acadêmicas". Essa primeira entrevista flagra também seu olhar interessado pela arte teatral e pela crítica no Brasil.

Passados vinte e oito anos, às vésperas de lançar o quarto romance, Graciliano justamente cobrava dos escritores brasileiros a verdade realista e a fuga ao convencionalismo: não aceitava que o sertanejo nordestino, homem de "pouquíssimas falas", fosse representado como tagarela. Já se vê: centra-se em *Vidas secas*[19] a segunda entrevista aqui apresentada — como se afirmou, todas elas, exceto a primeira, foram realizadas no Rio de Janeiro, após a prisão do escritor.

O que mais Graciliano contou em março de 1938, na referida conversa com Brito Broca, poucos dias antes da publicação de *Vidas secas*? Na abertura da entrevista, Brito traçou, em poucas palavras, um perfil capaz de reforçar e num instante desfazer a imagem de sisudez do romancista: vê "certa dureza" em seu olhar, para logo lhe surpreender o "sorriso de franqueza e simpatia". Ao fim da palestra, o entrevistador, apontando para a vida difícil do intelectual no Brasil, apreende a proximidade do escritor com o personagem Fabiano, ambos sertanejos marcados por sofrimentos; construiu, assim, uma imagem que se tornaria comum à fortuna crítica de Graciliano Ramos. E percebeu haver a modéstia interrompido aquela fala sobre o novo romance.

Também Joel Silveira, em "Graciliano Ramos conta sua vida", de 1939, observou a modéstia do romancista alagoano, que preferia conversar a conceder entrevista. Modéstia e simpatia traduzem a consciência sensível que possibilitava a Graciliano voltar para os outros um olhar exigente e compreensivo. Tanto assim, uma característica física do escritor impressionou Joel: profundos, penetrantes, indagadores, os olhos de Graciliano Ramos eram capazes de falar em lugar da voz.

Pitadas de história do jornalismo nas *Conversas*

Do conjunto de entrevistas concedidas por Graciliano, a "palestra" a José Condé, em 1939, desperta maior atenção pela importância e abrangência do veículo em que foi publicada: a revista *O Cruzeiro*. Tal semanário começou a circular em 1928, sob a batuta do português Carlos Malheiro Dias, num contexto marcado pela consolidação empresarial dos veículos jornalísticos no Brasil. Logo em seguida, passa a integrar os Diários Associados de Assis Chateaubriand e ganha circulação nacional: começa a sair com tiragem de 50 mil exemplares, fato pioneiro na imprensa brasileira da época. A primeira fase de *O Cruzeiro*, na qual se enquadra a reportagem biográfica de Condé a respeito de Graciliano, vai até o início da Segunda Guerra Mundial. Nesse momento o objetivo do periódico, já impresso em rotogravura, concentra-se em expandir sua distribuição por todo o país.[20] Além de possuir agentes nas principais cidades do Brasil, contava com correspondentes em Lisboa, Paris, Roma, Madri, Londres, Berlim e Nova York.

Apagando as marcas do diálogo travado com Graciliano, José Condé traça o perfil biográfico do artista alagoano. Para tanto, opta pelo discurso indireto e pelo emprego de uma estrutura linear, que procura, em chave cronológica, recontar a vida do escritor desde o nascimento até o fato mais marcante daquele momento: a publicação de *Vidas secas*, "uma das obras maiores da literatura moderna do Brasil". Se mediante tal estratégia o repórter ganha em objetividade e fluência textual, por outro lado, ao interpretar e resumir a fala de Graciliano em lugar de simplesmente reproduzi-la (algo que seria possível com o discurso direto), perde o efeito de proximidade e o impacto da voz do romancista. Todavia, por mais que sua fala não ecoe em palavras, o autor de *Angústia* não deixa de se fazer presente na reportagem: toda ela é circundada por fotos tiradas quando de seu encontro com o jornalista. Como se sabe, na história do jornalismo brasileiro, *O Cruzeiro* também se notabilizou por valorizar o registro fotográfico, que, em suas páginas, assume função prioritária.[21] No texto em questão, há imagens de Condé conversando com Graciliano num café, na Livraria José Olympio e, depois, fotografias deste último caminhando numa calçada, observando as manchetes expostas numa banca de jornais e lendo um livro. Toda essa ambiência visual cria um ar de familiaridade com o grande artista, cujo rosto e a trajetória pessoal/literária atingem um público mais amplo por meio da força e da capilaridade de *O Cruzeiro*.

Do ponto de vista do conteúdo, a recomposição da trajetória do autor de *S. Bernardo* repete-se ao longo dos textos aqui reunidos. Não por acaso, quando se olham estas *Conversas* em perspectiva, nota-se certa redundância nesse ato de colocar em discurso a história de vida do entrevistado, por mais que variem as estratégias narrativas e os pontos de vista conferidos pelos entrevistadores a um ou outro dado biográfico. Tal procedimento iniciado por Condé pode ser observado no produto das entrevistas conduzidas por Joel Silveira ("Graciliano Ramos conta sua vida"), Francisco de Assis Barbosa ("A vida de Graciliano Ramos"), Homero Senna ("Como eles são fora da

Literatura: Graciliano Ramos") e José Tavares de Miranda ("Nossos escritores — Graciliano Ramos").

Ao final da vida, Graciliano volta a figurar em outro grande magazine de variedades: a revista *Manchete*, então recém-criada (abril de 1952), por Adolfo Bloch. Essa publicação, que contaria depois com apoio direto do presidente Juscelino Kubitschek, lançou seu primeiro número num momento de intensa concentração da imprensa no Brasil.[22] Valendo-se de uma concepção moderna, tinha como principal modelo a francesa *Paris Match* e utilizava o fotojornalismo em larga medida. Tanto que a entrevista concedida por Graciliano a José Guilherme Mendes se faz acompanhar de onze imagens, nas quais se veem o artista já bem adoentado na intimidade de seu lar e cenas da sessão de homenagem aos seus sessenta anos, realizada na Câmara Municipal do Rio de Janeiro, com a presença de José Lins do Rego, Jorge Amado, entre outros.

Em oposição ao texto de Condé, a entrevista estampada na revista *Manchete* desmistifica o suposto objetivismo do repórter, bem como dá voz às falas e aos silêncios de Graciliano. Ecoando o arejamento proporcionado pelo *New Journalism*, o perfil do artista alagoano traçado por José Guilherme Mendes põe abaixo a quarta parede do mundo encenado por entrevistador e entrevistado. Nesse sentido, José Guilherme descreve detalhes do ambiente da conversa; seu receio diante do frágil quadro de saúde de Graciliano; seu desconforto em decorrência dos silêncios e momentos de aspereza do romancista; a postura metódica do escritor ao preparar e sorver seu cigarro; o incômodo inicial do romancista ante "o complicado aparelho levado pelo fotógrafo", entre outras estratégias narrativas empregadas pelo jornalista com o fito de construir elos de proximidade com os leitores e vivificar o relato, em virtude da profusão de marcas subjetivas tanto suas quanto do autor de *S. Bernardo* que explicitamente ressoam pelas páginas de *Manchete*.

Nessa conversa, depois de traçar um rápido perfil biográfico de Graciliano, o repórter procura fazer com que a fala do entrevistado percorra assuntos referentes ao universo literário brasileiro daquele início dos anos de 1950. O romancista referenda o axioma de que haveria correspondência imediata entre a literatura praticada no Brasil e o "grau de adiantamento" da nação e expõe o seguinte diagnóstico: como nossa produção ficcional estava a serviço de uma burguesia decadente, necessariamente se encontraria em declínio. Em seguida, revela sua contrariedade em relação ao chamado romance intimista, então consolidado, e ratifica sua condição de realista, exposta desde sua primeira entrevista, de 1910. De certa maneira, por meio de tal colocação, ata as duas pontas de sua trajetória artística: "Tenho um ponto de partida e outro de chegada. Na minha terra se diz: 'Todo caminho dá na venda.'"[23]

Como não poderia deixar de ser, comentários sobre o cenário literário nacional são uma constante ao longo das *Conversas* de Graciliano. Além de revistas semanais, tais declarações ganharam as páginas, sobretudo, de periódicos voltados ao mundo das letras, como *Vamos Ler!* (1936-1950), *Dom Casmurro* (1937-1943), *Diretrizes* (1938-1944) e *Revista do Globo* (1929-1967), num contexto de incremento da censura por parte do Estado Novo, mas também de aumento na tiragem de tais publicações. *Vamos Ler!*, pertencente à Sociedade Anônima A Noite, impressa em papel-jornal e a custo baixo, alcançou grande penetração a partir do final da década de 1930.[24] Segundo crônica do próprio Graciliano, *Dom Casmurro*, um jornal estritamente literário e também um ponto de referência para todos da esquerda,[25] teria vendido 15 mil números em poucas horas, em maio de 1937.[26] *Diretrizes*, que aglutinou a resistência anti-Vargas, atingiu a casa de 20 mil exemplares em 1940, quando sua circulação se tornou semanal. À *Revista do Globo*, editada quinzenalmente pela Livraria do Globo de Porto Alegre,[27] chegou-se a atribuir, nos anos 1940, a segunda maior tiragem do país, superada apenas por *O Cruzeiro*.[28]

Se o crescimento de tais publicações, do final da década de 1930 até o transcorrer dos anos 1940, pode ser atribuído ao aumento do consumo de notícias por causa da Segunda Guerra, observa-se também, no período, maior interesse pela literatura nacional. Como destaca o próprio Graciliano, naquele momento as editoras se multiplicavam, e as casas editoriais já consolidadas aumentavam a produção:

"Só a José Olympio [...] em quatro anos lançou no mercado cerca de um milhão de volumes."[29] Paralelamente, o interesse do público por escritores nacionais, responsável por esse surto editorial, também crescia em larga medida.

Olhando em retrospecto, o gradiente de notoriedade dos homens de letras só faz aumentar desde o início do século XX. No Brasil, a inauguração da entrevista com literatos coube a João do Rio, responsável pelo inquérito *O momento literário*, publicado em 1904 e 1905 na *Gazeta de Notícias* do Rio de Janeiro.[30] Conforme sublinha o autor de *A alma encantadora das ruas*, no começo do século, "há da parte do público uma curiosidade malsã, quase excessiva. Não se quer conhecer a obra, prefere-se indagar a vida dos autores."[31] Para suprir essa demanda inédita, o cronista conversou com Olavo Bilac, Coelho Neto, entre outros ícones da Belle Époque nacional. Observa-se nesse momento a confluência entre literatura e vida literária, em que os escritores se transformavam em figuras públicas, e era muito *chic* "entrar no lar e na vida dos autores, devassar o espaço íntimo".[32] Tal processo amplifica-se no decorrer dos anos 1930, 1940 e 1950, consoante a expansão e modernização da imprensa nacional.

Como bem atestam as *Conversas* aqui recolhidas, essa maré de aparente requinte em apresentar figuras eméritas do mundo das letras respingou em Graciliano, tido como o maior autor de sua geração. Seja em revistas ilustradas semanais, seja em folhas literárias (como visto acima), seja em periódicos cariocas (*A Noite*, *A Manhã*, entre outros), seja em publicações de fora da então capital federal e mesmo do exterior (*A Gazeta*, *Gazeta Magazine* e *Folha da Manhã*, de São Paulo; e o *Diário Popular*, *Primeiro de Janeiro* e o *Diário de Lisboa*, de Portugal), seja em periódicos comunistas (*Tribuna Popular*, *Imprensa Popular* etc.), as falas de Graciliano retratam seu envolvimento no cenário cultural brasileiro. Nesse processo, ofertam, sobretudo, um panorama de suas ideias em torno da literatura nacional e, mais especificamente, de sua própria produção; revelam particularidades de sua vida, bem como permitem acompanhar o processo de sua celebrização para além dos círculos literários. Metonimicamente, portanto, proporcionam aos leitores atuais um panorama histórico, político, jornalístico e artístico da primeira metade do século XX.

Vale assinalar que Graciliano se constituiu como uma "celebridade" discreta, apesar de sua posição privilegiada nas letras nacionais. Avesso a falar de si, levando uma vida modesta de pai de família, a conciliar a carreira de escritor com dois empregos (inspetor federal de ensino e copidesque do *Correio da Manhã*), alcançou, entre seus pares, ainda em vida, o posto de maior romancista do Brasil. Em longo inquérito realizado pela *Revista Acadêmica*, entre 1939 e 1941, sobre "os dez maiores romances brasileiros", ficou atrás apenas de Machado de Assis e Aluísio Azevedo, mas à frente de José Lins do Rego (4º) e de Jorge Amado (6º).[33] Tal consagração em termos de fatura artística estava longe de obter correspondência publicitária. E é fácil perceber isso. Basta comparar a imagem de Graciliano nos anos 1940 e 1950 com a de seus colegas de geração mencionados na referida enquete. A vida intensa de viagens, engajamento e militância política de Jorge Amado colocavam o escritor baiano sempre nos holofotes.[34] O extrovertido José Lins do Rego, apaixonado torcedor do Clube de Regatas Flamengo, era presença constante não só nos suplementos literários, mas também nas páginas esportivas e de variedades de diversas publicações. E chegou a ser garoto-propaganda da fábrica de roupas Ducal. Num contexto de proliferação do *testimonial* (depoimento que conferia à publicidade força de "verdade" correspondente ao status de quem a profere),[35] afirma o autor de *Menino de engenho*: "Milhões de alfaiates, milhões de costureiras estão escondidos nas máquinas da Ducal. E que as roupas são magníficas, não tenho dúvida. Basta vê-las e vesti-las. É melhor usar roupa feita."[36] As entrevistas e depoimentos de Graciliano nunca se destinaram a algo parecido.

Palavra para dizer: o estilo das lavadeiras e sua fonte

Em que obra Graciliano Ramos compara a tarefa de escrever com o trabalho das lavadeiras? Responder a perguntas como essa é uma das motivações deste volume, que, ao reunir falas do escritor até então dispersas em periódicos e em livros, algumas delas comumente evocadas, oferece as referências de seu contexto de origem.

Conversas com o jornalista Joel Silveira, memoráveis em sua acidez crítica e bom humor, são as fontes de várias imagens que se conhecem de Graciliano entrevistado. Presume-se que a maioria dessas conversas tenha ocorrido em 1938, ano do Prêmio Humberto de Campos, promovido pela editora José Olympio. Graciliano Ramos, ocupado com leituras por integrar o júri do prêmio, várias vezes adiara a entrevista com Joel.

E o jornalista revelou, tempos depois, uma informação relevante: como o editor Magalhães Jr. o pressionasse, declarou ao romancista que anotaria e publicaria suas ideias, colhidas das frequentes conversas; via que o amigo apreciava um papo, mas não que fosse publicado. Como resposta, Joel recebeu "um primor, uma obra-prima", uma biografia sucinta, em oito laudas, escrita por Graciliano à caneta. Estampada em *Vamos Ler!* em 1939, a biografia rendeu elogios a Joel Silveira, que se compraz de partilhar esta história: "'Como você pegou o espírito do Graciliano, meu Deus do céu! Parece ele falando!'", louvavam-no; mas depois veio a confissão de Joel: "Claro, era ele escrevendo."[37] Assim, numa prática comum a grandes autores, cientes da força de seu estilo e temerosos de deturpações,[38] percebe-se o cuidado de Graciliano com o texto de suas entrevistas: suas falas biográficas foram redigidas, e sabe-se que outras conversas registradas passaram por seus olhos e sua pena.

Dessas conversas com Joel, significativamente se fixaram considerações do romancista sobre o estilo: não apenas a comparação da escrita com o trabalho das lavadeiras de Alagoas, como também a observação de não haver estilo no Brasil, somente "maneira" de escrever, de poucos, ou "jeito", mais comum, sem contar o resto, "porcaria". E o mesmo artista que disse ter apenas "jeito" para escrever viria a negar, no diálogo com Homero Senna de 1948, a permanência de sua obra: "Não vale nada; a rigor, até, já desapareceu."

Quem falaria que o atraso do Brasil se deve à ausência de um golfo? E quem providencialmente sugeriria que Alagoas — a terra natal, à qual não retornou depois de preso em 1936, a não ser artisticamente em seus escritos —, e Sergipe, a terra de Joel, serviriam para a criação do "golfo salvador"?

O prazer de sentir-se não só acolhido, mas escolhido pela simpatia de Graciliano sobreleva do texto de Joel Silveira. Até a decepção por ter visto um de seus contos feito picadinho pelas mãos de Graciliano dá lugar a seu desejo maior, de delinear, para os leitores, características do escritor e presentificar a atmosfera franca, jocosamente séria de sua relação de amizade com ele. Depois de revelar que o uso de gerúndios em excesso havia causado a destruição de seu conto, Joel brinca ter existido uma aversão recíproca entre Graciliano e essa forma verbal: os gerúndios certamente receavam ser eliminados.

Também é bem-humorado o modo como Joel Silveira relata a busca de Graciliano por contos das diversas regiões do país para a antologia que organizou. Se as palavras do jornalista ironizam a dedicação obsessiva do amigo à literatura, elas traem sua admiração e seu afeto pelo escritor.

A voz de Graciliano entrevista: pessoas e máscaras sociais

Como era a voz de Graciliano Ramos? Suas falas deixam ver traços de sua subjetividade e papéis sociais que desempenhou. À semelhança do *retrato fragmentado* construído a partir das memórias de Ricardo Ramos,[39] também as falas permitem fabular uma imagem da pessoa. Conhecimento etimológico dos mais iluminadores, a palavra *pessoa* deriva de *persona*, *máscara* pela qual soa (*per-sona*) uma *voz singular, única*; ao mesmo tempo, como *máscara de teatro*, pode referir-se aos diversos *papéis sociais* exercidos pelas pessoas.[40] E as conversas com Graciliano, mediações entre *personae*, buscam justamente entrever sua voz pessoal e melhor compreender suas formas de atuar na realidade, no mundo.

Já o leitor adivinha a observação a ser destacada aqui: o modo como nuances da voz de Graciliano são transmitidas desvela também marcas das pessoas que realizaram as entrevistas e as enquetes.

Exemplar desse fato é a entrevista a Ruy Facó. Jornalista e escritor comunista, assim intitulou seu texto: "Graciliano Ramos, escritor do povo e militante do PC." Mas veja-se — não se deseja aqui carimbar estereótipos nem rótulos, e sim resistir a eles: se interessa a Ruy Facó chamar a atenção para a participação política de Graciliano, ele não descuida de ressaltar tratar-se de um artista esmerado. Seu respeito é pelo escritor perfeccionista que, depois dos sofrimentos da prisão, combateu os inimigos do povo num romance "vigoroso" como *Vidas secas*; e pelo homem que sentiu a necessidade de ingressar no Partido Comunista, fazer discursos e assumir tarefas contra o fascismo. Facó relata que Graciliano revisaria livros a serem editados sob a orientação do Partido e se dedicaria a uma pequena biografia de Luís Carlos Prestes. *O cavaleiro da esperança*, biografia escrita por Jorge Amado, já saíra em 1942.[41] E Graciliano publicou a crônica "Prestes" em 1949, no jornal *Classe Operária*, órgão oficial do Comitê Nacional do PCB.[42]

Saber mais do processo de composição literária de Graciliano certamente interessa aos leitores. Ruy Facó nos oferece particularidades do "escritor torturado": o romancista levantava diariamente às três horas da madrugada, para trabalhar só e em silêncio; e três ou quatro horas resultavam muitas vezes em apenas dez ou doze linhas. Porém, mais do que assinalar a "grande dificuldade de escrever", o árduo empenho por emendar os textos, Facó partilha conosco a confissão de Graciliano: "— Só encontro mesmo satisfação verdadeira em escrever."

Uma entrevista manuscrita: a criação de *Infância*

E a satisfação dos leitores encontra no jornalista Armando Pacheco um porta-voz. Veja-se o título estampado em *Vamos Ler!*, a 25 de outubro de 1945: "Graciliano Ramos conta como escreveu *Infância*, seu recente livro de memórias." Dessa entrevista é conhecida uma particularidade, semelhante à revelada por Joel Silveira: antes de conversar pessoalmente com o jornalista, Graciliano elaborou anotações sobre seu livro recém-publicado. O Arquivo Graciliano Ramos do IEB-USP guarda um relato manuscrito, uma lista e um quadro de capítulos, em que o memorialista apresenta bastidores da escrita de *Infância*. Confirmando a referida prática comum a grandes escritores, ciosos da autenticidade das (suas) palavras, algumas falas de Graciliano que integram a reportagem de Armando Pacheco foram redigidas. Provavelmente a essas "linhas" escritas o romancista se referiu em dois bilhetes em que pede desculpas a Pacheco pelo "esquecimento dos diabos" que o fizera adiar o preparo das notas solicitadas. Hildon Rocha transcreveu esses bilhetes na seção Homens e Livros de *A Noite Ilustrada*, a 10 de fevereiro de 1953.

Nos manuscritos, cujos fac-símiles constam do caderno de imagens deste volume, Graciliano conta haver-se dedicado durante quase seis anos ao texto de *Infância* e indica a ordem de composição dos capítulos e sua publicação na imprensa. Esclarece que não tivera a ideia de fazer um livro:[43] depois de impresso em jornal o quarto capítulo, delineou-se o projeto de, "reavivando pessoas e fatos quase apagados, tentar reconstruir uns anos da meninice perdida no sertão". Note-se como o escritor traduziu numa expressão-síntese a concepção imagética de sua obra, delineada das sombras e clarões de nuvens: feito *astrônomo*, aproximou-se das pessoas e dos fatos passados por meio da memória e das palavras, e o "apagado" encontra alguma luz aos poucos, os abandonados falam à sensibilidade, ganhando forma em *Infância*.

Diferenças pontuais entre o manuscrito e a entrevista em *Vamos Ler!* sinalizam o trabalho de Graciliano e de Armando Pacheco com o texto. Mas vale sublinhar uma passagem não publicada: ao negar que continuaria *Infância* com uma narrativa sobre sua juventude e a vida de adulto, além de expor seu desconforto em falar de si, o escritor deixa ver seu propósito de despersonalizar-se e configurar artisticamente experiências comuns a crianças de sua terra:

> [...] tudo aquilo é chinfrim, mas parece-me referir-se, não apenas a um indivíduo, mas às crianças da classe média da minha terra — e, assim,

julgo diluir-me no decorrer da narração, confundir-me com outros tipos. Ignoro se consegui essa despersonalização, mas é certo que, se prolongasse as memórias, cairia num egocentrismo besta.

Inegável a força universal de *Infância*, sua dicção de *testemunho ficcional* continua o realismo artístico dos romances, *construção formal* que combina *representação* crítica da realidade com *expressão* de impasses subjetivos.[44] Nestes, o criador, "aparelho registador" dos dramas de Paulo Honório, Luís da Silva e Fabiano, falava por "todos os infelizes que povoam a terra".[45] Então, evocando os sentidos de *Ficção e confissão*, de Antonio Candido, e considerando a preocupação de Graciliano em escrever e/ou rever os textos das entrevistas, cabe observar que, embora evidentes as diferenças entre as falas e a criação artística, marcam-se todas pelo cuidado com as palavras, com a verdade íntima e com os outros, fossem jornalistas ou leitores, e em especial com os homens sofridos.

Nesse contexto, demanda comentário a entrevista criada pela revista *Temário*, por Miécio Táti: trata-se de uma conversa imaginária, cujas perguntas foram formuladas com base em passagens extraídas dos romances em primeira pessoa e do conto "Insônia". Alcançado pela consciência estética de Graciliano, sobressai o vigor da expressão dos protagonistas João Valério, Paulo Honório e Luís da Silva. E assim o diálogo se sustenta, a partir das escolhas e da montagem realizadas por Miécio Táti, instigando o leitor a reconhecer trechos da obra e a reler os livros. Apresentado como "simples curiosidade", o texto não se propõe a trazer "opiniões autênticas" do escritor fora de seus livros, mas a atiçar o leitor a imaginar em que medida o "pensamento real" de Graciliano estaria comprometido nesse jogo.

Brincadeiras à parte, como se observou, Graciliano falava mesmo por meio de suas personagens, e a construção de suas memórias o faz também personagem, resultando o conjunto numa arte de testemunho pessoal e social. No trecho citado do manuscrito, no temor de cair num "egocentrismo besta" reencontramos o homem que preferia conversar a conceder entrevista, avesso, exceto na ficção, a usar o "pronomezinho irritante", conforme o leitor evoca das *Memórias do cárcere*. Mas estas constituíam, então, projeto, a que logo Graciliano daria início: a intenção de escrever sobre a prisão, de falar sobre coisas que ainda não se podiam ventilar, de representar em livro a realidade de malandros e vagabundos que conhecera na cadeia também é apresentada a Armando Pacheco em 1945, oito anos antes de sua publicação, póstuma.

Assim, sobressai a coerência entre o escritor e o homem, a qual desperta a admiração de Pacheco: ele destaca a consciência revolucionária de Graciliano, sua firmeza antifascista e a criação de obras de arte, não de panfletos de propaganda política. Enfatiza os valores de sinceridade e honestidade do escritor; a ambos desagradavam poses literárias, como dos vanguardistas.

Vendas e sendas modernistas

E aqui se recorda a questão do modernismo, presente sobretudo nas entrevistas a Osório Nunes, de 1942 ("O modernismo morreu?"), a Homero Senna, de 1948 ("Como eles são fora da literatura"), a Castro Soromenho, de 1949 ("Graciliano Ramos fala ao *Diário Popular* acerca dos modernos romancistas brasileiros"), e a José Guilherme Mendes ("Graciliano Ramos: romance é tudo nesta vida"), de 1952. Graciliano reconhece o valor do modernismo, no contexto da tradição da literatura brasileira: considerando 1922 como resultado de um "sentimento de destruição dos cânones que precisavam desaparecer",[46] entende que o melhor fruto do movimento modernista foi libertar as cadeias do espírito. Contudo, observa que o modernismo, exitoso na poesia, não o foi na prosa, importando o fato de haver "preparado o terreno" para as gerações seguintes. Destaca então o trabalho "de criação" brilhante de romancistas como José Lins do Rego, interessados em estudar, ver e sentir a realidade.[47]

A fim de melhor compreendê-la, cumpre contextualizar a declaração de Graciliano segundo a qual o modernismo teria sido uma "tapeação desonesta". Para além de se dizer afastado do movimento, pois vendia chita na loja do pai em Palmeira dos Índios em 1922, ele deplora certo cabotinismo, afetação modernista, as "extravagâncias" linguísticas (como o uso de preposições no fim de frases) e a abertura para a mediocridade, patente nos epígonos do movimento, ou seja, em seus seguidores sem cultura nem esforço criativo.[48] E sobretudo, empenhado à época na organização da referida antologia de contos das várias regiões do Brasil, Graciliano descobrira ótimos textos de velhos escritores, abandonados pela crítica modernista. Inconformado, desejava falar da injustiça cometida: ao se confundir o ambiente literário do país com a Academia, condenaram-se arbitrariamente todos os antigos. Ponderando sobre a limitação dos conceitos de geração nova ou velha, aponta existirem "velhos" do movimento modernista e muitos "novos" do século anterior, contistas notáveis como Raul Pompeia, Domício da Gama, Mário de Alencar, Medeiros e Albuquerque. Assunto recorrente nas *Conversas*, bem como na correspondência de Graciliano nos anos 1940, a antologia, "laboriosa e ampla", resultou no "primeiro mapeamento da nossa história curta", segundo observa Ricardo Ramos no *Retrato fragmentado*.

Uma informação de bastidores da entrevista de Graciliano foi apresentada por Homero Senna pouco mais de seis anos depois, no artigo "Graciliano Ramos e o modernismo". O romancista, afirma Homero, costumava falar frases em rompantes, com o objetivo de escandalizar, fulminando "reputações longamente estabelecidas", para, na sequência, expor sua perspectiva meditada e minuciosa. Confessando seu susto ante aquele conceito de Graciliano sobre o modernismo, que atingia escritores de sua predileção, Homero Senna revela que depois o romancista reviu o texto e eliminou o que tinha "apenas sentido polêmico"; caso contrário, "teria sido uma bomba".

Assim, as ressalvas ao modernismo flagradas nessas reportagens deixam ver o gosto de Graciliano em provocar dúvidas quanto a opiniões estereotipadas e em combater injustiças. Ao mesmo tempo, infere-se que a atitude reflexiva do escritor e seu cuidado com as palavras o faziam temer leviandades e o levaram a suprimir exageros na crítica ao modernismo. No entanto, ele não deixa de expressar seu posicionamento contrário a artificialismos e generalizações mistificadoras, preferindo a arte que se aproxima da terra e do povo com seus problemas e contradições, como a de José Lins do Rego, Rachel de Queiroz, Jorge Amado. Mas não se conclua apressadamente, atribuindo a Graciliano uma defesa partidária de seus pares: ele ressalta, nas entrevistas, que a força da literatura desses escritores nordestinos vingou até 1935, quando entrou em decadência. Lastima o surgimento de livros mal-escritos, que, em vez de se deterem na representação crítica da realidade brasileira, descreviam lugares e pessoas não vistos.[49]

Dessa forma, ao falarmos e fabularmos, vitalidade cheia de sombras, sucedem alguma compreensão e muitos enganos. "A generalização era um erro":[50] o adulto de *Infância*, menino que errou ao não distinguir laranjas de pitombas, ambas esféricas, aponta a necessidade de considerar as diferenças nos reinos das letras, das palavras, das coisas, dos seres; semelhantes todos, têm no entanto valor particular.

Infinda a tarefa de astrônomo de reconstituir a voz de Graciliano, sua obra e suas falas permitem conhecer as máscaras, as faces de escritor clássico e moderno, não modernista, regional e universal, comunista.

"Não gosto de fascistas."

Em 1944, o início da conversa com *A Noite* foi difícil: Graciliano declarou não gostar de dar entrevistas nem de falar de si mesmo. Logo a ênfase de sua negativa se voltou para a recusa ao fascismo: "Pode anotar, também, que não gosto de fascistas."[51] E veio junto com uma ressalva: os maiorais do fascismo repetiam como refrão serem antifascistas. Sobressaem aqui a coragem do romancista, de expor sua perspectiva crítica, e a consciência de que é necessário observar a realidade e desconfiar do que se ouve e lê.

Cinco anos antes, em depoimento ao escritor Castro Soromenho na Livraria José Olympio, Graciliano expressou toda a sua angústia: a necessidade de clamar contra a miséria dos sertanejos era abafada pela ordem de calar, de permanecer de braços cruzados, ou de limitar-se à arte pela arte. Lamentando que os portugueses ficassem sem saber "algumas verdades" que desejava contar, o romancista brasileiro esclareceu ser-lhe impossível falar, conceder a entrevista; e Soromenho lastimou que também Jorge Amado não se deixasse entrevistar. Era 1939, e, se o receio de consequências políticas obstava a comunicação com o escritor português, *Vidas secas* já estava publicado, e a voz cansada de Graciliano ao evocar o "ano de sofrimentos" passado na prisão se gravou na memória de Soromenho e no jornal *O Primeiro de Janeiro*, do Porto, enquanto constituíam ainda promessa as *Memórias do cárcere*.

Nesse sentido, impõe-se a leitura de entrevistas como "Graciliano Ramos ingressa no Partido Comunista do Brasil e participa da luta pela Constituinte" e "Graciliano Ramos recorda: Febre, polinevrite e tuberculose. Heranças do presídio da Ilha Grande", publicadas na *Tribuna Popular* respectivamente em 1945 e em 1947. A primeira, de que significativamente há trechos manuscritos conservados no Arquivo do IEB-USP, revela os impasses da consciência do artista que sente a necessidade de agir, de ser útil no combate ao fascismo, às injustiças. Na segunda, antecipando as *Memórias do cárcere*, Graciliano denuncia a realidade da prisão: fome, doenças, trabalho forçado, espancamentos. Ele se lembra de Olga Benário Prestes, sobretudo do dia em que a levaram para matá-la; e do amigo Cubano, presidiário, o "delinquente" que lutou com ele para que se alimentasse.

Voltando ao escritor português Castro Soromenho: em janeiro de 1953, declarou em carta a Graciliano considerá-lo "o maior romancista moderno de língua portuguesa".[52] Eles se encontraram no Rio em 1939 e em 1949 e se tornaram amigos, conforme atestam as entrevistas aqui compiladas. Soromenho admirava, afirma na carta, ter Graciliano "notável alma de romancista" e ser sua vida um "ato de elevada consciência".

Diversamente, com o jornalista português Marques Gastão deu-se um desencontro. Retome-se o fato lamentável: depois de conversar de passagem com Graciliano e Heloísa em 1952 no aeroporto de Lisboa, que rumavam para Moscou, o repórter, salazarista, publicou uma pretensa entrevista do escritor, deturpando suas afirmações. Os sucessivos desmentidos, na *Imprensa Popular*, no *Correio da Manhã*, em *A Noite* e na *Última Hora*, permitem dimensionar a indignação do romancista. Falam por si os títulos dos artigos de Francisco de Assis Barbosa e de Edmar Morel, respectivamente: "Graciliano Ramos faz-me um apelo" e "Último protesto de Graciliano às portas da morte". Era início de março de 1953, e ele estava gravemente enfermo numa casa de saúde em Botafogo.

Então, a dúvida quanto a incluir aqui tal entrevista teve como contrapeso esses apelos de Graciliano, que evidenciam a necessidade e as dificuldades de registrar honestamente a história e de compreender os homens. No repúdio à aparente "safadeza" e "má-fé" de Marques Gastão reencontramos o cuidado de Graciliano com as palavras, o empenho pela clareza de suas ideias sobre literatura e política, sua lucidez crítica contra o fascismo e as falsificações.

A "falsa fera", "homem fraternal"

Os títulos dos contos que deram origem respectivamente a *S. Bernardo* e a *Angústia*; a autodepreciação; a dificuldade e o prazer de escrever; a gênese de *Infância* e das *Memórias do cárcere*; o olhar para a literatura brasileira, com seus convencionalismos, períodos de decadência ou força crítica, pródiga em bons contistas desconhecidos; o romance como "forma superior de vida", realista, nunca romance de fuga; a predileção pela Bíblia, por Tolstoi e Balzac; o gosto de conversar com os novos; o horror a falsificações e injustiças: como se vê, as entrevistas são ricas em informações sobre Graciliano. As enquetes e depoimentos, embora algo fragmentários, oferecem igualmente vasto material para os leitores. Por meio deles, será possível saber mais, por exemplo, sobre a admiração de Graciliano por Balzac e Eça de Queirós, e seu distanciamento em relação a Machado de Assis. Ou deparar com afirmações incisivas, como a de serem autodidatas todos os intelectuais brasileiros. E reconhecer o capitão Lobo e o presidiário Cubano entre os melhores amigos do autor das *Memórias do cárcere*, contrário a estereótipos e sensível a gestos de generosidade, tão raros.

Procurando evitar o sentido de mistificação do escritor, esta reunião de falas, ao trazer particularidades de Graciliano, sua perspectiva ante várias questões e seus vínculos com o outro, espera possibilitar que se conheça mais sobre sua criação literária e sobre a história, de Alagoas e do Rio, da época em que viveu.

E a imagem do homem encontra uma síntese no relato de José Guilherme Mendes. Ele narra como a já aqui referida entrevista para *Manchete*, em 1952, realizada na casa do romancista, doente, partiu de uma conversa a princípio impossível, espécie de luta em que o homem "áspero" golpeava, cortante, o repórter insistente. No entanto, aos poucos lá estavam como velhos amigos: Graciliano falou bastante sobre literatura, também sobre a União Soviética, e pediu que sua filha Luiza lesse um capítulo do livro em preparo, *Viagem*.

Assim, a "falsa fera que é o homem fraternal chamado Graciliano Ramos" se mostrou a José Guilherme Mendes e ao público. Tanto aquela conversa e outras seguintes marcaram o jovem, que ele realizou em 1953 uma série de reportagens sobre a implantação do socialismo na Polônia, e publicou em 1956, pela Civilização Brasileira, o livro *Moscou, Varsóvia, Berlim: o povo nas ruas*. Parêntese para o bom humor, leiam-se as versões do "causo" que alude a André Gide: como Graciliano, ele conhecera Moscou, mas escreveu um livro contra a União Soviética.

Vale transcrever aqui as palavras da entrevista a José Guilherme Mendes, que expressam o olhar crítico, ponderado, de Graciliano sobre a União Soviética, "nem céu, nem inferno":

"— Certas pessoas vêm achando que aquilo lá é o Paraíso; outras voltam caluniando e dizendo horrores. Quero ver se escrevo uma coisa diferente: nem céu nem inferno. Pois não há mesmo isso, não é?"

Falas: a poesia do inferno

Manuel Bandeira pesquisou e deu a público em "Letras e Artes", suplemento de *A Manhã*, a 14 de julho de 1946, uma antologia de mais de sessenta definições de poesia, elaboradas por diversos artistas e intelectuais, como André Gide, Carlyle, Cocteau, Coleridge, Dante, Edgard Poe, Max Jacob, Paul Valéry, Platão, Rainer Maria Rilke, Schiller. O número seguinte do jornal estampou uma enquete: pediu para alguns intelectuais brasileiros — Marques Rebelo, Jorge de Lima, Graciliano Ramos, Alceu Amoroso Lima, José Lins do Rego, Murilo Mendes, entre outros — indicarem as definições que mais lhes agradavam.

"O mundo num homem, tal é o poeta moderno": esta a definição de Max Jacob, escolhida por Graciliano. Sintética, essa definição traduz o sentido da arte, de dar forma, a um tempo, aos mundos objetivo e subjetivo. E a obra de Graciliano é justamente marcada pela construção de um estilo em que a representação realista decorre de uma perspectiva social crítica, amalgamada a uma dimensão introspectiva, a impasses subjetivos. Nesse sentido, haverá melhor poesia que *Infância*? "Naquele tempo a escuridão se ia dissipando, vagarosa. Acordei, reuni pedaços de pessoas e de coisas, pedaços de mim mesmo que boiavam no passado confuso, articulei tudo, *criei o meu pequeno mundo incongruente*."

"O mundo num homem, tal é o poeta moderno": a definição de Max Jacob abarca a força da expressão poética, que concentra a riqueza do mundo interior dos homens, como, por exemplo, do *gauche* Carlos Drummond de Andrade, e um teor de atualidade crítica, a angústia pelo "mundo grande" e suas misérias. Se a alusão aqui é ao *sentimento do mundo*, evoca-se também o elogio que Drummond dirigiu a Graciliano, em carta de 1945 em que lhe agradece o "grande presente" *Infância*. Reconhecendo-a como obra de arte a que nada falta nem sobra, "a palavra justa exprimindo sempre uma realidade psicológica ou ambiente",[53] o poeta confessa até raiva, desejo de ter escrito o livro, tamanha a admiração e o prazer que *Infância* desperta. Já Graciliano escolheria *A rosa do povo* o melhor livro de poesia do ano num inquérito de "Letras e Artes".

E aqui, fechando o Prefácio de *Conversas*, retoma-se o trajeto do menino que falava pouco, a voz reprimida, até se fazer falante "como o diabo" por meio da literatura. Dizia Graciliano preferir a prosa, mas a poesia ditava-lhe o ritmo. Apreciava a fala de seus escritos, daí o hábito de leituras em voz alta dos capítulos dos livros. A filha Luiza lia alto *Viagem*; Luiza e Clara, meninas na pensão do Catete, faziam falar, de cor, a poesia de *Vidas secas*, céu com nuvens: "Uma, duas, três, quatro, havia muitas estrelas, havia mais de cinco estrelas no céu."[54]

"Ao escurecer a serra misturava-se com o céu e as estrelas andavam em cima dela. Como era possível haver estrelas na terra?"[55] Assim pensava o menino mais velho. Ele havia apanhado: quisera aprender a significação da palavra *inferno*, mas a mãe lhe falou, sem descrever, que se trata de um lugar ruim. Desapontado, ele desejava "que a palavra virasse coisa", "que ela fizesse o inferno transformar-se". Também o menino de *Infância*, num dia "em maré de conversa" com a mãe, ouviu esse "nome feio", do lugar para onde os mal-educados nos mandam em discussões. Porém, sem mais esclarecimentos, desconfiou da existência dessa fogueira ardente cujos moradores, mortos péssimos, são torturados por demônios de rabo e chifres: "— Não há não. É conversa."[56]

Falar, fabular, conversar, compreender. *Conversa* pode significar mentira, no entanto *falar com o outro* é a base do entendimento. Não apenas inferno, tampouco somente céu. Leiamos, pois, algumas conversas de Graciliano, e que este livro seja caminho para acompanhá-lo em seu "falar sozinho" e em seu convívio com os outros, nos romances e memórias que partilhou conosco.

Balizas editoriais de *Conversas*

Com relação ao estabelecimento dos textos, tomamos como base as versões das *Conversas* publicadas pelos entrevistadores de Graciliano na imprensa ou em livro, considerando também os manuscritos, presentes no acervo do IEB, nos quais o escritor responde à demanda dos repórteres. Como as entrevistas, enquetes, depoimentos e causos aqui reunidos foram publicados no transcorrer do século XX, obedecem a padrões ortográficos variados. Nesse sentido, foi necessário procedermos à uniformização das grafias de acordo com as convenções vigentes. Realizamos ainda a padronização de formatações especiais (negrito, itálico e sublinhado) que variavam ao sabor das convenções visuais de cada jornal ou revista nos quais estas *Conversas* vieram primeiramente a público.

Seguindo recente tradição instaurada por *Garranchos* (2012) e *Cangaços* (2014), a presente obra investe na produção de notas com o fito de situar as falas de Graciliano no horizonte do momento em que foram elaboradas. Pretende-se com isso facultar ao leitor ferramentas para o enquadramento histórico, político, jornalístico e literário dos textos, bem como assinalar os assuntos e argumentos repisados pelo escritor alagoano ao longo das entrevistas e depoimentos, visando a acentuar os elos entre seus múltiplos dizeres.

Conversas próximas

Além das entrevistas e das enquetes ora apresentadas, outras falas de Graciliano se inscreveram na memória de pessoas de seu convívio ou de conhecidos e admiradores que tiveram o prazer de conversar com ele, muitas vezes na Livraria José Olympio. Registradas em depoimentos que saíram em periódicos diversos, essas falas de Graciliano constituirão um novo volume por nós organizado, a lançar-se logo mais. Trata-se de falas reportadas por amigos, sempre a partir de cenas ou circunstâncias vividas ao lado de Graciliano, marcadas por sua presença. São autores de depoimentos vários amigos do romancista: os que o acompanharam desde os tempos de Alagoas, como Aurélio Buarque de Holanda, José Lins do Rego, Jorge Amado, Pedro Mota Lima; companheiros da época do cárcere, como o general Lobo, Nise da Silveira, Eneida de Moraes, Beatriz Bandeira; conhecidos no Rio, depois da prisão, como Rubem Braga, Paulo Rónai, Otto Maria Carpeaux, Renard Perez, Antonio Callado. Completam o livro depoimentos de Heloísa Ramos e de James Amado e uma entrevista inédita dos organizadores com Luiza Ramos Amado, filha de Graciliano.

Notas

1. O livro *Ficção e confissão*, de Antonio Candido, foi publicado em 1956 pela José Olympio. Incluía, modificadas e ampliadas, as "Notas de Crítica Literária — Graciliano Ramos I, II, III, IV e Conclusão", que saíram no *Diário de São Paulo*, de 4 de outubro até 1º de novembro de 1945. Foi prefácio de *Caetés* de 1955 até 1965, da terceira à sétima edição; e introdução a *S. Bernardo*, de 1970 até 1973, da décima segunda à vigésima edição. Cf. CANDIDO, Antonio. *Ficção e confissão: ensaios sobre Graciliano Ramos*. 3. ed. Rio de Janeiro: Ouro sobre Azul, 2006; DANTAS, Vinicius. *Bibliografia de Antonio Candido*. São Paulo: Duas Cidades; Editora 34, 2002, pp. 23 e 69.
2. LINS, Álvaro. "Infância de um romancista", "Jornal de Crítica", *Correio da Manhã*, 7 set. 1945, p. 2; também em: *Jornal de Crítica*. 5ª Série. Rio de Janeiro: José Olympio, 1947; "Vidas secas". In: *Jornal de Crítica*. 2ª Série, 1943; "II", *Correio da Manhã*, 4 jul. 1947, p. 2; "Visão geral de um ficcionista". In: *Jornal de Crítica*. 6ª Série, 1951. Reunidos em: "Valores e misérias das *Vidas secas*". In: *Os mortos de sobrecasaca*. Rio de Janeiro: Civilização Brasileira, 1963, pp. 144-69.
3. Foram escritos em 1942, no contexto da homenagem aos cinquenta anos do escritor, os textos fundamentais "A vida de Graciliano Ramos, reportagem biográfica", de Francisco de Assis Barbosa (*Diretrizes*, Rio de Janeiro, 29 out. 1942, pp. 12-3, 15; a versão desse texto publicada em livro, com o título "Graciliano Ramos, aos cinquenta anos", está neste volume) e "Visão de Graciliano", de Otto Maria Carpeaux (*Diretrizes*, Rio de Janeiro, 29 out. 1942, pp. 6 e 22; "Origens e fins". In: *Ensaios reunidos 1942-78*. v. I. Org. de Olavo de Carvalho. Rio de Janeiro: UniverCidade & Topbooks, 1999). Constam ambos de: SCHMIDT, Augusto Frederico et al. *Homenagem a Graciliano Ramos*. Rio de Janeiro: Alba, 1943. Reeditado por BASTOS, Hermenegildo et al., acompanhado de *Catálogo de benefícios: o significado de uma homenagem*. Brasília: Hinterlândia, 2010.
4. MORIN, Edgar. "A entrevista nas ciências sociais, no rádio e televisão". In: MOLES, Abraham A. et al. *Linguagem da cultura de massas: televisão e canção*. Petrópolis: Vozes, 1973, pp. 115-6. Mais informações sobre o gênero entrevista podem ser encontradas em: BOURDIEU, Pierre. "Compreender". In: BOURDIEU, Pierre et al. *A miséria do mundo*. Petrópolis: Vozes, 1997, pp. 693-713; MÜHLHAUS, Carla. *Por trás da entrevista*. Rio de Janeiro: Record, 2007; e ALTMAN, Fábio (Org.). *A arte da entrevista: uma antologia de 1823 aos nossos dias*. São Paulo: Scritta, 1995.
5. HOLANDA, Aurélio Buarque de. "*Caetés*". *Boletim de Ariel*, Rio de Janeiro, ano III, n. 5, fev. 1934. Cf. em: RAMOS, Graciliano. *Caetés*. Edição Comemorativa: 80 anos. Org. Elizabeth Ramos e Erwin Torralbo. Rio de Janeiro: Record, 2013, p. 209.

6. Graciliano veio a público, nas páginas da própria *Revista Acadêmica* que lhe conferiu essa honraria, agradecer a distinção aos membros do júri, entre os quais se encontravam Mário de Andrade, Álvaro Moreyra e Aníbal Machado. Aludindo à sua trajetória biográfica, mais especificamente ao período em que ficou preso sem qualquer acusação, destaca que o prêmio lhe fora dado como compensação, meio de desfazer agravos e combater moinhos reais. "Eu estava ᴇ ᴏ triturado por um desses moinhos. E a solidariedade de alguns intelectuais brasileiros teve para mim significação extraordinária." In: RAMOS, Graciliano. *Garranchos*. Organização, introdução e notas de Thiago Mio Salla. Rio de Janeiro: Record, 2012, p. 152.

7. BROCA, Brito. "*Vidas secas*: Uma palestra com Graciliano Ramos — O sertanejo da zona árida — O homem no seu *habitat*", *A Gazeta*, São Paulo, 15 mar. 1938, p. 8, "Livros e Autores".

8. Entrevista de Graciliano a Francisco de Assis Barbosa: "A vida de Graciliano Ramos" (*Diretrizes*, Rio de Janeiro, 29 out. 1942, pp. 12-3, 15); "Graciliano Ramos, aos cinquenta anos". In: *Achados ao vento*. Rio de Janeiro: Ministério da Educação e Cultura; Instituto Nacional do Livro, 1958 (Biblioteca de Divulgação Cultura, Série A-XV).

9. Chamam a atenção as entrevistas concedidas por Graciliano ao jornal comunista *Tribuna Popular*: "Graciliano Ramos ingressa no Partido Comunista do Brasil e participa da luta pela Constituinte" (16 ago. 1945) e "Graciliano Ramos, escritor do povo e militante do PC" (26 ago. 1945).

10. Entre outras, destaque para entrevistas de José Condé (*O Cruzeiro*, Rio de Janeiro, 15 abr. 1939) e Homero Senna (*Revista do Globo*, Porto Alegre, 18 dez. 1948).

11. Trata-se da obra memorialística *Infância* e da coleção *Contos e novelas*, em três volumes, lançada pela Casa do Estudante do Brasil, em 1957. Obedecendo a um critério geográfico de organização, Graciliano divide o conjunto de textos da seguinte maneira: Norte e Nordeste (1º vol.), Leste (2º vol.) e Sul e Centro-Oeste (3º vol.). Em 1966, tal coletânea foi republicada pela Ediouro (Rio de Janeiro) com o título de *Seleção de contos brasileiros.*

12. Ver especialmente as entrevistas "Graciliano Ramos fala ao *Diário Popular* acerca dos modernos romancistas brasileiros" (*Diário Popular*, Lisboa, 10 set. 1949); "O modernismo morreu?" (*Dom Casmurro*, Rio de Janeiro, 12 dez. 1942); "Os chamados romances sociais não atingiram as massas" (*Renovação*, Recife, maio-jun. 1944).

13. Publicação monotemática, começou como um jornal de formato *standard* e depois se tornou uma revista. Circulou do final de 1950 a fevereiro de 1953 e procurava propagar a "campanha pela paz", uma iniciativa mundial conjunta de todos os partidos ligados ao Kremlin, no contexto da Guerra Fria.

14. "'Sou um homem de partido' — afirma Graciliano Ramos", *Imprensa Popular*, Rio de Janeiro, 5 mar. 1953, p. 2. Ver o texto presente nesta edição.

15. Trata-se do livro *Graciliano Ramos, ensaio crítico-psicanalítico*, de H. Pereira da Silva (Rio de Janeiro: Aurora, 1950).
16. RAMOS, Graciliano. "Escola", *Infância*. 47. ed. Rio de Janeiro: Record, 2012, p. 115-116.
17. *Infante*: "lat. *infans, antis*, 'que não fala, que tem pouca idade, novo, pequeno, criança'" (HOUAISS, Antônio; VILLAR, Mauro de Salles. *Dicionário Houaiss da língua portuguesa*. Rio de Janeiro: Objetiva, 2001). "A escrita dá finalmente nome e forma às impressões e sentimentos de um tempo remoto, tempos de *infância*, no sentido latino da palavra: anos da vida em que ainda não se fala". BOSI, Alfredo. "Passagens de *Infância* de Graciliano Ramos". In: *Entre a literatura e a história*. São Paulo: Editora 34, 2013, p. 107.
18. Leia-se a crônica "Professores improvisados", que traz este trecho sobre a realidade do ensino no país: "Ensinam [os professores sertanejos] antes de aprenderem. Talvez fosse mais razoável aprender para ensinar. Mas poderei eu censurá-los? Não, decerto. Todos precisamos viver. E desejamos, naturalmente, aparentar o que não somos." Cf. RAMOS, Graciliano. "Professores improvisados". *Revista de Ensino*, Órgão Oficial do Departamento Geral da Instrução Pública de Alagoas. Maceió: Imprensa Oficial, ano III, n. 17, pp. 44-5, set./out. 1929; In: *Viventes das Alagoas*. 19. ed. Rio de Janeiro: Record, 2007.
19. Significativas quanto à representação do sertanejo, vejam-se as palavras de Graciliano em carta de 1937 a Benjamín de Garay: "Os nossos matutos nunca foram observados convenientemente. Os que aparecem em romances pensam como gente da cidade e falam difícil, apenas deformando as palavras, suprimindo os *ss*, os *ll* e os *rr* finais. [...] / Acho que os tipos que lhe mando são verdadeiros. Procurei vê-los por dentro e evitei os diálogos tolos e fáceis, que dão engulhos. Os meus matutos são calados e pensam pouco. Mas sempre devem ter algum pensamento, e é isto que me interessa. Não gastei com eles as metáforas ruins que o Nordeste infelizmente produz com abundância. Também não descrevi o pôr do sol, a madrugada, a cheia e o incêndio, coisas obrigatórias, como você sabe. / Veja se essa gente lhe agrada. Se ela for metida em *La Prensa*, ficarei muito satisfeito." RAMOS, Graciliano. "Carta a Benjamín de Garay", Rio de Janeiro, 18 de novembro de 1937 [XIV]. In: *Cartas inéditas de Graciliano Ramos a seus tradutores argentinos Benjamín de Garay e Raúl Navarro*. Introdução, ensaios e notas de Pedro Moacir Maia; organização e apresentação de Fernando da Rocha Peres. Salvador: Edufba, 2008, p. 63. Além de Fabiano, recorde-se o ótimo caboclo "Ciríaco": narrava histórias em "linguagem capenga, feita de avanços, recuos e perífrases", percebidas pelos ouvintes de formas diferentes. "Mas de ordinário não gostava de falar: preferia atiçar as conversas dos outros com apartes, vagos comentários de aprovação mastigada: / — An? an! Está bem. Pois é." Porém, um dia Ciríaco resolveu perguntar o

que os livros dizem. Cf. RAMOS, Graciliano. "Ciríaco". In: *Viventes das Alagoas*. Op. cit.

20. BAHIA, Juarez. *Jornal, história e técnica: história da imprensa brasileira*. 4. ed. rev. e aum. São Paulo: Ática, 1990, p. 187.

21. Id., p. 186.

22. SODRÉ, Nelson Werneck. *História da imprensa no Brasil*. 4. ed. atualizada. Rio de Janeiro: Mauad, 1999, p. 388; MARTINS, Ana Luiza; LUCA, Tânia Regina de. *Imprensa e cidade*. São Paulo: Editora Unesp, 2006, p. 90.

23. MENDES, José Guilherme. "Graciliano Ramos: romance é tudo nesta vida", *Manchete*, Rio de Janeiro, 15 nov. 1952, p. 17.

24. MARTINS, Ana Luiza. *Revistas em revista: imprensa e práticas culturais em tempos de República, São Paulo (1890-1922)*. São Paulo: Edusp, 2008, p. 96.

25. SILVEIRA, Joel. "Os intelectuais e o Estado Novo". Entrevista do autor de *Na fogueira* ao jornalista Gonçalo Júnior, publicada na *Gazeta Mercantil*, São Paulo, 1-4 abr. 1999.

26. RAMOS, Graciliano. "Livros", *Folha da Manhã*, São Paulo, 3 out. 1937, p. 8; In: *Linhas tortas*. Para mais informações sobre o florescimento editorial a partir dos anos 1930, ver CANDIDO, Antonio. "A revolução de 1930 e a cultura". In: *Educação pela noite & outros ensaios*. 2. ed. São Paulo: Ática, 1989, pp. 190-3. Conforme revelam entrevistas, cartas e artigos de Graciliano, paralelamente ao desenvolvimento editorial do país, houve momentos de incerteza, sobretudo desde 1935 e na década de 1940, quanto aos encaminhamentos do romance brasileiro.

27. Por essa casa editorial gaúcha, Graciliano já havia lançado *A terra dos meninos pelados*, em 1939, e viria a publicar *Histórias incompletas*, em 1946, ano de sua primeira entrevista estampada na *Revista do Globo*. Esta última obra compila os contos "Dois Dedos" e "Luciana", mais três capítulos de *Vidas secas* e quatro de *Infância*.

28. REVERBEL, Carlos. *Barco de papel*. Porto Alegre: Globo, 1979, p. 179.

29. RAMOS, Graciliano. "Livros", cit., p. 8.

30. O escritor se teria baseado em Jules Huret, que publicara em *L'Echo de Paris*, no ano de 1891, um inquérito sobre o Naturalismo. Posteriormente, tal material foi reunido no livro *Enquête sur l'evolution littéraire* (Paris: Bibliothèque-Charpentier, 1891). Cf. MÜHLHAUS, Carla. *Por trás da entrevista*. Rio de Janeiro: Record, 2007, p. 31.

31. RIO, João do. *O momento literário*. Rio de Janeiro: Fundação Biblioteca Nacional; Departamento Nacional do Livro, p. 4.

32. GENS, Rosa Maria de Carvalho. "Os tempos mudaram, meu caro". In: RIO, João do. Op. cit., s/p.

33. BUENO, Luís. *Uma história do romance de 30*. São Paulo: Edusp; Campinas, SP: Editora da Unicamp, 2006, p. 228.

34. Cf. TÁTI, Miécio. *Jorge Amado: vida e obra*. Belo Horizonte: Itatiaia, 1961.

35. A passagem para o século assinala a proliferação desse gênero. Nelson Werneck Sodré registra o seguinte exemplo: "Tenho a maior satisfação em declarar que, sofrendo de uma bronquite pertinaz, fiquei radicalmente curado com o uso do Bromil. (a) Olavo Bilac" (SODRÉ, Nelson Werneck. cit., pp. 281-2).

36. A peça publicitária com tal declaração de José Lins do Rego vinha acompanhada da fotografia ou de uma caricatura do escritor. Foi publicada no início dos anos 1950 nos jornais *Última Hora* (18 ago. 1952, p. 3), *Diário da Noite* (18 ago. 1952, p. 3, 2ª Seção), *Correio da Manhã* (26 jun. 1953, p. 35).

37. Cf. MÜHLHAUS, Carla; CALLADO, Ana Arruda et al. *Por trás da entrevista*. Rio de Janeiro: Record, 2007, p. 165.

38. "Lobato sempre declarou que só era responsável pelas entrevistas que ele mesmo redigia, pois em caso contrário suas respostas vinham adulteradas, ou pelo menos redigidas num estilo que evidentemente não era o seu" ("Nota dos Editores". In: LOBATO, Monteiro. *Prefácios e entrevistas*. São Paulo: Brasiliense, 1969, p. 7). Como destaca Telê Ancona Lopez, Mário de Andrade costumava responder por escrito às perguntas dos entrevistadores. "E mais: publicado seu depoimento, recortava-o do jornal ou da revista, levava-o para o álbum, e, ali, escrevia na margem correções que julgava necessárias." (LOPEZ, Telê Ancona. "Reunindo entrevistas e depoimentos". In: ANDRADE, Mário de. *Entrevistas e depoimentos*. São Paulo: T. A. Queiroz, 1983, p. 1).

39. "Graciliano brincalhão, desatento, intempestivo. Quem sabe nem tanto, apenas refratado. Habituei-me a transitar por tais recordações. E desisti, faz muito, de intentar um perfil. Ou não existe o retrato fragmentado, a colagem viva? Surgindo nas ressurreições da memória. / De certo modo nos habituamos aos rótulos, passamos a usá-los como se fossem máscaras. Talvez porque se ajustem ao que buscamos, ou nos simplifiquem a representação diária, quem sabe organizem os nossos próprios desencontros. No caso de Graciliano, tais disfarces eram variados: a secura agreste, o coronel rememorando valentias, um pessimismo de óculos escuros; inversamente, o cerimonioso cortês, o artesão de laborioso e ciente equilíbrio, um disciplinado crente no futuro do homem. Vistos de perto, ao longo do tempo, o convívio atenuava, contradizia, baralhava esses traços. Mas apontando para a figura compósita." RAMOS, Ricardo. *Graciliano: retrato fragmentado*. 2. ed. São Paulo: Globo, 2011, pp. 113, 115, 152-3.

40. Quanto à etimologia de *pessoa*, confiram-se: ARENDT, Hannah. "O grande jogo do mundo". In: *A dignidade da política: ensaios e conferências*. 2. ed. Trad. de Helena Martins, Fernando Rodrigues, Frida Coelho e Antônio Abranches. Rio de Janeiro: Relume Dumará, 1993; ARENDT, Hannah. Prólogo de *Responsabilidade e julgamento*. Trad. de Rosaura Eichenberg. São Paulo: Companhia das Letras, 2004. A fecundidade de tal etimologia serviu de mote para pensar sobre Machado de Assis: "Voz

a refletir: Machado de Assis e a crítica, no centenário da morte", *Macha-do de Assis em Linha*, ano 2, n. 4, pp. 152-63, dez. 2009.

41. Escrito em Buenos Aires, o livro de Jorge Amado foi publicado em 1942 em espanhol; só saiu no Brasil em 1945. AMADO, Jorge. *O cavaleiro da esperança: vida de Luís Carlos Prestes.* Posfácio de Anita Leocádia Prestes. São Paulo: Companhia das Letras, 2011.

42. RAMOS, Graciliano. "Prestes". *Classe Operária*, Rio de Janeiro, n. 157, p. 8, 1º jan. 1949. Comemorativo do aniversário de Prestes, esse número do periódico inclui também contribuições de Astrojildo Pereira, Cândido Portinari, Jorge Amado, Maurício Grabois, Moacir Werneck de Castro, Oscar Niemeyer, entre outros. Cf. RAMOS, Graciliano. "Prestes". In: *Garranchos.* cit., pp. 300-4.

43. Mas Graciliano já havia pensado no livro tempos antes, em 1936, em Maceió, e significativamente o título "Sombras" passou a "Nuvens" em 1945; as nuvens criam sombras e também formas: "Um dia destes, no banheiro, veio-me de repente uma ótima ideia para um livro. Ficou-me logo a coisa pronta na cabeça, e até me apareceram os títulos dos capítulos, que escrevi quando saí do banheiro, para não esquecê-los. Aqui vão eles: 'Sombras', 'O inferno', 'José', 'As almas', 'Letras', 'Meu avô', 'Emília', 'Os astrônomos', 'Caveira', 'Fernando', 'Samuel Smiles'. Provavelmente me virão ideias para novos capítulos, mas o que há dá para um livro. Vou ver se consigo escrevê-lo depois de terminado o *Angústia*. Parece que pode render umas coisas interessantes." RAMOS, Graciliano. Carta a Heloísa de Medeiros Ramos. Maceió, 28 jan. 1936. In: *Cartas.* 8. ed. Rio de Janeiro: Record, 2011, carta 88, pp. 217-8.

44. Cf. CANDIDO, Antonio. *Ficção e confissão: ensaios sobre Graciliano Ramos.* Rio de Janeiro: Ed. 34, 1992; BOSI, Alfredo. *Brás Cubas em três versões.* São Paulo: Companhia das Letras, 2006.

45. Cf. RAMOS, Graciliano. "Discurso de Graciliano Ramos". In: *Garranchos*, cit., pp. 207-15. É o discurso de agradecimento à homenagem pelo seu 50º aniversário, a 27 de outubro de 1942, no restaurante Lido, em Copacabana. Saiu na *Revista do Brasil*, Rio de Janeiro, 3ª fase, ano V, n. 52, pp. 135-8, dez. 1942. Também em: SCHMIDT, A.F. et al. *Homenagem a Graciliano Ramos.* Rio de Janeiro: Alba, 1943, pp. 19-30; reeditado por Hermenegildo Bastos et al., acompanhado de *Catálogo de benefícios: o significado de uma homenagem.* Brasília: Hinterlândia, 2010; *Relatórios.* Org. de Mário Hélio Gomes de Lima. Rio de Janeiro: Record, 1994, pp. 135-40.

46. Em entrevista também para Homero Senna, em 1945, Jorge de Lima declara que os alagoanos se vinculavam às ideias dos próceres do Rio e de São Paulo porque era generalizada em todo o país a necessidade de renovação: "Não passamos a fazer literatura modernista para imitar os nossos confrades de São Paulo e daqui. Abandonamos os velhos moldes porque também em Maceió, como em todo o Nordeste, àquele tempo,

amadureceu e tomou forma, no espírito dos escritores, o desejo de fazer alguma coisa nova e diferente do que então se perpetrava por esse Brasil afora, na poesia, no romance, no ensaio etc." SENNA, Homero. "O mistério poético" (Entrevista com Jorge de Lima publicada em 29 jul. 1945). In: *República das Letras: Entrevistas com vinte grandes escritores brasileiros*. 3. ed. rev. e atualizada. Rio de Janeiro: Civilização Brasileira, 1996, pp. 121-40.

47. Para uma reflexão sobre os vínculos entre os denominados *modernismo de 1922* e *romance de 1930*, confira-se "'Problema encrencado': o modernismo nordestino", no capítulo 3 de: *Graciliano Ramos e a Novidade: o astrônomo do inferno e os meninos impossíveis* (São Paulo: Hedra, 2010), com destaque para essas obras: CARPEAUX, Otto Maria. "Introdução" (1949). In: LIMA, Jorge de. *Obra poética*. Rio de Janeiro: Ed. Getulio Costa, 1949; ANDRADE, Mário de. "A elegia de abril" (1941); "O movimento modernista" (1942). In: *Aspectos da literatura brasileira*. São Paulo: Martins, s/d, pp. 185-95; pp. 231-55; HOLANDA, Sérgio Buarque de. "Fluxo e refluxo — I, II e III", 1951. In: *O espírito e a letra*. v. 2. Organização, introdução e notas de Antonio Arnoni Prado. São Paulo: Companhia das Letras, 1996, pp. 331-45; CANDIDO, Antonio. "Literatura e cultura de 1900 a 1945" (1950). In: *Literatura e sociedade. Ensaios de teoria e história literária*. São Paulo: Companhia Editora Nacional, 1965, pp. 129-65; Id. "A Revolução de 1930 e a cultura". In: *A educação pela noite & outros ensaios*. 2. ed. São Paulo: Ática, 1989, pp. 181-98; BOSI, Alfredo. "Moderno e modernista na literatura brasileira". In: *Céu, inferno*. São Paulo: Duas Cidades; Ed. 34, 2003, pp. 209-26; SANT'ANA, Moacir Medeiros de. *História do modernismo em Alagoas (1922-1932)*. 2. ed. revista e aumentada. Maceió: Edufal, 2003.

48. Em "A elegia de abril" (1941), o próprio Mário de Andrade salienta que, se ante o academismo e o "estreito formalismo" parnasiano fora necessário o combate pela liberdade da técnica, em 1940 fazia-se fundamental a "consciência técnica" do artista (ANDRADE, Mário de. "A elegia de abril". In: *Aspectos da literatura brasileira*. Op. cit.).

49. Cf. RAMOS, Graciliano. "Decadência do romance brasileiro". In: *Garranchos*, op. cit., pp. 262-7. Originalmente em: *Literatura*, Rio de Janeiro, ano I, n. 1, set. 1946. Antes de sair no Brasil, esse artigo, cujo manuscrito data de 20 de outubro de 1941, foi publicado no Uruguai: "Decadencia de la novela brasileña", *Nueva Gazeta*, Montevidéu, n. 11, dez. 1941 (Cf. CARPEAUX, Otto Maria. *Pequena bibliografia crítica da literatura brasileira*. Rio de Janeiro: Edições de Ouro, 1968, p. 256).

50. RAMOS, Graciliano. "Nuvens". In: *Infância* (1945). 47. ed. Rio de Janeiro: Record, 2012.

51. Como uma considerável parcela das "palestras" reunidas no presente volume, essa entrevista ganha destaque não só pelo teor dos conteúdos expostos por Graciliano, mas também pela importância do periódico em

que foi publicada: o jornal *A Noite*, ao final dos anos 1930, era o vespertino brasileiro de maior circulação. Já ao fim dos anos 1920 era uma folha
influente. "Popular, explora a reportagem policial, os fatos da cidade, os
eventos esportivos. Ágil, bem-feito, conquista o mercado da tarde com
notícias exclusivas assinadas por repórteres competentes" (BAHIA, op.
cit., p. 200). Não por acaso, sofre os efeitos da censura getulista. "O grupo
privado de *A Noite* deixa de existir em 1940, com a criação por decreto
das Empresas Incorporadas ao Patrimônio da União" (id., p. 201). Sob o
controle governamental, todavia, assiste-se nos anos 1940 ao apogeu de
A Noite.

52. Cf. Carta de Castro Soromenho a Graciliano Ramos. Madri, 9 jan. 1953.
Série Correspondência Passiva, Arquivo Graciliano Ramos, IEB-USP.

53. Carta de Carlos Drummond de Andrade a Graciliano Ramos. Rio de Janeiro, 26 de agosto de 1945. Acervo do Centro de Literatura Brasileira da
Fundação Casa de Rui Barbosa. Referência em: MORAES, Dênis de. *O
velho Graça*. 3. ed. Rio de Janeiro: José Olympio, 1996, p. 222.

54. RAMOS, Graciliano. "Mudança". In: *Vidas secas* (1938). 124. ed. Rio de
Janeiro: Record, 2014.

55. Id. "O menino mais velho". In: *Vidas secas*. Op. cit.

56. Id. "Inferno". In: *Infância*. Op. cit.

ENTREVISTAS

1. Um inquérito[1]

JORNAL DE ALAGOAS,[2] 1910

 **arte e a literatura em Alagoas**
O que são, o que pensam, o que leem os nossos
artistas e literatos
Qual a escola predominante entre nós
O jornalismo

Antes de penetrar no labirinto mais ou menos intrincado deste Inquérito, cujos quesitos não poderei responder com precisão, devo dizer que o *Jornal de Alagoas* cometeu um erro grave colocando-me entre os literatos alagoanos.

Minhas ideias têm pouco valor, porque de literatura pouco conheço.

Não quis ser dos primeiros, desejaria mesmo ser o último.

Aí vai o que fiz:

— Qual o primeiro autor que leu?

Sem falar nas poesias e nos trechos clássicos espalhados por muitos compêndios escolares, a primeira obra que li foi *O guarani*, de José de Alencar.[3] Tinha eu dez anos de idade, quando comecei a admirar as bonitas descrições, a linguagem atraente do autor da Iracema, os lances de fidelidade e de amor platônico de um índio, sentimentos impossíveis entre os nossos selvagens, homens desconfiados e lúbricos, segundo a opinião de Southey,[4] Léry[5] etc.

"São muito afeiçoados ao pecado nefando", afirma Gabriel Soares.[6]

No entanto, talvez porque eu fosse demasiado ingênuo, aquele enredo intrincado e belo parecia-me a coisa mais real possível, que naquele tempo eu ainda não conhecia o que há de podre pelo mundo afora.

— Qual o que predominou sobre sua formação literária ou artística?

Desculpem-me não poder eu responder com precisão.

Se quisesse, porém, saber qual o autor que poderia influenciar sobre meu espírito, caso tivesse eu de abraçar a literatura, responderia isto:

Tenho predileção por Aluísio Azevedo,[7] mas não deixo de admirar outros escritores nacionais e estrangeiros.

Assim, predominaram também sobre mim o realismo nu de Adolfo Caminha e a linguagem sarcástica de Eça de Queirós.[8]

— Qual o que prefere atualmente? Por quê?

Eu disse que preferia Aluísio Azevedo. Por quê? Porque é o mais sincero de quantos manejam a pena em nosso país; porque, afrontando uma sociedade atrasada e uma imprensa parcial e injusta, teve forças para derribar o romantismo caduco; porque em sua vasta obra e fecunda existe o que há de mais verdadeiro e mais simples.

— Para que ramo da beletrística ou das belas-artes propende seu espírito? Por quê?

O meu grande amor é pela prosa, mas gosto também dos versos verdadeiramente artísticos de Olavo Bilac, Alberto de Oliveira, Guimarães Passos, Luís Murat, Luiz Guimarães etc.

Leio uma página de um romance realista, depois folheio as *Poesias* de Olavo Bilac.

A *Alma inquieta*[9] desfazendo a impressão deixada por uma página do *Bom-crioulo*[10] de Adolfo Caminha.

Repito, porém, que prefiro a prosa ao verso.

Se tenho feito alguns trabalhos poéticos, esquecendo a prosa — por que não confessá-lo? —, é porque não tenho talento para cultivar a escola que prefiro: a escola realista.

E o verso ocupa menor espaço nos jornais.

— Qual o seu primeiro trabalho publicado ou exposto?

— De que gênero esse trabalho?

— Quando o publicou ou expôs?

Meus primeiros trabalhos foram pequeninos contos, simples ensaios sem estética, sem forma, sem coisa alguma. Verdadeiras criancices! Guiado pela mão de Mário Venâncio,[11] malogrado amigo que, sempre lutando com o infortúnio, ingeriu um dia uma forte dose de ácido fênico, publiquei minhas primeiras produções em pequenos periódicos, hoje desaparecidos.[12]

O primeiro conto que publiquei foi o "Pequeno mendigo".[13]

Tinha eu catorze anos, creio que incompletos, quando publiquei, com pseudônimo de Feliciano de Olivença,[14] dois sonetos em *O Malho*.[15]

Quase nada tenho feito.

— Que pensa da literatura e das belas-artes em Alagoas?

Não devemos ser muito otimistas, nem demasiado pessimistas. É verdade que Alagoas não é um estado extremamente fecundo em literatos, mas temos vários alagoanos que fazem figura nas letras. Ordinariamente o brasileiro olha as coisas pelo lado pior. Nós, que não escapamos à lei comum, bradamos impensadamente que nosso estado não tem romancistas, não tem poetas, não tem pintores, não tem coisa alguma.

Ora, sem falar nos alagoanos que hoje estão fora das estreitas raias de nosso modesto recanto, podemos ver facilmente que temos tudo quanto os pessimistas nos negam.

Creio que não devemos deixar na penumbra os vultos de Fernandes Tavares,[16] Franco Jatubá,[17] Rosália Sandoval,[18] Rodrigues de Melo,[19] Mota Lima,[20] Rosalvo Ribeiro[21] etc.

Quem não conhece os "Palmares" de Goulart de Andrade,[22] a "Orgulhosa" de Júlio Auto,[23] a "Aranha" de Luís Franco?[24]

Como esquecer o imortal autor de "Guarda e passa" e "Teu lenço"?[25]

Se Alagoas não é um estado predestinado, não é para admirar, porque as letras e artes em nosso país não estão muito desenvolvidas. Está muito proporcional nosso adiantamento com o do resto do Brasil.

— Há uma arte nacional no Brasil?

Há a poesia.

Tratando-se, porém, de uma arte nossa, devo dizer que não considero puramente nacional a poesia brasileira em geral.

Penso que não é verdadeiramente indígena uma escola que sofre influências exteriores. Assim, considero nacional a poesia indianista.[26]

— Se há, qual o seu representante mais definido?

Julgo que há mais de um: Basílio da Gama e Santa Rita Durão, representantes do indianismo clássico; Gonçalves Dias, representante do indianismo romântico.

— Que pensa do jornal no tocante às letras e à literatura?

Creio que o jornal é absolutamente necessário, indispensável mesmo à literatura, principalmente em um lugar onde apenas de longe em longe aparece um livro.

— Para onde se dirige o pensamento nacional?

Para o máximo grau da perfeição. Do constante labutar de todos os nossos intelectuais, do choque de ideias e pensamentos diversos, da grande variedade de escolas, resultará fatalmente a evolução.

Se uma época é maninha e sáfara, aparecerão, com certeza, períodos mais brilhantes e fecundos.

Evoluímos, não há dúvida.

— Que pensa sobre a ortografia da língua portuguesa e que sistema prefere?

Não prefiro a ortografia rigorosamente etimológica, nem a fonética rigorosa.

Não podendo, por falta de conhecimentos, seguir à risca o sistema etimológico, sigo a ortografia usual.

— Por que a literatura nacional é tão desconhecida no estrangeiro?

Porque, entre todas as línguas novilatinas, é o português a menos conhecida no exterior.

— Que pensa a respeito de escolas?

— Qual será a escola do futuro?

A melhor escola é, em minha opinião, a que for mais sincera, mais simples, mais verdadeira.

"Les meilleurs livres sont ceux que chaque lecteur croit qu'il aurait pu faire; la nature, qui seule est toute familière et commune."[27]

Prefiro a escola que, rompendo a trama falsa do idealismo, descreve a vida tal qual é, sem ilusões nem mentiras.

Antes a "nudez forte da verdade" que o "manto diáfano da fantasia".[28]

Dizem por aí que os realistas só olham a parte má das coisas.

Mas que querem?

A parte boa da sociedade quase que não existe.

De resto é bom a gente acostumar-se logo com as misérias da vida. É melhor do que o indivíduo, depois de mergulhado em pieguices românticas, deparar com a verdade nua e crua.

Prefiro o realismo, repito, e creio que o realismo será a escola do futuro.

— Qual dos artistas e literatos brasileiros é o melhor? Por quê?

Em respondendo, será preciso repetir quase integralmente o que já ficou dito no quesito n. 3. Prefiro Aluísio aos outros literatos brasileiros.

Foi a *Casa de pensão* o livro que mais viva impressão deixou em meu espírito.

Os braços redondos da mulher do Campos, as formas bem-delineadas de Amélia, a tosse do tuberculoso do n. 7, a afetação do *gentleman*, a pobreza do Paiva Rocha, a adulação de mme. Brizard, os olhinhos pardos e maliciosos do Coqueiro vêm-me sempre à imaginação quando recordo os fatos e os tipos que se agrupavam em volta de Amâncio de Vasconcelos.[29]

Sem hesitar um só instante, digo que, em minha opinião, é o autor da *Casa de pensão* o melhor literato brasileiro.

— O que pensa da arte teatral no Brasil?

Julgo que não estamos tão atrasados como vulgarmente se diz.

Leiam este trecho do melhor crítico brasileiro:

"A verdade é que o Brasil, na região pura e desinteressada do sentir e do pensar, na ciência e na arte, se não é um ricaço, como a Alemanha, a Inglaterra, a França, a Itália, não é mais um mendigo trapito, como uma horda de africanos, ou uma tribo de peles-vermelhas. Não estamos de cócoras, andamos já de pé e devemos ir a caminho do futuro sem desfalecimentos nem covardias."[30]

Como glórias do palco, Ludovina Soares[31] e Florindo Joaquim da Silva[32] protestarão sempre contra a injustiça que muita gente faz ao teatro brasileiro.

Uma referência ao ator Areias:

"De 1853 a 1863, em que faleceu João Caetano, aquele teatro (Ginásio Dramático) colocou-se em tal evidência, que não seria aventuroso assegurar-se que o *Vaudeville* poderia chamá-lo irmão, já pela natureza dos espetáculos, já pela proficiência dos atores de que dispunha. Vimos em Londres os *Pobres de Paris*, executando o primeiro papel o célebre Reveil, da *Comédie Française*, e garantimos que o ator Areias lhe não era inferior."[33]

E João Caetano dos Santos, o sublime interpretador da *Gargalhada*,[34] o vulto mais gigantesco de nosso teatro?

É impossível esquecer o homem que Jacques Arago definiu assim:

"Oh! que ne m'est-il permis de vous citer ici un comédien d'élite que l'Europe serait fière de posséder, qui ne s'est inspiré que de lui-même, et qui possède son Schiller, son Corneille, les chefs-d'oeuvre de nos poètes, et les interprète si dignement, que je vous porte le défi de rester froid s'il vous ordonne de pleurer, de trembler, de frémir!... Cet homme est une des gloires brésiliennes."[35]

Nossos dramaturgos não são pouco numerosos.

Temos França Júnior, Agrário de Menezes, Macedo, Alencar e, talvez superior a todos, o grande Martins Pena, o famigerado autor de *O juiz de paz na roça* e de *O noviço*. Entre os autores dramáticos novos, ressaltam os vultos de Coelho Neto, Goulart de Andrade, Aluísio Azevedo, Emílio Rouède e Arthur Azevedo, o célebre autor de *A Capital Federal* e de *O badejo*.

— Como entende um melhor meio de desenvolvimento literário em Alagoas?[36]

Escrevam, trabalhem os nossos literatos; encham-se de coragem os principiantes cujas produções não tiveram ainda o batismo da publicidade; abram os jornais suas colunas aos moços inteligentes e ativos.

Teremos assim mais gosto e, conseguintemente, maior desenvolvimento literário.

Não sei onde está a vantagem de haver uma Academia de Letras em Alagoas.

Será uma associação que não trará desenvolvimento algum à literatura de nosso estado.

Sempre o espírito de imitação!

Uma Academia em Alagoas não será mais que a caricatura da Academia Brasileira de Letras.

E o resultado?

Teremos meia dúzia de "imortais" que, escorados em suas publicações de duzentas páginas, olharão por cima dos ombros os amadores que estiverem fora da panelinha acadêmica. Talvez eu esteja em erro, mas penso assim.

G. Ramos Oliveira

Notas

1. "Um inquérito", *Jornal de Alagoas*, Maceió, 18 set. 1910, p. 1. Com o título "Um inquérito realizado pelo *Jornal de Alagoas* há meio século", esta entrevista, realizada quando Graciliano tinha quase dezoito anos, na qual ele assina G. Ramos de Oliveira, foi republicada pelo próprio *Jornal de Alagoas* a 30 de novembro de 1975, a partir de pesquisas de Moacir Medeiros de Sant'Ana. O mesmo pesquisador recolheu o texto em *A face oculta de Graciliano Ramos* (Maceió: Arquivo Público de Alagoas, 1992, pp. 37-43). Agradecemos a Marcos Vasconcelos Filho, diretor do Arquivo Público de Alagoas, o envio da entrevista de 1910.

2. O *Jornal de Alagoas* foi fundado em 1908 por Luiz Silveira, responsável pela realização do presente inquérito. Em 1914, com o intuito de divulgar informações referentes ao conflito armado que se transformaria na Primeira Guerra Mundial, passou a ter duas edições diárias. Em 20 de fevereiro de 1920, já apresentava um formato moderno, com oito páginas. Foi o primeiro periódico a oferecer, em suas edições dominicais, um suplemento semanal ilustrado que tratava, entre outras coisas, de literatura. Em 1926, estampava a primeira página exclusivamente literária da imprensa alagoana, sob a direção do poeta Lobão Filho. Em 8 de julho de 1936, é incorporado pela cadeia dos Diários Associados de Assis Chateaubriand. Ver: SANT'ANA, Moacir Medeiros de. *História da imprensa alagoana (1831-1981)*. Maceió: Arquivo Público de Alagoas, 1987.

3. Conforme relembrará em *Infância* (1945), esta obra de Alencar (Messejana, Ceará, 1829 — Rio de Janeiro, RJ, 1877) lhe foi emprestada pelo tabelião Jerônimo Barreto. Vencendo a timidez, o jovem leitor decide bater à porta do dono do cartório da municipalidade: "Expressei-me claro, exibi os gadanhos limpos, assegurei que não dobraria as folhas, não as estragaria com saliva. Jerônimo abriu a estante, entregou-me sorrindo *O guarani*, convidou-me a voltar, franqueou-me as coleções todas." RAMOS, Graciliano. "Jerônimo Barreto". In: *Infância*. 47. ed. Rio de Janeiro: Record, 2012, p. 231.

   Em artigo provavelmente de 1937, Graciliano se aproxima dos novos escritores brasileiros que estudavam a realidade do país, diferentemente dos antigos que criaram heróis falsos: "Peri, Iracema, a escrava Isaura, o alemão Lenz, o Timbira — como essa gente era complicada e falava difícil! Na floresta bruta ou pelas vizinhanças da senzala, adotavam sintaxe encrencadíssima, ideias e sentimentos que os gringos manifestam nos livros. Todos os heróis que deliciaram ou chatearam nossos pais eram falsos, contrafeitos, mal traduzidos do francês e pessimamente arrumados numa terra que ninguém estudava convenientemente" (RAMOS, Graciliano. "Jorge Amado". In: *Garranchos*. Op. cit., pp. 155-6).

4. Robert Southey (Bristol, Inglaterra, 1774 — 1843): Historiador, prosador e poeta britânico da época do romantismo. Com a morte do pai, seu tio

materno o levou para Lisboa, onde se especializou em história de Portugal e do Brasil. Lançou em Londres, de 1810 a 1819, a *História do Brasil*, que abrange todo o período colonial até a chegada de D. João VI, em 1808. Tal obra foi editada no Brasil pela primeira vez em 1862, pela Livraria Garnier, em seis volumes, traduzida por Luiz Joaquim de Oliveira e Castro e anotada pelo cônego J.C. Fernandes Pinheiro. Outras edições: Rio de Janeiro: Z. Valverde, 1943; Belo Horizonte: Itatiaia; São Paulo: Edusp, 1981; Brasília (DF): Senado Federal, 2010. Southey publicou também, entre outras obras: *Joan of Arc: An Epic Poem* (1796), *Poems* (1797-99), *Roderick, the Last of the Goths: a tragic poem* (1815), *Sir Thomas More* (1829), *Essays Moral and Political* (1832). Cf.: INSTITUTO Histórico e Geográfico Brasileiro. *Em torno de Robert Southey: no centenário da sua morte. Revista do Instituto Histórico e Geográfico Brasileiro*, v. 178, jan./ mar. 1943. Rio de Janeiro: Impr. Nacional, 1943; DIAS, Maria Odila da Silva. *O fardo do homem branco: Southey, historiador do Brasil*. São Paulo: Companhia Editora Nacional, 1974.

5. Referência a Jean de Léry (1536-1613), autor da obra *Viagem à terra do Brasil* (1578). Em 1556, jovem seminarista protestante, foi para a França Antártica (1555-60), colônia francesa estabelecida na baía de Guanabara, atual cidade do Rio de Janeiro. Todavia, por causa de diferenças religiosas, os calvinistas foram forçados a abandonar a ilha de Sergipe, sede da França Antártica, e a mudar para a "terra continente", onde se encontravam os temidos e antropófagos índios tupinambás. Logo depois, juntamente com outros missionários reformados, conseguiu retornar à Europa, em viagem marcada por diversas adversidades, e tornou-se pastor calvinista em 1560. Além de narrar as disputas entre papistas e huguenotes no seio da então possessão francesa, seu livro descreve a terra e os habitantes do Brasil (SILVA, Wilton Carlos Lima da. *As terras inventadas: discurso e natureza em Jean de Léry, André João Antonil e Richard Francis Burton*. São Paulo: Editora Unesp, 2003).

6. Graciliano faz menção a trecho do *Tratado descritivo do Brasil* (1587), escrito pelo colono português Gabriel Soares de Sousa (Portugal, década de 1540 — Bahia, 1591). Na referida obra, esse cronista, que se instalara na Bahia, descreveu os índios como pervertidos sexuais, adeptos do incesto, poligamia e sodomia, entre outras práticas antagônicas à moral cristã. "Os tupinambás, não contentes em andarem tão encarniçados na luxúria naturalmente cometida, *são muito afeiçoados ao pecado nefando*, entre os quais se não tem por afronta. E o que se serve de macho se tem por valente e contam esta bestalidade por proeza. E nas suas aldeias pelo sertão há alguns que têm tenda pública a quantos os querem como mulheres públicas" (SOUSA, Gabriel Soares de. *Tratado descritivo do Brasil*. São Paulo: Civilização Brasileira, 1971, p. 308).

7. Mário Venâncio, agente dos Correios de Viçosa, e um dos introdutores de Graciliano no mundo da literatura, pressagiava um bom futuro para

o então aspirante a escritor e via nele sinais de Aluísio Azevedo. Foi por meio desse mentor que Graciliano entrou em contato com os romances *Casa de pensão* (1884) e *O coruja* (1890) (RAMOS, Graciliano. "Mário Venâncio". In: *Infância*. Op. cit., pp. 245-50). Em 1939, na crônica "Alguns tipos sem importância", Graciliano voltaria a manifestar seu gosto juvenil pelo romance *Casa de pensão*, que tomava como modelo (RAMOS, Graciliano. *Linhas tortas*. 21. ed. Rio de Janeiro: Record, 2005, p. 279).

8. De fato, o vulto de Eça de Queirós marcou Graciliano desde o início de sua carreira de escritor. Em crônica de 1915, assinada com as iniciais R.O. (Ramos Oliveira), ele exalta a figura do romancista português: "Eça é grande em tudo — na forma própria, única, estupendamente original, de dizer as coisas; na maneira de descrever a sociedade, estudando de preferência os seus lados grotescos, ridicularizando-a, caricaturando-a [...]. Eça era um ateu, um homem que não respeitava nada, que não tomava as coisas a sério. Pintou ministros estúpidos, padres devassos, jornalistas vendidos, condessas adúlteras; escarneceu a literatura de sua pátria, a política, as respeitáveis cinzas dos brutos e gloriosos antepassados dos vencedores dos mouros; troçou a burguesia, a religião, o hino da carta" (RAMOS, Graciliano. *Linhas tortas*. Op. cit., pp. 23-**4**).

9. *Alma inquieta* integra o livro *Poesias*, de Olavo Bilac, ao lado de *Panóplias*, *Via láctea*, *Sarças de fogo*, *As viagens*, *O caçador de esmeraldas* (Rio de Janeiro: H. Garnier, 1904).

10. *Bom-crioulo*: romance de Adolfo Caminha, publicado em 1895. Adolfo Ferreira dos Santos Caminha (Aracati, 1867 — Rio de Janeiro, 1897) foi um dos principais escritores do naturalismo no Brasil.

11. Mário Venâncio: Agente dos Correios e professor de geografia do Internato Alagoano de Viçosa. Foi mentor intelectual de Graciliano quando da entrada do então aspirante a literato no mundo das letras. Venâncio suicidou-se em 1º de fevereiro de 1906. Ao longo destas *Conversas*, seu nome aparece recorrentemente nos textos em que os diversos jornalistas procuram recontar a trajetória intelectual do autor de *Vidas secas*.

12. Referência às publicações *O Dilúculo, Órgão do Internato Alagoano*, e *Echo Viçosense, Periódico Literário e Noticioso*. O primeiro foi fundado por Graciliano Ramos e por seu primo Cícero Vasconcelos, quando ambos ainda eram alunos do Internato Alagoano, em Viçosa, no começo do século XX. Circulou entre 24 de junho de 1904 e 16 de abril do ano seguinte. Nele o aspirante a literato publicou o conto "Pequeno pedinte", marcado por "arrebiques e interpolações" (RAMOS, Graciliano. "Mário Venâncio". In: *Infância*. Op. cit., p. 248). Graciliano apenas ajudou a editar o segundo, que durou somente quinze dias, chegando a apenas dois números.

13. Referido também em *Infância* como "Pequeno mendigo", o conto, assinado por "G. Ramos", se intitulava "Pequeno pedinte". Dedicado a Mário Venâncio, veio a público em *O Dilúculo*, Viçosa, em 24 de junho de 1904, p. 2.

14. Graciliano faz menção aos sonetos "Incompreensível" e "Confissão", publicados em *O Malho*, Rio de Janeiro, respectivamente em 29 de junho de 1907 e em 6 de julho do mesmo ano. Contudo, vale ressaltar que assinou o primeiro deles com a alcunha Feliciano Olivença (sem a preposição "de"). O pseudônimo "Feliciano", por sua vez, já havia sido utilizado pelo escritor no conto "Dolente", saído no *Echo Viçosense*, em 1º de fevereiro de 1906.

15. Segundo Nelson Werneck Sodré, *O Malho* começou a circular em setembro de 1902, privilegiando conteúdos de cunho humorístico. A partir de 1904, tornou-se também um veículo político, passando a contar com a colaboração de Olavo Bilac, Guimarães Passos, Pedro Rabelo, Renato de Casto e, principalmente, Bastos Tigre e Emílio de Meneses. Além disso, reuniu em seus quadros os "maiores caricaturistas da época" (SODRÉ, Nelson Werneck. *História da imprensa no Brasil*. 4. ed. atualizada. Rio de Janeiro: Mauad, 1999, p. 301).

16. Referência a Bráulio Fernandes Tavares (1881? — 1946), jornalista e poeta alagoano. Foi colaborador, secretário e redator de inúmeros veículos, entre os quais *Argos — Revista Literária, Artística e Educativa*, na qual, em exemplar de outubro de 1910, os quartetos de seu "Crepuscular" dividiram página com carta enviada por Graciliano, sob o pseudônimo de "Manoel Maria Soeiro Lobato". Nessa missiva, o então jovem literato pedia que a ortografia de certas palavras de que se valera em seu soneto "Argos" não fosse alterada. Em vista de o título escolhido para seu poema ser o mesmo do periódico, Graciliano também pede que tal coincidência não seja vista como adulação. E enfatiza: "Tenho sempre pensado comigo mesmo que não tenho o direito de cultivar coisas que minha inteligência não pode compreender. [...] Não sou literato, nem poeta, nem simples amador. Escrevo pouco, raramente publico o que escrevo." LOBATO, Manoel Maria Soeiro (Graciliano Ramos). "Viçosa, 29 de setembro de 1910", *Argos*, Maceió, n. 2, out. 1910.

17. Pseudônimo de Francisco Remígio de Araujo Jatobá (Murici, Alagoas, 1872 — Maceió, 1907): Escritor, jornalista e funcionário público, foi fundador e redator de *O Labor* e do *Correio de Maceió*, e colaborador de *O Gutenberg* e do *Correio de Alagoas*. Seus artigos foram reunidos em um volume após sua morte. Membro da Academia Alagoana de Letras. "Segundo Romeu de Avelar, que o incluiu na sua *Coletânea de poetas alagoanos* (1959), [...] teria deixado inúmeros poemas inéditos, e uma coletânea de contos orientais" (BARROS, Francisco Reynaldo Amorim de. *ABC das Alagoas: dicionário biobibliográfico, histórico e geográfico das Alagoas*. 2 vols. Brasília: Senado Federal, Conselho Editorial, 2005, vol. 2, pp. 94-5).

18. Nome literário de Rita de Souza Abreu (1876 ou 1884 — 1956), poetisa, cronista, jornalista, professora. Viveu no Rio de Janeiro a partir da década de 1920. Publicou, entre outras, *Alvorada*, poesia (Maceió: Tip.

Papelaria Comercial, 1904), e *Curso elementar de Português — em pequenos exercícios práticos* (Viçosa: Tip. Econômica, 1921). Também teve um trabalho incluído na *Coletânea dos poetas alagoanos* (1959), organizada por Romeu de Avelar (BARROS, Francisco Reynaldo Amorim de. cit. vol. 2, p. 512).

19. Manuel Rodrigues de Melo (Maceió, 1876 — Maceió, 1946): Teatrólogo, jornalista, compositor, cantor sacro, deputado estadual, promotor público. Foi fundador e membro da Academia Alagoana de Letras. Escreveu e fez representar as seguintes obras: *Conciliação* (comédia, em três atos); *Dagmar* (esquete, em quatro quadros); *Madalena* (drama, em três atos); entre outras. Publicou os livros de poesia *Meu carinho, Súplica, Sursum, Meu ídolo, A dor, Sinfonia em ré menor, Psicologia do amor e do sexo, Egofilismo: concepção estética do mundo*; e o poema "Margarida" (*Revista da AAL*, Maceió n. 12, 1986, p. 130) (BARROS, Francisco Reynaldo Amorim de. cit. vol. 2, p. 261).

20. Provável referência a Joaquim Pinto da Mota Lima, pai de Joaquim Pinto da Mota Lima Filho, grande amigo de Graciliano naquele momento. Farmacêutico, o dr. Mota, como era chamado, é autor de *Conferências científicas e doutrinárias — A mulher e a ciência do dever. A água. A luz* — ministradas em Viçosa e Maceió em 1908 (Maceió, Tipografia Comercial, 1909). Colaborou regularmente com o *Jornal de Alagoas* e nos anos 1920, a pedido de Graciliano, escreveu dois artigos para o jornalzinho *O Índio*, de Palmeira dos Índios (RAMOS, Graciliano. *Cartas*. Rio de Janeiro: Record, 1981, p. 72).

21. Rosalvo Alexandrino de Caldas Ribeiro (1865 ou 1867 — 1915): pintor, desenhista, professor, membro da Academia Alagoana de Letras. Em 1886, ingressou na Imperial Academia de Belas Artes do Rio de Janeiro. Ao fim do curso recebeu, como premiação, a medalha de 1ª classe, e depois regressou ao seu estado natal. Em 1888, com o fito de se aperfeiçoar, viajou a Paris, onde se manteve graças à pensão que recebeu do então governador do estado, o barão de Traipu. Na capital francesa, permaneceu por doze anos e pintou a maioria de suas telas. "É considerado um dos melhores representantes da escola acadêmica brasileira. Autor de inúmeros retratos, inspirou-se também na temática das batalhas. Apresentou a obra *La Charge* no Salão dos Artistas Franceses (Paris) de 1898. Ao retornar ao Brasil, em 30 de março de 1901, fixou-se em Maceió, onde viveu como um artista nem sempre compreendido" (BARROS, Francisco Reynaldo Amorim de. Op. cit., vol. 2, pp. 484-5).

22. Poema que consta do livro *Poesias, 1900-1905: Livro bom, Livro proibido, Livro íntimo* (Rio de Janeiro: Garnier, 1907), de José Maria Goulart de Andrade (Maceió, 1881 — Rio de Janeiro, 1936). Um dos últimos parnasianos do Brasil, fez parte da roda de Bilac, Emílio de Meneses, Guimarães Passos, entre outros boêmios que se reuniam na confeitaria Colombo.

23. Produção da lavra de Júlio Auto da Cruz Oliveira (1880?), poeta, tabelião, deputado estadual, membro fundador da Academia Alagoana de Letras. Seu filho, o também poeta José Auto, integrou o grupo da revista *Novidade*, do qual também fez parte Graciliano Ramos (BARROS, Francisco Reynaldo Amorim de. Op. cit., vol. 1, pp. 484-5).

24. Poema de Luís Franco (1887 — 1937), literato e advogado, que, por modéstia, vivia longe das rodas literárias. Sua estreia tardia no mundo das letras deu-se com o livro de poesia lírica e parnasiana *Ao sol do trópico* (Rio de Janeiro: Tip. do Jornal do Comércio, de Rodrigues & Cia., 1913). Essa obra ganhou comentários de Lima Barreto: "O poeta de que nos ocupamos não é certamente um apurado artista do verso, um refinado esteta. Entretanto, revelando conhecer os segredos da métrica e obedecendo sempre à técnica poética, ele se nos apresenta como um poeta que sente o que canta" (BARRETO, Lima. *Impressões de leitura: crítica*. São Paulo: Brasiliense, 1961, p. 292).

25. Ambos os sonetos escritos pelo alagoano Sebastião Cícero dos Guimarães Passos (1867 — 1909), um dos maiores representantes do parnasianismo no Brasil, mencionado anteriormente por Graciliano neste inquérito. Aos dezenove anos, deixou as Alagoas para viver no Rio de Janeiro, onde se juntou à roda boêmia de Paula Nei, Pardal Mallet e Olavo Bilac. É autor de, entre outros, *Versos de um simples* (1886-1891), Laemmert & Cia., Rio de Janeiro, 1891 (prefácio de Luís Murat); *Pimentões, Rimas d'O Filhote*, Laemmert & Cia., Rio de Janeiro, 1897 (obra de poesia humorística escrita juntamente com Olavo Bilac, sob o pseudônimo de Puff & Pucc) (BARROS, Francisco Reynaldo Amorim de. cit., vol. 2, p. 372).

26. Tempos depois, Graciliano mudaria radicalmente de posição. No final dos anos 1930, ao se referir à "indianice" de nossa literatura, que nos teria fornecido "caboclos horrivelmente bem-falantes, possuidores das melhores virtudes, das qualidades mais nobres dos cavalheiros cristãos", afirma: "Esses selvagens de ópera, moeda falsa definitivamente afastada da circulação, enfeitaram a cenografia nacionalista, onde havia florestas e penas de arara, mas não chegavam ao conhecimento dos bugres que se espreguiçavam e cochilavam, perdidos no fundo das malocas tristes" (RAMOS, Graciliano. "O negro no Brasil". In: *Garranchos*. Op. cit., p. 171).

27. PASCAL, Blaise. *Pensées de Pascal*. Paris: Librairie de Firmin Didot Frères, Fils et Cie, 1858, p. 43. Leia-se o trecho em questão em uma das traduções dessa obra do filósofo francês: "Os melhores livros são aqueles que quem os lê julga tê-los podido fazer. A Natureza, que é a única que é boa, é muito familiar e comum" (PASCAL, Blaise. *O espírito da geometria: da arte de persuadir*. Lisboa: Didáctica Editora, 2000, p. 50). Graciliano preferia o realismo e o considerava a "escola do futuro". "Do seu futuro, claro que foi", conclui Valdemar Cavalcanti ao retomar justamente o inquérito de 1910 em "Graciliano quando jovem" (*Jornal Literário*. Rio de Janeiro: José Olympio, 1960, pp. 172-4).

28. Graciliano retoma aqui a epígrafe do romance *A relíquia* (1887), de Eça de Queirós: "Sobre a nudez forte da verdade, o manto diáfano da fantasia." Cinco anos depois, volta a fazer referência a essa obra eciana, na crônica "Coisas do Rio", enviada da então capital federal para o *Jornal de Alagoas* (6 mar. 1915). Para mais informações, ver *Garranchos*. Op. cit., pp. 32-5.

29. Jovem maranhense, de família rica, que deixa sua terra natal em busca da realização de seus sonhos, e em torno do qual gira o romance *Casa de pensão* (1884), exaltado por Graciliano.

30. Trecho extraído do livro *História da literatura brasileira* (Rio de Janeiro: José Olympio, 1960, p. 1.352), obra de Sílvio Romero publicada primeiramente em 1888, pela Garnier. O mesmo excerto também pode ser encontrado em ROMERO, Sílvio. *Martins Penna: ensaio crítico*. Rio de Janeiro: Livraria Chardon, 1901, p. 64.

31. Referência a Ludovina Soares da Costa (1802 — 1868), primeira-dama de uma destacada companhia portuguesa contratada por d. Pedro I, em 1829. Com a atriz, que fixou residência no Rio de Janeiro, "nascia em nossos palcos, a um só tempo, a arte trágica e a continuidade profissional. Decorridos trinta anos, acalmada a tormenta romântica e já em pleno realismo, o seu estilo nobre de representar ainda arrancava elogios de um crítico jovem, além de partidário da modernidade [...]. Eis como Machado a caracterizou em 1859: 'É trágica eminente, na majestade do porte, da voz e do gesto, figura talhada para um quinto ato de Corneille, trágico pelo gênio e pela arte, com as virtudes da escola e poucos dos seus vícios'" (PRADO, Décio de Almeida. *História concisa do teatro brasileiro*. São Paulo: Edusp, 1999, pp. 36-8).

32. Florindo Joaquim da Silva (1814 — 1893), um dos mais notáveis atores brasileiros do século XIX ao lado de João Caetano (PAIXÃO, Múcio da. *Theatro no Brasil*. Rio de Janeiro: Brasília Editora, 1917, p. 209). Estreou em 1837 e esteve presente em diversos elencos que se exibiram na Corte até 1852, quando também assumiu a faceta de empresário à frente de sua própria companhia dramática (HESSEL, Lothar; RAEDERS, Georges. *O teatro no Brasil sob dom Pedro II*. Porto Alegre: UFRS; Instituto Estadual do Livro, 1979, p. 230). Desde a mocidade, foi o mais constante antagonista de João Caetano (PRADO, Décio de Almeida. *João Caetano: o ator, o empresário, o repertório*. São Paulo: Perspectiva; Edusp, 1972, p. 171).

33. MORAES FILHO, Mello. "O theatro no Rio de Janeiro". In: PENNA, Martins. *Comédias* (com um estudo sobre o theatro no Rio de Janeiro por Mello Moraes Filho e sobre o auctor por Silvio Romero). Rio de Janeiro: Garnier, s.d., p. XL. Referência ao português de nascimento Antônio José Areias (Lisboa, 1819 — Rio de Janeiro, 1892), formado como ator no Brasil sob a direção de João Caetano (PRADO, Décio de Almeida. Op. cit., p. 146).

34. Para João Caetano (1808 — 1863), o mais renomado ator brasileiro do século XIX, o drama *L'Éclat de rire* (1840), de Jacques Arago, traduzido

para o português como *A gargalhada*, proporcionou-lhe "se não o seu maior papel [...] ao menos o seu êxito mais pontilhado de incidentes gloriosos" (PRADO, Décio de Almeida. Op. cit., p. 97). A estreia da peça nos palcos brasileiros deu-se em 1843 e representou um desafio para esse intérprete, "propenso, por natureza, às violências interpretativas, à emoção bruta, aos efeitos físicos" (id., p. 98). Caetano é considerado ainda o primeiro teórico da arte dramática no Brasil: publicou as obras *Reflexões dramáticas* (1837) e *Lições dramáticas* (1862). Além disso, figura como um dos principais responsáveis pela profissionalização do teatro no país, por meio de suas iniciativas no palco ou na administração de companhias que atuavam tanto na capital como nas províncias.

35. "Oh! Que me seja permitido vos citar aqui um comediante de elite que a Europa seria orgulhosa de possuir, que se inspirou apenas em si mesmo, e que possui seu Schiller, seu Corneille, as obras-primas de nossos poetas, e os interpreta tão dignamente, que eu vos desafio a permanecer frios se ele vos ordena a chorar, tremer, fremir!... Este homem é uma das glórias brasileiras." (ARAGO, Jacques. *Voyage autour du monde sans la lettre A*. Paris: Librairie Nouvelle, 1853, p. 30 [tradução dos organizadores]). Quando da estada do pintor e dramaturgo francês Jacques Arago no Rio de Janeiro, em 1850, *A gargalhada* foi representada por João Caetano em 18 de outubro daquele ano. Três anos depois veio esse elogio do autor de *Foyers e Coulisses*. "Arago era homem de elogio fácil. Não nos surpreendem as palavras que consagrou a João Caetano, certamente sinceras e possivelmente merecidas, a não ser num ponto: por que, entre tantos autores, escolheu precisamente dois, Schiller e Corneille, que o ator brasileiro jamais representara? A solução do enigma está no próprio título do livro" (PRADO, Décio de Almeida. Op. cit., pp. 100, 103).

36. Destacando especificamente essa questão, Graciliano, sob o pseudônimo de Manoel Maria Soeiro Lobato, refere-se ao presente inquérito em carta enviada à já mencionada *Argos: Revista Literária, Artística e Educativa*: "Acompanhando com cuidado o Inquérito que Luiz Silveira abriu no *Jornal de Alagoas*, atraiu singularmente minha atenção este quesito: 'Qual o melhor meio de desenvolver a literatura em Alagoas.' / Acredito que os senhores, caso não tenha a revista que fundaram a vida curta de *Exedra* (surgida em julho de 1907 que logo viria a deixar de circular), contribuirão de modo eficaz para o desenvolvimento das letras alagoanas. Eu mesmo, se tivesse de dizer alguma coisa sobre as questões que o *Jornal* apresenta aos literatos de nosso Estado, lembraria a criação de uma revista que, como *O Malho*, aceitasse colaboração dos literatos incipientes." (LOBATO, Manoel Maria Soeiro [Graciliano Ramos]). Op. cit.

2. *Vidas secas*[1]

BRITO BROCA,[2] *A GAZETA,*[3] 1938

 **ma palestra com Graciliano Ramos — O sertanejo da zona árida — O homem no seu habitat**

Rio, 14 — Graciliano Ramos recebe-nos às nove horas da noite, em sua residência, dos lados de Bento Lisboa.[4] Nós lhe havíamos pedido uma entrevista sobre o seu último livro, *Vidas secas*, que aparecerá dentro de poucos dias em edição de José Olympio,[5] e o romancista de *S. Bernardo*, com a simplicidade de seu trato, se dispõe a falar.[6] Estamos numa pequena sala de jantar, por onde entra, de vez em quando, uma leve viração, amenizando o mormaço da noite carioca.

Graciliano tem uma certa dureza no olhar, dureza que logo se desfaz no sorriso de franqueza e simpatia com que o romancista entremeia, a todo momento, a palestra.

Um mundo com cinco personagens

— *Vidas secas* será um romance?

— Sim, um romance, mas um romance cujos capítulos podem ser considerados destacadamente como contos, tal a maneira por que nele se desenvolvem e encontram o seu desfecho e uma determinada situação. Publiquei vários capítulos de *Vidas secas*, aqui e na Argentina, e todo mundo os considerou como narrativas independentes.[7] O livro tem, entretanto, uma unidade e o entrelaçamento de todos esses capítulos forma a tessitura perfeita de um romance.

— Por que *Vidas secas*?

— Acha o título um tanto estranho, não? São as vidas dos sertanejos nordestinos, existência miserável de trabalho, de luta, sob o guante da natureza implacável e da injustiça humana.

— Qual o ambiente do romance?

— O de uma cozinha de fazenda velha na zona árida do sertão. Apenas cinco personagens evoluem no livro: um homem, uma mulher, dois meninos e uma cachorrinha. Com essa comparsaria limitadíssima, criei o meu mundo. Aliás, não se trata de um romance de ambiente, como geralmente costumam fazer os escritores nordestinos e os regionalistas em geral. Eles se preocupam apenas com a paisagem, a pintura do meio, colocando os personagens em situação muito convencional. Não estudam, propriamente, a alma do sertanejo. Limitam-se a emprestar-lhe sentimentos e maneiras da gente da cidade, fazendo-os falar uma língua que não é absolutamente o linguajar desses seres broncos e primários. O estudo da alma do sertanejo, do Norte ou do Sul, ainda está por fazer em nossa literatura regionalista. Quem ler os romances regionalistas brasileiros faz uma ideia muito diversa do que seja o homem do mato. A falsidade e o convencionalismo são berrantes. Quer que eu os acuse num detalhe apenas? O sertanejo nordestino aparece na literatura como um tagarela, fazendo imagens arrevesadas e desmesurando-se numa loquacidade extraordinária. Pois nada mais postiço: o sertanejo daquelas bandas é de pouquíssimo falar. Sisudo e macambúzio, ele vive quase sempre fechado consigo mesmo, sendo difícil arrancar-lhe uma prosa.

Pesquisando a alma do primário

— O romance passa-se na zona árida do sertão?

— Sim, mas não me preocupo em pintar o meio. O que me interessa é o homem, o homem daquela região aspérrima. Julgo que é a primeira vez que esse sertanejo aparece na literatura. Os romancistas do Nordeste têm pintado geralmente o homem da zona do brejo. É o sertanejo que aparece na obra de José Américo[8] e Zé Lins.[9] Procurei auscultar a alma do ser rude e quase primitivo que mora na zona mais recuada do sertão, observar a reação desse espírito bronco ante o mundo exterior, isto é, a hostilidade do mundo físico e da injustiça humana. Por pouco que o selvagem pense — e os meus personagens são quase selvagens — o que ele pensa merece anotação. Foi essa pesquisa psicológica que procurei fazer, pesquisa que os escritores regionalistas não fazem e nem mesmo podem fazer, porque comumente não conhecem o sertão, não são familiares do ambiente que descrevem.

— E o senhor esteve muito tempo nessa região?

— Nasci na zona árida, numa velha fazenda, e ali passei quase toda a minha infância, convivendo com o sertanejo. Fui depois para a cidade estudar e mais tarde diversas vezes visitei o meu recanto natal, bem como outras paragens do sertão nordestino. Os meus personagens não são inventados. Eles vivem em minhas reminiscências, com suas maneiras bruscas, seu rosto vincado pela miséria e pelo sofrimento.

— Quer dizer que o senhor aplicou o princípio que Jacques de Lacretelle[10] julga básico para o romancista: inventar com o auxílio da memória?

— Isso mesmo. Acho que ainda não descobrimos a alma do nosso primário e que o regionalismo, contra o qual se tem erguido uma certa grita, ultimamente,[11] é coisa que ainda está por fazer. Os sertanejos aparecem sempre transplantados para outro meio e nunca no seu "habitat". O que procurei fazer foi mostrar o homem no seu ambiente, vivendo a sua vida e falando a sua língua. É um livro amargo, duro, ríspido, mas verdadeiro, profundamente verdadeiro...

E, nessa altura, Graciliano desvia a palestra para outro assunto, achando talvez, na sua modéstia excessiva, que já falara demais sobre o seu livro. O calor da noite carioca continua cada vez mais abafado. E, na pequena sala onde nos encontramos, Graciliano, no seu falar simples e no seu rosto vincado, onde se vê o sinal de uma vida que não tem sido de sorrisos e amenidades — a áspera vida do intelectual no Brasil — é bem o tipo do sertanejo do Nordeste, o homem da zona árida, o beduíno do deserto brasileiro, mal-aclimatado neste recanto da terra carioca.

Notas

1. BROCA, Brito. "*Vidas secas*: Uma palestra com Graciliano Ramos — O sertanejo da zona árida — O homem no seu habitat", *A Gazeta*, "Livros e Autores", São Paulo, 15 mar. 1938, p. 8.
2. Brito Broca (Guaratinguetá, São Paulo, 1903 — Rio de Janeiro, 1961): Crítico literário e historiador que, a partir de 1934, se tornou responsável pela seção "Livros & Autores", publicada pelo jornal *A Gazeta*, de São Paulo. É autor de, entre outras obras, *A vida literária no Brasil: 1900* (1956) e *Machado de Assis e a política mais outros estudos* (1983). Foi Brito Broca quem pediu a Graciliano um artigo para a seção "Variedades" da revista *Publicações Médicas* e lhe sugeriu o assunto: o resultado é "Alguns tipos sem importância", de 1939 (Confiram-se: BROCA, Brito. Prefácio a *Linhas tortas*. 5. ed. São Paulo: Martins, 1972; *Remate de Males*, Publicação do Departamento de Teoria Literária do Instituto de Estudos da Linguagem da Unicamp, Campinas, v. 11: *Brito Broca — Vida literária e história cultural*, 1991).
3. *A Gazeta*: diário vespertino, fundado em 1906 por Adolfo Araújo, na rua Quinze de Novembro em São Paulo, com espírito republicano. Modernizou-se e teve êxito a partir de 1918, sob o comando do jornalista Cásper Líbero (Bragança Paulista, 1889 — Rio de Janeiro, 1943), com a valorização de temáticas locais, regionais, culturais, esportivas e sociais, e a criação de suplementos inéditos na imprensa brasileira, como *A Gazeta Esportiva* (que depois se tornou jornal) e *A Gazetinha* (de histórias em quadrinhos). Como se opôs à Revolução de 1930, foi empastelada por getulistas. Em 1979, devido a uma crise financeira, passou a suplemento de

A Gazeta Esportiva, que deixou de ser publicada em 1999 (GONÇALO JUNIOR. *A guerra dos gibis: A formação do mercado editorial brasileiro e a censura aos quadrinhos, 1933-1964*. São Paulo: Companhia das Letras, 2004, pp. 48-9; MARTINS, Ana Luiza. *Revistas em revista: imprensa e práticas culturais em tempos de República, São Paulo, 1890-1922*. cit., p. 189).

4. Trata-se da pensão de d. Elvira, localizada na rua Correia Dutra, 164, quase na esquina da Bento Lisboa, Catete, Rio de Janeiro, na qual também morava Rubem Braga. Diz o cronista: "Estive outro dia me lembrando dele [Graciliano] e da pensão em que a gente morava, no Catete, no tempo em que ele estava escrevendo *Vidas secas*. A comida era simples e sadia, e geralmente abundante. [...] A dona não acertava seu nome, e o chamava de Brasiliano; ele a princípio reclamava, depois se conformou, me explicando: 'Eu pago tão pouco que ela pode me chamar como quiser.'" (RAMOS, Clara. *Mestre Graciliano: confirmação humana de uma obra*. Rio de Janeiro: Civilização Brasileira, 1979, p. 126).

5. José Olympio (Batatais, São Paulo, 1902 — Rio de Janeiro, RJ, 1990): Em 1936, publicou *Angústia* quando Graciliano ainda se encontrava encarcerado pelo governo getulista. Manteve-se como editor da obra do autor alagoano até o princípio dos 1960, quando os direitos autorais em torno de toda a produção do escritor foram adquiridos pela Livraria Martins Editora, de São Paulo. No "Autorretrato de Graciliano Ramos aos 56 anos", recolhido nesta edição, Graciliano coloca José Olympio entre seus maiores amigos, ao lado do capitão Lobo (um oficial conhecido na prisão, em Pernambuco), de Cubano (preso comum que conhecera quando se encontrava na Colônia Correcional) e de José Lins do Rego.

6. Em carta ao escritor Lúcio Cardoso, datada de 17 de junho de 1938, Brito Broca explicita que, antes de publicar as entrevistas que então vinha fazendo com diversos intelectuais brasileiros, apresentava-lhes o texto resultante da conversa, pedindo que emendassem possíveis equívocos. Adotou tal procedimento nas palestras com Arthur Ramos, José Lins do Rego e Graciliano Ramos. Com Lúcio Cardoso esse procedimento não teria sido levado a termo, o que gerou atritos entre entrevistador e entrevistado: este não se responsabilizava pelos mal-entendidos publicados, e aquele afirmava haver reproduzido fielmente tudo o que o romancista dissera (Cf. BROCA, Brito. "Carta a Lúcio Cardoso". Rio de Janeiro, 17 jun. 1938, Fundação Casa de Rui Barbosa, not. LC Cp 036).

7. Entre maio de 1937 e abril de 1938, dos treze capítulos de *Vidas secas*, dez foram publicados na imprensa carioca, antes que o livro viesse a público. Os textos, na ordem cronológica de sua primeira veiculação em suporte jornalístico, são os seguintes: "Baleia", *O Jornal*, Rio de Janeiro, 23 maio 1937; "O mundo coberto de penas (trecho de romance a sair — *Vidas secas*)", *Revista Acadêmica*, Rio de Janeiro, n. 32, nov. 1937, p. 3; "Pedaço de romance" (excerto do capítulo "Cadeia"), *Diário de Notícias*,

Rio de Janeiro, 5 dez. 1937 ("Cadeia", *O Cruzeiro*, Rio de Janeiro, 26 mar. 1938, Il. Borsoi, pp. 26-27); "Mudança", *O Jornal*, Rio de Janeiro, 19 dez. 1937; "Trecho de romance" (parte do capítulo "Sinha Vitória"), *Anuário Brasileiro de Literatura*, Rio de Janeiro, 1938; "Travessura" (do capítulo "O menino mais novo"), *Diário de Notícias*, Rio de Janeiro, 23 jan. 1938 (Copyright de I.B.R.); "Fabiano", *O Cruzeiro*, Rio de Janeiro, 29 jan. 1938, pp. 22-23; "Serão" (fragmento do capítulo "Inverno"), *Folha de Minas*, Belo Horizonte, 16 mar. 1938 e *Diário de Notícias*, Rio de Janeiro, 3 abr. 1938 (Do romance inédito *Baleia* — Copyright de I.B.R.); "Festa", *Lanterna Verde*, Rio de Janeiro, abr. 1938; "Viagem" (fragmento do capítulo "Fuga"), *Diário de Notícias*, Rio de Janeiro, 14 abr. 1938 (Do romance *Vidas secas* — Copyright de I.B.R). Contos-capítulos do "romance desmontável" (como o chamou Rubem Braga no "Discurso de um ausente" em 1942) também foram publicados no jornal argentino *La Prensa*. Em carta a um de seus tradutores argentinos, Benjamín de Garay, Graciliano destaca: "Fiz, como lhe prometi, umas histórias do Nordeste, com bichos e matutos: tentei mostrar o que se passa no interior desses animais." [*Cartas inéditas de Graciliano Ramos a seus tradutores argentinos Benjamín de Garay e Raúl Navarro*. Introdução, ensaios e notas de Pedro Moacir Maia. Salvador: Edufba, 2008, p. 59].

8. José Américo de Almeida (Areia, Paraíba, 1887 — João Pessoa, 1980): Autor de *A bagaceira* (1928) e de *Coiteiros* (1935), entre outras obras, foi ministro da Viação e Obras Públicas nos dois governos de Vargas e pré-candidato às eleições presidenciais de 1938, que não chegaram a acontecer em decorrência do golpe de 1937 promovido por Getúlio. Participou da roda de conversas da Livraria José Olympio e chegou a ser retratado na célebre crônica que Graciliano dedicou a essa casa editorial. "Há um ar de família naquela gente. Otávio Tarquínio deixa de ser ministro e Amando Fontes deixa de ser funcionário graúdo. Vemos ali o repórter e víamos o candidato a presidente da República, porque José Américo aparecia algumas vezes." (RAMOS, Graciliano. "A Livraria José Olympio". In: *Linhas tortas*. 21. ed. Rio de Janeiro: Record, 2005, p. 170).

9. De sua íntima relação com a "zona do brejo", o autor de *Menino de engenho* (1932) extraía sua força. "O sr. Lins do Rego criou-se na bagaceira dum engenho, e julgo que nem sabe que é bacharel. Conservou-se garoto de bagaceira, o que não lhe teria acontecido se morasse no Rio, frequentando teatros e metendo artigos nos jornais." (RAMOS, Graciliano. "O romance do Nordeste". In: *Garranchos*. Op. cit., p. 140).

10. Jacques de Lacretelle (Cormatin, França, 1888 — Paris, 1985): Escritor, membro da Academia Francesa, autor de *L'Écrivian public* (1936), entre outros.

11. Graciliano alude às críticas que o romance nordestino vinha recebendo, sobretudo da parte dos defensores da dita literatura intimista (escritores que deixavam de lado a representação de problemas sociais para

privilegiar, no universo temático dos grandes centros urbanos, dramas individuais das classes mais abastadas da população). Destaque para o papel beligerante adotado pelo crítico e romancista católico Octávio de Faria, autor do polêmico "Excesso de Norte". Nesse texto, vociferava que o movimento literário nacional se deslocara "gritantemente do Centro para o Norte", depois de um processo que mais se assemelhava a "uma invasão, quase um delírio" (FARIA, Octávio de. "Excesso de Norte", *Boletim de Ariel*, Rio de Janeiro, ano IV, nº 10, julho de 1935, p. 263).

3. Conversas com Graciliano Ramos[1]

JOEL SILVEIRA,[2] 1938

A resistência de Graciliano, fazendo corpo mole e sempre adiando o prometido, e, por outro lado, a minha determinação de arrancar dele a entrevista de qualquer maneira, acabou nos aproximando. Pelo menos duas vezes por semana lá estava eu na José Olympio, aporrinhando-o.

— "Seu" Graciliano, e a entrevista?

E vinha a mesma resposta de sempre:

— Me dê mais um tempo. Ando atolado na leitura de uma montanha de originais, dezenas e dezenas de literatos que querem o Prêmio Humberto de Campos,[3] aqui da José Olympio, não tenho tido tempo para mais nada, varo a madrugada. Nunca vi tanta porcaria junta. Me dê mais uns dias.

Eu dava o tempo, voltava:

— Sabe, "seu" Graciliano, é que eu queria iniciar a série com a sua entrevista. Combinei isso com o Magalhães Júnior,[4] ele concordou, e agora vive me cobrando.

Ele se esquivava:

— Bobagem. Por que começar comigo? Tem aí o Zé Lins, o Jorge, o Marques, o Lúcio (Cardoso), uma porção de outros. Comece com um deles, me deixe para o fim.

— Mas "seu" Graciliano...

— E pare com esta besteira de me chamar de "seu" Graciliano. Graciliano basta.

Como disse, de tantos encontros na José Olympio, acabamos amigos. Talvez fosse fantasia, mas o fato é que eu sentia de sua parte uma certa simpatia por mim, embora me tratasse com aquele jeito áspero e cru que era o seu. Algumas vezes, quando não estava ensimesmado, curtindo sozinho a sua acidez, gostava de puxar conversa, pulava de um assunto para o outro, baforando forte ou segurando entre os dedos a guimba do cigarro ordinário. Outras vezes, e eu percebia logo isso só de ver a sua carranca, não queria muita conversa, me despachava com um seco "ainda não tive tempo, vou ver se faço hoje à noite", e nessas ocasiões eu sabia que não devia insistir, ia embora.

Uma manhã, e era sempre pela manhã que eu o procurava na livraria, lá nos fundos, território que ele fizera seu e que ninguém ousava disputar, pois, como ia dizendo, uma manhã lá estava eu a chateá-lo e mal ia entrando no assunto da entrevista, quando ele me perguntou, abrupto:

— Você sabe por que o Brasil não é e nunca será uma potência digna deste nome?

Eu não sabia:

— Pois lhe digo.

Baforou forte, continuou:

— Não será potência neste século nem nos séculos vindouros. Nunca.

— Mas por quê, Graciliano? Somos um país imenso, temos três fusos horários, somos donos de mais da metade de toda a Floresta Amazônica, nosso subsolo, segundo dizem, é riquíssimo em minerais, temos os maiores rios do mundo e até o petróleo já começa a esguichar lá em Lobato, nas portas de Salvador.[5]

Ele me ouvia calado, cigarro entre os dedos. Esperou que eu acabasse minha peroração ufanista, disse:

— Não adianta. Nem que fôssemos donos da maior mina de ouro do mundo, de todos os diamantes e platinas existentes na terra, nem com isso tudo seríamos uma potência. E por um simples motivo.

Por mais que forçasse a cabeça eu não podia adivinhar que motivo seria esse. Perguntei:

— Mas por quê, qual o motivo? Não me ocorre nenhum.

Ele deu uma baforada, explicou:

— O motivo é simples: não temos golfo.

— Golfo?

— Exatamente. O Brasil não tem golfo. E não existe uma só potência no mundo que não tenha pelo menos um golfo. É só consultar o mapa. Estados Unidos, Rússia (apesar de comunista, ele jamais dizia União Soviética), França, Itália, Japão, todos têm golfo. E procure depois os países que não têm golfo: são todos sem importância, como é o caso do Brasil.

Naquele tempo eu cultivava um acendrado patriotismo juvenil — protestei:

— Me desculpe, Graciliano, mas você está sendo radical demais. Não posso concordar. Com este tamanhão todo e com todas suas riquezas, as que já se conhecem e as que serão conhecidas, é claro que o Brasil certamente será uma potência no futuro. Tem que haver uma solução.

Ele atalhou:

— E há.

— Qual?

— Simples. O Brasil tem que ter um golfo, fazer por conta própria o golfo que a natureza lhe negou.

Ri, pensando que ele estava pilheriando, mas a cara séria dizia o contrário.

— Repito, temos que fazer um golfo. E para isso a solução existe.

— Qual é?

— Veja você o caso de nossas respectivas terras, Alagoas e Sergipe. Para que servem Alagoas e Sergipe? Para nada, são zero à esquerda. Então, pergunto: por que não cavar Sergipe e Alagoas e no lugar fazer um golfo? O golfo das Alagoas!

A solução era obviamente inviável, mas de qualquer maneira, atingido nos meus brios de sergipano ainda intactos, protestei:

— Por que golfo das Alagoas? Por que não golfo de Sergipe?

Ele desconversou:

— Isso de nome não tem importância. O importante é fazer o golfo. Para a escolha do nome, faz-se um plebiscito.

Outra história, recolhida numa daquelas manhãs, não foi nem história, mas uma lição que nunca esqueci, o que não quer dizer que a tenha aprendido. Me disse Graciliano, depois de folhear um livro qualquer, não lembro qual:

— Este cavalheiro pensa que escreve. Não escreve, escrevinha.

E continuou:

— Escrever é uma coisa, escrevinhar é outra.

E lá se foi:

— Aqui no Brasil os nossos críticos vivem a dizer que "fulano tem estilo", "o estilo de sicrano". Bobagem. Estilo quem tem é Stendhal, são os russos do século passado, é Dickens. Quem tem estilo aqui no Brasil? Machado, talvez.

Enquanto ele ia falando, eu me dizia: "Se ele não me der a entrevista, alinhavo em cinco laudas tudo isto que ele está dizendo, resolvo o problema."

Graciliano continuou:

— Os escritores brasileiros, e falo dos ficcionistas de agora e mesmo os do passado, podem no meu entender ser divididos em duas categorias: os que têm uma "maneira" de escrever, e são poucos, e os que têm "jeito", que são alguns mais numerosos. O resto é porcaria.

Provoquei:

— E Graciliano Ramos tem maneira ou jeito?

— Jeito.

Outra lição dele, noutra manhã. (Devo dizer que logo que eu saía daqueles encontros corria a passar para o papel tudo o que ele havia me dito: a entrevista tinha que sair de qualquer maneira.) Falava-se do ofício de escrever, ele disse:

— Quem escreve deve ter todo o cuidado para a coisa não sair molhada.

Também não entendi. Ele explicou:

— Quero dizer que da página que foi escrita não deve pingar nenhuma palavra, a não ser as desnecessárias. É como pano lavado que se estira no varal.

E prosseguiu — naquela manhã estava de língua solta:

— Deve-se escrever da mesma maneira como as lavadeiras lá de Alagoas fazem seu ofício. Sabe como elas fazem?

— Não.

— Elas começam com uma primeira lavada. Molham a roupa suja na beira da lagoa ou do riacho, torcem o pano, molham-no novamente, voltam a torcer. Depois colocam o anil, ensaboam, e torcem uma, duas vezes. Depois enxáguam, dão mais uma molhada, agora jogando a água com a mão. Depois batem o pano na laje ou na pedra limpa e dão mais uma torcida e mais outra, torcem até não pingar do pano uma só gota. Somente depois de feito tudo isso é que elas dependuram a roupa lavada na corda ou no varal, para secar. Pois quem se mete a escrever devia fazer a mesma coisa. A palavra não foi feita para enfeitar, brilhar como ouro falso, a palavra foi feita para dizer.

Certa vez fiquei com muita raiva dele, embora não a tivesse manifestado. É que na noite anterior, lá no torreão, eu havia enfim terminado um conto que vinha escrevendo há dias. Estava no maior entusiasmo. Levei as laudas datilografadas para Graciliano ler e opinar.[6] Depois da leitura, que me pareceu terrivelmente lenta, e sem dizer uma só palavra, Graciliano foi rasgando as laudas, uma por uma, metodicamente, até reduzir tudo a uma infinidade de pequenos quadrados e triângulos. Eu fervi: não tinha sequer tirado uma cópia da obra-prima. Imperturbável, sem levar em conta o meu visível desconforto, Graciliano rasgou tudo, sem pena. Em seguida, me convidou:

— Vamos ao Mourisco.

Tomamos um cafezinho, depois do cafezinho ele entornou um cálice de conhaque, voltamos caminhando devagar, parando nas bancas de jornais para ler as manchetes. Falou-se de assuntos vários, nada de ele se referir ao conto que minutos antes reduzira a farelos. E não seria eu que ousaria no assunto, embora estivesse me roendo por dentro: "Merda, nem uma crítica, uma observação, dizer por que não gostou, que bosta!"

Fiquei dias sem procurá-lo. Depois esqueci a tragédia, e somente anos depois, quando voltamos a nos encontrar numa solenidade qualquer, não me lembro qual nem onde, é que arrisquei:

— Aquele conto que você destruiu com tanto furor, lembra-se?

— Claro que lembro.

— Era tão ruim assim?

— Uma porcaria. Tinha gerúndio demais. Gerúndio só quando absolutamente necessário. Dos supérfluos a gente deve fugir como o diabo da cruz.

No caso de Graciliano Ramos — e ainda hoje penso assim — o gerúndio é que fugia (foge) dele.[7]

Notas

1. In: SILVEIRA, Joel. *Na fogueira: memórias.* Rio de Janeiro: Mauad, 1998, pp. 281-5.
2. Joel Silveira (Lagarto, Sergipe, 1918 — Rio de Janeiro, 2007): jornalista, correspondente de guerra e escritor. Autodidata, cursou até o segundo ano do curso de direito. Em 1937, mudou-se para o Rio de Janeiro. Seu primeiro emprego foi em *Dom Casmurro*, depois trabalhou como repórter e secretário de *Diretrizes*. Escreveu também para *Última Hora*, *O Estado de S. Paulo*, *Diário de Notícias*, *Correio da Manhã* e *Manchete*. Foi correspondente de guerra na Itália durante a Segunda Guerra Mundial, para os Diários Associados. E Assis Chateaubriand o apelidou "a víbora", devido a seu estilo ferino. Recebeu os prêmios Líbero Badaró, Esso Especial, Jabuti, Golfinho de Ouro e, em 1998, o Prêmio Machado de Assis, o mais importante da Academia Brasileira de Letras, pelo conjunto de sua obra. Publicou, entre outros livros: *As duas Guerras da FEB* (1965), *Tempo de contar* (1985), *Na fogueira: memórias* (1998), *Memórias de alegria* (2001), *A milésima segunda noite da avenida Paulista* (2003), *A feijoada que derrubou o governo* (2004), *O inverno da guerra* (2005); e de contos:

Onda raivosa (1939), *Roteiro de Margarida* (1940), *O dia em que o leão morreu* (1986), *Não foi o que você pediu?* (1991). Graciliano escolheu o belo "Onde andará Esmeralda?", de Joel Silveira, para a antologia de contos brasileiros. Confiram-se os artigos de Graciliano "Os sapateiros da literatura" e "Os tostões do sr. Mário de Andrade" (*Linhas tortas*). Ver: SILVEIRA, Joel. "Vida, prisões, glória e morte de Graciliano"; "Com d. Heloísa Ramos, pelos caminhos de Graciliano" (1978). In: *Tempo de contar*. Rio de Janeiro: Record, 1985; MÜHLHAUS, Carla; CALLADO, Ana Arruda et al. *Por trás da entrevista*. Rio de Janeiro: Record, 2007.

3. Promovido pela editora José Olympio em dezembro de 1937, o Prêmio Humberto de Campos contou com Graciliano Ramos, Marques Rebelo, Prudente de Morais Neto, Dias da Costa e Peregrino Júnior no júri. *Maria Perigosa*, de Luís Jardim, venceu, por pouco, o livro de *Viator*. Este era o pseudônimo de Guimarães Rosa, que reescreveu os contos e publicou *Sagarana* em 1946. "Prêmios" (1939), "Um livro inédito" (1939) e "Conversa de bastidores" (1946), crônicas incluídas em *Linhas tortas*, trazem a perspectiva de Graciliano Ramos sobre o prêmio.

4. Raimundo Magalhães Júnior (Ubajara, Ceará, 1907 — Rio de Janeiro, RJ, 1981): jornalista, biógrafo e teatrólogo, membro da Academia Brasileira de Letras. Começou como redator-chefe na *Folha do Comércio*, no Rio de Janeiro, em 1930. Foi secretário de *A Noite Ilustrada*, um dos fundadores do *Diário de Notícias*, diretor das revistas *Carioca*, *Vamos Ler!* e *Revista da Semana*, e redator de *A Noite*. Eleito vereador do Distrito Federal em 1949 e em 1954. Autor teatral, escreveu, entre outras: *Carlota Joaquina* (1940), *Vila Rica* (1945), *Canção dentro do pão* (1945). Figura na *Antologia dos poetas bissextos contemporâneos*, de Manuel Bandeira, e traduziu poetas franceses. Publicou livros de contos e de crônicas, como *Fuga e outros contos* (1936), *Janela aberta* (1945). Graciliano incluiu na antologia o conto "Rio movido". Pesquisador incansável, dedicou-se a publicar os volumes da obra esparsa de Machado de Assis, além de várias biografias, antologias, dicionários, ensaios, entre os quais: *Artur Azevedo e sua época* (1953); *Ideias e imagens de Machado de Assis* (1956); *Machado de Assis desconhecido* (1955); *Poesia e vida de Cruz e Sousa* (1961); *Poesia e vida de Álvares de Azevedo* (1962); *Poesia e vida de Casimiro de Abreu* (1965); *A vida turbulenta de José do Patrocínio* (1969); *Martins Pena e sua época* (1971); *José de Alencar e sua época* (1971); *Dicionário brasileiro de provérbios, locuções e ditos curiosos* (1974); *Olavo Bilac e sua época* (1974); *Poesia e vida de Augusto dos Anjos* (1977); *A vida vertiginosa de João do Rio* (1978).

5. Referência à região de Lobato, nas cercanias de Salvador, onde foi aberto o primeiro poço produtor de petróleo do Brasil, no final dos anos 1930 (COHN, Gabriel. *Petróleo e nacionalismo*. São Paulo: Difel, 1968, p. 25).

6. Além de participar como jurado de alguns concursos literários, Graciliano frequentemente era recrutado a avaliar os originais que jovens

escritores lhe entregavam. Entre outros, estes foram os casos de Guilherme Figueiredo, autor do romance *Trinta anos sem paisagem*, editado pela José Olympio em 1939, e de Alina Paim, escritora baiana cujos livros *Estrada da liberdade* (1944) e *Simão Dias* (1949) passaram pelo escrutínio do autor alagoano (ver MORAES, Dênis de. *O velho Graça*. 1ª ed. rev. e ampl. São Paulo: Boitempo, 2012, pp. 192-5).

7. Uma versão preliminar dessas "Conversas com Graciliano Ramos" foi publicada com o título "Graciliano sempre Graciliano", pelo jornalista sergipano, no livro RAMOS, Graciliano. *Relatórios*. Organização de Mário Hélio Gomes de Lima. Rio de Janeiro: Record; Recife: Fundação de Cultura da Cidade do Recife, 1994, pp. 15-8.

4. Graciliano Ramos[1]

JOSÉ CONDÉ,[2] *O CRUZEIRO*,[3] 1939

1

Filho do negociante Sebastião Ramos, Graciliano nasceu no dia 27 de outubro de 1892, em Quebrangulo, estado de Alagoas. Ainda de colo, foi para Buíque, em Pernambuco, onde, em companhia dos pais e dos avós, viveu os seus primeiros sete anos. Aí o futuro romancista entra em contato com o sertão, que seria mais tarde o tema principal de um dos seus livros mais fortes e mais humanos, *Vidas secas*. Assiste à vinda dos anos de seca em que os roçados definham à falta de chuvas e em que de verde apenas restam na paisagem mandacarus e palmatórias salpicando os campos. Vê as levas de sertanejos emigrando para outras terras do litoral, deixando as fazendas, os cercados vazios — carregando na cabeça como um peso de sofrimentos as lembranças dos bons tempos de inverno em que os campos floresciam, as noites eram cheias de sanfonas e que, pela madrugada, vinha dos currais o cheiro gostoso do leite, espumando nas vasilhas de barro.

Esses passos iniciais na vida amadurecem o espírito de Graciliano, criança esquisita e introvertida. A miséria da fazenda dos avós e o golpe na alma que lhe proporciona a desgraça do meio — do homem e da terra — deixarão para sempre certo ar de pessimismo em toda a sua vida. Ar que respiramos em todos os seus romances, onde os personagens são figuras angustiadas, trágicas pessoas de gestos pesados a se moverem nas histórias quase sem um ideal de felicidade, sem instantes de alegria — gente de uma tristeza irremediável.

Mudando-se para Viçosa, Graciliano faz o curso primário em modestas escolas do lugar. Começa daí a sua curiosidade pela leitura. Conhece Escrich[4] — e, tendo devorado gulosamente as páginas de *O guarani*,[5] de Alencar, sente nelas a revelação de um mundo diferente que lhe causa uma profunda impressão de encantamento. Lê, também, as aventuras de Robinson numa ilha desconhecida, de D. Quixote e de Gulliver. Stevenson chega a entusiasmá-lo descrevendo as façanhas de piratas e de veleiros ousados enfrentando os mares tempestuosos à procura de terras longínquas de tesouros e de mistérios.[6] E pouco a pouco, dentro do coração vai crescendo aquela amizade pelos livros. A família se opõe às maneiras e ao temperamento do menino esquisito, que parece ter nascido para a indolência. Isso não impede Graciliano de procurar conhecer novos autores. Chega mesmo a furtar o dinheiro que encontra dentro de casa para comprar livros e, neste mister, tem como orientadores dois modestos amigos da cidade: o tabelião e o agente do correio.[7]

Aos onze anos, dá um passo mais longo e ousado: sua predileção literária inclina-se para Gorki. E, após ter cursado durante algum tempo um colégio de Maceió, Graciliano volta a Viçosa e entra numa fase intensa de leitura e de estudo. Lê Zola, Dostoievski, Balzac e Eça de Queirós.[8] Este último merece a sua melhor admiração. Lê vezes seguidas os romances do escritor português, sentindo-se preso à sua arte verdadeiramente admirável e sobretudo humana.

2

O período que agora se inicia na vida de Graciliano é agitado e se caracteriza pela procura de um caminho definido. Já não é mais menino, e sim um rapaz de dezoito anos: preocupa-se vivamente com a vida e a obra dos grandes escritores. Aproveita os momentos de folga para escrever, embora nisto seja contrariado pela família. Esta o trata hostilmente. Vê em Graciliano um rapaz inútil fadado ao fracasso na vida.

Sem dúvida, este ambiente de hostilidades e a maior integração à leitura levam o moço a empreender uma viagem ao Rio, onde pretende ingressar no jornalismo e fazer carreira. Realmente, meses depois Graciliano salta no Rio com a cabeça cheia de planos. Luta corajosamente, procurando um lugar em qualquer jornal da cidade. Procura conhecidos de Alagoas, no entanto não é bem sucedido. Sente-se inadaptável ao meio estranho da capital do país, onde falta aos moços um ambiente de compreensão e de apoio. E um dia, sabendo da morte de três irmãos vítimas da epidemia de bubônica,[9] resolve voltar. A família havia se mudado para Palmeira dos Índios, onde Graciliano vai ao seu encontro.

Casa-se em 1915, adotando a profissão do pai: o comércio. Enviúva cinco anos depois para tornar a se casar em 1927. Nesta fase da sua vida, que é relativamente calma, Graciliano Ramos relê os velhos autores e escreve um romance. Já não é uma das inúmeras tentativas que fizera. Sente-se mais senhor da sua obra. Ela possui personalidade e firmeza. Mas, inutilmente, o volume fica guardado no fundo duma gaveta, à espera de um editor, que somente viria a surgir anos depois.

3

Agora vamos encontrar Graciliano feito prefeito de Palmeira dos Índios.

No fim do primeiro ano de governo escreve um relatório[10] que revoluciona a opinião pública não somente do seu estado, mas do Brasil inteiro. Neste relatório descreve fielmente a condição social do trabalhador rural da sua terra, mostra a miséria que domina a vida de toda aquela gente. O relatório é transcrito em jornais de muitas e muitas cidades, chegando mesmo às mãos do editor Schmidt, no Rio, que propõe a Graciliano a compra de um romance. É quando Graciliano Ramos envia os originais de *Caetés*.[11]

Em 1930 renuncia ao cargo de prefeito e vai para Maceió, a convite do governo, dirigir a imprensa oficial. Estoura a revolução, e Graciliano pede demissão do seu cargo, no que não é atendido. Começa a escrever *S. Bernardo*, embora o romance que fora adquirido pelo editor Schmidt ainda não tivesse sido publicado.

Adoece gravemente e vê-se obrigado a passar uma temporada no interior, onde conclui o romance iniciado. Conhece nesta época o romancista Jorge Amado, que traz os originais de *S. Bernardo* para a editora Ariel,[12] do Rio. Há na capital de Alagoas um forte grupo literário, onde Graciliano aparece de vez em quando. Aí se encontram constantemente José Lins do Rego, Jorge Amado, Valdemar Cavalcanti, Rachel de Queiroz e o poeta José Auto.

Graciliano, que está inteiramente restabelecido da doença, pensa voltar novamente ao Rio. Chega a marcar a data do embarque, mas, na véspera, é surpreendido com a sua nomeação para diretor da Instrução Pública do Estado.

Caetés é publicado em 1933 e *S. Bernardo* em 1934. Em 1935 escreve *Angústia*. No entanto, é este romance interrompido por um fato que começa a transformar a sua vida. É movida contra Graciliano Ramos uma grande campanha política, de que resulta a sua prisão por ocasião do levante revolucionário do Norte, de fins de 1935 até março de 1936. Embarca preso para o Rio. Aqui, recebe do editor José Olympio uma proposta para editar *Angústia* — isto na véspera de partir para a ilha Grande, numa leva de presos políticos. Adoecendo na prisão, passa dois meses na enfermaria, no fim dos quais é finalmente posto em liberdade.

Em 1938, Graciliano escreve *Vidas secas*, uma das obras maiores da literatura moderna do Brasil. Dessas que têm em si o segredo da perpetuidade.

Notas

1. CONDÉ, José. "Graciliano Ramos". *O Cruzeiro*, Rio de Janeiro, 15 abr. 1939, ano XI, n. 24, pp. 10-2. Como se vê no caderno de imagens presente neste volume, a reportagem de *O Cruzeiro* traz fotos de Graciliano e de José Condé, com as seguintes legendas: *Graciliano Ramos, com o qual iniciamos, neste número, uma série de biografias de escritores contemporâneos, em curiosos flagrantes. Em cima, a capa de um de seus livros de maior sucesso — S. Bernardo. / Uma palestra, em torno da vida do autor de* Angústia *e* Vidas secas, *que começou num café, continuou na calçada da Avenida, com escalas nas bancas de jornais, e terminou junto às estantes de uma livraria.*

2. José Ferreira Condé (Caruaru, 1917 — Rio de Janeiro, 1971): jornalista e escritor. Iniciou seu trabalho na imprensa em *O Cruzeiro*, publicando o poema "A feira de Caruaru" e uma série de reportagens com escritores brasileiros. Contratado pela José Olympio, lá permaneceu até 1939. Em 1949, fundou com os irmãos Elysio e João Condé o *Jornal de Letras*. Trabalhou com Álvaro Lins no suplemento literário do *Correio da Manhã*, mantendo a seção "Vida Literária" e depois "Escritores e Livros". Publicou, dentre outras obras: *Caminhos na sombra*, novelas (1945); *Onda selvagem*, romance (1950); *Histórias da cidade morta*, contos (1951); *Os dias antigos*, novelas (1955); *Um ramo para Luísa*, novela (1959), *Terra de Caruaru*, romance (1960), editado também em Portugal; *O mistério dos MMM* (com Jorge Amado, Guimarães Rosa e Rachel de Queiroz, entre outros colaboradores, 1962); *Pensão Riso da Noite: rua das Mágoas (cerveja, sanfona e amor)*, novelas (1966). Cf. COSTA, Edson Tavares. *A construção e a permanência do nome do autor: o caso José Condé*. Tese de doutorado em literatura. João Pessoa: UFPB, 2013.

3. *O Cruzeiro*: começou a circular em 1928, sob a batuta do português Carlos Malheiro Dias, num contexto marcado pela consolidação empresarial dos veículos jornalísticos no Brasil. Logo passou para os Diários Associados, com financiamento intermediado por Getúlio Vargas, então ministro da Fazenda, a quem Assis Chateaubriand apresentou o projeto da revista, com papel, fotos e colaboradores de alto nível. Começou a sair com tiragem de 50 mil exemplares, fato pioneiro na imprensa brasileira da época. A primeira fase de *O Cruzeiro*, na qual se enquadra essa reportagem biográfica de Condé a respeito de Graciliano, vai até o início da Segunda Guerra Mundial. Nesse momento o objetivo do periódico, já impresso em rotogravura, era expandir sua distribuição por todo o país. Além de agentes nas principais cidades do Brasil, possuía correspondentes em Lisboa, Paris, Roma, Madri, Londres, Berlim e Nova York. Com ênfase no fotojornalismo, contando com David Nasser e Jean Manzon, nos anos 1940 e 1950 ofereceu reportagens de grande repercussão. "Fabiano" e "Cadeia" (*Vidas secas*) saíram respectivamente em janeiro e em março de 1938 em *O Cruzeiro*. A seção "Arquivos Implacáveis", de João Condé, publicada

neste periódico de 1952 a 1958, estampou cartas e depoimentos de Graciliano. (BAHIA, Juarez. *Jornal, história e técnica: história da imprensa brasileira*. 4. ed. rev. e aum. São Paulo: Ática, 1990, p. 187; LOUZADA DA SILVA, Silvana. *Fotojornalismo em Revista: o fotojornalismo em O Cruzeiro e Manchete nos governos Juscelino Kubitschek e João Goulart*. Dissertação (mestrado em comunicação), Niterói: UFF, 2004; MAKLOUF, Luís. *Cobras criadas: David Nasser e O Cruzeiro*. São Paulo: Editora Senac, 1999).

4. Em crônica na qual relembra seu ódio pelo livro infantil e os tormentos vividos na escola primária, Graciliano Ramos, encoberto pelo pseudônimo J. Calisto, faz menção a esse romancista espanhol do século XIX. "Os romances idiotas de Escrich me serviram muito mais que as gramatiquinhas e as historietas de tolices que me obrigaram a absorver." (RAMOS, Graciliano. *Linhas tortas*. Op. cit., p. 94).

5. Em mais de uma ocasião, referindo-se à literatura nacional pós-1930, Graciliano contrapõe a ampla e perene aceitação desse romance de Alencar a vendagens pouco expressivas alcançadas pelos novos romances brasileiros. "Senhoras idosas, de óculos, ainda leem *O guarani* e choram, mas relativamente aos livros modernos é o que se vê. Falta de público" (RAMOS, Graciliano. "Romances". In: *Linhas tortas*. Op. cit., p. 206).

6. Em *Infância* (1945), Graciliano afirma que seu interesse, naquele momento de iniciação no mundo das letras, pendia para personagens folhetinescos de capa e espada, como os presentes em *A ilha do tesouro* (1883), de Robert Louis Stevenson. "Não me importava a beleza: queria distrair-me com aventuras, duelos, viagens, questões em que os bons triunfavam e os malvados acabavam presos ou mortos." (RAMOS, Graciliano. "Mário Venâncio". In: *Infância*. Op. cit., p. 247).

7. O tabelião é Jerônimo Barreto; o agente do Correio, Mário Venâncio. Trata-se de figuras importantes na iniciação de Graciliano no universo da literatura. Seus nomes intitulam capítulos de sua já mencionada obra memorialística *Infância*.

8. Especificamente com relação ao autor português, conforme assinala Valdemar Cavalcanti, em crítica simultânea ao lançamento de *Caetés* (1933), "a gente percebe que Eça deixou nele [Graciliano] marcas fundas; muitas de suas qualidades e alguns de seus defeitos se fixaram, sem o querer do autor, no seu caráter. Porém no corpo do romance há uma expressão pessoal de narrador. E esse poder de animar os homens e os fatos, em Graciliano, não é resto de banquete de Eça de Queirós: é cozinha especial, é comida de primeira mesa" (CAVALCANTI, Valdemar. "O romance *Caetés*", *Boletim de Ariel*, Rio de Janeiro, ano 3, n. 3, dez. 1933, p. 73; cf. em: RAMOS, Graciliano. *Caetés*. Edição Comemorativa: 80 anos. Op. cit., p. 208). Tal verificação cristalizou-se posteriormente como um lugar-comum da crítica sobre o início de Graciliano no gênero romanesco (CANDIDO, Antonio. *Ficção e confissão*. 3. ed. Rio de Janeiro: Ouro sobre Azul, 2006, p. 134).

9. Por causa da epidemia de peste bubônica que assolou Palmeira dos Índios em 1915, Graciliano perdeu os irmãos Otacílio, Leonor e Clodoaldo, além do sobrinho Heleno.

10. Como se sabe, entre janeiro de 1928 e março de 1930, Graciliano assumiu o cargo de prefeito de Palmeira dos Índios. Por meio de dois relatórios de prestação de contas que enviou, a 10 de janeiro de 1929 e a 11 de janeiro de 1930, ao governador das Alagoas, Álvaro Paes, passou a ser reconhecido como homem público e escritor fora da província, alçando, inclusive, certa notoriedade em âmbito nacional. Ambos os documentos se tornaram públicos e conseguiram recepção extremamente favorável em diversos órgãos de imprensa. O primeiro deles, depois de ganhar as páginas do *Diário Oficial*, em 1929, e de ser louvado pelo chefe do Estado, foi tomado pelo *Jornal de Alagoas* como um testemunho "dos mais expressivos e interessantes". Em seguida, numa reação em cadeia, outros periódicos alagoanos, *O Semeador* (4 e 5 fev. 1929) e o *Correio da Pedra* (15 set. 1929), trataram do texto. Trechos dele foram publicados também no Recife, no *Diário da Manhã* (mar. 1929), no Rio de Janeiro no *Jornal do Brasil*, em *A Manhã* (12 maio 1929, p. 14) e em *A Esquerda*, periódico dirigido por Pedro Mota Lima. Cf. RAMOS, Graciliano. *Relatórios*. Organização de Mário Hélio Gomes de Lima. Rio de Janeiro: Record, 1994. Os relatórios de Graciliano como prefeito de Palmeira dos Índios são assunto recorrente nestas *Conversas*, em especial neste texto e em: "Como fazer um romance", Paulo de Medeiros e Albuquerque, *Gazeta Magazine*, 1941; "Graciliano Ramos, aos cinquenta anos", Francisco de Assis Barbosa, 1942; "Como eles são fora da literatura: Graciliano Ramos", Homero Senna, *Revista do Globo*, 1948; "Nossos escritores — Graciliano Ramos: 'Sempre fui antimodernista'", José Tavares de Miranda, *Folha da Manhã*, 1951.

11. Em carta de 24 de julho de 1930, Rômulo de Castro, secretário da Schmidt Editora encarregado de negociar com Graciliano o envio de *Caetés* para a publicação, cobra o romancista: "Você precisa decidir-se: ou edita você mesmo os *Caetés*, ou nos manda os originais" (Arquivo Graciliano Ramos, Correspondência Passiva, Caixa 37, 059).

12. Editora carioca, fundada por volta de 1930, por Gastão Cruls (Rio de Janeiro, 1888 — Rio de Janeiro, 1959) e Agripino Grieco (Paraíba do Sul, 1888 — Rio de Janeiro, 1973). Voltada exclusivamente para a publicação de livros, apresentava ampla linha editorial, que incluía a tradução de diversas obras estrangeiras. Publicou o mensário *Boletim de Ariel*, importante revista literária (com tiragem de 3 mil exemplares). Fechadas suas portas em 1939, a editora Civilização Brasileira adquiriu seu estoque. Saíram pela Ariel as seguintes obras, entre outras: *Doidinho*, de José Lins do Rego, 1933; *Cacau*, de Jorge Amado, 1933; *Suor*, de Jorge Amado, 1934; *S. Bernardo*, de Graciliano Ramos, 1934; *Fronteira*, de Cornélio Pena, 1935 (Cf. HALLEWELL, Laurence. *O livro no Brasil: sua história*. Tradução de Maria da Penha Villalobos, Lolio Lourenço de Oliveira e Geraldo Gerson de Souza. 2. ed. São Paulo: Edusp, 2005, pp. 429-32).

5. Graciliano Ramos conta sua vida[1]

JOEL SILVEIRA,[2] *VAMOS LER!,*[3] 1939

"N ão sei se a isto se pode dar o nome de vida" — "Sempre vivi de arribada" — Um romance vivido entre 1892 e 1939 — Fala um grande escritor — Estranhas confidências — *Angústia* — "Tornei-me conhecido, infelizmente" — O homem que foi prefeito de Palmeira dos Índios, um recanto escondido e humilde de Alagoas

O que distingue Graciliano Ramos dos outros escritores modernos do Brasil é, principalmente, esta autonomia que cada personagem seu possui dentro do livro, vivendo sua vida egoísta e lateral sem se incomodar com a vida dos outros, às vezes bem perto da sua. São caminhos que nunca se cruzam. Estradas que correm todas para um só fim, é verdade. Mas como que correm em sentido paralelo. Houve alguém que já asseverou ser Graciliano o iniciador do romance vertical do Brasil. Mas se a paisagem, o ambiente e as angústias dos seus personagens estão, de fato, realizando esta modalidade da novelística entre nós, os próprios personagens, isolados e sozinhos, não pensam assim. Não pensam assim e desandam a andar, não para frente, mas para trás, todos a um só tempo e paralelamente. Paralelamente, é o que é. Se Luís da Silva se vê inclinado para a vida de Marina, é simplesmente porque Luís da Silva está envenenado por um desejo que pede liberdade. Desejo do macho que se sente preterido, desejo que, no mais das vezes, não passa de um ódio doente. Luís da Silva, este jornalista humilde e humilhado, constantemente de cabeça baixa à força dos protocolos e das exigências burocráticas, é o pedaço do mundo que nasceu precisamente para odiar o outro pedaço do mundo chamado Julião Tavares. Ouso mesmo acrescentar que o mal do mundo está nestes dois pedaços. Dos Juliões e dos Luíses é que brotam todas essas incompreensões, todos esses conflitos, toda essa luta surda que enche a terra e os que vivem sobre ela. Arrancando da alma humana o melhor da sua angústia, este "tabaréu" realizou uma obra seriíssima. Uma obra de deixar a gente atordoada. Diferença de ambiente, diferença de diálogo, diferença de vida. E mais este poder incrível de penetrar nos sentimentos escondidos, esmiuçar consciências e corações como um bisturi implacável separando carnes e vísceras. Graciliano Ramos nunca se contenta com os gestos exteriores dos seus personagens. Sente que esta literatura de descrição e de ação é, quase sempre, uma literatura falsa ou artificial. Vale pelo seu conteúdo cotidiano, mas o cotidiano é logicamente a face despistadora da vida, já que a verdadeira vida não pode pular de dentro do cérebro e do peito e dançar e pular nas ruas. Daí esta sua penetração na alma. Na alma humana ele vai simplesmente buscar o que os novelistas do cotidiano vão buscar nas ruas, nos bares, nos cinemas e nas multidões. Esta força de introspecção é tão grande que os personagens de *Angústia* ou de *S. Bernardo* nem precisavam falar. Vejam bem o caso de Baleia, que é um grande mundo apoiado sobre quatro patas raquíticas e falando por uma língua sedenta e desacomodada dentro da boca. Baleia é uma cachorra. Mas o que esta cachorra sente e o que ela suporta dentro da vida, bem que poderia ser o fadário de qualquer existência humana. Quase que não há diferença entre a angústia de Baleia e a de Fabiano, não há diferença mesmo. Dias da Costa[4] teve oportunidade de escrever, certa vez, que em *Vidas secas* o material humano se sente jogado para um segundo plano. Sempre e sempre é

Baleia que tem as ideias mais difíceis, é Baleia que vive mais. E se a gente dissesse que a humanidade do livro está mais em Baleia do que em Fabiano? Mesmo porque os monólogos de Fabiano poderiam não existir, ou existir somente na narração do escritor, existir introspectivamente. De qualquer forma, é a maneira nova de fazer romance. E mais ainda esta de pintar o quadro usadíssimo da seca e dos seus flagelados. Quem consegue, com um pincel, fazer um retrato diferente do Pão do Açúcar, muito diferente mesmo dos cartões-postais para os turistas, quem consegue isto tem muita coisa na cabeça. Graciliano fez isto. Fez isto em todos os seus livros. É um grande escritor, sem dúvida alguma.

É ainda na Livraria José Olympio que vamos encontrar mais este escritor. E não havia passado muito, quando ele chega, silencioso e calmo e bate-nos no ombro:

— Demorei?

Não havia demorado. Estava mesmo na hora.

— Vim às pressas. Hoje saí mais tarde, compreende?

Graciliano Ramos apresenta uma fisionomia cansada, fisionomia de alguém que já viveu bastante. Seus cabelos são grisalhos e profundas rugas sulcam sua face, face ensolarada de verdadeiro sertanejo. Os olhos é que logo impressionam. Não são olhos comuns. São olhos vivos e alertas, sombreados por duas olheiras esmaecidas. Olhos profundos que penetram, que indagam, que às vezes substituem a voz. Os gestos deste homem são lentos. A conversa é macia. O riso é curto, quase sem expressão. As mãos grandes, de longos dedos. A maneira de segurar o cigarro, bem característica. E o pensamento distante, muito distante, um pensamento perdido que parece flutuar em outra esfera, em momentos inexplicáveis de se sentir.

— Queremos um pouco de sua vida, Graciliano.

— Da minha vida?

— Da sua vida e da sua obra. É para o *Vamos Ler!*.

— Vamos conversar, não é melhor?

— É melhor mesmo.

Sentamo-nos e o autor de *Angústia* começa, após ter acendido um cigarro:

— Você vai achar uma vida meio tola. Eu também acho.

— Vamos a ela.

— Nasci a 27 de outubro de 1892 em Quebrangulo, Alagoas, donde saí com menos de dois anos. Meu pai, Sebastião Ramos, negociante miúdo, casado com a filha dum criador de gado, ouviu os conselhos de minha avó, comprou uma fazenda em Buíque, Pernambuco, e levou para lá os filhos, a mulher e os cacarecos. Aí a seca matou o gado — e seu Sebastião abriu uma loja na vila, talvez em 95 ou 96. Da fazenda conservo a lembrança de Amaro, vaqueiro, e de José Baía; na vila conheci André Laerte, cabo José da Luz, Rosenda lavadeira, padre João Inácio, Filipe Benício, Teotoninho Sabiá e família, seu Batista, d. Maricas, minha professora, mulher de seu Antônio Justino, personagens que utilizei muitos anos depois.[5] Aprendi a carta de ABC em casa, aguentando pancada. O primeiro livro, na escola, foi lido em uma semana, mas no segundo encrenquei: diversas viagens à fazenda do meu avô interromperam-me o trabalho, e logo no começo do volume antipático a história besta dum Miguelzinho que recebia lições dos passarinhos fechou-me, por algum tempo, o caminho das letras.[6] Meu avô dormia numa cama de couro cru, e em redor da trempe de pedras, na cozinha, a preta Vitória mexia-se, preparando a comida, acocorada. Dois currais, o chiqueiro das cabras, meninos e cachorros numerosos, soltos no pátio, cobras em quantidade.[7] Nesse meio e na vila passei os meus primeiros anos. Depois seu Sebastião aprumou-se e em 99 foi viver em Viçosa, Alagoas, onde tinha parentes. Aí entrei no terceiro livro e percorri várias escolas, sem proveito. Como levava uma vida bastante chata, habituei-me a ler romances. Os indivíduos que me conduziam a esse vício foram o tabelião Jerônimo Barreto e o agente do correio Mário Venâncio, grande admirador de Coelho Neto e também literato, autor de um conto que principiava assim: "Jerusalém, a deicida, dormia sossegadamente à luz pálida das estrelas. Sobre as colinas pairava uma tênue neblina, que era como o hálito da grande cidade adormecida."[8] Um canto bonito, que elogiei demais, embora intimamente preferisse o Paulo de Kock e o Júlio Verne.[9]

Graciliano faz uma pausa, cumprimenta Pedro Calmon,[10] que entra e logo sai. Continua:

— Desembestei para a literatura. No colégio de Maceió, onde estive pouco tempo, fui um aluno medíocre. Voltei para Viçosa, fiz sonetos e conheci Paulo Honório, que em um dos meus livros aparece com outro nome. Aos dezoito anos fui, com a minha gente, morar em Palmeira dos Índios. Fiz algumas viagens a Buíque, revi parentes do lado materno, todos em decadência. Em começo de 1914, enjoado da loja de fazendas de meu pai, vim para o Rio, onde me empreguei como foca de revisão. Nunca passei disso. Em fins de 1915 embrenhei-me de novo em Palmeira dos Índios. Fiz-me negociante, casei-me, ganhei algum dinheiro, que depois perdi, enviuvei, tornei a casar, enchi-me de filhos, fui eleito prefeito e enviei dois relatórios ao governador.[11] Lendo um desses relatórios, Schmidt imaginou que eu tinha algum romance inédito e quis lançá-lo. Realmente o romance existia, um desastre. Foi arranjado em 1926 e apareceu em 1933. Em princípio de 1930 larguei a prefeitura e dias depois fui convidado para diretor da Imprensa Oficial. Demiti-me em 1931. No começo de 1932 escrevi os primeiros capítulos de S. Bernardo, que terminei quando saí do hospital. As recordações do hospital estão em dois contos publicados ultimamente, um em Buenos Aires, outro aqui.[12] Em janeiro de 1933, nomearam-me diretor da Instrução Pública de Alagoas — disparate administrativo que nenhuma revolução poderia justificar. Em março de 1936, no dia em que me afastavam desse cargo, entreguei à datilógrafa as últimas páginas do Angústia, que saiu em agosto do mesmo ano, se não estou enganado, e foi bem recebido, não pelo que vale, mas porque me tornei de algum modo conhecido, infelizmente. Mudei-me para o Rio, ou antes mudaram-me para o Rio, onde existo agora.[13] Aqui fiz o meu último livro, história mesquinha — um casal vagabundo, uma cachorra e dois meninos.[14] Certamente não ficarei na cidade grande. Prefiro sair. Apesar de não gostar de viagens, sempre vivi de arribada, como um cigano. Projetos não tenho. E estou no fim da vida, se é que se pode dar a isto o nome de vida.

Graciliano Ramos faz nova pausa. Acende outro cigarro e conclui:

— Instrução não tenho quase nenhuma. José Lins do Rego tem razão quando afirma que a minha cultura, moderada, foi obtida em almanaques.

A livraria, naquela tarde de quinta-feira, foi se enchendo de literatos e consultadores. Graciliano levanta-se e vamos até à porta. Num recanto, ao lado de uma das principais vitrines, um grupo discutia a respeito do *Jubiabá*, agora traduzido para o francês. Interpelo Graciliano a propósito de Jorge Amado:

— É um grande escritor — responde-nos. — Um dos nossos maiores escritores.

E em seguida:

— Não compreendo o silêncio que fizeram agora quando um seu livro foi traduzido pela NRF.[15] Isto é uma coisa que nos devia envaidecer a todos, os escritores modernos do Brasil. Infelizmente há muita desunião, muita briga inútil. E Jorge é um dos que mais têm sofrido com isto...

E lá deixamos o romancista, sereno, calmo, modesto, simples como um verdadeiro prefeito de qualquer lugarejo do sertão. Comedido e pacifista, Graciliano Ramos acredita no tamanho do sol. Acha que há lugar para todos. Infelizmente, pensamos, não é o conceito de todos. Infelizmente é o pensamento de uma minoria que se sente quase esmagada.

Notas

1. SILVEIRA, Joel. "Graciliano Ramos conta sua vida". Caricatura de Augusto Rodrigues. *Vamos Ler!*, Rio de Janeiro, 20 abr. 1939, pp. 9-10.
2. Joel Silveira: sobre o entrevistador, autor de vários textos aqui presentes, confira-se a nota 2 de "Conversas com Graciliano Ramos". Antes de Graciliano, Joel Silveira entrevistou, para *Vamos Ler!*, Jorge Amado, José Lins do Rego, Marques Rebelo, Lúcio Cardoso, entre outros. A conversa com Graciliano, que abriria a série de palestras com grandes autores nacionais estampada na revista, era sempre adiada pelo romancista

alagoano. Um dia, enfezado, Joel Silveira o questionou: "Olha, Graciliano (ele me obrigava a chamá-lo de Graciliano, dizia 'Não me chame de seu Graciliano!'), você está me embromando há um mês sem me dar essa entrevista, de modo que eu vou fazer o seguinte: como há um mês estou conversando com você, já sei de suas ideias (porque ele adorava um papo, não queria era que o publicasse) e vou resumir tudo isso. Você, se quiser, que desminta, eu não vou é perder meu emprego." Em resposta, Graciliano lhe disse: "Amanhã eu entrego." E para surpresa do jornalista, de fato, ele lhe entregou o texto, avaliado como "um primor, uma obra-prima. [...] Não tinha nada que alterar, só fiz um lidezinho, coisa de nada. Afinal de contas, dizer quem era Graciliano era uma idiotice total, todo mundo já sabia quem ele era." (SILVEIRA, Joel. "O último suspiro da reportagem". In: MÜHLHAUS, Carla. *Por trás da entrevista*. Rio de Janeiro: Record, 2007, p. 165).

3. Revista pertencente à Sociedade Anônima *A Noite*, impressa em papel-jornal e a custo baixo, *Vamos Ler!* alcançou grande penetração a partir do final da década de 1930, tendo circulado de 1936 até 1950. Foi dirigida por Raimundo Magalhães Júnior e contou, entre seus colaboradores, com Joel Silveira, Jorge Amado, Francisco de Assis Barbosa, Armando Pacheco, Tasso da Silveira, Clarice Lispector, Fernando Sabino. Possuía seções como "Panorama Literário", "Vamos Rir", "Retratos Antropológicos: Conheça a si mesmo revelando o futuro pelos caracteres fisionômicos", seções de variedades, propagandas, várias fotografias, ilustrações, quadrinhos e a capa colorida. Cf. MARTINS, Ana Luiza. *Revistas em revista: imprensa e práticas culturais em tempos de República, São Paulo (1890-1922)*. São Paulo: Edusp, 2008, p. 96; ALMEIDA, Ivete Batista da Silva. "Uma nova forma de ver o mundo: As revistas ilustradas semanais", *Fato&Versões*, Uberlândia, v. 3, n. 6, pp. 38-56, 2011.

4. Referência ao texto *"Vidas secas"*, publicado pelo jornalista e contista Oswaldo Dias da Costa (Salvador, 1907 — Rio de Janeiro, 1979) no jornal *Dom Casmurro*, em abril de 1938. O próprio Graciliano faz menção a essa resenha crítica em carta ao filho Júnio: "Durante uns três dias Fabiano fez alguma figura na vitrine. Depois escondeu-se e os compradores se sumiram. É o diabo. Vamos ver o que dizem os críticos. Dias da Costa, que publicou esta semana um bom artigo, acha que Fabiano, sinha Vitória, os dois meninos e Baleia serão muito atacados. Está bem, vamos esperar isso" (RAMOS, Graciliano. *Cartas*. 8. ed. Rio de Janeiro: Record, 2011, p. 280).

5. Tais personagens figuram em *Angústia* (1936) e em *Infância* (1945).

6. Graciliano alude ao *Segundo Livro de Leitura para uso da Infância Brazileira* (Rio de Janeiro: Francisco Alves, 1869), do educador baiano Abílio Cesar Borges, conhecido como Barão de Macaúbas. Em *Infância*, o memorialista aprofunda sua aversão a tal volume: "Principiei a leitura de má vontade. E logo emperrei na história de um menino vadio que,

dirigindo-se à escola, se retardava a conversar com os passarinhos e recebia deles opiniões sisudas e bons conselhos. / — Passarinho, queres tu brincar comigo? / Forma de perguntar esquisita, pensei. E o animalejo, atarefado na construção de um ninho, exprimia-se de maneira ainda mais confusa. Ave sabida e imodesta, que se confessava trabalhadora em excesso e orientava o pequeno vagabundo no caminho do dever." (RAMOS, Graciliano. "O Barão de Macaúbas". In: *Infância*. 47. ed. Rio de Janeiro: Record, 2012, p. 129).

7. Apesar de constar *"cabras* em quantidade" nesta entrevista de 1939 em *Vamos Ler!*, Joel Silveira corrige para *"cobras* em quantidade" ao transcrevê-la no livro *Na fogueira*. Também nos textos de *Diretrizes* (1942) e de *Leitura* (1942) aqui incluídos, a mesma nota biográfica escrita por Graciliano se refere a "currais de cabras" e a "cobras em quantidade", o que nos faz lembrar de *Angústia*.

8. Tal passagem, com algumas variações, seria reproduzida no capítulo dedicado a Mário Venâncio em *Infância* (1945), que Graciliano escrevia então (RAMOS, Graciliano. Op. cit., p. 248).

9. Graciliano já havia feito menção a esses dois autores numa crônica de 17 de junho de 1915, centrada no modo como criados e serviçais eram representados em diferentes textos literários. Ver: RAMOS, Graciliano. *Linhas tortas*. Op. cit., pp. 53-6.

10. Pedro Calmon Moniz de Bittencourt (Amargosa, Bahia, 1902 — Rio de Janeiro, 1985), escritor, advogado, professor, historiador e político. Membro da Academia Brasileira de Letras, sócio do Instituto Histórico e Geográfico Brasileiro. Foi deputado estadual pela Bahia (1927-30), deputado federal (1935) e ministro da Educação (1950-1). Em 1938, tornou-se catedrático de direito público constitucional e diretor da Faculdade de Direito da Universidade do Brasil (UB), atual UFRJ. Professor de várias outras instituições, como a Pontifícia Universidade Católica do Rio de Janeiro. Colaborou na imprensa brasileira e publicou ensaios, obras de ficção e biografias: *Anchieta, o santo do Brasil* (1923), *O rei cavaleiro* (1933), *O rei filósofo* (1938), *História da Bahia* (1927), *Vida amorosa de Castro Alves* (1935), *O crime de Antônio Vieira* (1931), *História do Brasil* (1939-1955). Cf. *Dicionário histórico biográfico brasileiro pós-1930*. 2. ed. Rio de Janeiro: Ed. FGV, 2001; Fundação Pedro Calmon/SecultBA.

11. Referência a Álvaro Paes, governador das Alagoas que permaneceu à frente do Executivo estadual de 1928 a 1930, quando foi deposto pela revolução de 3 de outubro. Quando prefeito de Palmeira dos Índios, Graciliano encaminhou-lhe dois relatórios: o primeiro em 1929 e o segundo em 1930. Leia-se "Álvaro Paes" em *Linhas tortas*.

12. Graciliano reporta-se, respectivamente, aos contos "O relógio do hospital" e "Paulo". O primeiro, escrito na Sala da Capela, a 23 de julho de 1936, foi publicado inicialmente em *La Prensa* (Buenos Aires, 24 out. 1937, com ilustrações de Miguel Petrone). O segundo, também composto

durante o período em que se encontrava preso, ganhou primeiramente as páginas de *O Jornal* (Rio de Janeiro, ano XIX, 18 abr. 1937, com ilustrações de Santa Rosa). Ambos, depois, foram incluídos em *Dois dedos* (1944) e em *Insônia* (1947).

13. Graciliano se refere à sua prisão, a 3 de março de 1936. E em agosto José Olympio editou *Angústia*, enquanto o autor estava na prisão.

14. Em carta a Benjamín de Garay, de 13 de dezembro de 1937, assim Graciliano se refere a *Vidas secas* (1938), que, fincando-se na história de uma família sertaneja, atinge universalidade: "O meu bárbaro pensamento é este: um homem, uma mulher, dois meninos e um cachorro, dentro de uma cozinha, podem representar muito bem a humanidade. E ficarei nisto, enquanto não me provarem que os arranha-céus têm alma." (RAMOS, Graciliano. *Cartas inéditas de Graciliano Ramos a seus tradutores argentinos Benjamín de Garay e Raúl Navarro. Op. cit.*, p. 69).

15. Antigo nome da editora francesa Gallimard. Tal sigla refere-se à *Nouvelle Revue Française*, "revista mensal de literatura e de crítica" criada em 1909 por André Gide e um grupo de cinco escritores. Em seguida, Gide convidou Gaston Gallimard para administrar Les Éditions de la Nouvelle Revue Française, braço responsável pela publicação do periódico, e a se tornar um dos sócios. Era a origem da renomada casa editorial Gallimard (FERNANDES, Daniela. "Editora Gallimard: Um século de livros". *Valor Econômico*, São Paulo, 20 maio 2011). Graciliano também faz referência a essa tradução de *Jubiabá* em crônica publicada no *Anuário Brasileiro de Literatura* (Rio de Janeiro, n. 3, p. 97), igualmente em 1939: "De repente aparece nas livrarias *Bahia de tous les Saints*, um volume de quase trezentas páginas, edição da NRF, já aqui anunciada discretamente há meses e agora definitivamente esquecida. *Bahia de tous les Saints* é o nome com que os tradutores Michel Berveiller e Pierre Hourcade batizaram *Jubiabá* em Paris. Muita gente ignora que esse livro foi publicado em francês, e quem vê o volume de capa branca, com o título mudado, desvia os olhos, sem saber que o editor Gallimard meteu numa coleção onde figuram escritores terrivelmente importantes uma história de negros e mulatos, arranjada pela Bahia e vizinhanças." (RAMOS, Graciliano. "Bahia de todos os Santos". In: *Linhas tortas. Op. cit.*, p. 165).

6. Um depoimento literário brasileiro: Marques Rebelo (Eddy)[1]

CASTRO SOROMENHO,[2] *O PRIMEIRO DE JANEIRO*,[3] 1939

O regresso ao classicismo, a arte pela arte, a função social do livro e da arte, o Brasil literário perante as outras nações da América, o intercâmbio literário luso-brasileiro

Ao fundo da Livraria José Olympio, num grupo de escritores, Graciliano Ramos, o grande romancista brasileiro, fala-nos do Brasil e da sua literatura contemporânea. Graciliano não faz crítica e não aparta valores para estabelecer paralelos.

É evidente a sua grande simpatia pessoal e intelectual por Jorge Amado e José Lins do Rego, mas isto não o inibe de se referir largamente e com agrado, sem estabelecer contrastes, aos trabalhos de todos os escritores que, fora do domínio da literatura que se caracteriza pelo regresso à arte pela arte, são caminheiros da grande jornada da nova literatura deste imenso país, onde a terra e o homem são novos — e os escritores os veem pela primeira vez com olhos e alma "brasileiros".

Graciliano é do Norte, mas não faz a "política" dos escritores dessa terra profundamente dramática, onde as secas e a fome criaram gentes miserandas que as personagens do seu livro *Vidas secas* simbolizaram.

Em presença do drama que se desenrola na sua terra, o escritor não podia tomar outra atitude que não fosse a que ressalta transbordante de força, de sinceridade, de legítima revolta, da sua obra de romancista, toda ela um grito de protesto que ecoou por todo o Brasil.

Através das palavras de Graciliano Ramos, que é para a maioria dos brasileiros o seu primeiro romancista, surge-nos, com mais evidência que na sua própria obra, a terra ardente e seca e o homem amarrado à sua tragédia, entregue ao fatalismo, agora abandonando-se, acossado pela sede e fome, ao caminho do litoral, o braço a ofertar-se ao trabalho da terra alheia, para, logo que tombem as primeiras chuvas, regressar ao seu "chão", caminhando do sertão para o litoral e do litoral para o sertão durante toda a vida!

— Quando os nossos olhos se abrem para este mundo de miséria e dor, é impossível não reagir, não clamar contra tanto infortúnio — diz-nos Graciliano com veemência. — E eles querem que nos calemos, de braços cruzados, ou que façamos arte pela arte...

E depois, com uma voz cansada, o romancista evoca a sua vida, o isolamento em que o obrigaram a viver durante um ano de sofrimentos, que foi uma noite de angústia, longe, muito longe, em terra estranha, entre vagabundos, onde estudou curiosos tipos de desventurados que um dia aparecerão nos livros que a sua dolorosa experiência deve à Literatura.

— Depois do que lhe acabo de dizer, bem vê que eu não posso falar, não lhe posso dar a entrevista. E creia que tenho pena que os portugueses, nossos irmãos, fiquem desconhecendo algumas verdades que eu gostaria de dizer.

E mudando de tom:

— Você já ouviu o Jorge?

— Conversei muito com o Jorge Amado, mas também não se deixa entrevistar, como você, como outros que vieram de longos caminhos, da Ronda da América,[4] ou de mundos "sombrios...".

— Sim, todos nós viemos de muito longe... embora a maioria não tenha deixado o seu canto. É que a alma também faz grandes jornadas, e essas são as mais dolorosas. Olhe, vem aí o Marques Rebelo, o homem da *Oscarina*, um grande contista.[5]

— Já o esperava, marcamos encontro aqui para uma entrevista.

Marques Rebelo e o autor de *S. Bernardo* são amigos, mas disputam sobre assuntos literários. Agora Eddy, que é "carioca", entre gargalhadas que enchem a livraria, defende a arte pela arte, que é tema que angustia o autor de *Angústia*. O homem do Norte não pode compreender a arte pela arte, que é capricho de escritores que escrevem com tinta de rosas, porque no mundo há tanto sofrimento, tanta miséria, tanta injustiça que o caminho dessa literatura não pertence à vida.

E o tempo passa, um a rir, falando e gesticulando desordenadamente, ora sentado, ora de pé; o outro muito sério, arrepiado com as palavras do antagonista, deixando cair palavras calmas que dizem dos problemas literários que lhe interessam, que o apaixonam, onde documento humano é tudo e o resto paisagem...; — e nós a [esperar] que eles acabem de não chegar a acordo, mas que fiquem amigos, como sempre.

[...]

Notas

1. SOROMENHO, Castro. "Um depoimento literário brasileiro: Marques Rebelo (Eddy)", *O Primeiro de Janeiro*, Porto, 9 ago. 1939.
2. Fernando Monteiro de Castro Soromenho (Chinde, Moçambique, 1910 — São Paulo, 1968): jornalista, ficcionista e etnólogo. Escritor do movimento neorrealista português e da literatura angolana. Trabalhou em Angola na Companhia de Diamantes e como redator do *Diário de Luanda*. Jornalista em Lisboa desde 1937, em dezembro desse ano veio ao Brasil como correspondente especial do semanário *Humanidade*, do qual era chefe de redação, e estabeleceu relações com diversos intelectuais brasileiros. De volta a Portugal em meados de 1938, trabalhou como correspondente de *Dom Casmurro*, do Rio de Janeiro. Colaborou em vários periódicos de Lisboa, *A Noite*, *Jornal da Tarde*, *O Mundo Português*, *O Século*, *Diário Popular*, *Seara Nova*, *O Diabo*, e n'*O Primeiro de Janeiro*, do Porto. Crítico à ocupação colonial, foi obrigado pelo regime salazarista a exilar-se na França, nos Estados Unidos e depois no Brasil. Publicou, entre outras obras: *Noite de angústia*, romance (1939), *Homens sem caminho*, romance (1941), *Rajada e outras histórias*, contos (1942), *Maravilhosa viagem dos exploradores portugueses* (1948), *Terra morta*, romance (1949); *Viragem*, romance (1957). *Terra morta* marca o início de sua segunda fase literária, que trata dos efeitos da colonização portuguesa. Em 1949, Soromenho veio ao Brasil como correspondente do *Diário Popular*. No Rio de Janeiro, providenciou, com o editor Arquimedes de

Melo Neto, que dirigia a Casa do Estudante do Brasil, a publicação de *Terra morta* e a constituição de uma editora, a Sociedade de Intercâmbio Cultural Luso-Brasileira. Em 1965 passou a morar em São Paulo; foi professor de sociologia na Faculdade de Filosofia, Ciências e Letras da Universidade de São Paulo e colaborou no Suplemento Literário de *O Estado de S. Paulo*. Cf. CASTRO SOROMENHO. Blog sobre o escritor Fernando Monteiro de Castro Soromenho. Acervo Castro Soromenho. Disponível em: sobrecs.wordpress.com/biografia; BASTIDE, Roger. *L'Afrique dans l'œuvre de Castro Soromenho*. Paris: Éditions Pierre Jean Oswald, 1960; "A África na obra de Castro Soromenho", tradução de Regina Salgado Campos. In: *Navette literária França-Brasil: a crítica de Roger Bastide*. Glória Carneiro do Amaral (Org.). São Paulo: Edusp, 2010; MOURÃO, Fernando Augusto Albuquerque; QUEMEL, Maria Angélica Rodrigues. *Contribuição a uma biobibliografia sobre Fernando Monteiro de Castro Soromenho*. Centro de Estudos Africanos, USP, São Paulo, 1977.

3. *O Primeiro de Janeiro* começou a circular em dezembro de 1868, no Porto, como decorrência da Janeirinha, movimento contestatório que marcou o fim do período da história de Portugal conhecido como Regeneração (1851-1868). Ainda no século XIX, contou com colaborações dos mais prestigiados intelectuais do país: Camilo Castelo Branco, Guerra Junqueiro, Antero de Quental, entre outros. Ao longo do século XX, a publicação foi adquirida por diferentes grupos empresariais. Em 1936, passou a ser dirigida por Manuel Pinto de Azevedo Júnior, que se manteve no cargo pelos quarenta anos seguintes. Com a saída deste, o jornal atravessou uma espiral de problemas, entre os quais a perda de leitores e de publicidade, passando, em 1991, a apresentar-se como uma folha de cariz regional. Continua a circular nos dias de hoje (Cf. LIMA, Helena Laura Dias de. *Os diários portuenses e os desafios da actualidade na imprensa: tradição e rupturas*. Tese de doutorado em letras. Porto: Faculdade de Letras, Universidade do Porto, 2008; e STOJANOVIC, Maria Bárbara Rodrigues. *O Dia-D e sua cobertura pelo Primeiro de Janeiro*. Porto: Universidade Fernando Pessoa, 2008).

4. Cf. AMADO, Jorge. *A ronda das Américas*. Estabelecimento de texto, introdução e notas por Raul Antelo. Salvador: Fundação Casa de Jorge Amado, 2001. Reunião de artigos publicados em *Dom Casmurro* e em *Diretrizes*, entre 1938 e 1939: "Ainda Brasil", "Uruguai", "Argentina", "Cordilheira dos Andes", "O Chile", "México todo pitoresco" e "A pintura mural e seus expoentes na América".

5. Conforme Graciliano dirá a Otto Maria Carpeaux, em texto recolhido nestas *Conversas* (CARPEAUX, Otto Maria. "Obras-primas desconhecidas do conto brasileiro", *A Manhã*, "Letras e Artes", 10 abr. 1949), "os contos de Marques são muito melhores do que as afamadas histórias de Lima Barreto". O autor de *Insônia* apreciava, sobretudo, a arte de Rebelo "de transformar em delicado e delicioso lirismo as safadezas da canalha carioca" (Id., ibid.).

7. Como fazer um romance[1]

PAULO DE MEDEIROS E ALBUQUERQUE,[2] *A GAZETA MAGAZINE*,[3] 1941

D a chamada geração de 1930, muitos discutem Jorge Amado, muitos discutem José Lins do Rego, muitos discutem outros. Mas existe um, um apenas, que no conceito de todos, contemporâneos ou não, é assim como uma espécie de "papa" dessa geração: Graciliano Ramos.

O "velho" Graça, como é chamado na intimidade pelos seus colegas de letras, é apontado por todos como "o melhor de todos", o que, vamos e venhamos, é uma grande coisa.

Mas Graciliano não é homem muito dado a entrevistas. E o repórter foi logo prevenido de que dificilmente ele conseguiria a palavra do mestre nesta enquete de *A Gazeta Magazine*.

Mas o repórter é persistente. E acabou conseguindo a entrevista que vai abaixo, encerrando, dessa forma, o depoimento dos romancistas brasileiros sobre a questão: "Como fazer um romance?"

Foi numa manhã de domingo, triste e cinzenta, que o repórter procurou Graciliano Ramos. O autor de *Angústia* mora numa rua perdida nos confins da Gávea. Foi uma dificuldade danada localizá-la. Finalmente o repórter encontrou o endereço e partiu à procura.

Ao chegar ao local — um edifício de apartamentos — perguntou a uma menina que brincava no jardim.

— Pode me informar: Graciliano Ramos mora aqui?

— Mora, sim, senhor; é ali — respondeu a menina apontando com o dedo.

O repórter foi "ali", bateu, a porta foi aberta e dentro em pouco estava ele em frente ao "velho" Graça.

— Então você quer saber como se faz um romance — comentou o mestre.

E após uma pausa:

— Mas eu ainda não escrevi nenhum romance...

O repórter, como único argumento, lembrou-lhe *Caetés* e *Angústia*. Graciliano sorriu:

— Mas não são romances. São duas borracheiras.

O repórter insistiu:

— E se você me contasse como escreveu esses dois livros?

— Posso contar. Mas acha que serve?

— Serve.

Palmeira dos Índios

Graciliano Ramos apanhou uma carteira de cigarros, tirou um, bateu-o cuidadosamente sobre a mesa. Com um palito de fósforo tirou um pouco do fumo de uma das extremidades, torcendo o papel, fazendo assim uma espécie de filtro.

Começou a falar:

— É uma história que começa há muitos anos, lá por volta de 1924.

O repórter tomava notas enquanto Graciliano indagava:

— Você sabe onde fica Palmeira dos Índios?

O repórter confessou sua geográfica ignorância no assunto, ao que Graciliano prosseguiu explicando:

— É em Alagoas. Em 1924, comecei a rabiscar um conto. Chamava-se "A carta".[4] Era uma coisa horrorosa, você nem pode fazer ideia.

Graciliano sorri de suas recordações:

— Imagine que era um conto bem desenvolvido e que não tinha nenhum diálogo. Tudo descrição. Uma pinoia.

Tirou uma tragada longa do cigarro:

— Foi a primeira bobagem mais ou menos que fiz, depois de haver trabalhado em alguns jornais. Antes, já havia tentado diversas coisas, entre elas a poesia. Fiz mesmo alguns sonetos publicados com pseudônimo. Eram também horríveis. "A carta", do ponto de vista acadêmico, era um conto perfeito. Nenhum galicismo, nenhum solecismo. Tudo, tudo perfeitinho. Só faltava uma coisa: ser um conto mais ou menos aproveitável... Ainda neste mesmo ano eu tive vontade de fazer uma Galeria de criminosos. Em 1925, escrevi outro conto. Mas era a mesma bobagem do primeiro. Em tudo muito correto. Correto demais, sabe?

Nova pausa de Graciliano. O repórter indagou:

— Como se chamava esse conto?

— "Entre grades". Como vê, um nome até interessante.

Sorriu tirando outra fumacinha para continuar logo após:

— Um ano depois tentei um terceiro conto. Procurei fazer alguma coisa diferente. Entre as diferenças que procurei introduzir estava principalmente o diálogo. E foi assim que saiu *Caetés*. Mas fique sabendo de uma coisa desde já: *Caetés* não é romance de espécie alguma; é uma droga completa.[5]

O repórter ia protestar, mas mestre Graça continuava:

— Em 1928 aconteceu uma coisa: fui eleito prefeito de Palmeira dos Índios e foi nesse cargo que, pela primeira vez, vi dois trabalhos meus publicados.

— *Caetés*? — indagou o repórter.

— Nada disso. Dois relatórios. Um que fiz em 1929 e outro que fiz em 1930. Este, ao que parece, foi o meu melhor trabalho. Pelo menos o que se esgotou mais depressa. Foi transcrito por diversos jornais de todo o Brasil.[6] Daqui do Rio, onde o relatório foi transcrito em *A União*, jornal católico, recebi uma carta de Rômulo de Castro, que, a mando do Schmidt, me pedia um romance.[7] Achava ele que eu devia ter alguma coisa guardada.

Primeiro romance

Nova parada de Graciliano Ramos. O cigarro já terminara. Apanhou outro e, após seguir aquela mesma técnica para a retirada de parte do fumo, acendeu-o. Deu uma tragada e falou:

— Em 1930 me decidi. Mandei, depois de ter deixado o cargo de prefeito de Palmeira dos Índios, os originais de *Caetés* que me haviam sido pedidos. Fui nomeado então diretor da Imprensa Oficial e me mudei para Maceió. Pouco depois recebi uma carta de Prudente de Morais Neto,[8] fazendo sérias restrições ao livro. A razão estava com ele. Depois vieram acontecimentos em minha vida que me afastaram um pouco da literatura, e o meu livro quase se perde com a revolução paulista de 1932.

S. Bernardo

Aproveitando um momento de pausa do romancista, o repórter perguntou:

— E *S. Bernardo*?

— *S. Bernardo* veio mais tarde, ali por volta de 1932. Peguei o primeiro conto que havia escrito, aquele "A carta", do qual já lhe falei. Mas só aproveitei o personagem central, Paulo Honório, e o assunto. Nem reli o conto. Era uma droga.

Nova pausa para uma tragada do cigarro. Continuou:

— Este livro, aliás, foi de certo modo até o capítulo 19 e daí em diante sofreu uma modificação completa. Tive que me submeter a uma intervenção cirúrgica e depois, quando recomecei a escrever, tudo foi modificado. Havia uma diferença tão grande entre uma parte e outra, que tive que trabalhar bastante para fazer as modificações. Em 1933 fui nomeado diretor de instrução em Maceió. Nessa época apareceu por lá Jorge Amado.[9] E ele, grande amigo, insistiu muito para que eu publicasse *S. Bernardo*. É, portanto, um pouco padrinho do livro.

— E qual a sua opinião sobre ele? — perguntou o repórter.

— Ele quem? Jorge?

— Não, *S. Bernardo*.

— Tem algumas passagens que me satisfazem. Mas englobado vale pouco. É menos ruim do que *Caetés*, mas não chega a ser um romance. Mas, levado, principalmente, pela opinião de Jorge Amado, mandei os originais para Gastão Cruls,[10] então da Ariel Editora.[11]

Angústia

— *Angústia* tem uma história mais engraçada. Aproveitei o assunto e o tipo do meu segundo conto — "Entre grades" — e comecei a trabalhar no romance. Fiz dez capítulos, parei seis meses. Continuei mais ou menos até a metade, mas parei novamente. Se não fosse a insistência de Rachel de Queiroz,[12] que me amolava todo dia para que continuasse, *Angústia* até hoje estaria atirado de lado. Em agosto de 1936 foi lançado...

— E que tal sua impressão?

— Impressão? — Graciliano sorriu:

— Muito boa, muito boa mesmo. Eu estava preso...

Vidas secas

— E *Vidas secas*? — quis saber o repórter.

— *Vidas secas* eu comecei pelo fim. Comecei pelo capítulo "Baleia",[13] que é a história da cachorra. Como você vê, nunca tive um método que pudesse ensinar ou aconselhar a alguém. Cada um dos meus romances teve uma história diferente.

O repórter aproveitou para perguntar o porquê do apelido de "Baleia".

— Não há uma explicação para isso. Mas no Nordeste, regra geral, os cães têm nomes assim: "Baleia", "Jacaré", "Tubarão". Até mesmo "Piaba", ou até mesmo, mais estranho, "Moqueca",[14] que é uma comida feita com peixe. Os sertanejos dizem que os batizam assim para preservá-los da hidrofobia. Pode ser também o desejo de água, seja ela do mar ou do rio. Não se sabe.

Romancistas

— Quais os maiores romancistas brasileiros vivos? — perguntou o repórter para concluir.

— São tantos... Tome nota dos de minha preferência: José Lins do Rego, Jorge Amado, Rachel de Queiroz, Lúcio Cardoso, Octávio de Faria, Erico Verissimo, Oswald de Andrade, Lúcia Miguel Pereira e Amando Fontes.

Notas

1. "Como fazer um romance", reportagem de Paulo de Medeiros e Albuquerque. *A Gazeta Magazine*, São Paulo, 1941. Apud BARROS, Ivan. *Graciliano era assim*. Maceió: Sergasa, s.d., pp. 149-53. Depois de disponibilizar o presente texto, Ivan Barros faz o seguinte registro: "Esta entrevista, inédita, foi enviada ao autor deste livro por Paulo de Medeiros e Albuquerque, em janeiro de 1973, no Rio de Janeiro, com autorização para publicação. E aqui vai ao Paulo de Medeiros e Albuquerque o devido registro e os nossos agradecimentos pela colaboração valiosíssima para o levantamento do perfil do mestre Graça / Tive o privilégio de conhecer Paulo Medeiros quando dirigi o jornal *Luta Democrática*, no Rio, e ele escrevia uma apreciada coluna literária intitulada 'Livros'. Sabedor de minhas pesquisas sobre o autor de *Caetés*, não hesitou em ceder o seu importante trabalho, aqui transcrito *ipsis litteris*. / Obrigado, Paulo." (BARROS, Ivan. *Graciliano era assim*. Op. cit., p. 149).

2. Paulo de Medeiros e Albuquerque (1919 — 1982): estudioso de literatura policial, escreveu, entre outros livros: *Os maiores detetives de todos os tempos* (1973), *Uma ideia do doutor Watson* (1977), *O mundo emocionante do romance policial* (1979). Criou a coleção "Horas em Suspense" na Francisco Alves e editou autores de mistério, como P.D. James, John Dickson Carr, Margery Allingham. Colaborou em *Dom Casmurro*, e também no jornal *Luta Democrática*, no Rio, com a coluna literária "Livros". Herdou o gosto pelas histórias policiais do avô, o escritor, jornalista e político Medeiros e Albuquerque (Pernambuco, 1867 — Rio de Janeiro, 1934), autor de, entre outros, *Marta*, romance (1920), *Graves e fúteis* (1922), *Poesias 1893-1901* (1904), *Páginas de crítica* (1920) e *Polêmicas*, organizado por Paulo em 1941. Cf. MONTELLO, Josué. "Um companheiro de geração", *Jornal do Brasil*, Rio de Janeiro, 2 fev. 1982, 1º Caderno, p. 11.

3. *A Gazeta Magazine*, suplemento literário do jornal paulistano *A Gazeta*, começou a circular em 1941. Pautando-se pela mesma pergunta "Como fazer um romance?", o repórter Paulo Medeiros e Albuquerque

entrevistou Lúcio Cardoso (22 jun. 1941), Marques Rebelo (27 jul. 1941), Jorge de Lima (20 ago. 1941), João Alphonsus (12 out. 1941), entre outros escritores brasileiros.

4. Em carta escrita em Palmeira dos Índios ao amigo Joaquim Pinto da Mota Lima Filho, a 1º de janeiro de 1926, Graciliano conta que, com a ajuda dos filhos, entusiasmados com a "festa na cozinha", queimara alguns manuscritos, mas poupara dois textos: "dois contos que andei compondo ultimamente, porque tenho estado desocupado e me imaginei com força para fabricar dois tipos de criminosos. Nunca vi porcaria igual. Se tiver tempo, tiro uma cópia de um deles e mando-t'a, que aqui não tenho a quem mostrá-los. Naturalmente, hás de dizer-me que está uma coisa muito bem feita, e eu ficarei satisfeito e direi a mim mesmo: — Que artista se perdeu!" (RAMOS, Graciliano. *Cartas*. Op. cit., n. 33, p. 104). Sobre os contos que estão na origem de *S. Bernardo*, *Angústia* e *Caetés*, leia-se também o artigo de Graciliano "Alguns tipos sem importância", de 1939 (In: *Linhas tortas*. Op. cit., pp. 278-82). Em especial, quanto à gênese do criminoso de *S. Bernardo*, destaque para RAMOS, Graciliano. "Paulo Honório" (In: CONDÉ, João (org.). *10 romancistas falam de seus personagens*. Prefácio de Tristão de Ataíde, revisão de Aurélio Buarque de Holanda. Rio de Janeiro: Edições Condé, 1946; In: RAMOS, Graciliano. *Garranchos*. Op. cit., pp. 271-6).

5. Depois de relutar um pouco, Graciliano autografa um exemplar de *Caetés* que Paulo Medeiros e Albuquerque leva-lhe em 1941. Ele escreve o seguinte: "É uma desgraça ter de autografar isto. Não é livro, não é nada. Enfim, como não há outro jeito, aqui deixo a minha assinatura. Um abraço do Graciliano Ramos" (Apud BARROS, Ivan. Op. cit., p. 149).

6. Sobre a repercussão dos relatórios na imprensa, ver a nota 10 aposta ao texto "Graciliano Ramos", José Condé. *O Cruzeiro*, 1939, recolhido nestas *Conversas*.

7. Rômulo Ferreira de Castro: secretário de Augusto Frederico Schmidt na Livraria Católica e depois na Schmidt, editora que publicou *Caetés* em 1933. Integram a série Correspondência Passiva de Graciliano Ramos no Arquivo do IEB-USP algumas cartas de Rômulo, uma delas com uma nota do próprio editor e poeta Schmidt. Tais missivas enquadram-se no período que vai de junho a outubro de 1930, e há uma datada de abril de 1931.

8. Francisco de Paula Prudente de Morais Neto (Rio de Janeiro, 1904 — 1977): crítico, jurista, cronista, poeta e professor. Bacharelou-se em Direito em 1926. Colaborou com os periódicos *Terra Roxa*, *Antropofagia* e *Revista Nova*. Escreveu uma seção de crítica literária na revista *A Ordem*. Adotou, em 1928, o pseudônimo Pedro Dantas. Foi redator de *A Província* (PE), trabalhou no *Diário de Notícias*, na *Folha Carioca*, no *Diário Carioca*, dirigiu a sucursal de *O Estado de S. Paulo*, colaborou em *O Globo*, no *Jornal do Brasil* e na *Tribuna da Imprensa*. Sócio do

Instituto Histórico e Geográfico Brasileiro; presidente da ABI (1975). Manuel Bandeira incluiu-o entre os poetas bissextos. Ocupou as cátedras de Técnica da Crítica e História Geral da Literatura da Universidade do Distrito Federal.

No que diz respeito ao diálogo missivístico estabelecido com Graciliano no princípio dos anos 1930, assim se manifestou o crítico carioca depois de ter lido os originais de *Caetés*: "Gostei. Gostei muito, e disse-o a meu amigo Rômulo de Castro, quando o devolvi, acrescentando algumas observações críticas e sugestões que ele poderia transmitir ao autor. /— Por que não lhe escreve você mesmo? Tenho certeza de que ele gostaria de receber diretamente sua opinião, disse Rômulo, dando-me o endereço. / Foi assim que escrevi ao meu desconhecido Graciliano Ramos, transmitindo-lhe a opinião altamente favorável que formara à leitura dos originais dos seus *Caetés*. Expunha-lhe, também, algumas poucas reservas, das quais já nem me lembro bem." E Prudente conta haver recebido uma "esplêndida carta" de Graciliano, que lhe contestava a teoria da falta de "matéria romanceável" no país — questão que o romancista retomaria no artigo "Decadência do romance brasileiro" em 1941. Os trechos citados são do artigo de Pedro Dantas "Graciliano: o estilo de uma amargura nos porquês de um bom-dia" (*O Estado de S. Paulo*. São Paulo, 22 out. 1972).

9. Como lembrava o próprio Jorge Amado: "Em meados de 1933, há 45 anos, embarquei num pequeno navio do Lloyd Brasileiro, o *Conde de Baependi*, arribando do porto do Rio de Janeiro para o porto fluvial da cidade de Penedo, no rio São Francisco, no então distante estado das Alagoas, com o objetivo único de conhecer pessoalmente o romancista Graciliano Ramos, naquela data nome sem qualquer ressonância junto aos leitores e aos críticos, pois ainda não havia publicado nenhum livro. Acontecera-me ler, porém, os originais de *Caetés*, tomara-me de tamanho entusiasmo que decidi ir até Alagoas comunicar de viva voz ao ex-prefeito de Palmeira dos Índios minha admiração. Eu tinha 21 anos incompletos e vinha de publicar *Cacau*" (AMADO, Jorge. "O dia em que conheci Graciliano", *Status*, São Paulo nov. 1978).

10. Gastão Luiz Cruls (Rio de Janeiro, 1888 — Rio de Janeiro, 1959): médico, romancista e contista. Colaborou com a *Revista do Brasil* na fase em que o periódico pertenceu a Monteiro Lobato, com contos baseados em suas experiências médicas, os quais foram reunidos sob o título *Coivara* em 1920. Publicou também, entre outros: *A Amazônia misteriosa*, romance (1925); *A Amazônia que eu vi* (1930); *Aparência do Rio de Janeiro* (1949); *De pai a filho* (1954) (Cf. HALLEWELL, Laurence. *O livro no Brasil: sua história*. Tradução de Maria da Penha Villalobos, Lolio Lourenço de Oliveira e Geraldo Gerson de Souza. 2. ed. São Paulo: Edusp, 2005, pp. 430).

11. Ariel Editora: cf. a nota 12 do texto "Graciliano Ramos", José Condé, nestas *Conversas*. *O Cruzeiro*, 1939.

12. Em fins de 1934, Rachel de Queiroz foi morar em Alagoas e passou a integrar a roda de amigos formada por José Lins do Rego, Aurélio Buarque de Holanda, Graciliano, entre outros. Ao relembrar esse tempo e especificamente a figura do romancista de *Caetés*, destaca: "Nesse tempo andava ele às voltas com a composição de *Angústia*, livro que exigia muito do autor, sempre crítico e pessimista. De raro em raro nos dava alguma página a ler; e, quando a gente se mostrava devidamente impressionado, nos tirava o papel das mãos e resmungava: 'Palhada, só palhada...'" (QUEIROZ, Rachel de. "Centenário de Graciliano", *O Estado de S. Paulo*, São Paulo, 17 maio 1992).

13. Texto publicado inicialmente em *O Jornal*, Rio de Janeiro, em 23 de maio de 1937. Em carta a João Condé, datada de junho de 1944, Graciliano fala sobre a gênese de *Vidas secas* e apresenta a ordem de composição dos capítulos desse "romance desmontável" (de acordo com a definição de Rubem Braga): "A narrativa foi composta sem ordem. Comecei pelo nono capítulo. Depois chegaram o quarto, o terceiro etc. Aqui ficam as datas em que foram arrumados: 'Mudança', 16 de julho; 'Fabiano', 22 de agosto; 'Cadeia', 21 de junho; 'Sinha Vitória', 18 de junho; O menino mais novo, 26 de junho; 'O menino mais velho', 8 de julho; 'Inverno', 14 de julho; 'Festa', 22 de julho; 'Baleia', 4 de maio; 'Contas', 29 de julho; 'O soldado amarelo', 6 de setembro; 'O mundo coberto de penas', 27 de agosto; 'Fuga', 6 de outubro (RAMOS, Graciliano. "Depoimento de Graciliano Ramos sobre *Vidas secas*". In: *Vidas secas*. Edição fac-similar da 1ª ed., de 1938. Rio de Janeiro: Livraria José Olympio Editora, 1988, pp. 200-2).

14. O próprio Graciliano se valera do nome Moqueca para a cachorra da personagem Alexandre, na obra *Histórias de Alexandre* (Rio de Janeiro: Leitura, 1944). O capítulo-conto "Moqueca" foi publicado no *Diário de Notícias* do Rio de Janeiro, em 3 de setembro de 1939.

8. Graciliano Ramos, aos cinquenta anos[1]

FRANCISCO DE ASSIS BARBOSA,[2] *DIRETRIZES*,[3] 1942

 asci a 27 de outubro de 1892 em Quebrangulo, Alagoas, donde saí com menos de dois anos. Meu pai, Sebastião Ramos, negociante miúdo, casado com a filha dum criador de gado, ouviu os conselhos de minha avó, comprou uma fazenda em Buíque, Pernambuco, e levou para lá os filhos, a mulher e os cacarecos. Aí a seca matou o gado — e seu Sebastião abriu uma loja na vila, talvez em 95 ou 96...

Assim falava Graciliano Ramos a Joel Silveira por volta de 1939.[4] O que ficou repetido acima bem pode servir de começo a esta pequena reportagem em torno da vida do romancista cujo cinquentenário de nascimento foi comemorado com um jantar que reuniu mais de setenta intelectuais brasileiros.[5]

Sobre o que se conhece da vida de Graciliano Ramos muito pouco há que acrescentar às notas que o escritor entregou ao repórter Joel naquela tarde de 1939, na Livraria José Olympio, publicadas dias depois no número 142 da revista *Vamos Ler!*,[6] ao tempo em que era seu diretor o jornalista Raimundo Magalhães Júnior.[7]

Homem de poucas falas, Graciliano Ramos é um problema para o repórter que se propõe biografá-lo. O autor de *S. Bernardo* nada tem de expansivo. Ainda que amabilíssimo, encolhe-se todo diante do jornalista. Tem medo, penso eu, de parecer um herói a fornecer dados para a posteridade. Nada de poses. Nada de convencionalismos.

— Falar de mim! Acha que vale a pena? — perguntou intrigado, quando lhe propus a entrevista.

Acabou cedendo. E, apesar de muita conversa, pouca coisa fiquei sabendo da vida de Graciliano Ramos. É que o novelista em nada se parece com o senhor Pedro Calmon.[8] Pelo contrário. É antes um matuto sóbrio, desajeitado, a contar quase sempre pela metade episódios de uma vida simples e obscura que a sua extraordinária personalidade literária engrandece e ilumina. O que é essencial — melhor diria, o que é dramático — na vida do antigo negociante de Palmeira dos Índios está na obra do escritor, sem nenhum favor das mais significativas de quantas já se escreveram em língua portuguesa. Mas que importância se dará Graciliano a si mesmo? Muito pouca, com toda a certeza. Para uso externo, pelo menos. Consciente do seu valor, do que sabe e do que pode fazer, o romancista está sempre insatisfeito com o que realiza. Juiz implacável dos próprios trabalhos, não suporta *Caetés* e considera *S. Bernardo* e *Angústia* simplesmente toleráveis. Quanto a *Vidas secas*, não é romance. E dos contos, apenas um ou dois se salvam.

Esta reportagem, sem pretender explicar o caso Graciliano Ramos, procura indicar alguma coisa menos conhecida da vida do romancista. Menino judiado, poeta fracassado, revisor de jornais, negociante próspero no interior, prefeito municipal, funcionário público de categoria, tudo isso já foi o admirável escritor de hoje. E tudo isso em meio a incompreensões tremendas e equívocos funestos, que se misturaram com os sofrimentos do hospital e da cadeia, além da indiferença dos burros e inveja dos sabidos.

Da vila de Buíque, Pernambuco, a família de Graciliano Ramos mudou-se para a cidade de Viçosa, na Zona da Mata, em Alagoas, no ano de 99. O menino andava lá pelos sete anos. Da fazenda do avô, em pleno sertão pernambucano, ficaram-lhe na lembrança os "dois currais, o chiqueiro de cabras, meninos e cachorros numerosos soltos pelo pátio, cobras em quantidade". Brincava sozinho. E tal qual mais tarde escreveu num dos seus romances: "agarrava um cabo de vassoura, fazia dele um cavalo e saía pinoteando, pererê, pererê, pererê, até o fim do pátio onde havia três pés de juá. Repetia o exercício, cheio duma alegria doida, e gritava para os animais do curral, que se lavavam como eu. Fatigado, saltava para o lombo do cavalo de fábrica, velho e lazarento, galopava até o Ipanema e caía no poço de pedra. As cobras tomavam banho com a gente, mas dentro d'água não mordiam."[9]

Foi na vila de Buíque que o menino aprendeu a carta do ABC, "aguentando pancada". A professora chamava-se d. Maricas. "O primeiro livro, na escola, foi lido numa semana" — contou Graciliano a Joel Silveira — "mas no segundo encrenquei; diversas viagens à fazenda do meu avô interromperam-me o trabalho e no começo do volume antipático a história besta dum Miguelzinho que recebia lições dos passarinhos fechou-me, por algum tempo, o caminho das letras."[10]

Em Viçosa, apanhando sempre, passou para o terceiro livro de leitura. Pai e mãe tinham o filho como muito pouco inteligente. Seria mesmo um tapado? A verdade é que o pequeno vivia pelos cantos levando cascudos. E só se sentia contente quando fugia para o fundo do quintal e lá ficava a amassar barro com os pés de uns enormes tamancos.

Vem daí o desentendimento que havia de existir entre mãe e filho, abismo cavado na infância de Graciliano Ramos. D. Mariquinhas casou-se aos treze anos. Graciliano seria o primogênito de uma prole de dezessete. Magro, feio, doente, esquisito, o menino judiado enfiou-se dentro de si mesmo como caramujo. Apanhava muito. E a mãe, segundo o próprio Graciliano, chamava-lhe "meu besta".

Na escola, os maus-tratos continuaram os de casa. Aprendeu a ler com muita dificuldade. Não foi com a professora que tomou gosto aos estudos, mas com uma prima, Emília, "um verdadeiro anjo", que contava histórias para ele ouvir. Emília era doentinha e morreu cedo. Graciliano não se esqueceu do que a prima lhe disse uma vez, explicando o significado da palavra "astrônomo", que a pobrezinha pronunciava "astronômo":

— São homens que conhecem o céu. Sabem tudo o que existe lá em cima. Sabem o nome de todas as estrelas...[11]

A infância torturada torceu o destino do menino sertanejo, nascido com a vocação das letras, criado como se fosse continuar a vida dos seus para fazendeiro ou comerciante. Para Graciliano Ramos o tema da meninice é permanente, uma espécie de obsessão. É como se explica, de resto, a incursão do romancista nos mundos da literatura infantil, com a publicação de *A terra dos meninos pelados* e das *Histórias de Alexandre*, estas colhidas na tradição oral do Nordeste e que formam uma série de narrativas de um casal de mentirosos.[12]

Agora o escritor se volta para os tempos de Buíque. Só escreverá as memórias da infância como para mostrar a tragédia das crianças incompreendidas e maltratadas. Grande parte do livro já está concluída. Breve os originais serão entregues ao editor José Olympio.

A solidão fez o resto. Ainda na escola primária, o menino deu para ler romances. Ficou inteligente, como num passe de mágica. O tabelião Jerônimo Barreto e o agente do correio Mário Venâncio, grande admirador de Coelho Neto, foram os seus iniciadores literários. Um dia, aconteceu o inevitável: — Graciliano escreveu o primeiro soneto.

Em Viçosa, com Jovino e Rodrigo Maia, professores da roça, fez os primeiros estudos. Transferiu-se, depois, para o Colégio Agnelo, em Maceió, onde esteve pouco tempo e foi aluno medíocre. Voltou para Viçosa, lendo o seu francês. Existia na cidade um clube — A Instrutora Viçosense — onde os letrados do lugar se reuniam todas as noites. Frequentavam-no o velho Mota Lima,[13] Tibúrcio Nemésio,[14] Mário Venâncio,[15] Rodolfo Mota Lima,[16] Joaquim Pinto da Mota

Lima Filho,[17] Saturnino Acióli e Graciliano Ramos, o mais jovem de todos. A Instrutora assinava jornais e revistas francesas, inglesas e italianas.

Aos dezoito anos, Graciliano vai morar em Palmeira dos Índios. O pai muda para ali a sua loja de fazendas. Faz o filho sócio. Quer transformá-lo em comerciante, custe o que custar. Nada de literatura. Mas o rapaz continua produzindo sonetos. É de uma fecundidade incrível. Manda os sonetos para os jornais da Maceió, sempre com pseudônimo. E os sonetos são publicados.

— Se saíam nos jornais de Maceió — matutou —, as revistas do Rio haviam de publicá-los, também.

Escolheu o que lhe pareceu melhor e remeteu para uma revista carioca. Pois bem, o soneto saiu. As revistas do Rio publicaram, por essa época, muitos sonetos de Graciliano. A versalhada era publicada com pseudônimo, como ficou dito acima. A autocrítica muito cedo dominou o espírito do romancista que se ia revelar, mais tarde, com tanta força.

— Eu compunha os meus sonetos para adquirir um bocado de ritmo — é como Graciliano Ramos explica hoje em dia a sua misteriosa produção poética. — Jamais pretendi ser poeta — acrescenta.

Em 1914 um aborrecimento de família levou o adolescente sertanejo a tentar a aventura da metrópole, como tantos outros jovens literatos do Norte. Andava enjoado da loja de fazendas. Tinha ambições, queria outra vida. Arrumou a trouxa e veio para o Rio. Hospedou-se numa pensão da rua da Lapa, arranjou um lugar de revisor em *O Século*.[18] Mas o Rio foi-lhe uma decepção, uma grande decepção. Desiludiu-se, em pouco tempo. Não pôde suportar os "grandes" do tempo. Félix Pacheco[19] não passava de um medíocre enfatuado, Bilac entrava na decadência, o pessoal que frequentava a Garnier era infame. Rondou algumas vezes a porta da livraria famosa e não se atreveu a aproximar-se dos bambas da Academia que ali pontificavam. E Graciliano a emendar, todas as manhãs, o artigo de Brício Filho.[20] Não podia ser pior. Era duríssima a vida no Rio. Ao fim de ano e meio, decidiu voltar para a província.[21] Embrenhou-se em Palmeira dos Índios. Fez-se negociante, desta vez por conta própria. Casou-se. Ganhou e perdeu dinheiro. Enviuvou. Estamos, agora, em 1920. E aqui começa um novo capítulo na vida de Graciliano Ramos.

Com a viuvez, a solidão veio de novo para a companhia de Graciliano Ramos. Ele, agora, é um homem rico, para o lugar em que vive. Em Palmeira, todos o respeitam. Não só pela posição de "conceituado comerciante da nossa praça" como pelos livros que chegam aos montes todas as semanas pelo correio. Às sete horas da noite, fecham-se as portas da loja, que fica no quadrado da feira, o melhor ponto da cidade. O major Graça não atende mais ninguém. Está lendo, deitado na rede.

Depois de longo período sem leituras, Graciliano Ramos deu para devorar tudo que havia de bom nas livrarias de Maceió e do Recife. Lê tudo. Romance, história, sociologia. Lê um pouco de psiquiatria e muito de sociologia criminal. De uma feita, trouxe para Palmeira dos Índios quase todos os volumes da Biblioteca Nelson,[22] que encontrara numa livraria do Recife, a mil-réis cada um. Lia francês, inglês e italiano. Aprendeu italiano sozinho.[23] Chegou a escrever sonetos em italiano. Mas essa história dos sonetos é qualquer coisa de insondável na vida de mestre Graciliano. Não há meio de ele contar nem como os assinava.[24]

Por essa época, o futuro romancista começou a redigir o semanário da cidade, *O Índio*, a convite do padre, hoje monsenhor Macedo,[25] que fazia as vezes de diretor. Graciliano Ramos escondia-se sob o pseudônimo de J. Calisto. Além do artigo de fundo, desunhava a crônica, que saía na segunda página, composta num tipo enorme e intitulada "Traços a Esmo". Li duas dessas crônicas, ambas muito boas. Um jurado se oferece a votar a favor da absolvição do autor de certo crime que agitou o lugarejo. O réu era protegido da política. A carta de J. Calisto, escrita com sarcasmo e em excelente português, é de uma violência admirável.[26]

— Acho que naquele tempo escrevia melhor que agora — diz Graciliano ao mostrar-me a segunda crônica.

E. como corrigindo a imodéstia, adverte:

— O começo é muito ruim, muito empolado, mas o resto está regular.

Não lhe dou razão. A crônica é ótima, um deboche completo no jejum da Semana Santa. E foi publicada no primeiro domingo da Quaresma.[27] No mesmo número o artigo de fundo faz o elogio de Judas.

— Isso saiu no jornal do padre? — indaguei-lhe espantado.

— Saiu — informou-me secamente.

Foi também por essa época que Graciliano Ramos tomou assinaturas de jornais e revistas do Rio e de São Paulo.[28] Gostava de ler os artigos de Antônio Torres,[29] de um Agripino Grieco,[30] de um Monteiro Lobato. Recebeu com prevenções o movimento modernista. As primeiras coisas pareceram-lhe péssimas. Literatura ruim como o diabo! Mas logo percebeu que os novos não estavam de todo errados. Eles queriam, afinal de contas, aplainar o terreno, preparar o surgimento de uma língua mais viva, de uma literatura mais humana e original.

Graciliano tinha na gaveta duas novelas: "Entre grades" e "A carta".[31] Verificou que, apesar do português impecável, a sua literatura era dura, descolorida, sem plástica. Não tentara ainda o diálogo, com medo de fracassar. O movimento moderno encorajou-o. E se o fizesse, tal como se fala de verdade? Da tentativa nasceu *Caetés*.

— É um livro horrível — diz, do primeiro livro publicado, o romancista.

Em Palmeira dos Índios, o major Graça não queria saber de intimidades com ninguém. Tratava bem a todos, é verdade. Portas adentro, sua vida era outra. Fechava-se com os livros e não dava trelas. Um belo dia apareceu por lá um cidadão de Maceió, político influente: foi à loja e começou a conversar. O homenzinho era literato. Como estava de veia, o major topou a parada. Que diabo, não era nenhuma besta! No mato, também, se encontra gente que sabe ler. O cidadão de Maceió citava romances e mais romances, Eça pra cá, Anatole pra lá. Estava era provocando. Então Graciliano Ramos desandou a falar do luso e do francês, que foi um nunca acabar. O fato é que conhecia um e outro muito mais que o seu interlocutor. O homem da roça dava lição de literatura ao cidadão de Maceió, que ficou completamente grogue.

Pouco tempo depois Graciliano Ramos era surpreendido com a nomeação de presidente da Junta Escolar do município. Pensou em recusar, mas acabou aceitando a prebenda, que tomava tempo e não dava dinheiro algum. Em todo caso, servia como ocupação diversa do seu ofício de negociante e literato nas horas vagas, para disfarçar o aborrecimento dos maus negócios que andava fazendo. (A crise atrapalhou muito a vida de Graciliano.) No fim do ano, o presidente da Junta Escolar escreveu um relatório, mandou imprimir um folheto, enviou-o ao diretor da Instrução Pública. O relatório impressionou de tal forma que o autor acabou sendo indicado para o cargo de prefeito municipal de Palmeira dos Índios.

Eleito, o major Graça pôs-se a trabalhar. O município era pobre, 47 contos de orçamento. Tratou de aumentar as rendas. Começou a abrir uma estrada de rodagem, sertão adentro. Era preciso. O relatório do primeiro ano de administração do novo prefeito de Palmeira dos Índios havia de causar escândalo.[32] Metia o pau no governo estadual, rijo, sem medo. As tipografias de Maceió, desta vez, não quiseram saber de imprimir o folheto. O major não se deu por vencido. Mandou o relatório datilografado ao governador.[33]

Esperou que acontecesse o diabo. Não aconteceu. Qual não foi o espanto de Graciliano Ramos quando um dia vieram avisá-lo de que o governador mais o secretário da Fazenda estavam na cidade e desejavam falar ao prefeito! O relatório fora publicado na íntegra no *Diário Oficial* e no *Jornal de Alagoas*. Esgotaram-se as edições. O governador se abalara da capital num automóvel para visitar o prefeito de Palmeira dos Índios. Era a vitória total.

Esse relatório acabou mesmo célebre. Lendo-o, um jovem editor do Rio, chamado Augusto Frederico Schmidt, imaginou que Graciliano Ramos teria forçosamente algum romance inédito. E o poeta-editor queria editar o livro. O romance existia, de fato, desde 1926. Mas só em 1933 é que seria editado por Schmidt.[34]

Graciliano ficou mais um ano em Palmeira dos Índios. Largou a prefeitura com noventa e tantos contos de renda. Em princípios de 1930, foi nomeado diretor da Imprensa Oficial do estado, cargo que deixou no ano seguinte. Casado em segundas núpcias, a vida parecia seguir um ritmo natural, sem grandes acontecimentos, durante algum tempo. Morando em Maceió, cercou-se de uma turma jovem e inteligente. José Lins do Rego, Rachel de Queiroz, Aloísio Branco, Valdemar Cavalcanti, Aurélio Buarque de Holanda, José Auto, Alberto Passos Guimarães, Barreto Falcão eram, agora, os seus amigos, verdadeiros companheiros de letras. Graciliano Ramos era, por assim dizer, o cabeça do grupo de Alagoas.[35]

Em 1932 começou a escrever os primeiros capítulos de *S. Bernardo*, em desenvolvimento à novela intitulada "A carta", que só então se animara a tirar da gaveta. Terminou o livro quando saiu do hospital. As recordações dos meses da doença estão em dois contos notáveis,[36] publicados em 1939, um em Buenos Aires, outro no Rio. Um deles, "O relógio do hospital", é uma autêntica obra-prima do gênero. Valdemar Cavalcanti bateu à máquina os originais de *S. Bernardo*, publicado em 1934 pela Ariel Editora,[37] de Gastão Cruls.

De janeiro de 1933 a março de 1936, Graciliano Ramos exerceu as funções de diretor da Instrução Pública de Alagoas. É afastado brutal e inopinadamente do cargo. Concluíra *Angústia*, fazia pouco tempo. A novela admirável nada mais é que o desdobramento de uma outra, escrita anos antes, "Entre grades", a que já nos referimos nesta reportagem biográfica. Graciliano escreveu-a de novo. O último capítulo saiu de um jato, numa só noite.

Nesse mesmo ano, 1936, um incidente desagradabilíssimo[38] desorganizava por completo a vida de Graciliano Ramos. O escritor é trazido para o Rio, contra a vontade. E aqui ficou até agora. Escreveu *Vidas secas* num quarto de pensão da rua Correia Dutra. É a história das suas recordações de infância em Buíque, que acaba de ser vertida para o francês pela jornalista belga Yvonne Jean.[39] Outro romance de Graciliano, *S. Bernardo*, vai ser também lançado em francês, em tradução do escritor húngaro Paulo Rónai.[40]

Autor aos quarenta anos, a carreira literária de Graciliano Ramos é das mais surpreendentes e vertiginosas. Como bem observou Osório Borba, num espaço de meses, ele passou dum "obscuro cultor das letras" do interior à situação de grande romancista brasileiro, como tal reconhecido pela unanimidade das vozes responsáveis da crítica e pelos círculos intelectuais de todo o país. Depois de *Caetés* (1933) e *S. Bernardo* (1934), este último considerado por mais de um crítico idôneo como o maior romance brasileiro, publicou *Angústia* e *Vidas secas*, que lhe confirmaram o lugar conquistado na literatura nacional, saudado por centenas de comentadores, incluído com destaque em todos os estudos sobre a nossa novelística, figurando nas antologias, analisado nas aulas de literatura e de português, conhecido e comentado em todo o país, divulgado em Portugal, traduzido na Argentina, colaborando em *La Prensa*.[41] Num país onde houvesse um grande público para a literatura esse sucesso repentino teria sido para o escritor a fortuna imediata.[42]

No modesto apartamento em que mora na rua Conde de Bonfim,[43] Graciliano Ramos mostrou-me alguns originais dos seus trabalhos. Via de regra, escreve em papel sem pautas, de um só golpe, ao calor da composição. A forma definitiva vem depois. Emenda muito. E até mesmo quando passa a limpo, com a sua letra explicativa de escrevente de cartório, corta muita coisa, tudo o que depois vai achando ruim. Às vezes risca linhas inteiras. As palavras morrem sob o traço forte de tinta de uma igualdade assombrosa, como feito à régua.

Graciliano guarda os originais dos livros já publicados. Assim pude verificar um curioso detalhe da feitura de *Vidas secas*. Os capítulos datados indicaram-me a ausência de seguimento na elaboração da narrativa. "Baleia", o nono capítulo, foi o primeiro a ser escrito, em 4 de maio de 1937. Um mês e pouco depois, precisamente no dia 18 de junho, escreveu o quarto capítulo, "Sinha Vitória". E assim todo o livro, que não obedeceu a nenhum plano antecipado.[44]

— Escrevi a história de um cachorro de meu avô — conta o romancista, cigarro Selma, com ponta de cortiça, entre os dedos queimados de fumo. — Os episódios foram-se amontoando. O livro foi crescendo. E assim arrumei *Vidas secas*, que pensei em chamar "O mundo coberto de penas", título de um dos capítulos do livro.

A vida de Graciliano Ramos está sempre presente na sua obra, no que ela tem de mais humano e doloroso.

— *Caetés* é uma história de Palmeira dos Índios. *S. Bernardo* se passa em Viçosa. *Angústia* tem um pouco do Rio, um pouco de Maceió e muito de mim mesmo. *Vidas Secas* são cenas da vida de Buíque.[45]

Todos esses romances exigiram do autor um longo e penoso trabalho de composição.

— Não sou como José Américo — disse —, que primeiro escreve na cabeça e depois transporta o livro para o papel. A obra de criação, para mim, é quase sempre imprevista. E espontânea. Refaço tudo, depois. Escrever dá muito trabalho. A gente muitas vezes não sabe o que vai fazer. Sai tudo diverso do que se imaginou. Lembro o caso do Zé Lins, por exemplo. Estava em Maceió quando escreveu *Banguê*. Zé Lins pretendia contar a história de *Usina*. No fim do quarto ou do quinto capítulo, enveredou sem querer por outro lado. *Usina* acabou sendo o quinto volume da série que o romancista, depois, intitulou *Ciclo da cana-de-açúcar*.

Na casa de Graciliano, todos conversam literatura. Clarita Ramos, linda menina de nove anos, adora Manuel Bandeira. Sabe de cor muitos dos versos do grande poeta.[46] Luiza quer continuar com o pai *A terra dos meninos pelados*. Maria Augusta, a mais velha, do primeiro casamento do escritor, lê e discute a obra paterna. E dona Heloísa, sra. Graciliano Ramos, é quem bate à máquina os escritos do marido.

Atualmente, o romancista trabalha nas suas memórias de menino, livro que será por certo indispensável para o conhecimento da sua estranha e admirável personalidade. Pois foi escrevendo ao lado das filhas e da esposa que encontrei Graciliano Ramos, dias antes de o escritor completar cinquenta anos de idade.[47] Que Deus lhe dê muitos outros de vida e saúde. É o que desejo do fundo do coração.

Notas

1. BARBOSA, Francisco de Assis. "Graciliano Ramos, aos cinquenta anos". In: *Achados ao vento*. Rio de Janeiro: Ministério da Educação e Cultura; Instituto Nacional do Livro, 1958 (Biblioteca de Divulgação Cultura, Série A-XV). Reportagem biográfica publicada originalmente sob o título "A vida de Graciliano Ramos", em *Diretrizes*, Rio de Janeiro, 29 out. 1942, pp. 12-3, 15. Há diferenças pontuais entre uma e outra versão. Como aquela, estampada em livro, representa a última vontade autoral de Assis Barbosa, optou-se por incluí-la no presente trabalho. Todavia, convém registrar que a versão saída em periódico é iniciada mediante a justaposição de frases em caixa-alta extraídas do próprio texto: "O MENINO QUE BRINCAVA SOZINHO — 'MEU BESTA' — NA ESCOLA PRIMÁRIA, 'AGUENTANDO PANCADA' — INICIADORES LITERÁRIOS — O PRIMEIRO SONETO — AVENTURA DO ADOLESCENTE SERTANEJO NA CAPITAL FEDERAL — A INSTRUTORA VIÇOENSE — 'MAJOR GRAÇA' — LENDO COMO O DIABO! — COLABORADOR DO SEMANÁRIO LOCAL — UMA DISCUSSÃO SOBRE ANATOLE E UM RELATÓRIO — PREFEITO MUNICIPAL DE PALMEIRA DOS ÍNDIOS — ONDE APARECEM O GOVERNADOR E EDITOR SCHMIDT — AUTOR AOS QUARENTA ANOS — O ROMANCISTA TRABALHA". O texto estampado em *Diretrizes* contém imagens.
2. Francisco de Assis Barbosa (Guaratinguetá, São Paulo, 1914 — Rio de Janeiro, 1991): biógrafo, ensaísta, historiador e jornalista. Ingressou na Faculdade de Direito da Universidade do Brasil em 1931. Foi redator em: *A Noite* (1934), *O Imparcial* (1935), *A Noite Ilustrada*, *Vamos Ler!*, *Carioca*, *Diretrizes* (1936 a 1942); *Revista do Globo*, *Correio da Manhã* (1944), *Diário Carioca*, *Folha da Manhã* e *Última Hora* (1951 a 1956). Um dos fundadores da Associação Brasileira de Escritores (ABDE) e um dos organizadores do I Congresso Brasileiro de Escritores, realizado em São Paulo (1945). Foi assessor do Instituto Brasileiro de Educação, Ciência e Cultura, junto ao Ministério das Relações Exteriores (1961 a 1965). Eleito em 1970 membro da Academia Brasileira de Letras. Em 1975, nomeado para o Conselho Federal de Cultura. Em 1977 ingressou na

Fundação Casa de Rui Barbosa, assumindo a chefia do Centro de Estudos Históricos. Algumas de suas obras: *A vida de Lima Barreto*, biografia (1952); *Testamento de Mário de Andrade e outras reportagens* (1954); *Retratos de família*, ensaios (1954); *Machado de Assis em miniatura*, biografia (1957); *Achados do vento*, ensaio (1958); *Juscelino Kubitschek: uma revisão na política brasileira*, biografia (1962); *Santos Dumont inventor*, biografia (1973); *Bernardo Guimarães: a viola e o sertão* (1975); *Os melhores poemas de Manuel Bandeira*, organização e introdução (1984).

3. *Diretrizes*: como revista mensal, com cerca de 64 páginas, existiu de abril de 1938 até dezembro de 1940. Passou a semanário, com 32 páginas, tendo circulado até meados de 1944. No ano seguinte ressurgiu como diário, com média de dezesseis páginas. Teve como diretores Samuel Wainer, Moacyr Werneck de Castro, Maurício Goulart, entre outros; Joel Silveira como secretário de redação; Santa Rosa, Nássara, Bill, J. Carlos e Augusto Rodrigues como ilustradores. Foram colaboradores de *Diretrizes*, entre outros: Aníbal Machado, Astrojildo Pereira, Azevedo Amaral, Álvaro Moreyra, Arthur Ramos, Carlos Cavalcanti, Carlos Lacerda, Dalcídio Jurandir, Edson Carneiro, Francisco de Assis Barbosa, Graciliano Ramos, Joel Silveira, Jorge Amado, José Lins do Rego, Marques Rebelo, Osório Borba, Rachel de Queiroz, Raymundo Magalhães Júnior e Rubem Braga. Considerada um dos maiores periódicos de crítica e análise política da história da imprensa brasileira, tratava de assuntos literários, políticos, econômicos e sociais, nacionais e internacionais. Marcou-se pelo combate ao nazifascismo e às restrições do Estado Novo. *Diretrizes* estampou em folhetim o romance *Brandão entre o mar e o amor*, que sairia em 1942 pela Martins, escrito por Jorge Amado, José Lins do Rego, Aníbal Machado, Rachel de Queiroz e Graciliano, responsável pelo terceiro capítulo, "Mário". Cf. LEAL, Carlos Eduardo. "Diretrizes". In: ABREU, Alzira Alves et al. (Coord.). *Dicionário histórico-biográfico brasileiro pós-1930*. Rio de Janeiro: Editora FGV; CPDOC, 2001, vol. II; Sites: FGV/CPDOC; Hemeroteca Digital; CEDAP-Assis-Unesp.

4. A referência de Francisco de Assis Barbosa são as notas autobiográficas preparadas pelo escritor alagoano para a conversa com Joel Silveira, texto incluído neste volume: "Graciliano Ramos conta sua vida", *Vamos Ler!*, Rio de Janeiro, 20 abr. 1939, pp. 9-10.

5. A 27 de outubro de 1942, quando completou cinquenta anos, Graciliano Ramos recebeu o Prêmio Felipe de Oliveira, pelo conjunto de sua obra, e um jantar de homenagem no restaurante Lido, em Copacabana. Entre os mais de setenta intelectuais que compareceram ao evento estavam: Álvaro Lins, Amando Fontes, Astrojildo Pereira, Augusto Frederico Schmidt, Aurélio Buarque de Holanda, Candido Portinari, Carlos Drummond de Andrade, Joel Silveira, Jorge Amado, Jorge de Lima, José Lins do Rego, José Olympio, Lúcia Miguel Pereira, Manuel Bandeira, Marques Rebelo,

Murilo Miranda, Otto Maria Carpeaux, Paulo Rónai, Valdemar Cavalcanti. A presença do ministro Gustavo Capanema reforçava o sentido de desagravo político contra a prisão do escritor. Para essa ocasião, Graciliano preparou o tão significativo "Discurso de agradecimento", publicado na *Revista do Brasil* em dezembro de 1942 (Rio de Janeiro, 3ª fase, ano V, n. 52, pp. 135-8; In: *Garranchos*. Op. cit., pp. 207-15). Leiam-se o discurso de Graciliano e o conjunto dos textos então dedicados a ele: SCHMIDT, A. F. et al. *Homenagem a Graciliano Ramos* (Rio de Janeiro: Alba, 1943; reeditado por Hermenegildo Bastos et al., acompanhado de *Catálogo de benefícios: o significado de uma homenagem*. Brasília: Hinterlândia, 2010).

6. Sobre *Vamos Ler!*: Cf. a nota 3 de "Graciliano Ramos conta sua vida", Joel Silveira. *Vamos Ler!*, 1939.

7. Cf. a nota 4 do texto "Conversas com Graciliano Ramos".

8. Cf. a nota 10 de "Graciliano Ramos conta sua vida", Joel Silveira. *Vamos Ler!*, 1939.

9. O romance é *Angústia* (1936); 67. ed. Rio de Janeiro: Record, 2012.

10. Nova retomada da entrevista de Joel Silveira.

11. Notem-se aqui figuras e imagens de "Os astrônomos". Escrito em outubro de 1938 e publicado em *O Jornal*, tal conto se tornou um capítulo de *Infância*, o livro de memórias anunciado nesta entrevista, lançado em 1945. Poética essencialmente ética de Graciliano, "Os astrônomos" é uma lição de hermenêutica.

12. Em 1937 Graciliano escreveu *A terra dos meninos pelados*, cuja primeira edição saiu em 1939 pela Livraria do Globo de Porto Alegre, com capa e ilustrações de Nelson Boeira Faedrich; e a mais recente, pela Record, com ilustração de Jean-Claude Ramos Alphen, é a 45ª (2014). Já as *Histórias de Alexandre* foram publicadas em 1944 (Rio de Janeiro: Leitura; 7. ed. Record, 2011). Ambas as obras mais a *Pequena História da República* foram reunidas no volume *Alexandre e outros heróis* (Martins, 1962; 60. ed. Record, 2014).

13. O velho Mota Lima: Cf. a nota 20 de "Um inquérito", *Jornal de Alagoas*, 1910.

14. Tibúrcio Valeriano Nemésio (Vila de Pindoba, Viçosa, Alagoas, 1872 ou 1873 — Maceió, 1926): deputado estadual (1913-6, 1923-26), professor. Fundou e dirigiu a Sociedade Instrutora Viçosense, bem como o Colégio Silva Jardim, em Viçosa. Foi secretário da prefeitura de Viçosa e escrivão da coletoria federal em Atalaia. Militou na imprensa, no *Jornal de Alagoas*. (BARROS, Francisco Reynaldo Amorim de. Op. cit.).

15. Mário Venâncio: Cf. a nota 11 de "Um inquérito", *Jornal de Alagoas*, 1910.

16. Rodolfo Pinto da Mota Lima (Alagoas, 1891 — Rio de Janeiro, 1948): jornalista, deputado federal. Filho de Joaquim Pinto da Mota Lima e Joana Rego da Mota Lima, seus irmãos Paulo, Joaquim e Pedro Mota Lima

foram também jornalistas. Concluiu o curso secundário no Rio de Janeiro. Foi redator do *Correio da Manhã*, em 1911, e de *A Notícia*, até 1920. Pertencendo ao Partido Liberal Democrata, em 1922 envolveu-se com os "tenentes" e em 1925 foi preso por motivos políticos. Participou do movimento revolucionário de 1930. Em 1931 tornou-se funcionário municipal no Rio de Janeiro e colaborou na revista *Hierarchia*. Eleito deputado federal por Alagoas em 1934, foi um dos fundadores do grupo parlamentar Pró-Liberdades Populares. Condenou o fascismo e a atuação dos integralistas no Brasil. Permaneceu na Câmara até novembro de 1937, quando o Estado Novo suprimiu os órgãos legislativos do país, e foi preso por causa de sua militância política. Durante o período da Segunda Guerra, voltou à função jornalística em *O Globo*. Em 1945, assumiu a direção do Departamento de Pessoal da Prefeitura do Distrito Federal. Cf. *Dicionário histórico-biográfico brasileiro — DHBB*, Site FGV/CPDOC.

17. Joaquim Pinto da Mota Lima Filho: jornalista e professor viçosense, foi, segundo Heloísa Ramos, "amigo de toda a vida" de Graciliano. E também os irmãos de Joaquim Pinto, principalmente Pedro (apelidado Doca) e Rodolfo, que se corresponderam com o escritor. O leitor de *Infância* há de lembrar-se da transfiguração deles no início de "Os astrônomos": quase analfabeto aos nove anos, o menino Graciliano se via inferior aos Mota Lima, seus vizinhos, garotos limpos e risonhos, frequentadores de boa escola, os quais julgava perfeitos. Joaquim Pinto é o único amigo que figura, junto com a família do romancista, na correspondência já publicada; com ele o jovem Graciliano viajou para o Rio de Janeiro em 1914 (Cf. "Nota de Heloísa Ramos". In: RAMOS, Graciliano. *Cartas*. Op. cit., pp. 5-6).

18. *O Século*: jornal dirigido por Brício Filho, que era seu proprietário, um dos primeiros colaboradores do *Correio da Manhã*. Localizado na Avenida Central, no Rio de Janeiro, *O Século* circulou de 1906 até 1916. Vespertino, com apenas quatro páginas e escassa publicidade, contou no entanto com colaboradores de prestígio em círculos políticos e intelectuais, como Lauro Sodré, Estevam Lobo, Osório de Brito, Silva Marques e Germano de Oliveira. Com as iniciais A.A, Artur Azevedo (1855-1908) assinava semanalmente no jornal as colunas "Contos Ligeiros" e "Theatro a Vapor". Cf. SICILIANO, Tatiana Oliveira. *'O Rio que passa' por Arthur Azevedo: cotidiano e vida urbana na Capital Federal da alvorada do século XX*. Tese de doutorado em antropologia social. Rio de Janeiro: UFRJ, Museu Nacional, 2011. Vejam-se referências a *O Século* também na nota 20 a seguir e em "Como eles são fora da literatura: Graciliano Ramos", Homero Senna, *Revista do Globo*, 1948, e "Nossos escritores — Graciliano Ramos: 'Sempre fui antimodernista'", José Tavares de Miranda, *Folha da Manhã*, 1951.

19. José Félix Alves Pacheco (Teresina, Piauí, 1879 — Rio de Janeiro, RJ, 1935): jornalista, advogado, político, poeta e tradutor. Em 1890 seu tio e protetor, o senador Teodoro Alves Pacheco, levou-o para o Rio. Cursou

a Faculdade de Direito e fez carreira no *Jornal do Commercio*, do qual se tornou diretor-proprietário. Fundou o Gabinete de Identificação e Estatística da Polícia do Distrito Federal, hoje Instituto Félix Pacheco. Representou o Piauí na Câmara e depois no Senado. No governo de Artur Bernardes, foi ministro das Relações Exteriores. Poeta simbolista, colaborou na revista *Rosa-Cruz*, de Saturnino de Meireles. Desconsiderava seus primeiros versos, *Chicotadas: poesias revolucionárias* (1897), em que proclamava guerra à Espanha e convidava os povos latinos a baterem-se contra os Estados Unidos. Seu segundo livro foi *Via Crucis*, de 1900. Traduziu e estudou a obra de Baudelaire. Publicou, entre outras obras: *Tu, só tu* (1917), *Lírios brancos* (1919), *Poesias* (1932), *A aliança de prata* (1933), *Descendo a montanha* (1935); *Em louvor de Paulo Barreto* (1921); *A Canaã de Graça Aranha* (1931); *Baudelaire e os gatos* (1934); *A Academia e os seus problemas* (1935) (Cf. *Dicionário histórico-biográfico brasileiro pós-1930*. 2. ed. Rio de Janeiro: Ed. FGV, 2001).

20. Jaime Pombo Brício Filho (1865-1951): médico, escritor, poeta, professor da Escola Normal e deputado por Pernambuco. Foi abolicionista e republicano, um dos propulsores da candidatura de Rui Barbosa à presidência do país em 1909. Fundador de *O Século* em 1906, dirigiu em 1930 o *Jornal do Brasil*. Cf. GÓMEZ, Hernán Eufemio. "Jornalistas, espaço público e vida política. O papel da imprensa nas manifestações públicas da Campanha Civilista (1909-10)". *GT de Jornalismo do VI Congresso Nacional de História da Mídia*, Rio Grande do Sul, 2008.

21. Graciliano voltou para Palmeira dos Índios, pois perdera irmãos e sobrinho, vítimas da peste bubônica: Cf. a nota 9 de "Graciliano Ramos", José Condé. *O Cruzeiro*, 1939.

22. Biblioteca Nelson: criada em Paris em 1910, braço da editora fundada em 1798 pelo escocês Thomas Nelson, a Coleção Nelson é ancestral do livro de bolso. Publicados em francês com a indicação "Paris, Nelson Éditeurs, Londres, Édimbourg et New York", centenas de volumes ilustrados foram vendidos a preço módico até o fim dos anos 1930. Integravam a coleção grandes autores como: Ernest Renan (*Vie de Jésus*), Molière (*Œuvres complètes*, 6 vols.), Jean de La Bruyère (*Les Caractères*), Bernardin de Saint-Pierre (*Paul et Virginie*), Victor Hugo (*Les Misérables, Les Châtiments, Les Contemplations, La Légende des siècles, Quatre-vingt-treize*), Rudyard Kipling (*Simples Contes des collines, Au Hasard de la vie*), Balzac (*Eugénie Grandet, La Peau de chagrin, Le Curé de Tours, Le Colonel Chabert, Les Chouans*), George Sand (*Mauprat, La Petite Fadette, La Mare au diable*), Stendhal (*La Chartreuse de Parme, Le Rouge et le Noir*, 2 vols.), Flaubert (*Trois contes, L'Éducation sentimentale*), Alfred de Vigny (*Cinq-Mars, Servitude et grandeur militaires*), Edgar Poe (*Histoires extraordinaires, Nouvelles Histoires extraordinaires*), Mérimée (*Chronique du règne de Charles IX, Colomba, Carmen*), Théophile Gautier (*Le Capitaine Fracasse*, 2 vols., *Le Roman de la momie*),

Dostoievski (*Une Fâcheuse Histoire*), Tolstoi (*Anna Karénine*, 2 vols.), Turgueniev (*Fumée, Une Nichée de gentilshommes*), Anatole France (*Jocaste, Le Chat maigre*), Alexandre Dumas fils (*La Dame aux camélias*), Jules Lemaître (*Les Rois*), Ludovic Halévy (*Criquette*), Émile Zola (*Le Rêve*), Mark Twain (*Contes choisis*).

23. "Só poucos amigos íntimos sabem que Graciliano Ramos, quando ainda em Maceió, estudava muito a língua italiana. Para quê? A resposta que ele próprio deu, certa vez, surpreenderá: para ler Dante." CARPEAUX, Otto Maria. "Graciliano Ramos (No sétimo dia de sua morte)", *Correio da Manhã*, Rio de Janeiro, 27 mar. 1953). E na mencionada crônica "Professores improvisados" (*Viventes das Alagoas*), encontra-se a (auto)ironia aos cursos de italiano cujos mestres prescindiam do domínio da língua. Leia-se também a entrevista aqui inciuída, "Afirma Graciliano Ramos: 'Não me considero um escritor'", *Folha da Manhã*, 1949.

24. Sob os pseudônimos Almeida Cunha, S. de Almeida Cunha, Soeiro Lobato, Feliciano de Olivença e Feliciano Olivença, Graciliano publicou, entre 1907 e 1913, sonetos na revista carioca *O Malho*. E entre 1909 e 1911 seus poemas saíram no *Jornal de Alagoas*, no *Correio de Maceió* e na revista literária *Argos*. Cf. a nota 14 de "Um inquérito", *Jornal de Alagoas*, 1910.

25. Padre Macedo, Francisco Xavier de Macedo: fundador do jornal *O Índio*, de Palmeira dos Índios, que circulou de janeiro de 1921 até janeiro de 1925. Provável inspiração para os sacerdotes Atanásio (*Caetés*) e Silvestre (*S. Bernardo*). Obra: *O álbum do índio*. Palmeira dos Índios: Tip. Indiana, 1921. (Cf. BARROS, Francisco Reynaldo Amorim de. *ABC das Alagoas: dicionário biobibliográfico, histórico e geográfico das Alagoas*). Segundo Carlos Estevão de Oliveira testemunhou em abril de 1937, o padre Francisco Macedo, vigário de Palmeira dos Índios, atuou em defesa dos remanescentes Xucuru-Kariri, cuja situação era precária; até suas fontes de água haviam sido tomadas pelos "brancos". Cf. OLIVEIRA, Carlos Estevão de. "O ossuário da Gruta do Padre, em Itaparica, e algumas notícias sobre os remanescentes indígenas do Nordeste", *Revista do Instituto Histórico de Pernambuco*, Recife, 1938. Citado por SILVA JÚNIOR, Aldemir Barros da. *Aldeando sentidos: os Xucuru-Kariri e o Serviço de Proteção aos Índios no agreste alagoano*. Maceió: Edufal, 2013.

26. Cf. CALISTO, J. "(Carta de um jurado a um cavalheiro de importância)". *O Índio*, "Traços a Esmo", Palmeira dos Índios, 27 fev. 1921, p. 2; RAMOS, Graciliano. "Traços a Esmo, V". In: *Linhas tortas*.

27. Jejum da Semana Santa: Cf. CALISTO, J. "[Semana Santa.]". *O Índio*, "Traços a Esmo", Palmeira dos Índios, 27 mar. 1921, p. 2; RAMOS, Graciliano. "Traços a Esmo, IX". In: *Linhas tortas*.

28. Entre os jornais do Rio de Janeiro que Graciliano assinava devia estar *A Manhã*, diário matutino fundado em dezembro de 1925 por Mário Rodrigues. Com doze páginas em tamanho standard, crítico das oligarquias

da República Velha, contava em sua equipe de colaboradores com os mencionados Antônio Torres, Agripino Grieco e Monteiro Lobato. Houve depois outros jornais homônimos. Cf. *A Manhã*, Hemeroteca Digital Brasileira.

29. Antônio dos Santos Torres (Diamantina, Minas Gerais, 1885 — Hamburgo, Alemanha, 1934): ex-padre, com olhar crítico contra as instituições e as mazelas do país, foi polemista, tendo entre seus alvos a colônia portuguesa, Paulo Barreto, Hermes Fontes, Antônio Austregésilo, Félix Pacheco. Colaborou em publicações de grande prestígio, como *O País*, *Correio da Manhã*, *A Manhã*, *Revista ABC* e *Gazeta de São Paulo*. Publicou, dentre outros: *Verdades indiscretas* (1920), *Pasquinadas cariocas* (1921), *Prós e contras* (1922), *As razões da inconfidência* (1925). Apesar de não haver participado do movimento modernista de 1922, seus escritos contribuíram na crítica aos parnasianos e passadistas. Entrou para o Itamaraty em 1918 e serviu na Inglaterra e na Alemanha. Cf. *Antônio Torres: uma antologia*. Introdução, seleção e notas de Raul de Sá Barbosa. Rio de Janeiro: Topbooks, 2002.

30. Agripino Grieco (Paraíba do Sul, Rio de Janeiro, 1888 — Rio de Janeiro, 1973): crítico literário, poeta, contista, tradutor, jornalista. Foi funcionário público na Central do Brasil. Colaborou em *O Jornal*, *Revista ABC* e *Hoje*. Publicou: *Ânforas*, poesia (1910), *Estátuas mutiladas*, contos (1913), *Fetiches e fantoches* (1921), *Caçador de símbolos* (1923), *Evolução da poesia brasileira* (1932), *Evolução da prosa brasileira* (1933), *Poetas e prosadores do Brasil* (1968). Fundou, com Gastão Cruls, a editora Ariel, no Rio de Janeiro, em atividade de 1930 a 1939, e foi responsável pelo *Boletim de Ariel*.

31. Sobre os contos que estão na origem de *S. Bernardo* e *Angústia*, confira-se a nota 4 de "Como fazer um romance", Paulo de Medeiros e Albuquerque. *Gazeta Magazine*, 1941.

32. O relatório fora publicado na íntegra no *Diário Oficial* e no *Jornal de Alagoas*. Cf. a nota 10 de "Graciliano Ramos", José Condé, *O Cruzeiro*, 1939.

33. Referência a Álvaro Paes; cf. a nota 11 de "Graciliano Ramos conta sua vida", Joel Silveira. *Vamos Ler!*, 1939.

34. O romance é *Caetés* (1933).

35. Exceto Rachel de Queiroz (1910-2003), os demais citados — José Lins do Rego (1901-1957), Aloísio Branco (1909-1937), Aurélio Buarque de Holanda (1910-1989), José Auto (1909-?), Barreto Falcão (1902-1945), Alberto Passos Guimarães (1908-1993), Valdemar Cavalcanti (1912-1982) — e também Santa Rosa (1909-1956), Diégues Júnior (1912-1991), entre outros, integram o grupo que colaborava no semanário alagoano *Novidade* (1931), sendo Valdemar Cavalcanti e Alberto Passos Guimarães os seus fundadores, responsáveis alternadamente pelos editoriais da revista. Contando a maioria cerca de vinte anos, eram chamados de "meninos impossíveis" porque admiravam Jorge de Lima, poeta moderno de "O

mundo do menino impossível" (1927). Com quase quarenta anos, Graciliano Ramos era "o velho Graça", referência para esses jovens, que buscavam novidades nas esferas política e literária. A revista estampou "Lampião entrevistado por *Novidade*" e, assinados por Graciliano, o capítulo XXIV de seu então inédito *Caetés* e as crônicas "Lampião", "Sertanejos", "Chavões" e "Milagres". Com a força de seu estilo, ele era a expressão máxima do semanário, que reagia contra a realidade de violência, miséria e ignorância do país. E vários jovens da *Novidade*, depois no Rio de Janeiro, contribuiriam para a crítica literária, as ciências sociais, a filologia, as artes plásticas (Cf. *Graciliano Ramos e a Novidade: o astrônomo do inferno e os meninos impossíveis*. São Paulo: Hedra, 2010).

36. Confira-se a nota 12 de "Graciliano Ramos conta sua vida", Joel Silveira. *Vamos Ler!*, 1939.

37. Ver a nota 12 de "Graciliano Ramos", José Condé. *O Cruzeiro*, 1939.

38. "Escrita e publicada esta reportagem em plena ditadura, o autor teve de usar de eufemismos, ao tratar da prisão de Graciliano Ramos, tema de *Memórias do cárcere*, o mais veemente dos libelos contra o Estado Novo" (Nota do Autor, Francisco de Assis Barbosa).

39. Yvonne Jean (Bélgica, 1911 — Brasília?, 1981): Mudou-se para o Brasil em 1940, em consequência da Segunda Guerra Mundial. Trabalhou em São Paulo e no Rio de Janeiro como jornalista, escritora e intérprete. Em 1962, a convite de Darcy Ribeiro, passou a lecionar na Universidade de Brasília. Promotora cultural, sua casa era ponto de encontro de intelectuais, artistas e militantes políticos. Ligada ao PCB, foi presa durante o regime militar. Publicou, dentre outras obras: *Contos do mar* (1947), *Visitando escolas* (1948), *Marionetes populares* (1955), *Joãozinho no País das Sobremesas* (1955), *Os dois reinos* (1979). Yvonne Jean publicou sua leitura de *Vidas secas* no *Diário de Notícias*, Rio de Janeiro, 1º nov. 1942, pp. 1-2. Mas a versão francesa publicada do romance, *Secheresse* (Paris: Gallimard, 1964), foi feita por Marie-Claude Roussel.

40. "Projeto que não se concretizou" (Nota do Autor, Francisco de Assis Barbosa).

Paulo Rónai (Budapeste, 1907 — Nova Friburgo, 1992): tradutor, revisor, crítico, professor de francês e latim no Colégio Pedro II. Intelectual europeu, filho de um livreiro judeu, estudou em Budapeste e em Paris. Ainda na Hungria, interessou-se pela língua portuguesa, que aprendeu sozinho, e traduziu e publicou uma antologia de poesia brasileira moderna (1939). Refugiou-se da Segunda Guerra Mundial no Brasil e aqui se tornou amigo de Aurélio Buarque, Cecília Meireles, Carlos Drummond de Andrade, Guimarães Rosa, dentre outros. Traduziu para o português centenas de contos reunidos em *Mar de histórias: antologia do conto mundial*, num projeto iniciado em 1945 com Aurélio, e que durou 44 anos. Coordenou a tradução dos oitenta e nove livros da *Comédia humana*, de Balzac. Conhecedor de nove idiomas, traduziu para o português mais de cem livros, entre eles *Os meninos da Rua Paulo* (1952), de Férenc Mólnar. Verteu para o francês em 1944 as *Memórias de um sargento de milícias*, de Manuel Antônio de Almeida. Publicou, entre outras obras: *Escola de tradutores* (1952), *Gramática completa do francês* (1969), *A tradução vivida* (1981), *Como aprendi o português e outras aventuras* (1956), *Não perca o seu latim* (1980).

No "Discurso" de Graciliano de 27 de outubro de 1942, quando da homenagem aos seus cinquenta anos realizada no restaurante Lido, em Copacabana, o romancista se refere ao fato de se encontrarem então no Rio de Janeiro os amigos Aurélio Buarque, José Lins do Rego e ele próprio, nordestinos migrados para o sul (ele à força), mais Otto Maria Carpeaux e Paulo Rónai, ambos fugidos da Guerra na Europa (Cf. *Garranchos*).

41. O conto "O relógio do hospital" e capítulos de Vidas secas foram publicados em La Prensa. Vejam-se as notas 7 de "*Vidas secas*: Uma palestra com Graciliano Ramos", Brito Broca. *A Gazeta*, 1938, e 12 de "Graciliano Ramos conta sua vida", Joel Silveira. *Vamos Ler!*, 1939.

42. "V. Osório Borba, *A comédia literária*." (Nota do Autor, Francisco de Assis Barbosa). 1. ed.: Rio de Janeiro: Alba, 1941; 2. ed.: Rio de Janeiro: Civilização Brasileira, 1959. O ensaio citado, "O major Graça", saiu em agosto de 1940 em *Diretrizes*, com o título "As roupas debaixo da glória".

43. "O escritor se mudaria, anos depois, para o Leblon, rua Desembargador Alfredo Russel, onde faleceu, com sessenta anos de idade" (Nota do Autor, Francisco de Assis Barbosa).

44. Sobre a escrita dos contos-capítulos de *Vidas secas*, confira-se a nota 13 da *Conversa* com Paulo de Medeiros e Albuquerque, 1941.

45. "É um clássico. Mas — contradição enigmática — é um clássico experimentador. A estreia excepcionalmente tardia, com mais de quarenta anos de idade, deve ter sido precedida de vagarosos preparativos de um experimentador, e mesmo depois continuou sempre a experimentar. O nosso amigo comum Aurélio Buarque de Holanda chamou-me a atenção para a circunstância de representar cada uma das obras de Graciliano Ramos um tipo diferente de romance. Com efeito. *Caetés* é dum Anatole ou Eça brasileiro; *S. Bernardo* é digno de Balzac; *Angústia* tem algo de Marcel Jouhandeau, e *Vidas secas* algo dos recentes contistas norte-americanos. Graciliano Ramos faz experimentos com a sua arte; e como o 'mestre singular' não precisa disso, temos aí um indício certo de que está buscando a solução de um problema vital." CARPEAUX, Otto Maria. "Visão de Graciliano Ramos". In: *Ensaios reunidos 1942–1978*. Rio de Janeiro: UniverCidade & Topbooks, 1999, v. I, p. 444.

46. Clara Ramos não era a única na casa que sabia de cor versos de Manuel Bandeira. Nas *Conversas*, Graciliano destaca a cultura, os conhecimentos e a poesia de Bandeira, em especial o "Solau do desamado" (*A Cinza das Horas*). E nas *Memórias do cárcere* narra haver recitado

na prisão o soneto "Um sorriso", do mesmo livro de Bandeira, para o russo Sergio, Rafael Kamprad. Segundo relata Rubem Braga, embora o autor de *Infância* costumasse dizer que não gostava nem entendia de poesia, uma vez Lúcio Rangel o surpreendera no quarto da pensão a recitar um poema de Bandeira enquanto calçava os sapatos: "Bembelelém/ Viva Belém/ Nortista gostosa/ Eu te quero bem!" Thiago de Mello conta o mesmo fato, mas menciona "Os sinos" e não "Belém do Pará": "— Sino de Belém/ Toca [bate] bem, bem, bem.../ Sino da paixão/ Toca [bate] bão, bão, bão..." ("Rubem Braga comemora aqui uma outra data: os quarenta anos de *Vidas secas*. 'Eu vi este livro nascer'", *Status*, n. 52, pp. 151-2, nov. 1978; MELLO, Thiago de. "O velho Graça morreu", *O Globo*, Rio de Janeiro, 24 mar. 1953. Neste livro, referências de Graciliano a Bandeira podem ser lidas em: "O modernismo morreu?", Osório Nunes, *Dom Casmurro*, 1942; "Como eles são fora da literatura: Graciliano Ramos", Homero Senna, *Revista do Globo*, 1948; "Nossos escritores — Graciliano Ramos: 'Sempre fui antimodernista'", José Tavares de Miranda. *Folha da Manhã*, 1951.

47. Sobre o aniversário de cinquenta anos, confira-se a nota 5 de "Graciliano Ramos, aos cinquenta anos", Francisco de Assis Barbosa, 1942.

9. O modernismo morreu?[1]

OSÓRIO NUNES,[2] *DOM CASMURRO*,[3] 1942

Desapareceu em 1930, diz o romancista Graciliano Ramos — Preparou o caminho às novas gerações — Oportunidade aos burros e medíocres — Os romances em uma semana — "Não sou modernista" — Os maiores poetas e prosadores da atualidade brasileira — "Talvez seja necessária uma nova rebelião contra os gramáticos!...", exclama o autor de *Angústia*

O nome de Graciliano Ramos está inscrito entre os romancistas que melhor definiram o gênero, no Brasil, de vinte anos para esta data. A obra literária que tem criado assume expressão de grande atualidade. É sempre um espírito em busca de horizontes. Daí, talvez, ou muito provavelmente, a posição em que tacitamente o coloca o conceito geral: entre os "modernistas", ou seja, no seio dos emancipados de e após 1922. Essa enquadração não lhe satisfaz e empenha razões em contestá-la.[4] Mesmo assim, continua a ser julgado desse modo. Tristão de Ataíde considera-o um escritor eminentemente do momento. E essa é a situação que, de fato, ocupa na literatura nacional.

À porta da Livraria José Olympio, encontramos o escritor nordestino em um grupo de confrades. Graciliano Ramos é quase arredio.

Tem mesmo um ar reservado de sertanejo. Sua cabeça grande, onde os cabelos brancos começam a absorver os fios pretos, quase não se move. Está sempre na mesma atitude de pesquisa silenciosa. Apenas o olhar se agita e vem para baixo dos óculos de leitura, toda vez que uma observação mais curiosa se faz digna de exame.

O modernismo morreu em 1930

O autor de *Angústia* responde com precisão à primeira pergunta:

— O modernismo morreu em 1930. Aliás, não se pode fixar, rigorosamente, esse ano como o do seu perecimento. O que se observa é que, pelo menos nas cercanias de 30, o modernismo surgido com a Semana de Arte Moderna desapareceu.

Graciliano Ramos explica as razões de sua afirmativa:

— De 1922 a 1930, verificou-se um movimento de destruição dos cânones que precisavam desaparecer. O movimento não nasceu em 1922. Concretizou-se no aludido ano. Era um sentimento que tomou expressão e foi ao combate. Desde então — acentua o romancista — nada pôde ser realizado até 30, quando começou um trabalho de criação dos mais brilhantes, até 1936.

Perguntamos qual a contribuição que o modernismo ofereceu à inteligência nacional.

— Como reação, foi excelente. Mas, dentro do ciclo que já mencionei, não vejo outra realização de vulto que não a libertação das cadeias do espírito. Creio que é o seu melhor fruto. Porque na prosa nada conseguiu realizar. Mário de Andrade e Oswald de Andrade tentaram o romance. Mas sem êxito. Enquanto a poesia adquiria expressão, o romance modernista não tinha conteúdo. Creio, entretanto, que se não houvesse a independência do modernismo, José Lins do Rego não teria conseguido realizar o seu romance, tal como o é. A revolução concretizada na "Semana de São Paulo" teve um serviço: limpar, preparar o terreno para as gerações vindouras.

Não só os medíocres — burros, também

— O modernismo fracassou — prossegue Graciliano Ramos, atendendo a uma pergunta sobre a mediocridade no movimento de há vinte anos. Pois fracassada está uma rebelião literária cujos soldados acabam na Academia. Renegaram a atitude do passado. Uns, de público. Outros sub-repticiamente. Nenhum dos seus poetas faz mais, a rigor, poesia modernista. Nem mesmo Manuel Bandeira, que, por sinal, escreveu os "Sapos" em 1918. O próprio Mário de Andrade está escrevendo direitinho, bem comportado. Só de longe em longe, surgem umas expressões que lhe são típicas. Oswald de Andrade modificou-se. Menciono apenas a camada superior da gente de São Paulo. E o grupo secundário? Nesse nem se fala...

As portas largas do modernismo abriram caminho não só às mediocridades: a autênticas burrices. Todo indivíduo que não sabia ou não podia escrever certo agarrou-se a liberalidades e extravagâncias. Queriam imitar Manuel Bandeira. Não possuíam, entretanto, a cultura e os conhecimentos deste. Daí o falso valor que certos cavalheiros ostentam orgulhosamente por aí, trepados na glória que de outro modo não teriam conquistado. E o outro resultado: todo menino saído do liceu pôde escrever poemas em cinco minutos e romances em uma semana.

E as escolas do passado?

— Em face das escolas que repudiou, qual seria então, a seu ver, a posição do modernismo? — pergunta o jornalista.

O nosso interlocutor detém-se um instante. Retruca:

— O movimento impunha-se. As restrições e a improdutividade do ambiente que cercava os novos animaram a rebelião. Na poesia, o grande era Bilac. Por aí, pode-se inferir o que eram os demais. No romance, apenas Lima Barreto. O resto não merece consideração. O modernismo viria derrubar, num autêntico trabalho de menino, os gigantes de pé de barro, os ídolos sem consistência. Começou com as irreverências de Agripino Grieco e marcaria a sua data com o transporte de Graça Aranha aos ombros de Augusto Frederico Schmidt e Tristão de Ataíde.

Não é modernista

— Eu vendia fazendas no interior quando soube do movimento. Naquela época, lia tudo e acompanhava o barulho de longe. Apenas aplaudi.

— E não se sente, portanto, ligado à rebelião? — perguntamos.

— De modo nenhum. Não fui modernista, nem sou "pós-modernista". Sou apenas um romancista de quinta ordem. Estava fora e estou.

— Como pode explicar, então, as versões que o classificam entre as expressões consequentes à "Semana"? — queremos saber.

Graciliano Ramos esboça um sorriso divertido e diz:

— O modernismo presta-se, admiravelmente, a todas as confusões...

O favor público

Fala, agora, o nosso entrevistado sobre a indiferença do público em relação à poesia modernista:

— O favor público nem sempre é expressivo. O povo ainda lê, com muito interesse, *A moreninha*.

Os nomes atuais

— Não obstante, há nomes que se impõem. Encontramos na poesia Manuel Bandeira, Augusto Frederico Schmidt, Carlos Drummond de Andrade, Jorge de Lima e Vinicius de Moraes. O romance apresenta José Lins do Rego, Rachel de Queiroz, Jorge Amado, Erico Verissimo, Octávio de Faria, Lúcio Cardoso, Amando Fontes e Cyro dos Anjos. O conto — uma das excelentes realizações do movimento — dá Luís Jardim, Marques Rebelo, Aurélio Buarque de Holanda, Telmo Vergara,

João Alfonsus e Oswaldo Alves. No pensamento filosófico não vejo ninguém. E não sei por que ligar, na sociologia, o nome de Gilberto Freyre ao modernismo.

Abaixo os gramáticos

Para finalizar, Graciliano Ramos confia-nos uma observação, que denota o seu espírito investigador e penetrante:

— Receio que tudo isso — tão criadora agitação — desapareça e que o período que virá seja talvez pior do que em 1920. Voltará a crítica Duque Estrada, que já se ensaia, manhosamente, nos restabelecidos consultórios gramaticais pela imprensa.

Graciliano Ramos detém-se para acentuar o efeito da sugestão:

— E será preciso outro movimento modernista contra os gramáticos!...

Notas

1. "O modernismo morreu? — Resposta de Graciliano Ramos ao Inquérito de Osório Nunes", *Dom Casmurro*. Rio de Janeiro, 12 dez. 1942, p. 3.
2. Osório Laudelino Nunes: ensaísta e jornalista, escreveu *Introdução ao estudo da Amazônia brasileira* (Rio de Janeiro: Laemmert, 1949), obra de cunho sociológico calorosamente elogiada por Joel Silveira, que assina a orelha da terceira edição (1951). Nunes realizou tal inquérito nas páginas de *Dom Casmurro* também com Augusto Frederico Schmidt, Cassiano Ricardo, Cândido Portinari, Ribeiro Couto, Oswald de Andrade, Manuel Bandeira e Carlos Drummond de Andrade, entre outros. Eis a resposta de Drummond sobre a possível morte do modernismo: "Parece que sim. Diversos proprietários de empresas funerárias o afirmam. Mas é um morto curioso, que ressuscita continuamente, para uso dos coveiros sem clientela" (NUNES, Osório. "O modernismo morreu? — Resposta de Carlos Drummond de Andrade", *Dom Casmurro*, Rio de Janeiro, 14 nov. 1942, p. 3).
3. "Evitar a burrice que aí anda", esse o propósito do jornal literário semanal *Dom Casmurro*, fundado em maio de 1937 pelos gaúchos Brício de Abreu (1903-1968), seu diretor, e Álvaro Moreyra (1888-1964), redator-chefe. Também Moacir Deabreu, Marques Rebelo e Jorge Amado foram redatores-chefes desse periódico, que atingiu 50 mil exemplares por semana. Instalada a redação do jornal entre a rua do Ouvidor e a

Cinelândia, no Rio de Janeiro, teve entre seus colaboradores: Joel Silveira, lançado por *Dom Casmurro*, Adalgisa Nery, Aníbal Machado, Astrojildo Pereira, Carlos Drummond de Andrade, Carlos Lacerda, Cecília Meireles, Cícero Dias, Erico Verissimo, Gastão Cruls, Graciliano Ramos, José Américo de Almeida, José Lins do Rego, Murilo Mendes, Oswald de Andrade, Rachel de Queiroz, Santa Rosa. *Dom Casmurro* circulou até 1946, tendo o título e também a epígrafe inspirados no romance de Machado de Assis: "A confusão era geral". Cf. LUCA, Tania Regina de. "O jornal literário *Dom Casmurro*: nota de pesquisa", *Historiae: Revista de História da Universidade Federal do Rio Grande*, v. 2, pp. 67-81, 2011; LUCA, Tania Regina de. "Brício de Abreu e o jornal literário *Dom Casmurro*", *Varia Historia*, 2013, v. 29, n. 49, pp. 277-301.

4. Questões centrais dessa entrevista — a importância do modernismo de 1922, que abriu caminhos frente ao "academismo estéril"; o valor da novidade dos romances nordestinos dos anos 1930, que observaram e configuraram criticamente os problemas do país; e a decadência desse romance a partir de 1936 — são analisadas na seção "Vendas e sendas modernistas" do Prefácio deste livro.

   Quanto à "morte do modernismo", em "Conversa com Alceu Amoroso Lima" (*A Manhã*, "Letras e Artes", 21 jul. 1946, p. 13), Almeida Fischer registra a fala de tal crítico, segundo o qual o modernismo morrera com Mário de Andrade, falecido a 25 de fevereiro de 1945. Perguntado a respeito de tal afirmação, Manuel Bandeira relembra a Almeida Fischer que o próprio Mário já declarara, na conferência do Itamaraty, o modernismo como coisa do passado (FISCHER, Almeida. "Manuel Bandeira e a morte do modernismo", *A Manhã*, "Letras e Artes", 25 ago. 1946, p. 13). Se enquanto "ismo" o modernismo estava superado, formou-se uma tradição da poesia brasileira moderna, de Bandeira, Drummond, João Cabral de Melo Neto, a qual se diferencia da chamada "geração de 1945", afeita a formas fixas e a temas abstratos, universais. Oposta a essa tendência literária presa a estereótipos, conforme observa Sérgio Buarque, houve uma continuidade entre o modernismo de 1922 e o romance nordestino. Cf. HOLANDA, Sérgio Buarque de. "Fluxo e refluxo" (1951), "Rebelião e convenção" (1952). In: *O espírito e a letra*. v. 2. cit. Sobre o gosto de Graciliano pela poesia de Bandeira, ver nota 46 de "Graciliano Ramos, aos cinquenta anos", Francisco de Assis Barbosa, 1942.

10. "Os chamados romances sociais não atingiram as massas."[1]

Declara Graciliano Ramos em entrevista à Renovação

ERNESTO LUIZ MAIA,[2] *RENOVAÇÃO*,[3] 1944

"Os escritores só podem escrever o que sentem" — "Mesmo a literatura 'torre de marfim' é trabalho social!!" — "Já existe romance demais"

Os escritores no Brasil parece que são intermitentes. De repente escrevem muito numa média de um livro por ano e depois somem por um tempo indeterminado. É lógico que nos referimos aos escritores não bissextos, isto é, àqueles que mesmo longe do público permanecem trabalhando e procuram realizar alguma obra. Mas é preciso fazer também um outro esclarecimento porque a palavra *escritor* está tomada aqui num sentido restrito, excluindo o trabalhador da imprensa que, evidentemente, não está longe do público em ocasião alguma, podendo quando muito ficar irreconhecível atrás de um pseudônimo ou do anonimato. Refere-se mais ao romancista, ao poeta e ao novelista.

Desse modo, distanciado dos escritores, o público não sabe muito o que pensar deles. Cada um vai inventando sua própria explicação que à força de não ser contestada termina por se tornar irrevogável. Inventam-se pontos de vista de fulano e de sicrano, agrupam-se pessoas inteiramente à revelia delas, determinam-se "gerações" literárias e influências diversas num esforço de mera explicação pessoal que não tem, frequentemente, o menor valor positivo. E não é só isso. Na interpretação do conjunto literário cada um de nós vai criando um sistema: isso aconteceu porque o escritor ganha pouco; foi assim porque não se pode escrever sem fazer enormes concessões aos editores; porque há necessidade de climas políticos determinados para a literatura; e por aí vai tudo.

Para corroborar cada um desses pontos de vista levantam-se montanhas de "exemplos" e se prova por *A* mais *B* que a literatura foi assim e assado porque houve isso e aquilo.

Quase nunca alguém vai procurar saber a opinião dos próprios escritores a respeito.

Mas há outros fatos também.

Fica-se dizendo que o romancista *A* é mais popular do que o romancista *B,* e não se cuida ao menos de fixar um conceito sobre o que é popular ou sobre o que deixa de ser.

Para explicar a falta de penetração de muitos escritores na massa vai-se dizendo que é porque eles escrevem sobre misérias de que o pobre está farto. Cada um vem dar a última palavra, e ora o analfabetismo, ora a falta de instrução, às vezes o preço dos livros encontram maior número de adeptos.

E raramente são os próprios escritores (no sentido em que se toma aqui) que dizem o que acham a respeito. Dizem uma vez ou outra, pela boca de uma personagem sua ou num artigo ou entrevista. Mas como as personagens não estão defendendo teses, os artigos são raros e as reportagens difíceis de fazer, vai ficando tudo assim.

Foi por isso que o repórter pensou em entrevistar um escritor representativo para inquiri-lo sobre esses aspectos todos e mais outros. Mas para isso era preciso procurar um escritor e conseguir dele essas respostas todas ou, pelo menos, parte, que mais vale pouco do que nada. O caso é que o repórter não conhecia escritor nenhum e além disso nunca tinha feito reportagem. E se ele quisesse entrevistar um literato qualquer era muito fácil, porque podia ir à Academia e procurar um canastrão aposentado dos que lá existem, doidos por uma entrevistazinha, ou um político manhoso amante do fardão.

Mas o que interessava era saber alguma coisa vinda de alguém que se preocupe com o povo, em cogitar se conseguiu ou não identificar-se com a massa e ser lido por ela.

Foi por isso que a escolha recaiu em Graciliano Ramos. Basta olhar seus romances para ver que ele está com o povo. E quem achar que isso é muito abstrato procure concretização num célebre relatório que ele fez.

O repórter foi, na companhia de um amigo comum, procurar o autor de *S. Bernardo* e fez o possível para fazê-lo falar. Mas Graciliano parece que não gosta de ser entrevistado e pergunta muito mais do que responde. Começou dizendo que não havia motivo que justificasse aquilo e mesmo depois de aceder aproveitou todas as ocasiões para despistar e fugir do assunto. E não foi só: muitas vezes falava mas dizia ao repórter que não podia publicar o que estava ouvindo. Foi, portanto, difícil a entrevista. E se não foi, vejamos:

— Pode alguém, no Brasil, viver exclusivamente de escrever?

— Os tabeliães estão aí…

— Bem, eu sei que o Olegário continua vivo…[4] Mas, se deixarmos de lado o reconhecimento de firmas e o registro de contratos, o senhor acredita que alguém possa viver como escritor?

— Os jornalistas…

— Quer dizer, então, que podemos falar de uma classe de escritores profissionalmente definida?

— Classe?!!! O que chama você "classe" de escritores profissionalmente definida? O termo não cabe aqui, mesmo porque enquanto uns literatos servem a uma classe, outros servem a outra (o repórter pensou no Tristão como um tipo e no Jorge Amado como outro). Há escritores e nada mais.

— E eles podem encontrar editores sem fazer concessões?

— Os editores não influem. Pode ser que outros fatores muito mais positivos coajam o escritor, mas os editores não. Nunca tive de mudar qualquer trecho de livro porque um editor pedisse. É verdade, porém, que nunca andei atrás de editor para livro meu. Se andasse talvez aparecesse alguma exigência. Mas não conheço nenhum exemplo. Não, os editores não influenciam absolutamente.

Evidentemente o repórter estava infeliz: depois de uma blague, uma correção e, depois de uma correção, uma negativa. Era melhor mudar de assunto e arriscar ver se Graciliano acreditava na existência de escritores populares no Brasil.

— Não acredito, não. Acho que as massas, as camadas populares, não foram atingidas e que nossos escritores só alcançaram o pequeno-burguês. Por quê? Porque a massa é muito nebulosa, é difícil interpretá-la, saber de que ela gosta. Além disso, os escritores, se não são classe, estão em uma classe, que não é, evidentemente, a operária. E do mesmo jeito que não puderam penetrar no povo, não podem dizer o motivo pelo qual não conseguiram isso. Somente um inquérito entre o próprio povo poderia dizer dos motivos, e eis aí ótimo tema para uma investigação.[5] Talvez seja isso mesmo: talvez porque um escritor não sente os problemas como o povo, este não o deixe penetrar nele.

— E o que diria o senhor sobre a questão de tema e tratamento? Eu me explico: será o assunto que afasta o escritor da massa ou o êxito depende muito mais do modo como foi escrito?

— Acho que não é o tema que tem a maior importância. A miséria, por exemplo, pode não dar a quem a trata a mesma impressão que naquele que a sofre.

— Nesse caso porque não foi tratada objetivamente...

— Até pelo contrário. Objetivamente ela pode ter sido. O objeto, a coisa, não está ali dentro do livro? Justamente o que desafinou foi a parte subjetiva. E sem ela não pode haver obra alguma, porque qualquer um só pode escrever o que sente e não o que os outros estão sentindo ou poderiam sentir.

— Somente um proletário pode escrever efetivamente para o proletário?

— Sim. Um burguês só pode fazer contrafação quando trata um tema proletário. Mas eu já lhe disse que o porquê da coisa somente o próprio povo poderia dizer. Como iria eu dizer por que um operário não gosta de um livro, se não sou operário? O que nossos escritores podem alcançar é a pequena burguesia.

— Mas então é lógico que, se não foi o tema, foi o tratamento que afastou o povo. É porque as camadas desfavorecidas (com eufemismo e tudo) não têm, ainda, uma instrução suficiente para apreciar uma literatura melhor, admitindo-se, *a priori*, que o escritor seja bom.

— Você não vai querer dizer com isso que o escritor passe a escrever mal... Ou vai?

— De modo algum, é claro. Mas eu pergunto, então, se o senhor acha que um gênero, uma escola, influi. Se a poesia, por exemplo, tem mais possibilidades do que o romance, entre o povo, ou se é o teatro que reúne maiores condições de êxito.

— Nas massas iletradas, o romantismo é de mais fácil êxito. Mas o que vigora mesmo é o folhetim, que a massa vai aceitando como entorpecente... Olhe bem, eu não estou citando ninguém... Mas o fato é este: o que se lê entre a massa é o folhetim.

Notas

1. MAIA, Ernesto Luiz. "Os chamados romances sociais não atingiram as massas", *Renovação*, Recife, ano 7, n. 13, maio-jun. 1944, pp. 7-8 e 33.
2. Ernesto Luiz Maia: pseudônimo de Newton de Almeida Rodrigues (1919, Rio de Janeiro — 2005), jornalista vinculado ao PCB e que depois se destacaria na grande imprensa brasileira. Formado em história pela Faculdade Nacional de Filosofia da antiga Universidade do Brasil, atual UFRJ, começou na imprensa diária do Partidão e, nos anos 1940 e 50, atuou na *Voz Operária*. Trabalhou no *Correio da Manhã*, na *Tribuna da Imprensa*, na *Última Hora*, na *Folha de S.Paulo* e no *Estado de S. Paulo*, entre outros. Publicou *Brasil provisório (de Jânio a Sarney)*, em 1986.

   Estreou justamente com a entrevista de Graciliano para *Renovação* e utilizou o pseudônimo Ernesto Luiz Maia porque assinava no mesmo número outra matéria, sobre a Tchecoslováquia. Segundo relata, a revista, que ele dividia com Rubem Braga, Osório Borba, Mário Barata, entre outros, era avançada para a época, com diagramação sofisticada de Carlos Scliar. Quando ele preparava o terceiro número, o registro de *Renovação* foi cancelado pelo DIP. Em 1986, ele recordaria a conversa com o romancista: "Era ainda muito moço e não tomava apontamento. Apenas anotava as coisas mais importantes que ele [Graciliano] dizia. A entrevista, quando se anota tudo o que o entrevistado diz, vira ditado, perde a espontaneidade. Graciliano me olhava desconfiado, mas não se negou a falar. Até disse que 'existe romance demais'. Quando a matéria saiu, ele me cumprimentou. E ficamos amigos." Cf. "Entrevista de Newton Rodrigues a Cipião Martins Pereira", *Revista de Comunicação*, ano 2, n. 5, 1986.

3. Muito provavelmente, trata-se da revista *Renovação* fundada em 1939 no Recife, por Vicente do Rego Monteiro e Edgar Fernandes, a qual circulou até 1946. Diagramador da revista, Rego Monteiro fez ilustrações, desenhos, gravuras e fotografias para o periódico e convidou os poetas João Cabral de Melo Neto, Ledo Ivo e Willy Lewin, entre outros, a colaborarem. *Renovação* teve duas fases: de 1939 a 1942, em formato grande e com orientação jornalística; de fins de 1942 a 1946, em formato menor e com orientação literária (Cf. *Correspondência de Cabral com Bandeira e Drummond*. Organização, apresentação e notas de Flora Süssekind. Rio de Janeiro: Nova Fronteira; Fundação Casa de Rui Barbosa, 2001.) A nota "Publicações" de *A Manhã*, do Rio de Janeiro, a 22 de abril de 1944, na página 8, anunciava que acabava de aparecer, "em nova fase", a revista *Renovação*. De "feição moderna", com capa e paginação feitas por Carlos Scliar, contava com colaborações de Rubem Braga, Breno Acioli, Mário Barata, Osório Borba, Eros Gonçalves e outros. *Renovação* é apresentada como uma "revista de moços", de divulgação cultural, dirigida a um público amplo: trazia variedade de matérias e tratava de problemas atuais, tanto de política quanto de literatura e arte. No entanto, vale lembrar que, nos anos 1940, no Rio de Janeiro, começou a circular o periódico *Renovação: Revista Universitária Democrática a Serviço do Esforço de Guerra*, dirigido por Aldo Lins e Silva. Por pouco tempo, tal publicação contou com apoio financeiro do PCB, que logo se engajou no lançamento de uma revista "estritamente comunista" (BASBAUM, Leôncio. *Uma vida em seis tempos: memórias*. São Paulo: Alfa-Ômega, 1976, p. 179).

4. Olegário [Mariano]: o poeta, político e diplomata Olegário Mariano Carneiro da Cunha (Recife, 1889 — Rio de Janeiro, 1958) foi tabelião de Notas e exerceu o cargo de oficial do 4º Ofício de Registro de Imóveis, no Rio de Janeiro. Publicou, entre outras obras: *Últimas cigarras* (1920); *Sonetos* (1921); *Bataclan*, crônicas em verso (1927); *Canto da minha terra* (1931); *Poemas de amor e de saudade* (1932).

5. Em "Um romancista no meio do povo", Galeão Coutinho conta sobre o inquérito que fez, a respeito de Graciliano Ramos, com pessoas que gostavam de ler apesar de não serem consideradas literatas. Concluiu que o escritor contava grande número de leitores dessa espécie, "os melhores, aliás". Coutinho traz como exemplo o guarda-livros português, seu amigo de São Paulo, que possuía todos os livros de Graciliano e afirmava preferir *Vidas secas*. Evoca em seguida um rapaz, advogado, cuja obra

predileta era *Angústia*. "Perguntei-lhe se entre os companheiros de trabalho havia quem se dedicasse à leitura. Disse-me que sim, e que havia emprestado *Angústia* a vários deles. Observei-lhe que era um mau hábito, esse de emprestar livros. Obtemperou-me que não. Tomando livros de empréstimo, o sujeito habitua-se à leitura e acaba freguês de livrarias. De fato, assim é." No Rio, realizadas suas pesquisas no meio bancário, a conclusão de Galeão Coutinho foi: "Os que amam a leitura já leram pelo menos um livro de Graciliano" (*Leitura*, Rio de Janeiro, mar. 1943, pp. 9; 18). O jornalista e escritor Salisbury Galeão Coutinho (Belo Horizonte, 1897 — Rio de Janeiro, 1951) publicou, entre outras obras, *Vovô Morungaba* (1939), cujo protagonista contou com a admiração de Graciliano, como se lê em "Uma personagem sem-vergonha" (*Linhas tortas*, op. cit, pp. 155-7).

11. As celebridades, suas manias e predileções[1]

A NOITE,[2] 1944

Graciliano Ramos não gosta de dar entrevistas — Não tolera telefones e a campainha do seu apartamento vive desligada porque o homem tem horror de barulho — Trabalha em qualquer lugar, desde que haja silêncio, cigarro e fósforos

Um pintor, um poeta, uma pianista: Oswaldo Teixeira, Olegário Mariano, Magdalena Tagliaferro. Chegou, agora, a vez de um escritor — Graciliano Ramos. Possivelmente, dos quatro, é este o mais fértil em manias e predileções. O próprio desenvolvimento desta reportagem deverá provar isso. Mas foi de tal maneira difícil arrancar do autor de *Vidas secas* meia dúzia de palavras sobre o assunto que preside a esta enquete, que o repórter se vê intimidado por esquisito complexo: Creso,[3] sente-se pobre... Nada melhor que explicar o porquê da inibição. Sabem como Graciliano Ramos iniciou a nossa entrevista?

— Não gosto de dar entrevistas.

— !?!... (Intimamente, estávamos falando com os nossos botões: "E esta agora?")

— Não gosto de falar a meu respeito.

"Purgada" esta inibição, como diriam os psicanalistas, vamos tentar reconstituir o ambiente em que entrevistamos o homem que escreveu *Angústia*.

Apartamento na Tijuca, bem próximo à Muda. Segundo pavimento. Subida pela escada. É sexta-feira. Depois de tocarmos duas vezes no botão da campainha, concluímos que ela devia estar desarranjada. Batemos diretamente na porta. Graciliano Ramos veio, em pessoa, receber-nos. Caneta na mão, em pijama, nos foi conduzindo para junto da sua mesa de trabalho, colocada na sala de visitas, frente a frente com uma porta larga, que proporciona luz natural e farta.

Quando dissemos ao que íamos, Graciliano Ramos desarmou-nos com aquelas respostas. Lamentamos ter interrompido...

— Procuramos, antes, o seu telefone...

— Não o encontraria. Não encontrará nunca um telefone em meu nome. Não tolero telefones...

O bornal estava se enchendo...

— Não vejo assunto para uma entrevista, mas, se vai mesmo escrever, pode anotar, também, que não gosto de fascistas. Sei que este é, agora, o refrão de todos os maiorais do fascismo — dizerem-se antifascistas. Por isso, fico até meio encabulado em lembrar esta fobia.[4]

Graciliano Ramos negaceia, como autêntico sertanejo que é, de comentar assuntos pessoais. Quer desviar a conversa. Aproveita a parlapatice do repórter para se pôr na posição preferida, isto é, a de interlocutor mudo (!). Ele mesmo confessa o horror que tem de "solar" uma palestra. Gosta de escutar. Arrastamo-lo para os seus livros, para os que escreve ou tem prontos para publicar:

— Estou revendo as minhas memórias. Depois de muitos anos de tentativas, penso que, desta vez, chegarei ao fim do período que demarquei para escrever. Falarei, nas *Impressões de infância* (é este o título escolhido para a obra), dos primeiros anos de minha vida, até a puberdade. Tenho quase concluído o trabalho.[5]

Graciliano abre uma pasta de cartolina recheada de papéis e nos mostra parte dos originais. São folhas e folhas manuscritas, cheias de rasuras. À nossa admiração por tantas emendas, Graciliano explica:

— Estas são terceiras provas. Não queira saber como ficaram as duas primeiras...

Fala-se em tortura de escritores para chegar a uma forma definitiva. Dificilmente se encontrará um "torturado" mais completo que esse Graciliano Ramos que lemos pensando em "estilo natural"... A pergunta vem pronta:

— E como saem das suas mãos as provas tipográficas?

— Limpas, limpinhas, desde que o linotipista não tenha colaborado... Pode aproveitar a oportunidade e registrar que não gosto de linotipistas inteligentes. Prefiro os ignorantes, os que não têm a preocupação de emendar os meus originais.

— Gostaria de escrever, diria melhor, tentar outros gêneros literários?

— Absolutamente. Não gosto do que escrevo, mas sinto satisfação no que escrevo. Continuarei a rabiscar romances e contos.

— Mas "fugiu" agora para as memórias...

— E para o folclore, também. A minha *História de Alexandre*[6] sairá dentro em pouco, por sinal que com lindas ilustrações de Santa Rosa.[7]

Graciliano Ramos mostra alguns desenhos. São, efetivamente, dignos de uma citação e mostram, mais uma vez, a pujança do talento de Santa Rosa. Resta explicar que *História de Alexandre* é puro folclore nordestino para as crianças do Brasil. Graciliano Ramos tem pronto outro livro. Este de contos. Ilustrou-o Leskoschek.[8] *Dez contos*[9] é o seu nome.

O bornal estava se enchendo...

— E o ambiente que prefere para trabalhar?

— Qualquer lugar em que haja silêncio.

Vale dizer aqui o que nos foi revelado pela esposa de Graciliano Ramos a propósito do seu horror ao barulho. Ultimamente, Graciliano se levanta às duas horas da madrugada para escrever. Senta-se à mesa e trabalha, com pequenos intervalos, até às onze horas. Durante o dia, dorme algumas horas e, à noite, conversa e brinca com as filhas, todas em idade escolar. O horror de Graciliano Ramos pelo barulho chega a ponto de obrigá-lo a desligar a campainha do apartamento em que reside.

Embora não goste de viajar, é ele quem no-lo confessa, tem sido obrigado a numerosas viagens.

— Sou um animal sedentário. E tenho viajado como o diabo... Coisas da vida, conclui com malícia.

Para fechar, vai mais esta mania do criador de *S. Bernardo*: a sua mesa de trabalho lembra sucursal de tabacaria. Numerosas caixas de fósforos e maços de cigarros de mistura com livros e papéis. Nas gavetas, outro tanto multiplicado várias vezes.

Notas

1. "As celebridades, suas manias e predileções", *A Noite*, Rio de Janeiro, 19 dez. 1944, pp. 1 e 9. A reportagem se acompanha de uma fotografia com a seguinte legenda: "Graciliano Ramos mostra a *A Noite* os originais das suas memórias e diz que prefere os linotipistas ignorantes, os que não têm a preocupação de colaborar com o autor."

2. *A Noite*: vespertino fundado por Irineu Marinho, circulou de 1911 até 1957. Considerado um dos primeiros jornais populares do Rio de Janeiro, foi lançado a preços baixos, com circulação diária e grandes tiragens. Nele Lima Barreto publicou em folhetins, em 1915, *Numa e a ninfa*. Tratando sobretudo da política nacional e de questões da cidade do Rio de Janeiro, com destaque para o noticiário policial, atingia grande público. Teve vários donos e fases e se expandiu na década de 1930, quando foram criadas as revistas *Carioca* e *Vamos Ler!*, dirigidas por Raimundo Magalhães Júnior. Em 1936, *A Noite* inaugurou a Rádio Nacional, voltada a complementar as tarefas informativas do jornal. Porém, em 1940, o jornal foi integrado ao patrimônio da União e passou por uma crise. Cf. FERREIRA, Marieta de Morais. "A Noite". In: *Dicionário histórico-biográfico brasileiro*, Site FGV/CPDOC; "A Noite", Hemeroteca Digital Brasileira.

3. Creso: último rei da Lídia (século XI a.C.), famoso por sua riqueza, atribuída à exploração das areias auríferas do Pactolo, rio afluente do Hermo onde, segundo a lenda, se banhara o rei Midas, que transformava em ouro tudo o que tocava. Foi derrotado por Ciro, o Grande, da Pérsia.

4. "O que deveríamos fazer", artigo de 3 de março de 1943 incluído em *Linhas tortas*, traz o olhar irônico de Graciliano contra a barbárie nazifascista e em particular contra a covardia, a inconsistência e o oportunismo dos fascistas brasileiros: "[...] E elogiaram demais o nazismo e o fascismo, apresentaram-nos como remédios enérgicos. Continuam a

apresentá-los, cochichando. / Ora, é disparate supor que alguém possa expressar-se honestamente de um modo em público, de outro em voz baixa. / Evidentemente há os que renegaram a política e as letras do sr. Plínio Salgado, quando ele era uma figura quase terrível, apesar da magreza. Existem, porém, as deserções efetuadas em tempo de maré vazante — e não causa estranheza conservarmos dúvidas a respeito da sinceridade que as determinou."

Observem-se também as palavras de Graciliano no discurso proferido a 19 de setembro de 1945, num comício em Belo Horizonte que dava início à campanha eleitoral do PCB: "Fascistas confessos, de cruz gamada e sigma, despiram as camisas sujas, lavaram as mãos torpes, são agora uns inocentinhos bem-comportados, zumbem com sorrisos de anjos: / — Não temos nada com isso. / Profissionais da política malandra, que recebiam instruções da embaixada alemã, da embaixada italiana, possibilitaram o golpe de novembro e se beneficiaram com ele, purificaram-se, estão alheios a indecências e apontam um culpado: / — Foi ele. / E jornalistas que aplaudiram as injustiças mais terríveis, as violências mais ferozes, também se distanciaram do amo, cospem no prato, arranjam um bode expiatório." (RAMOS, Graciliano. "Esta vontade é a nossa arma: Constituinte!", *Tribuna Popular*, Rio de Janeiro, 25 set. 1945, p. 3. In: *Garranchos*. Op. cit., p. 233).

5. Constam do Arquivo Graciliano Ramos do IEB-USP as provas tipográficas de *Impressões da infância* (Rio de Janeiro: José Olympio, 1945, 278 p.), com correções do autor, que alterou o título para *Infância*.

6. As *Histórias de Alexandre* saíram em 1944 pela editora Leitura, do Rio de Janeiro, com capa e ilustrações feitas por Santa Rosa.

7. Tomás Santa Rosa Júnior (João Pessoa, Paraíba, 1909 — Nova Délhi, Índia, 1956): ilustrador, artista gráfico, cenógrafo, pintor, professor e crítico. Publicou poemas na revista alagoana *Novidade* (1931). É um dos amigos a quem Graciliano dedicou *Caetés*. Santa Rosa se transferiu para o Rio de Janeiro em 1932 e auxiliou Candido Portinari na pintura de diversos murais. A partir de 1934, foi o revolucionário criador das capas da José Olympio, mais de duzentas, e ilustrador dos livros da editora. Em 1938, fundou o grupo Os Comediantes. Em 1946, criou com Jorge Lacerda "Letras e Artes", suplemento de *A Manhã*, para o qual fez ilustrações e escreveu artigos. Crítico de arte no *Diário de Notícias*, foi também cenógrafo, com destaque para a montagem de *Vestido de noiva*, de Nelson Rodrigues, em 1943. Cf. "'Meus livros são teus livros': Santa Rosa". In: LEBENSZTAYN, Ieda. *Graciliano Ramos e a Novidade: o astrônomo do inferno e os meninos impossíveis*. São Paulo: Hedra, 2010, pp. 175-96.

8. Axl von Leskoschek (Graz, Áustria, 1889 — Viena, 1975): gravador, pintor, ilustrador, professor e cenógrafo. Fugindo do nazismo, foi para a Suíça e em 1940 se mudou para o Rio de Janeiro. Lecionou xilogravura na Fundação Getulio Vargas, tendo entre seus alunos Fayga Ostrower e

Renina Katz. Ilustrou vários livros, como as traduções de Dostoievski, para a José Olympio. Cf. GRILO, Rubem (Coord.). *Impressões: panorama da xilogravura brasileira*. Porto Alegre: Santander Cultural, 2004.

9. *Dez contos* provavelmente foi o nome provisório de *Dois dedos* (1945), título do livro e do primeiro dos justamente dez contos que o compõem: "Dois dedos", "O relógio do hospital", "Paulo", "A prisão de J. Carmo Gomes", "Silveira Pereira", "Um pobre-diabo", "Ciúmes", "Minsk", "Insônia", "Um ladrão". Saiu em 1945 pela R. A. Editora, da *Revista Acadêmica*, com ilustrações em madeira de Axl de Leskoschek. Estes contos e mais "Luciana", "A testemunha" e "Uma visita" saíram em *Insônia* em 1947 pela José Olympio, com capa de Santa Rosa.

12. Graciliano Ramos ingressa no Partido Comunista do Brasil e participa da luta pela Constituinte[1]

TRIBUNA POPULAR,[2] 1945

o mesmo dia em que o grande romancista publica o seu primeiro livro de memórias — Declarações do autor de *Angústia* e *Vidas secas*

"Só os homens livres podem pertencer ao Partido Comunista", disse Pablo Neruda ao receber a sua ficha de inscrição no PC do Chile.[3] Teodoro Dreiser, o grande romancista norte-americano, fez há poucos dias uma declaração comovedora: "Crer na grandeza e dignidade do Homem tem sido o princípio fundamental da minha vida e do meu trabalho. A lógica da minha vida e do meu trabalho leva-me, portanto, a pedir inscrição como membro do Partido Comunista Americano."[4] E assim por todo o mundo os escritores honestos e sinceramente voltados para os problemas da liberdade e da felicidade do homem estão compreendendo a significação do movimento comunista e a força que os comunistas, de país a país, vão adquirindo com o crescente apoio dos povos.

Precisamente no dia em que surgem nas livrarias os primeiros exemplares do seu anunciado livro de memórias, *Infância*, Graciliano Ramos pede a sua inscrição no Partido Comunista do Brasil. O ingresso do maior romancista brasileiro, um dos maiores escritores contemporâneos, no PCB é mais uma prova concreta de que não há nenhuma divergência entre o conceito individual de liberdade e de trabalho de um romancista com os princípios do Partido Comunista.[5] Ao contrário, tal fato demonstra que os escritores se encontram à vontade dentro do Partido, desenvolvem mais profundamente a sua capacidade de raciocínio com a ajuda do marxismo, e criam condições mais amplas para a mais rica maturidade intelectual. Ao mesmo tempo oferece ao escritor possibilidades de uma alegria criadora, de um entusiasmo e de uma fé na grandeza do homem e da vida como até então nunca experimentara.

As declarações de Graciliano Ramos, que justificam a sua inscrição no Partido Comunista, estão nos seus livros, nos depoimentos de *S. Bernardo*, *Angústia* e *Vidas secas*. O romancista que fez a análise em profundidade de tipos e situações sociais da vida brasileira, que escreveu a história do sertanejo na densidade trágica de *Vidas secas*, caminhava para uma confissão plena e indiscutível, a de que só um Partido Comunista pode lutar contra aquela situação social em que se debate a maior parte dos personagens tão vivamente fixados naqueles romances. Por isto o romancista pede inscrição e é aceito nesse Partido. Ainda há pouco publicamos um pequeno mas impressionante diálogo entre Luís Carlos Prestes e Monteiro Lobato.[6] É um diálogo que se poderia travar entre Prestes e todos os escritores brasileiros realmente empenhados em ver o nosso povo livre do atraso e da miséria em que vive.

Os excelentes companheiros do Partido Comunista

Tendo vindo à nossa redação, acompanhado de Astrojildo Pereira, procuramos ouvir Graciliano Ramos:

— Ao visitar, pela primeira vez, Luís Carlos Prestes,[7] disse-lhe que estava inteiramente solidário com todas as ideias dele. Quando, em 1936, fui viver no Pavilhão dos Primários, na Sala da Capela, na Colônia Correcional de Dois Rios, e em outros lugares semelhantes, encontrei os excelentes companheiros que hoje trabalham no Partido

Comunista. Sempre me senti perfeitamente ligado a eles, e se até agora me limitei a apoiá-los, sem tomar posição de militante, foi por não saber se poderia de qualquer maneira ser útil, nesta agitação em que nos achamos, o trabalho de um ficcionista — diz-nos com modéstia Graciliano Ramos.[8]

Um severo exame de consciência

Graciliano Ramos, com o seu clássico cigarro entre os dedos, o jeitão sertanejo, acrescenta:

— Um severo exame de consciência me aconselhava prudência, uma prudência que de fato me humilhava. Na verdade eu desejava que algum antigo companheiro me viesse trazer um estímulo e isto era difícil, pois ninguém adivinhava as minhas intenções. Mas o certo é que foram adivinhadas. E os escrúpulos mencionados se varreram pelo menos por enquanto.

O caminho da Assembleia Constituinte

Sobre o problema das eleições, de interesse tão imediato para o nosso povo, sua declaração foi incisiva:

— O caminho é o que o Partido indica, o da convocação da Assembleia Constituinte.

Aos cinquenta anos, publicando o seu primeiro livro de memórias e entrando no Partido Comunista, Graciliano Ramos faz lembrar as recentes grandes palavras de Prestes: "No mundo em que vivemos, cheio de injustiças, nós, comunistas, somos os únicos seres felizes. Sabemos para onde vai o mundo, lutamos pelo socialismo. Não sofremos ante os maiores sacrifícios. Não é por acaso que os comunistas saem dos cárceres, depois de nove e mais anos, para grande surpresa de seus adversários, mais jovens do que entraram. É que o comunismo é a juventude do mundo."[9]

Essa juventude é a que vimos, ontem, na atitude e no coração de Graciliano Ramos.

Notas

1. "Graciliano Ramos ingressa no Partido Comunista do Brasil e participa da luta pela Constituinte", *Tribuna Popular*, Rio de Janeiro, 16 ago. 1945. Na época de Graciliano, o partido, fundado em 1922, era chamado Partido Comunista do Brasil, com a sigla PCB, mas também referido como Partido Comunista Brasileiro. No início dos anos 1960, com a possibilidade de legalização, trocou-se o nome de Partido Comunista do Brasil para Partido Comunista Brasileiro. Mas houve uma cisão, e se formou outro partido, utilizando o nome anterior, Partido Comunista do Brasil, sob a sigla PC do B.

2. *Tribuna Popular*: diário fundado por intelectuais e militantes ligados ao Partido Comunista do Brasil, circulou de maio de 1945 (seis meses antes do fim do Estado Novo de Vargas) até dezembro de 1947, quando foi fechado pelo governo do general Dutra. Integravam sua direção Pedro Mota Lima, amigo de Graciliano desde os tempos de Alagoas, Álvaro Moreyra, Aydano do Couto Ferraz, Dalcídio Jurandir e Carlos Drummond de Andrade. Teve como redatores ou colaboradores Graciliano, Jorge Amado, Apparício Torelly, o "Barão de Itararé", João Saldanha, Sérgio Porto, Candido Portinari, Carlos Scliar, João Amazonas. Alinhado com o PCB e com o Partido Comunista da União Soviética, combatia o nazifascismo e lutou por uma Constituição brasileira voltada para as questões sociais. Dava destaque ao líder comunista Luís Carlos Prestes (Porto Alegre, 1898 — Rio de Janeiro, 1990), que estivera na cadeia durante quase todo o Estado Novo. Por defender os trabalhadores, alcançou grande popularidade, havendo atingido, segundo Aydano do Couto Ferraz, uma tiragem de 123 mil exemplares. Mas sofreu perseguições: em 1945 sua redação foi depredada. Tinha relativa autonomia em relação ao PCB, notando-se sectarismo em sua abordagem de alguns temas. Cf. "Tribuna Popular". In: Hemeroteca Digital Brasileira; FERREIRA, Marieta de Morais. "Tribuna Popular". In: *Dicionário histórico-biográfico brasileiro*, Site FGV-CPDOC. Textos de Graciliano publicados na *Tribuna Popular*: "O fator econômico no romance brasileiro" (1937), 17 jul. 1945 (republicação); "Os amigos do povo", 9 dez. 1945 (In: *Linhas tortas*); "Esta vontade é a nossa arma: Constituinte!", 25 set. 1945; "A tarefa principal: Constituinte!", 10 out. 1945; "O Partido Comunista e a criação literária", 22 maio 1946 (In: *Garranchos*).

3. Sublinhando que tudo em Pablo Neruda era poesia, tudo tocado de "profunda beleza", um repórter da *Tribuna Popular* relembra as palavras do artista quando indagado sobre submeter-se à disciplina do Partido Comunista: "André Malraux disse: 'O comunismo devolve a fertilidade ao homem.' É lógico que um homem independente, só um homem independente, possa participar na luta do Partido Comunista. Um homem não independente, dos que se dizem livres, atado por mil laços aos interesses que o rodeiam, não pode participar desta luta, pela simples razão de que

está mais próximo, na realidade, do escravo que do homem livre." B.G., "Pablo Neruda, poeta e senador", *Tribuna Popular*, "Através das Américas", Rio de Janeiro, 27 jun. 1945, p. 2.

Pablo Neruda (Parral, Chile, 1904 — Santiago, 1973) ingressou no PC do Chile a 8 de julho de 1945 e uma semana depois esteve no Brasil para assistir no Pacaembu a um comício de homenagem a Luís Carlos Prestes, que recuperara então sua liberdade. Em 1946, o dr. Aloysio Neiva Filho, eleito para o Comitê Metropolitano do PCB, evocou na *Tribuna Popular* uma citação de Pablo Neruda por ocasião da homenagem que lhe prestaram os intelectuais brasileiros. Neruda recordara sua resposta a um grande poeta mexicano que não ingressava no PC alegando que este lhe tiraria a liberdade: "'E nós, por que não somos homem livres?' 'Justamente em consequência da falta de liberdade de criação, vão os nossos artistas e cientistas gradativamente reconhecendo as verdades que a ciência social de Marx e Engels, enriquecida por Lenin e Stalin, lhes indica. Obrigados a colocar seus conhecimentos ou sua arte a serviço de interesses imediatos, sem perspectivas de bem servir ao povo, sem poder decidir o rumo de suas produções, vão compreendendo que, especialmente em nossa terra, quase se revelam impotentes os esforços despendidos para o melhoramento do nível econômico e cultural de nosso povo.'" Cf. "O lugar dos intelectuais é no Partido Comunista", *Tribuna Popular*, Rio de Janeiro, 21 jul. 1946, pp. 1-2; COSTA, Adriane Vidal. *Pablo Neruda: uma poética engajada*. Rio de Janeiro: E-papers, 2007; NERUDA, Pablo; AMADO, Jorge; POMAR, Pedro. *O Partido Comunista e a liberdade de criação: discursos pronunciados durante a estadia do grande poeta e senador comunista chileno em São Paulo*, 1945. Rio de Janeiro: Horizonte, 1946.

4. Essas palavras de Theodore Dreiser encerram a carta que ele enviou a William Foster, presidente do Partido Comunista dos Estados Unidos, para pedir sua inscrição como militante. A *Tribuna Popular* transcreveu trechos da carta, descrevendo-a como "grande página feita de beleza e de sinceridade, rica de conceitos que merecem a maior divulgação entre nós" ("Fala um grande americano", *Tribuna Popular*, Rio de Janeiro, 15 ago. 1945, p. 3).

Theodore Herman Albert Dreiser (Terre Haute, Indiana, 1871 — Hollywood, Califórnia, 1945) foi um escritor americano de origem operária, autor de, entre outros, *Uma tragédia americana* (1925). Ingressou no Partido Comunista dos Estados Unidos em agosto de 1945. Por sugestão de Graciliano, a célula do Partido Comunista do Brasil que reunia escritores se chamou Teodoro Dreiser. Dois "Discursos à célula Teodoro Dreiser", proferidos por Graciliano em 1946, podem ser lidos em *Garranchos*, op. cit., pp. 277-92.

5. No artigo "O Partido Comunista e a criação literária", Graciliano nega que houvesse divergência entre a liberdade do trabalho artístico e o

comunismo. Deixa ver sua consciência de que não existem receitas para uma obra de arte, a qual é construída a partir da técnica pessoal dos escritores, que observam e expõem honestamente as misérias da sociedade (Cf. RAMOS, Graciliano. *Garranchos*. Op. cit., pp. 259-61).

6. Ler "Diálogo entre Prestes e Monteiro Lobato", publicado pela *Tribuna Popular*, do Rio de Janeiro, a 16 de agosto de 1945, p. 1:

"Quando de sua recente visita a São Paulo, para proferir seu histórico discurso do Pacaembu, Luís Carlos Prestes teve oportunidade de avistar-se com o escritor Monteiro Lobato, que se encontrava enfermo. Na residência do autor de *Urupês* — hoje candidato ao Parlamento pelo Partido Comunista —, os dois eminentes brasileiros mantiveram o seguinte diálogo:

Lobato: — Capitão, que de melhor e mais útil o senhor viu na União Soviética? Que mais lhe impressionou?

Prestes: — Vi muita coisa importante, mas de uma coisa me convenci: o quanto é difícil construir o socialismo. E, mais, que isso só é possível com um poderoso instrumento — O Partido Comunista Bolchevista.

Lobato: — Capitão, será que nós poderemos construir esse instrumento em nosso país?

Prestes: — Temos todas as condições para construir em nosso país um poderoso Partido Comunista.

Lobato: — É preciso! É preciso!, Capitão."

Ver também: LOBATO, Monteiro. *Zé Brasil*. Ilustrações de Percy Deane. Rio de Janeiro: Editorial Vitória, 1947; Ilustrações de Portinari. Rio de Janeiro: Calvino Filho, 1948.

7. Ler "Prestes", belo artigo de Graciliano Ramos, já referido no Prefácio. Ciente de que as figuras públicas, como ele próprio, são vistas por "lentes deformadoras", sobretudo pela imprensa, e em país analfabeto, o escritor se afasta do Prestes mito nacional e busca o humano e contraditório, o tímido e intenso, ressaltando-lhe a dignidade. Cf. RAMOS, Graciliano. *Garranchos*. Op. cit., pp. 300-4.

8. Consta do Arquivo Graciliano Ramos do IEB-USP um manuscrito contendo essa declaração de Graciliano a respeito de seu ingresso no Partido Comunista, iniciada em: "Quando, em 1936, fui viver no Pavilhão dos Primários..." Nota-se esta alteração, talvez feita pelo repórter: "o trabalho de um sujeito que mal sabe contar histórias chochas" passou a "o trabalho de um ficcionista". O manuscrito inclui também o trecho seguinte, que começa com: "Um severo exame de consciência." O fato de Graciliano escrever sobre sua filiação ao Partido confirma justamente os seus escrúpulos, fiel à sua arte mas ciente das limitações de um ficcionista, da premência de ser útil diante das angústias do tempo (Arquivo Graciliano Ramos, IEB-USP, Manuscritos, Discursos, Not. 12.3A).

9. Essa citação pertence ao discurso proferido por Prestes na sessão pública de 14 de agosto de 1945 no Clube de Engenharia, encerrando a

solenidade em que o Partido Comunista, pela primeira vez, apresentava legalmente os resultados de seus trabalhos durante uma reunião plenária do Comitê Nacional. O mesmo número da *Tribuna Popular* que trouxe as palavras de Graciliano apresentou um apanhado desse discurso "de improviso" de Prestes, sublinhando que o líder comunista analisava os fatos mundiais e nacionais mais recentes e tirava conclusões com o objetivo de esclarecer o povo para o presente e para um futuro próximo.

O trecho citado é do penúltimo parágrafo do discurso de Prestes, que aqui transcrevemos junto com o último: "Verificamos na prática a utilidade extraordinária dessa análise que acabamos de realizar. Estamos hoje muito aliviados, do que poderíamos, brincando, chamar os nossos pecados. Aprendemos muitíssimo. Sentimo-nos animados como nunca para enfrentar os acontecimentos, hoje, e evitar maiores erros no futuro. Temos a convicção profunda de que nos ligamos cada vez mais ao povo. E temos a coragem de dizer quais foram os nossos erros e como os corrigimos. No mundo em que vivemos, cheio de injustiças, nós, comunistas, somos os únicos seres felizes. Sabemos para onde vai o mundo, lutamos pelo socialismo. Não sofremos ante os maiores sacrifícios. Não é por acaso que os comunistas saem dos cárceres, depois de nove e mais anos, para grande surpresa de seus adversários, mais jovens do que entraram... (*Risos, grandes aplausos.*) É que o comunismo é a juventude do mundo. / O 'Pleno da Vitória', que assim denominamos a nossa reunião do Comitê Nacional, comemora, além da derrota do Japão, a liquidação militar definitiva do nazifascismo. É necessário que liquidemos definitivamente, política, social e moralmente, o nazismo em nossa terra. Precisamos garantir para nossa pátria um regime democrático em que o nosso povo tenha direito de manifestar-se livremente sobre todos os problemas que lhe dizem respeito. Nesse sentido, nosso Partido, o Partido Comunista do Brasil, lançou a justa palavra: a eleição de uma Assembleia Constituinte, que vote uma Carta democrática, à altura das necessidades nacionais de nosso povo. Assembleia Constituinte é o que todos nós, brasileiros patriotas, almejamos (*Grandes aplausos. Vivas e aclamações ao Brasil, a Luís Carlos Prestes, ao Partido Comunista do Brasil.*)" ("Só assim liquidaremos definitivamente o fascismo em nossa terra", *Tribuna Popular*, Rio de Janeiro, 16 ago. 1945, pp. 1-2.)

13. Graciliano Ramos, escritor do povo e militante do PC[1]

RUY FACÓ,[2] *TRIBUNA POPULAR*,[3] 1945

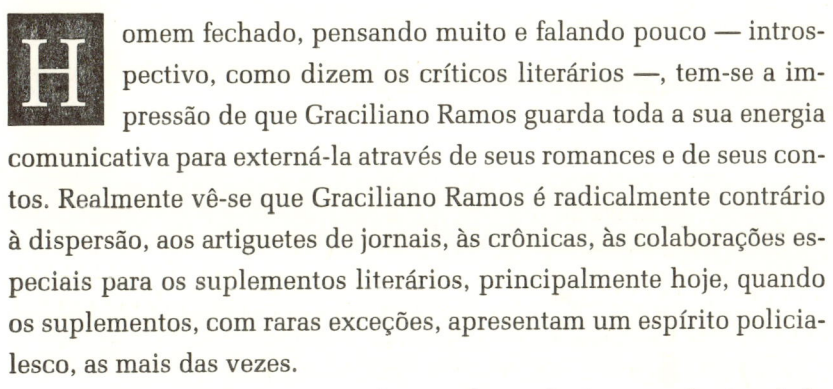

omem fechado, pensando muito e falando pouco — introspectivo, como dizem os críticos literários —, tem-se a impressão de que Graciliano Ramos guarda toda a sua energia comunicativa para externá-la através de seus romances e de seus contos. Realmente vê-se que Graciliano Ramos é radicalmente contrário à dispersão, aos artiguetes de jornais, às crônicas, às colaborações especiais para os suplementos literários, principalmente hoje, quando os suplementos, com raras exceções, apresentam um espírito policialesco, as mais das vezes.

Graciliano Ramos não pode ser chamado "um profissional da pena", ainda que viva exclusivamente de escrever. Escreve quando sente que tem alguma coisa a dizer de útil ou interessante. Graciliano Ramos tem sempre algo de útil ou interessante a dizer. E é para isso que se levanta todos os dias às três horas da madrugada e, na solidão e no silêncio, escreve.

Sua obra deveria ser mais vasta, pensa-se logo. Mas o próprio Graciliano explica a razão de não ser assim. É verdade que escreve diariamente, aproveitando as melhores horas matutinas. Mas muitas vezes, depois de três ou quatro horas, têm saído apenas dez ou doze linhas. Geralmente, chamam a este tipo de intelectual de "escritor torturado". É isso mesmo o que é Graciliano Ramos: um romancista caprichoso, meticuloso, exigente para consigo mesmo, preferindo seguir o conselho do poeta Álvares de Azevedo: destruir a obra de arte, fazê-la de novo, se não está perfeita. Não se satisfaz com simples emendas.

Em sua residência, num modesto apartamento da rua Conde de Bonfim, em meio a imensas pilhas de livros que ele não consente sejam mudados de lugar, Graciliano nos mostra os originais de seu último livro, *Infância*, que acaba de ser editado pela Livraria José Olympio. Páginas inteiras — que ele nos esclarece já serem cópias — estão riscadas quase totalmente, salvando-se apenas três ou quatro linhas.

Ele próprio nos dá uma ideia de seu método de escrever, lembrando o capítulo da morte de Julião Tavares em *Angústia*, trinta e cinco páginas, escrito em vinte e sete dias de trabalho quase ininterrupto.[4] Em vinte anos de atividade intelectual, seu recorde, até hoje, foi um capítulo de *Vidas secas*, num só dia, depois de haver escrito o delírio de Julião Tavares, catorze páginas, numa noite de completa insônia.

Graciliano fala mesmo em sua "grande dificuldade de escrever". Mas para produzir romances como os seus, que são lidos pelo povo, que se editam nos Estados Unidos, por proposta de livreiros norte-americanos, diretamente ao romancista, e se publicam clandestinamente no Uruguai,[5] vale a pena esse vagar, essa tortura, essas noites de insônia, essa falta de preocupação por outra coisa que não sejam seus livros, seus escritos.

— Nada de diversões, a não ser o cinema — diz-nos sua esposa.

E Graciliano Ramos confessa gostar realmente de ver bons filmes. Às vezes, durante dias seguidos, vai ao cinema, embora depois passe cinco ou seis meses sem assistir a uma película, mesmo quando das mais faladas. Nada entende de música. E suas vivazes filhas, duas jovens robustas, em plena adolescência, que discutem Tchaikovsky e Beethoven, fazem troça de sua "ignorância musical", por não conseguir distinguir, não Wagner de Chopin, mas sequer uma valsa de um samba...

— Só encontro mesmo satisfação verdadeira em escrever — diz-nos Graciliano, num de seus raros momentos de expansão de seus gostos ou suas preferências pessoais.

E, apesar do que ele próprio chama de "dificuldade de escrever" ao que é apenas esmero, procura de perfeição, continua produzindo sempre, com método, e publicando unicamente aquilo que considera acabado. Graciliano Ramos é o seu melhor crítico.

E talvez também o mais exigente.

Tendo publicado agora um livro de memórias, que, para decepção de seus leitores, não passarão da infância, Graciliano Ramos está preparando uma antologia de contos de autores brasileiros, fazendo-nos a revelação de que, para surpresa sua, o número de bons contos de autores nacionais é maior do que imaginava, principalmente dos modernos. Graciliano destaca entre os melhores contistas alguns do Rio Grande do Sul e Minas, achando geralmente fracos os paulistas. Com o rigor de senso crítico que o distingue, Graciliano Ramos poderá apresentar uma magnífica antologia de contos brasileiros.[6]

Considera, no entanto, este trabalho como absolutamente secundário, achando que não merece sequer ser citado. Revela-nos, porém, que dará início, em breve, a um livro sobre a prisão, uma de suas grandes experiências vividas. Foi depois de 1935. O maior romancista vivo do Brasil foi levado pela famigerada polícia política de então à Colônia Correcional de Dois Rios, onde viveu como preso comum, com a roupa zebrada dos criminosos, condenado a trabalhos forçados, de cabeça raspada, por simples suspeita de ser comunista! Nenhum fato concreto, nenhuma prova.

Esta foi a grande prova de fogo de Graciliano Ramos. E se sua origem, seu caráter, sua honestidade faziam com que sempre se voltasse para o povo como fonte de inspiração para sua obra, a prisão o pôs em contato com uma vida diferente, que nem sequer imaginara, obrigando-o a pensar também politicamente (revolucionariamente) já que politicamente (reacionariamente) o prendiam e procuravam... "reeducá-lo"!

Graciliano passou a sentir necessidade urgente de combater os inimigos do povo com armas à altura das por eles usadas contra os filhos do povo.

Seu vigoroso romance *Vidas secas*, posterior à prisão, é um grito do povo do Nordeste brasileiro, contra as condições semifeudais em que tem vivido.

A prisão abriu mais os olhos de Graciliano Ramos, trouxe-o mais para perto da vida, fazendo-o enxergar a vida por ângulos até então imperceptíveis.

Era o caminho aberto para sua última resolução, resolução mais importante de sua vida: o ingresso no Partido Comunista.[7] Lembremo-nos que na prisão, intimidado pela polícia política a assinar um documento pelo qual se "obrigaria a abandonar suas atividades de comunista", Graciliano recusou-se terminantemente a fazê-lo, mesmo não sendo comunista, como de fato não o era, então. Preferiu as torturas da prisão, que o puseram gravemente enfermo, a submeter-se a humilhação semelhante.

Não foi por acaso que Graciliano Ramos, trazido para a literatura através de intelectuais que têm feito questão de não ser escritores populares, tomou rumo contrário ao daqueles e tratou de ligar-se cada vez mais ao povo, a ele mantendo-se fiel.

Graciliano Ramos também abriu caminho para muitos outros intelectuais honestos, mesmo para aqueles que só têm vivido em torres de marfim, mas que, finalmente, serão chamados pelos próprios acontecimentos a cumprir sua missão de escritores, a ligar-se à corrente política que representa o proletariado e o povo: o Partido Comunista do Brasil.

Iniciou-se para Graciliano Ramos uma nova fase na sua vida: ao lado da literatura, ele se dedicará também ao Partido Comunista do Brasil, em trabalhos de ordem prática que faz questão de realizar como tarefas. Assim é que já tomou a seu cargo uma pequena biografia de Luís Carlos Prestes, bem como a revisão de livros que serão editados sob orientação do Partido.[8]

Vimos com que novo entusiasmo Graciliano desfilou, juntamente com vários milhares de comunistas, no dia da chegada do segundo Escalão da nossa Força Expedicionária, numa marcha em homenagem aos bravos que combateram o fascismo de armas nas mãos, e pela democracia e a independência de nossa Pátria expuseram suas jovens vidas.

É extraordinário vermos mudança tão radical na própria maneira de viver de um homem retraído, que jamais fez discursos ou se candidatou a grêmios literários!

Só mesmo muita convicção, muita consciência da responsabilidade que devem ter neste momento todos os democratas, todos os antifascistas, todos os verdadeiros patriotas, poderiam determinar essa mudança, que é também um grande exemplo a todos os intelectuais honestos. Mostra-lhes que a literatura está inseparavelmente ligada à vida, que deve retratar a vida social e receber suas influências no sentido da marcha para a frente.

E Graciliano sabe que marchar para a frente é estar com as forças democráticas, com as forças do progresso — do progresso como o definiu Prestes e não de um falso progresso, de um progresso de fachada. Sabe também que só poderemos garantir essa marcha com a destruição de todas as sobrevivências de nazismo que tanta influência ainda espalham, principalmente através das penas de intelectuais ligados à reação, que vivem da reação e para a reação.

A obra literária de Graciliano Ramos foi sempre revolucionária pelo seu conteúdo. E isto farejou a polícia fascistizante de 1935, quando se tentou — com o auxílio de certa imprensa, que hoje revive a mesma conduta — instaurar no Brasil um regime totalitário. Graciliano Ramos seria sempre um homem perigoso para os regimes totalitários: não se deixava venalizar, não se deixaria jamais corromper para servir aos desígnios dos representantes do nazismo no Brasil.

É procurando auxiliar diretamente o nosso desenvolvimento no sentido da democracia que o escritor Graciliano Ramos ingressa hoje no Partido Comunista, nesse mesmo Partido que, em outros países, abriga em seu seio homens como Pablo Neruda e Ehrenburg, Picasso

e Michael Gold, Theodore Dreiser e Siqueiros, Joliot, Langevin e Lips-
chutz, Paul Éluard, Marcel Prenant, Martin Andersen Nexo e tantos
outros.

Notas

1. FACÓ, Ruy. "Graciliano Ramos, escritor do povo e militante do PC". Fotos Ruy Santos. *Tribuna Popular*, Suplemento de Literatura e Arte, Rio
de Janeiro, 26 ago. 1945.
2. Ruy Facó (Beberibe, Ceará, 1913 — Andes, 1963): jornalista e escritor
voltado para as causas sociais. Ingressou jovem na redação de *Unitário*,
jornal de Fortaleza, e no Partido Comunista. Concluiu o curso de Direito
na Bahia e trabalhou como repórter para os Diários Associados. O golpe
de 1937 que instaurou o Estado Novo levou Facó à prisão. Depois, colaborou nas revistas *Seiva* e *Flama*, na Bahia. Em 1945, mudou-se com
a mulher e o filho para o Rio de Janeiro, e escrevia na *Classe Operária* e
em outros periódicos. De 1952 até 1958, viveu na União Soviética, trabalhando na Rádio de Moscou. Ao regressar, colaborou em *Novos Rumos*.
Morreu num desastre de avião nos Andes. Escreveu: *A classe operária,
20 anos de luta* (1946); *Brasil século XX* (1960); *Cangaceiros e fanáticos:
gênese e lutas* (1963, obra póstuma). Cf. *Novos Rumos*. Rio de Janeiro,
22 a 28 mar. 1963; VINHAS, Moisés. "Aspectos da vida e da obra de
Rui Facó", *Estudos Sociais*, Rio de Janeiro, n. 18, pp. 137-47, nov. 1963;
SANTOS, Luís-Sérgio. *Rui Facó (biografia): o homem e sua missão*. Fortaleza: Omni, 2013; site oficial: www.ruifaco.com.br.
3. *Tribuna Popular*: Cf. a nota 2 de "Graciliano Ramos ingressa no Partido
Comunista do Brasil e participa da luta pela Constituinte", *Tribuna Popular*, 1945.
4. "Forjei o livro em tempo de perturbações, mudanças, encrencas de todo
o gênero, abandonando-o com ódio, retomando-o sem entusiasmo. Matei
Julião Tavares em vinte e sete dias; o último capítulo, um delírio enorme,
foi arranjado numa noite. Naturalmente seria indispensável recompor
tudo, suprimir excrescências, cortar pelo menos a quarta parte da narrativa. A cadeia impediu-me essa operação. A 3 de março de 1936 dei
o manuscrito à datilógrafa e no mesmo dia fui preso. Nos longos meses
de viagens obrigatórias supus que a polícia me houvesse abafado esse
material perigoso. Isso não aconteceu — e o romance foi publicado em
agosto. Achava-me então na sala da capela. Não se conferiu a cópia com
o original. Imagine. E a revisão preencheu as lacunas metendo horrores
na história. Só muito mais tarde os vi. Um assunto bom sacrificado, foi
o que me pareceu. / Esta explicação tem apenas o fim de exibir-lhe o
prazer que me causou o seu juízo. Quando um modernista retardatário e

pouco exigente me vem seringar amabilidades a *Angústia*, digo sempre: — 'Nada impede que seja um livro pessimamente escrito. Seria preciso fazê-lo de novo.'" Carta a Antonio Candido. Rio de Janeiro, 12 nov. 1945. Série Correspondência Ativa, Arquivo Graciliano Ramos — IEB-USP (Também no Prefácio de: CANDIDO, Antonio. *Ficção e confissão: ensaios sobre Graciliano Ramos*. Rio de Janeiro: Ed. 34, 1992).

5. Graciliano se correspondeu com Mrs. Alfred A. Knopf em outubro de 1944, e *Anguish*, versão de L.C. Kaplan, veio a público pela editora A.A. Knopf de Nova York em 1946. Mas a primeira tradução de *Angústia* saiu em 1944 pela Editorial Independencia na Coleção Grandes Novelistas, de Montevidéu. Foi feita pelo poeta, romancista e contista Serafín J. Garcia, que assinou também o prólogo e se tornaria amigo e correspondente de Graciliano. Porém, a obra passou a circular sem que os editores Livschitz & Morosoli tivessem avisado ao autor, que descobriu por acaso a versão uruguaia de *Angústia*.

6. Como se disse na seção "Vendas e sendas modernistas" no Prefácio deste livro, a antologia organizada por Graciliano, *Contos e novelas*, foi publicação póstuma: os três volumes saíram em 1957 pela Livraria Editora da Casa do Estudante do Brasil e, em 1966, pelas Edições de Ouro, com o título *Seleção de contos brasileiros*. O "Prefácio para uma antologia", de Graciliano Ramos, consta também de *Linhas tortas*. A antologia de contos brasileiros é assunto recorrente nestas *Conversas*: "Perfil apressado do velho Graça", Joel Silveira, *Revista do Globo*, 1946; "Como eles são fora da literatura: Graciliano Ramos", Homero Senna, *Revista do Globo*, 1948; "Obras-primas desconhecidas do conto brasileiro", Otto Maria Carpeaux, *A Manhã*, 1949; "Nossos escritores — Graciliano Ramos: 'Sempre fui antimodernista'", José Tavares de Miranda, *Folha da Manhã*, 1951.

7. Confiram-se a entrevista anterior, "Graciliano Ramos ingressa no Partido Comunista do Brasil e participa da luta pela Constituinte" (*Tribuna Popular*, 1945), e em especial a nota 8.

8. Quanto à pequena biografia de Luís Carlos Prestes, sabe-se que Graciliano contribuiu com o mencionado artigo "Prestes" para o jornal *Classe Operária* (Rio de Janeiro, n. 157, p. 8, 1º jan. 1949; In: *Garranchos*, op. cit., pp. 300-4). E Jorge Amado escreveu em Buenos Aires, em 1942, o livro *O Cavaleiro da Esperança: vida de Luís Carlos Prestes*, publicado em 1945 no Brasil. Quanto à outra tarefa a que Graciliano se dispôs, de revisão de livros editados sob a orientação do Partido, certamente envolvia questões de linguagem, mas também o plano de evitar o "grave erro do populismo, da grosseria, do idealismo vazio ou da demagogia". As propostas de trabalho da comissão de ficcionistas, voltadas para auxiliar e estimular escritores principiantes, se leem no "Discurso à célula Teodoro Dreiser II" (In: RAMOS, Graciliano. *Garranchos*. Op. cit., pp. 285-92).

14. Graciliano Ramos conta como escreveu *Infância*, seu recente livro de memórias[1]

ARMANDO PACHECO,[2] *VAMOS LER!,*[3] 1945

Conversa com o grande romancista de *Angústia* — Sua consciência política e a sua posição na vanguarda dos verdadeiros homens de letras — O memorialista Graciliano — O livro que pretende publicar — Levou seis anos para escrever o volume recentemente lançado pela Livraria José Olympio

Se me pedissem honestamente uma relação dos escritores nossos que devem ser levados a sério, eu citaria, honestamente, Graciliano Ramos, Jorge Amado, Monteiro Lobato, Erico Verissimo, Álvaro Moreyra, Dyonélio Machado, Carlos Drummond de Andrade, Jorge de Lima, José Lins do Rego, Pedro Mota Lima, Aydano Couto Ferraz, Dalcídio Jurandir, Jorge Medauar, Dias da Costa e alguns outros que têm de fato levado a sério a missão do intelectual na sociedade em que vivem, que têm sabido participar desta grande luta antifascista. Está claro que entre os homens de letras acima citados não estão comodamente colocados Erico Verissimo e José Lins do Rego, cuja posição ou definição política nos dias de hoje não os coloca no plano em que o grande Barbusse situou os verdadeiros escritores de vanguarda, que é, diga-se de passagem, onde se encontram Graciliano Ramos e os outros, mas, de qualquer forma, o autor de *Caminhos cruzados* e o autor de *Fogo morto*, não sendo revolucionários, são homens de letras que devem ser encarados seriamente. E não percamos tempo em explicar por quê. Todos sabem. São, quando nada, antifascistas. E como tal merecem respeito.

Mas, se me pedissem também honestamente uma síntese dos valores autênticos da cultura brasileira contemporânea, eu daria também honestamente esta relação: no romance, Graciliano Ramos; na poesia, Carlos Drummond de Andrade; na pintura, Candido Portinari; no ensaio, Gilberto Freyre; na música, Villa-Lobos; e estou certo de que com esses nomes sintetizei a inteligência brasileira. Com a obra deles pode-se conhecer o Brasil. Entre os romancistas brasileiros, Graciliano Ramos é o maior, o mais honesto (não quero dizer que os outros não o sejam), honesto consigo mesmo, com a sua vocação, com os seus leitores, com a sua obra. Não há entre o escritor e o homem Graciliano Ramos nenhum contraste, e isto resulta da sua consciência política, da coerência dos seus pontos de vista pessoais com o tema revolucionário da sua admirável obra. Graciliano é, literária e politicamente, um revolucionário consciente. Fiel aos postulados dos verdadeiros intelectuais defendidos por Barbusse e Gorki e sem os pretensos defeitos que Lenine condenava na sua classe como contraproducentes aos objetivos revolucionários. A obra de Graciliano Ramos não é uma obra de mera propaganda política. Ele não faz panfletos. Escreve romances. E é o bastante. É sincero e honesto. Sem atitudes literárias tão em voga neste país de palhaços e mascarados como Oswaldo de Andrade, o autor de *Angústia* vive bem a sua época, dentro do seu destino histórico, conscientemente inabalável em suas convicções, firme em suas diretrizes, como homem e escritor, escritor e homem. Eis Graciliano Ramos, o maior.

Por isso eu, como todo sujeito que se preza de honestidade intelectual, afirmo que ele não é apenas a expressão mais alta do romance brasileiro de depois de Machado de Assis por haver escrito livros que o consagraram como tal, mas, também, pela sua consciência revolucionária, pela sua firmeza de lutador visceralmente antifascista, pela sua fidelidade aos princípios que têm norteado dentro da probidade e da coerência sua vida de escritor e homem, homem e escritor. Porque Graciliano Ramos é.

Graciliano fala de *Infância*

Esta entrevista com o grande romancista poderia ter um título sugerido pelo meu amigo Erico Verissimo: conversa com um contador de histórias em férias, ou, melhor, em espírito de férias, mas eu prefiro ser fiel ao que disse no subtítulo: Graciliano Ramos fala de *Infância*, seu delicioso livro de memórias, recentemente publicado pela Livraria José Olympio em belíssima edição. É que acontece que o criador de *S. Bernardo*, *Vidas secas*, *Caetés*, *Insônia*, *Histórias de Alexandre* e *Angústia* vai falar apenas deste volume, que significa para o seu mundo de leitores o melhor presente do famoso romancista neste ano da graça de N.S.J. Cristo de 1945. De *Infância*. Vamos ouvir, portanto, o memorialista Graciliano Ramos. *Infância* é, conforme o nome sugere, a história dos seus dias de meninice vividos, isto é, perdidos na sua tristonha província, a velha província, cenário dos seus consagrados romances. Ele era o que se pode chamar um menino da roça, um menino medíocre como todos os meninos medíocres dos engenhos nordestinos, de olhos e espírito inquietos à procura de explicação para as coisas banais que o cercam. E assim começa o primeiro capítulo de *Infância*: "A primeira coisa que guardei na memória foi um vaso de louça vidrada, cheio de pitombas, escondido atrás de uma porta. Ignoro onde o vi, quando o vi, e se uma parte do caso remoto não desaguasse noutro posterior, julgá-lo-ia sonho. Talvez nem me recorde bem do vaso: é possível que a imagem, brilhante e esguia, permaneça por eu a ter comunicado a pessoas que a confirmaram. Assim, não conservo a lembrança de uma alfaia esquisita, mas a reprodução dela, corroborada por indivíduos que lhe fixaram o conteúdo e a forma. De qualquer modo a aparição deve ter sido real. Inculcaram-me nesse tempo a noção de pitombas — e as pitombas me serviram para designar todos os objetos esféricos. Depois me explicaram que a generalização era um erro, e isto me perturbou."[4]

Biografia de um livro

Pedi a Graciliano Ramos que me contasse a história de *Infância*, suas memórias, o livro do momento, e ele me apresentou este resumo de biografia que aqui reproduzo para satisfazer a curiosidade de seus leitores:[5]

— Em 1938 (começa ele a entrevista), colaborador de alguns jornais, utilizei uma recordação da infância e, a 18 de outubro, escrevi "Samuel Smiles",[6] que publiquei no *Diário de Notícias*. A 21 de outubro do mesmo ano nova lembrança determinou o meu artigo "Os astrônomos". Veio depois, a 15 de novembro, "O Menino da Mata e o seu Cão Piloto", que saiu em *O Jornal*.

E o grande romancista esclarece:

— A princípio não tive, pois, a ideia de fazer um livro: o primeiro capítulo nascido foi o trigésimo primeiro do volume agora lançado; o segundo foi o trigésimo; o terceiro, o trigésimo segundo. Assim surgiu este livro.

Em companhia de Daniel Pereira (irmão de José Olympio e um dos braços da editora); do poeta Jorge Medauar, autor de *Chuva sobre a tua semente*; de Floriano Gonçalves, autor do romance *Lixo*; de Hildon Rocha, crítico de *Vamos Ler!*; de Gerino Passos, gerente de *Leitura*; e de Leônidas Lacerda, gerente de *Dom Casmurro*, Graciliano Ramos conversa com o repórter. Depois de entremear a palestra com algumas blagues, o ilustre escritor continua a sua interessante narrativa:

— A 1º de maio de 1939 veio a lume "Um cinturão", o quarto do livro — e só aí, meu caro Armando Pacheco, formei vagamente o projeto de, reavivando pessoas e fatos quase apagados, tentar reconstruir uns anos da meninice perdida no interior. A 3 de junho de 1939 compus "Fernando", o trigésimo terceiro capítulo da série; a 14 de setembro, escrevi "Nuvens", o primeiro, o capítulo que abre este meu livro de memórias. Até o ano passado trabalhei como caranguejo, adiantando-me, atrasando-me, com largas paradas, rápidos acessos de entusiasmo.

Seis anos para fazer um livro

O autor de *Angústia* prossegue falando sobre *Infância*:

— Em 1938 debulhei apenas os três capítulos mencionados; em 1939, quatro; em 1940, dois; em 1941, quatro; em 1942, nove; em 1943, sete; de 16 de abril a 9 de junho de 1944, dez. Consumi, portanto, quase seis anos a pingar duzentas e setenta e nove páginas. Prometi dá-las ao editor em dois anos, mas, de prorrogação em prorrogação, estirei muito o prazo, o que decerto não melhorou o produto. Deve ter piorado: uma coisa feita com tantos intervalos sai cheia de hiatos e repetições. Esforcei-me por corrigir isso, provavelmente sem êxito.

Reminiscências da vida de presídio

Perguntei a Graciliano Ramos se é verdade que ele publicará, como Tolstoi, suas memórias dividindo-as em épocas. E ele respondeu:

— É boato. Alguém afirmou que prolongarei a minha história e que escreverei sobre a juventude, mocidade etc., mas não é verdade. Não. Arrastar-me-ia, caso o trabalho continuasse naquele jeito, uns vinte e cinco anos, e é quase certo que rebentarei antes. É bom parar naquele primeiro amor idiota, pouco mais ou menos igual a todos os primeiros amores existentes desde que há homens.

— Contarei um dia, se puder, o que me sucedeu em 1936: descreverei o Pavilhão dos Primários, a Sala da Capela, a Colônia Correcional de Dois Rios. E no livro que tenciono escrever um dia, falarei sobre coisas que não puderam ser ventiladas ainda.

— Os casos ordinários da minha vida têm pouca importância, mas as criaturas vistas à sombra daquelas paredes surgem muito grandes hoje, até os malandros, os vagabundos, Paraíba, um vigarista que me ensinou o pulo do nove, Gaúcho, um ladrão que todas as noites me explicava em gíria particularidades do seu ofício. É este o livro que espero escrever — concluiu Graciliano Ramos a sua entrevista.[7]

Notas

1. PACHECO, Armando. "Graciliano Ramos conta como escreveu *Infância*, seu recente livro de memórias", *Vamos Ler!*, Rio de Janeiro, 25 out. 1945, p. 26. Fotos de Vicente.
2. Armando Pacheco (Itabuna, Bahia, 1915 —): romancista, contista e jornalista. Foi redator de *A Noite* e comentarista de jornais falados na Rádio Nacional. Publicou, entre outros, o romance de costumes *O pardieiro 53* (1940) e o livro de contos *Maria Fulô* (1942). Segundo a nota "Vida Literária", do *Correio da Manhã* de 26 de março de 1950, Armando Pacheco planejava publicar dois livros: *Depoimento de uma geração*, série de entrevistas com políticos, escritores e artistas plásticos, e *Crimes da Gestapo Carioca*, reportagem sobre atrocidades policiais. Sua história como repórter se cruzou com a do ex-presidente Getúlio Vargas. Pacheco foi o primeiro a entrevistá-lo depois de Vargas ter sido deposto em 1945 e o primeiro a entrar no quarto do Palácio do Catete em que o então chefe do Executivo se suicidou em 1954 (SOCIEDADE BRASILEIRA DE EXPANSÃO COMERCIAL LTDA. *Quem é quem no Brasil: biografias contemporâneas*. 9 vols. São Paulo, v. 4, 1955, pp. 678-9).
3. *Vamos Ler!*: Confira-se a nota 3 de "Graciliano Ramos conta sua vida", Joel Silveira, *Vamos Ler!*, 1939.
4. Este trecho, com a lição fundamental de ser a generalização um erro, é o primeiro parágrafo de "Nuvens", primeiro capítulo de *Infância*.
5. Conforme se ressaltou no Prefácio, em três manuscritos pertencentes ao Arquivo do IEB-USP, reproduzidos no caderno de imagens deste volume, Graciliano evoca a gênese de *Infância*. Um deles é um quadro de capítulos, provavelmente o "organograma literário" que se guardou na memória de Ricardo Ramos como teia "imaginosa e lúcida" a evidenciar a força do processo de composição de Graciliano, "do pormenor ao global" (p. 143). Transcreve-se aqui o manuscrito mais longo, que foi a base para a entrevista e passou por alterações. Algumas dessas modificações serão sinalizadas em itálico, bem como um trecho que merece destaque, também porque não saiu na entrevista:
   "Em 1938, colaborador de alguns jornais, utilizei uma recordação da infância e, a 18 de outubro, escrevi 'Samuel Smiles', que foi publicado no *Diário de Notícias*. A 21 de outubro nova lembrança me induziu a compor 'Os astrônomos', que saiu no *O Jornal*. Veio depois 'O Menino da Mata e o seu Cão Piloto', a 15 de novembro. Por aí vemos que eu não tinha a ideia de fazer um livro: o primeiro capítulo nascido foi o trigésimo primeiro do volume agora lançado; o segundo foi o trigésimo; o terceiro, o trigésimo segundo.
   A 1º de maio de 1939 veio a lume 'Um cinturão', o quarto do livro — e só então formei vagamente o projeto de, reavivando pessoas e fatos quase apagados, tentar reconstruir uns anos da meninice perdida

no *sertão*. A 3 de junho de 39, arranjei 'Fernando', o trigésimo terceiro capítulo da série; a 14 de setembro, 'Nuvens', o primeiro. Até o ano passado trabalhei como caranguejo, adiantando-me, atrasando-me, com largas paradas, rápidos acessos de entusiasmo.

Em 1938 debulhei apenas os três capítulos mencionados; em 1939, quatro; em 1940, dois; em 1941, quatro; em 1942, nove; em 1943, sete; de 16 de abril a 9 de junho de 1944, dez. Consumi, pois, quase seis anos a pingar essas duzentas e setenta e nove páginas. Prometi dá-las ao editor em dois anos, mas, de prorrogação a prorrogação, alarguei o prazo, o que decerto não melhorou o produto. Longe disso: uma coisa feita com tantos intervalos sai cheia de hiatos e repetições. Esforcei-me por corrigir isso, provavelmente sem êxito.

Alguém afirmou que prolongarei a história, tratarei da juventude e do resto. Isto, porém, me levaria, caso continuasse o trabalho daquele jeito, uns vinte e cinco anos, e é quase certo que *não viverei tanto tempo. Além disso, dificilmente acharia em minha vida qualquer passagem que despertasse interesse. Quer isto dizer que julgue interessante o que narrei? Não, tudo aquilo é chinfrim, mas parece-me referir-se, não apenas a um indivíduo, mas às crianças da classe média da minha terra — e, assim, julgo diluir-me no decorrer da narração, confundir-me com outros tipos. Ignoro se consegui essa despersonalização, mas é certo que, se prolongasse as memórias, cairia num egocentrismo besta. E é bom parar naquele primeiro amor absurdo*, pouco mais ou menos igual a todos os primeiros amores existentes desde que os homens apareceram. *O que farei um dia, se puder... Lá vêm planos — e já não estou em idade de traçar planos. A morte anda perto e o diabo leva os planos.* O que farei um dia, se puder, é a história de um ano de cadeia, 1936, vivido no pavilhão dos primários, na sala da capela, na colônia correcional de Dois Rios, em outros lugares semelhantes. Os *sucessos comuns* da minha vida têm pouca importância, mas as criaturas vistas à sombra daquelas paredes hoje me aparecem muito grandes, até os malandros, os vagabundos, Paraíba, um vigarista que me ensinou o pulo do nove, Gaúcho, o ladrão que todas as noites me *contava* em gíria *casos* do seu ofício."

6. No segundo manuscrito, Graciliano lista os capítulos de *Infância* (1945), indicando as datas de sua publicação na imprensa:
   Nuvens — 14 setembro 39
   Manhã — 24 novembro 40
   Verão — 12 janeiro 41
   Um cinturão — 1 maio 39
   Uma bebedeira — 15 setembro 40
   Chegada à vila — 30 novembro 39
   A vila — 8 novembro 41
   Vida nova — 16 agosto 41

Padre João Inácio — 18 janeiro 42
O fim do mundo — 30 janeiro 42
O inferno — 25 janeiro 42
O moleque José — 5 fevereiro 42
Um incêndio — 14 agosto 43
José da Luz — 28 dezembro 41
Leitura — 8 fevereiro 42
Escola — 22 março 42
D. Maria — 29 março 42
O barão de Macaúbas — 27 julho 42
Meu avô — 27 setembro 42
Cegueira — 26 julho 43
Chico Brabo — 3 agosto 43
José Leonardo — 18 agosto 43
Minha irmã natural — 17 fevereiro 43
Antônio Vale — 21 agosto 43
Mudança — 21 agosto 43
Adelaide — 16 abril 44
Um enterro — 22 abril 44
Um novo professor — 18 abril 44
Um intervalo — 26 abril 44
Os astrônomos — 21 outubro 38
Samuel Smiles — 18 outubro 38
O menino da mata e o seu cão Piloto — 15 novembro 38
Fernando — 3 junho 39
Jerônimo Barreto — 3 maio 44
Venta-Romba — 30 maio 44
Mário Venâncio — 11 maio 44
Seu Ramiro — 9 junho 44
A criança infeliz — 5 junho 44
Laura — 18 maio 44

7. Também relacionados à base manuscrita desta conversa, existem dois bilhetes a Armando Pacheco, de 1945. Sob o título "Graciliano, o 'esquecido'", Hildon Rocha deu-os a público em fevereiro de 1953: no primeiro, Graciliano se desculpa com Pacheco por não haver escrito as linhas solicitadas; no segundo, explica que a demora era devida a uma viagem para Minas (provavelmente motivada pelo comício do PCB, que se realizou a 19 de setembro de 1945 em Belo Horizonte):

"Apesar de sempre haver dado provas de sua pontualidade, cumprindo a palavra empenhada e outras coisas, Graciliano Ramos é vítima, como é natural aos tipos introvertidos, do esquecimento. Dele se cura, quando se dá conta. Eis um pequeno exemplo, nos dois bilhetes que se seguem, mandados ao jornalista Armando Pacheco:

Pacheco amigo,

Foi um esquecimento dos diabos, que você desculpará. Para que ele não se repita, vou guardar a sua carta e tê-la diante dos olhos. Assim, amanhã ou depois escreverei as linhas que você precisa. Muitos abraços do

Graciliano Ramos.

Pacheco

Desculpe-me. Como lhe expliquei num bilhete, esqueci a promessa. E quando me decidi a dar resposta a sua carta, surgiu uma viagem súbita a Minas, onde fiquei alguns dias. Aí vão as notas que você pediu. Abraços do

Graciliano Ramos.”

(Hildon Rocha, "Homens e Livros", *A Noite Ilustrada*, 10 fev. 1953, p. 18.)

15. Perfil apressado do velho Graça[1]

JOEL SILVEIRA,[2] *REVISTA DO GLOBO*,[3] 1946

ngústia apareceu nas livrarias quando Graciliano Ramos estava na cadeia — A cadeia abalou sua saúde, "mas a casca é dura e teimosa" — O mundo, um conjunto de coisas "desgraçadas" e "interessantes"

Em 1936, em Maceió, um homem foi arrancado de sua casa e metido no xadrez. Foi tirado depois do xadrez e empurrado para o porão de um navio, que o trouxe para um novo xadrez, aqui no Rio. O homem passou perto de oito meses na prisão carioca, de mistura com meliantes, punguistas, assassinos e muitos outros homens que ali expiavam um crime idêntico ao seu: o crime de ter pensado livremente. Mas aquele não era um homem desconhecido, uma unidade da multidão. Tratava-se de um romancista consagrado, com dois livros publicados, todos de sucesso. E o terceiro livro do romancista apareceu nas livrarias precisamente quando o "criminoso" ia na metade de sua pena. Quando saiu da cadeia, por interferência de amigos, a saúde do homem, que não era mais um jovem, estava muito abalada: o homem tossia e ardiam os seus pulmões. Nunca mais ele seria o mesmo.

"Nunca mais fui o mesmo", me diz agora Graciliano Ramos, num domingo pela manhã, domingo úmido, em sua casa: um apartamento modesto na rua Conde de Bonfim, 752, edifício Ana Francisca. "Desde que deixei a cadeia, minha saúde vai em altos e baixos. Um dia estou muito bem, outro dia passo mal que é uma desgraça. Mas a casca é forte e teimosa: creio que morrerei de velhice."

Reminiscências da prisão

Graciliano Ramos é comprido e seco. Costuma usar a cabeça um pouco abaixada e um cigarro esquecido entre os dedos. Fala como um nordestino, arrastado e cheio de arestas. É atencioso, delicado, talvez tímido. Gosta de conversar com os novos, e de um mês para cá integrou-se definitivamente na ruidosa e colorida fauna do "Vermelhinho". "Adoro conversar com o velho Graça", me diz sempre minha amiga Lígia de Moraes, irmã do poeta Vinicius. Eu também gosto. Não me atraem os palpites literários de Graciliano, que já os sei de cor. Mas estimo muito suas conversas regionais, os assuntos de sua terra: como se estivesse compondo um dos seus romances, o escritor vai colecionando tipos e situações, naquela sua maneira crua e certa. Para Graciliano, tudo que não presta é "desgraçado". E tudo que presta é "interessante". Acredito que, no seu modo de pensar, há neste mundo coisas mais "desgraçadas" do que "interessantes".

Assunto também muito bom, nas conversas com Graciliano, são as recordações que o romancista trouxe da cadeia. Diz ele que conheceu lá tipos extraordinários e os cita. Os tipos teriam, fatalmente, que compor literatura, e é o que está acontecendo: presentemente Graciliano trabalha num volume de reminiscências, lembranças dos seus dias de encanado.

— Tipos muito interessantes. Um deles, então, era extraordinário: o "Gaúcho", um arrombador. Boa conversa, malvado como um desgraçado. Sua cela ficava à direita da minha. No lado esquerdo ficava a do professor Castro Rebelo.

O livro ainda não tem título. *Cadeias*? Talvez. Possivelmente aparecerá, diz o romancista, no primeiro semestre do ano próximo. Mas não confiem nisto, que o escritor trabalha muito devagar. Ele já me declarou, certa vez, numa conversa de café, que às vezes escreve uma página quatro ou cinco vezes.

Graciliano Ramos é agora candidato a deputado pelo Partido Comunista. Mas me afirma que naturalmente não se dará bem na Câmara. "Prefiro a cadeia. Na Câmara eu tenho que falar, discutir e possivelmente dizer tolice. Na cadeia, estou descansado e tranquilo." Não acredito que esta afirmação do romancista possa ser levada em conta.

O dia do romancista

Graciliano tem uma hora estranha de acordar: três da madrugada, amanhecer de operários suburbanos e de alunos de escola de tiro. Por quê? Porque seu sono, me explica, termina precisamente às três da madrugada. Levanta-se e vai ler. Às sete faz a primeira refeição: café com pão e manteiga. Fica a manhã inteira em casa. Depois de passar uma vista pelos jornais, escreve até o meio-dia. Toma banho, almoça e segue no ônibus 11, o vermelhinho Tijuca-Ipanema, que o deixa na cidade. Passa primeiramente pela José Olympio, onde conversa com amigos e recebe a correspondência (há sempre cartas) das mãos da prestativa e calada dona Marieta, "caixa" da livraria. Um dos amigos que fatalmente Graciliano encontrará todas as tardes, na livraria, é o coronel João Amado,[4] cacaueiro em Ilhéus e pai de Jorge Amado, o conhecido fauno baiano. É uma delícia ver os dois conversarem, principalmente quando o coronel Amado esquece os dons e qualidades do filho, dos quais é o maior apreciador, e põe-se a tratar de suas questões rurais. De vez em quando Graciliano, que fala muito menos, vira-se para o coronel e diz:

— Pois é, seu Amado, esta vida é uma desgraça.

Mais ou menos às duas da tarde, o velho Graça deixa a livraria e segue para a *Tribuna Popular*, o órgão oficioso do Partido Comunista.[5] Sua tarde é um tanto vaga: frequenta livrarias, acerta negócios, conversa com um e outro, telefona. Às seis da tarde, Graciliano já fumou três carteiras de cigarro Selma e já bebeu sua boa talagada de aguardente, a única bebida que realmente ele aprecia.

Volta para casa perto das sete, de bonde, carregado de livros, que encontrou na livraria e nas redações, e das últimas edições dos vespertinos. Afunda-se na leitura durante os quarenta minutos de percurso, isto quando consegue ir sentado. Quando não, tem que sofrer as torturas de um pingente carioca: agarrar-se de qualquer maneira num pedaço do veículo e se deixar arrastar, até a porta do seu edifício.

Fazendo as refeições em casa, café, almoço e jantar, Graça tem durante o dia uma despesa mínima: cerca de oito cruzeiros. Quando aparece pelo Vermelhinho, no entanto, seus gastos crescem um pouco, pois faz absoluta questão de pagar uma rodada de cerveja ou de aperitivos aos amigos que o cercam. O poeta mineiro Octávio Dias Leite[6] é um dos mais assíduos fregueses desta liberalidade econômica do romancista. Se a conversa estiver animada, o velho Graça perde a noção do tempo. Mas se a coisa fica pau, levanta-se da cadeira como quem dá um pulo, aperta a mão de todos, sorri aquele seu sorriso tão simpático, e vai embora.

Um dos afazeres literários atuais do romancista é uma antologia do conto brasileiro,[7] moderno e antigo, que está preparando sob encomenda. Há meses que ele vem se dedicando ao trabalho, e se, leitor amigo, você aparecer aqui pelo Rio e for apresentado ao velho Graça, inevitavelmente ele lhe perguntará onde nasceu. Você responderá que nasceu em Caxias, mas será pior: o romancista lhe perguntará se houve ou há bons contistas em Caxias. Como sói acontecer, você responderá que os houve e os há. Pior, muito pior! O romancista volta à carga e lhe indaga se não é possível conseguir originais dos antigos e modernos contistas de Caxias, para sua antologia. E se você fizer qualquer gesto afirmativo ou se puser, mesmo vagamente, à disposição do romancista, piorou muito, pois terá firmado um compromisso com um homem que costuma levar muito a sério seus compromissos. E que — pior, pior — está levando muito a sério sua antologia.

É uma desgraça

O Partido Comunista, durante a semana, toma também o tempo de Graciliano, pois até discurso ele anda fazendo nos comícios. Já falou na Tijuca, em Vila Isabel e em Copacabana. Falou também em Belo Horizonte. Ele escreve os discursos, pronuncia-os nos coretos e depois os publica, como artigos, na *Tribuna Popular*.

Aos domingos o romancista não sai de casa, mas é o dia, me diz, em que mais trabalha. Encomendas de artigos, recebidas durante a semana, têm que ser providenciadas no domingo. Se amigos não aparecem, há tempo de sobra. Se aparecem, o que não foi terminado ficará para o próximo domingo. Daí o fato de Graciliano pedir sempre a prováveis pedidores de colaboração (ele não escreve absolutamente de graça, no que procede muito bem):

— Me avisem com antecedência. Uns dez dias de antecedência.

Numa coisa se pode ficar tranquilo: se ele diz que no dia 4 dá o artigo ou o conto, descansemos — este homem tem palavra.

No fim da nossa conversa (é a nona vez que entrevisto o velho Graça) perguntei ao romancista o que ele lia de preferência. Ele me respondeu que lê tudo e desordenadamente, sem horário nem sistema. "Leio dos bons até fulano de tal." Eu quis botar aqui nesta crônica o nome do "fulano" citado, um romancista de sucesso, mas o velho Graça me pediu que não fizesse.

— Para que arranjar mais encrenca, não é? Esta vida já é uma desgraça...

Notas

1. SILVEIRA, Joel. "Perfil apressado do velho Graça", *Revista do Globo*, Porto Alegre, 9 fev. 1946, pp. 32-3 e 58.
2. Joel Silveira: confira-se a nota 2 de "Conversas com Graciliano Ramos".
3. *Revista do Globo*: periódico ilustrado, foi editado quinzenalmente pela Livraria do Globo, de Porto Alegre, entre 1929 e 1967, num total de 943 fascículos, tendo cada um oitenta ou noventa páginas. Com o subtítulo "Periódico de Cultura e Vida Social", trazia matérias sobre variedades locais, nacionais e internacionais, divulgava literatura, acontecimentos sociais e políticos, moda, humor, cinema e esportes. Escreviam colunas

Moysés Vellinho, Augusto Meyer, Mário Quintana, Raul Bopp, Viana Moog, Erico Verissimo, entre outros. E colaboravam com ilustrações Sotero Cosme, Nelson Boeira Faedrich, Edgar Koetz, Francis Pelichek, Iberê Camargo, Herbert Caro, Di Cavalcanti, Carlos Scliar etc. A revista se destacou sobretudo quando supervisionada por Mansueto Bernardi e depois por Erico Verissimo, nos anos 1930. José Bertaso Filho e Henrique Bertaso a administravam de maneira a divulgar os produtos da Livraria do Globo e da Editora Globo. Cf. "Revista do Globo", Site *Delfos — Espaço de Documentação e Memória Cultural*, PUCRS; VERISSIMO, Erico. *Um certo Henrique Bertaso: pequeno retrato em que o pintor também aparece*. São Paulo: Companhia das Letras, 2011.

4. João Amado de Faria (1880, Estância, Sergipe — Rio de Janeiro, 1962): Comerciante sergipano que se tornou produtor de cacau em Ilhéus. Casou-se com Eulália Leal e tiveram quatro filhos: Jorge Amado, Jofre (falecido aos três anos de gripe espanhola), Joelson e James Amado.

5. Cf. a nota 2 de "Graciliano Ramos ingressa no Partido Comunista do Brasil e participa da luta pela Constituinte", *Tribuna Popular*, 1945.

6. Octavio Dias Leite (1914, Belo Horizonte — 1970): poeta e jornalista, dedicou-se nos anos 1930 a revistas de esquerda, como *Síntese* e *Surto*. Editou o jornal *Horizonte* (1952-53) e a revista *Livros & Fatos* (1969-70), colaborou no *Diário de Minas* durante a década de 1960. Publicou os livros de poesia *Baganas*, *Última edição*, *Filhos de Deus*, *Cavalo de fogo* e *Silvana: poema da amada recém-nascida*. Sua obra poética está reunida em *Poesia de Octavio Dias Leite*. Correspondeu-se com Graciliano, e sobretudo com Mário de Andrade (entre 1935 e 1944). Cf. Site do Acervo de Escritores Mineiros, UFMG, e *Mário, Otávio. Cartas de Mário de Andrade a Otávio Dias Leite (1936-1944)*. Organização, Introdução e notas de Marcos Antonio de Moraes. São Paulo: Imprensa Oficial do Estado de São Paulo: Oficina do Livro Rubens Borba de Moraes: IEB-USP, 2006 (Memória Brasileira; 40).

7. Nos anos 1940, Graciliano se empenhou na organização da antologia *Contos e novelas*, conforme as regiões do país, para a Livraria Editora da Casa do Estudante do Brasil, do Rio de Janeiro. Tanto que a antologia é assunto recorrente nas entrevistas, já assinalado no Prefácio deste livro e na nota 6 de "Graciliano Ramos, escritor do povo e militante do PC". Por ser póstuma a obra (1957), Aurélio Buarque de Holanda nela incluiu o doloroso belo "Minsk", de Graciliano. Constam do Arquivo do IEB-USP cartas trocadas com Wilson Martins, Carlos de Gusmão e Paulo Augusto de Figueiredo, cuja motivação é o pedido de contos, das respectivas regiões dos destinatários, para a antologia.

16. Diário 14, "Os Arquivos Implacáveis"[1]

J.C. [JOÃO CONDÉ],[2] *A MANHÃ*, "LETRAS E ARTES",[3] 1946

Rio — 21/6/1946

olheio hoje estas notas que venho religiosamente escreven-do todas as noites, e sinto que quase nada tenho contado de interessante do meu convívio diário com os escritores. É que muitos dos fatos e conversas guardadas por mim não poderei relatá-los como desejava fazer.

Tenho apenas narrado episódios e fatos que não possam melindrar a classe. "Verdades agradáveis", como anotavam os irmãos Goncourt no seu *Diário*. Depois que estas notas começaram a ser divulgadas, verifico um certo retraimento, frases comedidas sem espontaneidade. Até o meu velho amigo Graciliano Ramos, com quem venho há anos conversando diariamente naquele banco do fundo da Livraria José Olympio, tem mudado. É verdade que ainda continuo a merecer do grande romancista provas de amizade e atenções.

Mas o amigo Graça já me olha desconfiado e assim que vou me aproximando do banco ele diz:

— Olá, grande reacionário e agente provocador!

Retribuo com outros cumprimentos nada amáveis e começamos a conversar. É certo que já é preciso uma certa habilidade. Faço-me de ingênuo e começo a arrancar as suas confissões. Jogo celebridades em cima do velho. E ele antes mesmo que eu termine a frase retruca:

— É uma besta. Um nulo, muito burro.

— Mas Graça, e o livro dele?

— Uma joça, mal escrito sem nada para dizer.

E vou por aí, sacando do romancista as suas impressões:

— Olhe, Graciliano, ouvi dizer que você fez uma boa administração quando prefeito de Palmeira dos Índios...

— Fiz nada! deixe-se disso.

— Fez sim, Graça. E aquela terraplanagem, e a estrada?

— Bem, a estrada foi danada de trabalhosa. Precisei soltar os presos da cadeia pública e eu mesmo ficava até tarde fiscalizando a obra. E saíram, ouviu? Todos os meus livros juntos não valem aquela estrada.

— Dinheiro muito, heim?

— Que dinheiro, que nada! Quando tomei conta da prefeitura só achei 109$000 em caixa e 5:0000$000 de dívidas. Muita politicagem era o que havia. Sofri o diabo durante os três primeiros meses.

— E quando você era comerciante?

— Não queria conversa com ninguém. Ficava no balcão lendo os meus livros e nem olhava para as fisionomias dos fregueses. Durante os quinze anos em que morei em Palmeira dos Índios, mais parecia um estranho.

— E sua nomeação para diretor da Imprensa Oficial do Estado?

— Foi quando deixei a prefeitura.

— Quer dizer...

— Quer dizer uma ova! Você vem com essas manhas e depois vai inventar lendas a meu respeito, como fez Aurélio Buarque de Holanda...[4]

E a conversa não pode continuar, porque o meu caro Graça se fechou em copas.

Notas

1. CONDÉ, João. "Diário 14", "Os Arquivos Implacáveis", *A Manhã*, "Letras e Artes", 11 ago. 1946, p. 8.
2. João Condé (1912, Caruaru, Pernambuco — 1996, Rio de Janeiro): jornalista e colecionador arquivista. Mudou-se em 1930 para o Rio de Janeiro, junto com os irmãos: José, o caçula, futuro romancista, e Elysio Condé, o mais velho, anos depois médico. Condé formou-se em Direito pela Universidade Nacional do Brasil, em 1937. Foi nomeado procurador do extinto Instituto de Aposentadoria e Pensões de Comerciários (IAPC). E se dedicou ao jornalismo ligado à literatura. Em 1949, fundou, com os irmãos, o *Jornal de Letras*. Criou a seção "Arquivos Implacáveis", publicada no caderno literário "Letras e Artes", do jornal *A Manhã*, de 1946 até 1948, e depois na revista *O Cruzeiro*, de 1952 a 1958. Colecionador, reuniu um dos mais importantes acervos literários do Brasil, com grande quantidade de documentos raros e inusitados, incluindo fotografias, caricaturas, desenhos, manuscritos e depoimentos dos principais nomes da literatura brasileira do século XX.

   Os "Arquivos Implacáveis" dividiam-se em seções. "Diário" relatava impressões do jornalista sobre seus encontros com os escritores, no esforço por obter o material da coluna. Outras seções: "Poetas vistos por poetas", "Confissões", "Galeria política", "Álbum de família", "Correspondência, *Flash*" (autorretrato das personalidades). A seção "Biografia do livro" trouxe, a 25 de abril de 1953, o relato de Graciliano sobre *Vidas secas* que consta da carta a João Condé de junho de 1944. Esta se lê também na publicação fac-similar da primeira edição do romance, que homenageou o cinquentenário de seu lançamento, em 1988.

   Nas palavras de Carlos Drummond de Andrade (1902 — 1987), epígrafe desde o primeiro dia da seção por ele batizada "Arquivos Implacáveis": "Se um dia rasgasse os meus versos por desencanto ou nojo da poesia, não estaria certo de sua extinção: restariam os *arquivos implacáveis* de João Condé."

   João Condé criou o selo Edições Condé e publicou, entre outros livros, *10 romancistas falam de seus personagens* (1946), que traz o texto "Paulo Honório" (cf. *Garranchos*). Na dedicatória de *S. Bernardo*, Graciliano Ramos escreveu: "A João Condé, homem que negocia escritos e um dos grandes talentos de Caruaru."

   Cf. SABINO, Fernando. "Arquivista implacável". In: *Livro aberto: páginas soltas ao longo do tempo*. Rio de Janeiro: Record, 2001, pp. 414-8; "Vítimas eram cúmplices de furtos do colecionador", *Jornal do Commercio*, Recife, 8 set. 2001; SAMPAIO, Roberta de Castro. *Os arquivos implacáveis de João Condé: edição fac-similar acompanhada de estudo e notas*. Dissertação de mestrado. FFLCH-USP, 2003; VELASQUES, Muza Clara Chaves. "Arquivos Implacáveis", *Revista de História da Biblioteca Nacional*, Rio de Janeiro, 1 nov. 2006.

3. De agosto de 1941 a junho de 1953 existiu outro jornal brasileiro de nome *A Manhã*. Até 1945 dirigido por Cassiano Ricardo, era governista, de propaganda política de Vargas. Sofreu uma guinada em 1946, quando Jorge Lacerda e Santa Rosa criaram o suplemento "Letras e Artes", para o qual Santa Rosa fazia ilustrações e escrevia artigos. Trazendo desenhos, fotografias, reproduções de pinturas, xilogravuras, o suplemento dedicava espaço para literatura, filosofia, pesquisas folclóricas, arquitetura, música erudita ou popular, artes plásticas, teatro, cinema, fotografia, balé, crônica de viagem e colunismo social voltado para os hábitos dos escritores. Muitos de seus colaboradores já contribuíam na seção "Autores e Livros" e tinham vínculo com a Academia, daí Peregrino Júnior editar a coluna "No Petit Trianon". "Letras e Artes" enfatizou haver morrido o modernismo, resgatou uma poesia tradicional, de temas abstratos, como o amor, a religiosidade, e realizou um concurso de sonetos em 1948, tendo no júri Bandeira, Cassiano Ricardo, Cecília Meireles, Drummond, Guilherme de Almeida, Murilo Mendes. Um grupo de prestígio ascendente no mercado editorial escrevia no suplemento: Adonias Filho, Cecília Meireles, Clarice Lispector, Lúcio Cardoso. E ocupando duas de suas páginas, com fotos, manuscritos, entrevistas, desenhos, os "Arquivos Implacáveis" de José Condé constituíam um dos artifícios do jornal para trazer grandes nomes da literatura (Cf. DEMARCHI, Ademir. "Letras e Artes, suplemento do jornal *A Manhã*". *Travessia*. Publicação do Programa de Pós-Graduação em Literatura, UFSC, n. 25, 1992).

4. A seção "Causos" deste volume traz "O pouso do morcego", uma dessas "lendas" contadas por Aurélio Buarque de Holanda.

17. Graciliano Ramos recorda: Febre, polinevrite e tuberculose. Heranças do presídio da Ilha Grande[1]

TRIBUNA POPULAR,[2] 1947

Nos tempos sombrios de Filinto Müller, não eram apenas os operários que sofriam torturas, espancamentos e iam depois deportados para as ilhas de confinação. Esses castigos a polícia de Vargas reservava para todos os que combatiam na primeira linha da democracia contra o fascismo. Militares, estudantes, médicos, advogados, escritores sofreram nos calabouços do Estado Novo pelo seu amor à liberdade e sua dedicação à causa democrática.

Aí está o caso do romancista Graciliano Ramos, padrão de glória da literatura brasileira. Apenas pelo crime de ser democrata ele foi preso, deportado do seu estado Alagoas para o Rio, onde conheceu várias prisões até ser transferido para a Colônia Correcional de Dois Rios, na Ilha Grande. Numa dessas prisões conheceu Olga Benário Prestes,[3] cujo aniversário hoje todos os democratas e antifascistas comemoram.

O grande romancista de *Angústia* conta à reportagem da *Tribuna Popular* alguma coisa dos seus tempos de presídio, recordações da Ilha Grande e da Sala da Capela, lembranças do Pavilhão dos Primários, dos porões que conheceu, em contato com o rebotalho humano de caftens, invertidos e vagabundos, que os policiais da ditadura pensavam ser a melhor espécie de companhia para os presos políticos.

Recordando Olga Benário Prestes

Graciliano Ramos começa:

— Olga Benário Prestes foi minha vizinha de cubículo. Ela estava na sala 4 e eu no cubículo 50, no Pavilhão dos Primários. Lembro-me bastante da sua figura, da sua energia. Da noite em que a retiraram, a fim de enviá-la para a Alemanha, não me esqueço nunca. Eu estava, então, na Sala da Capela. De lá ouvíamos os protestos das outras mulheres e os gritos dos policiais. Inventaram que ela seria levada, em virtude da sua gravidez, para o hospital Gaffrée e Guinle. Mas assim que se viram na rua os policiais desfizeram-se da amiga e do médico, que acompanhavam Olga Benário. Uma única vez falei com ela; foi numa das minhas transferências, quando me despedi de todos os companheiros de prisão.

O capítulo Ilha Grande

Aqui nesta rápida entrevista a Ilha Grande é apenas um capítulo na história dos sofrimentos infligidos pela ditadura de Getúlio Vargas aos que lutavam contra o fascismo. Mas nas memórias que Graciliano Ramos escreve e que dentro de mais algum tempo serão publicadas ela se estende com toda a aspereza de seus caminhos e a desumanidade de seus guardas em alguns volumes. Hoje, o tirano Vargas que se insinuava protetor da inteligência brasileira, confundindo proteção com sinecuras para os áulicos, deve meditar amargamente no erro que foi a prisão de escritores como Graciliano Ramos, que expõem ao público, com uma linguagem firme e castigada dos tempos, as atrocidades e os absurdos do seu regime.

Graciliano Ramos recorda:

— Na Colônia Correcional, na Ilha Grande, recebi como todos os outros presos a minha "zebra", a roupa de listas azuis, logo depois da chegada. Como os demais, tive a minha cabeça raspada. As cabeças eram raspadas para que os tijolos, que se carregavam, doessem mais. Mas essa satisfação eu não dei aos policiais de Ilha Grande, pois logo depois caí doente, com uma febre violenta.

Fiquei numa esteira, imprestável.

O escritor de *Infância* prossegue:

— Se a comida no Pavilhão dos Primários era horrorosa, na Ilha Grande a coisa ainda era pior, muito pior: além da péssima qualidade, havia a quantidade reduzida. Não me lembro se alguma vez me alimentei quando estive naquele presídio.

As heranças do presídio

— Depois da febre — continua Graciliano Ramos — tive uma polinevrite, que me reduziu à expressão mais simples. Depois da polinevrite, em consequência dos maus tratos e da fome, veio a tuberculose. Por causa do meu estado de saúde, bastante grave, não passei mais tempo na Ilha Grande, com aquela vestimenta de "zebra", com a cabeça raspada, tomando uma canequinha de café todas as manhãs com um pãozinho que chamamos de "marrocos". Tive de voltar para o Rio. Mas foi o bastante para que eu visse todos os suplícios e horrores da Ilha.

Graciliano Ramos pergunta:

— O que é que você quer mais? Nas minhas *Memórias*, eu conto tudo.

Fala, depois, como quem relembra um mundo perdido:

— As camas eram feitas com areia da praia. Havia um excesso de mosquitos e a comida vinha sempre cheia de moscas; pulgas, carrapatos, toda sorte de parasitas infestavam as camas.

As vigas e a cela

— Mas o pior suplício — adianta Graciliano Ramos — era mesmo o carregamento das vigas. Os presos cortavam as madeiras de lei, lá em cima da montanha, e depois eram obrigados a carregá-las, debaixo de chicotadas — o sol a pino ou sob a chuva —, pelos íngremes caminhos. Os que desfaleciam na ladeira tomavam surras para se erguer de novo. Não se descrevem assim em poucas palavras tantos horrores. Vi presos políticos lutando em cima de montões de lixo por causa de umas cascas de banana. Parece incrível, não é? Mas isto ainda não é tudo: vi gente comendo sola, roendo sola de calçado velho, roendo a manga da "zebra" que vestia.

Agora, Graciliano refere-se à cela que existia na Ilha Grande:

— As humilhações se sucediam a todo instante; os presos, pelo mínimo motivo, tinham de ficar de braços cruzados. O mais leve pretexto era motivo para espancamentos. Como castigo maior havia uma cela, embaixo de uma pequena cachoeira. O preso tinha de entrar despido e uma certa vez passou lá trinta dias. O alimento que mandavam — nem sempre mandavam — era pão e água. Isto ao menos evitava as disenterias, comuns na Ilha. Vinte e um presos do Rio Grande do Norte morreram rapidamente, de disenteria.

Graciliano Ramos conclui:

— E os porões, em que viajávamos como se fosse em navios negreiros, misturados com caftens, ladrões, invertidos, vagabundos? E os presos que eu via chegarem nas onze prisões que percorri, de unhas arrancadas, corpos queimados com maçarico, costas arrebentadas de borracha? Tudo isto não pode ser resumido assim numa entrevista e se encontra nas *Memórias* que estou escrevendo. Será mais um documento para provar como o ditador Vargas perseguiu a democracia em nossa terra, e que se não a liquidou, como pretendia, é porque ela não se esmaga.

Notas

1. "Graciliano Ramos recorda: Febre, polinevrite e tuberculose. Heranças do presídio da Ilha Grande", *Tribuna Popular*, 12 fev. 1947, p. 3. A reportagem traz esta apresentação: "'Olga Benário Prestes foi minha vizinha de cubículo' — declara o romancista de *Angústia* — 'e lembro da noite em que a deportaram para a Alemanha.' — O suplício das vigas, a cela embaixo da cachoeira, as camas de areia, o carregamento de tijolos, as humilhações de todo instante — 'não se descrevem assim, em poucas palavras tantos horrores' — As *Memórias* de Graciliano Ramos, documento contra a tirania de Vargas." Acompanha-se de uma fotografia, com esta legenda: *O romancista Graciliano Ramos, que conheceu os porões e os presídios do Estado Novo, quando falava à nossa reportagem.*

2. Cf. a nota 2 de "Graciliano Ramos ingressa no Partido Comunista do Brasil e participa da luta pela Constituinte", *Tribuna Popular*, 1945.

3. Olga Gutmann Benário (Munique, Alemanha, 1908 — Alemanha, 1942): membro do Partido Comunista Alemão, esteve presa em 1926 por suas atividades políticas. Em 1928, chefiou o grupo que tirou da prisão Otto Braun, líder comunista com quem vivia. Foi agente do serviço secreto militar soviético e, tendo vindo ao Brasil com Luís Carlos Prestes, participaram da articulação do levante de novembro de 1935. Preso o casal, ela, grávida, foi transferida para o Pavilhão dos Primários do presídio da rua Frei Caneca. Em setembro de 1936, Olga, judia e comunista, foi deportada para Berlim, onde, numa prisão de mulheres, nasceu sua filha, Anita Leocádia Prestes, que pertenceria na década de 1970 ao comitê central do PCB. Após o resgate de sua filha pela avó paterna, dona Leocádia, em janeiro de 1938, transferiram Olga para várias prisões e campos de concentração. Foi assassinada no campo de concentração de Bernburg, em 1942. Ruth Werner publicou, na República Democrática Alemã, *Olga Benário. Die Geschichte eines Tapferen Lebens*. Berlim: Verlag Neues Leben, 1961 [*Olga Benário: a história de uma mulher corajosa*. Tradução de Reinaldo Mestrinel. São Paulo: Alfa-Ômega, 1990; 3. ed., 2004]. E, no Brasil, Fernando Morais escreveu *Olga* (São Paulo: Alfa-Ômega, 1983; Companhia das Letras, 2010). Cf. Site FGV/CPDOC.

Graciliano Ramos se recorda, nas *Memórias do cárcere*, do dia em que Olga foi levada para morrer: "Aplicando o ouvido, percebemos que Olga Prestes e Elisa Berger iam ser entregues à Gestapo: àquela hora tentavam arrancá-las da sala 4. As mulheres resistiam, e perto os homens se desmandavam em terrível barulho. Tinham recebido aviso, e daí o furioso protesto, embora a polícia jurasse que haveria apenas mudança de prisão. / — Mudança de prisão para a Alemanha, bandidos. / [...] Apesar da manifestação ruidosa, inclinava-me a recusar a notícia: inadmissível. Sentado na cama, pensei com horror em campos de concentração, fornos crematórios, câmaras de gases. Iriam a semelhante miséria? A exaltação dominava os espíritos em redor de mim. Brados lamentosos, gestos desvairados, raiva impotente, desespero, rostos convulsos na indignação. Um pequeno tenente soluçava, em tremura espasmódica: / — Vão levar Olga Prestes. / [...] Olga Prestes, casada com brasileiro, estava grávida. Teria filho entre inimigos, numa cadeia. Ou talvez morresse antes do parto. A subserviência das autoridades reles a um despotismo longínquo enchia-me de tristeza e vergonha. Almas de escravos, infames; adulação torpe à ditadura ignóbil [...]" (RAMOS, Graciliano. *Memórias do cárcere*. 48. ed. Volume IV, capítulo 20. Rio de Janeiro: Record, 2014, p. 635).

18. Como eles são fora da literatura: Graciliano Ramos[1]

HOMERO SENNA,[2] *REVISTA DO GLOBO*,[3] 1948

De Buíque, no interior de Pernambuco, a Palmeira dos Índios, em Alagoas — Primeira viagem ao Rio — Vendedor de chita — Fazendo versos para aprender a fazer prosa — Sempre achou o modernismo brasileiro uma tapeação desonesta — Prefeito de Palmeira dos Índios — *Caetés* escapou de ir para o fogo — "Provincianismo" é luxo dos estados grandes — Não há talento que resista à ignorância da língua — Considerações sobre o "exército do Pará" — Ainda não se pode viver, no Brasil, da profissão de escritor — A posteridade contrariará o romancista

Para iniciar uma série de entrevistas com os nossos escritores, focalizando de preferência o lado humano e o cotidianismo de suas vidas, nenhum nome, por certo, mais indicado que o de Graciliano Ramos — o romancista que se tornou um mestre da prosa e do exame psicológico e profundo.

À primeira vista talvez pareça exagerado e fútil esse interesse pela vida íntima dos escritores, e mais de uma pessoa já tem censurado as indiscretas devassas que os repórteres, sobretudo de uns tempos para cá, periodicamente insistem em fazer nos hábitos, nas predileções, nas esquisitices de poetas, romancistas e críticos. A verdade, porém, é que vivemos uma época que tudo deseja conhecer daqueles homens que, pelo talento, pelo saber ou por suas ações, se destacam de seus semelhantes.

Aqui se coloca, até, um dos mais graves problemas do escritor moderno: o problema do fã. Se uma das finalidades de quem escreve é comunicar-se com o próximo, dar expansão aos seus sentimentos e ideias, o escritor que, a despeito de todos os recursos que para isso o progresso da indústria põe ao seu alcance, não possui fãs — falhou, de certo modo, a sua missão...

E o fã de hoje é incerimonioso e exigente. Não se contenta em possuir as obras dos seus autores prediletos, nem em colecionar-lhes os retratos que a imprensa vai publicando. Quer mais: quer conhecer-lhes a letra, os hábitos de trabalho, as ocupações que têm fora da literatura, as preferências, as idiossincrasias, sua vida pessoal e de família...

Culpadas disso terão sido, talvez, as biografias de escritores ilustres, que Zweig e Maurois tanto popularizam no mundo inteiro, e nas quais é mostrado ao público o arcabouço, a estrutura de grandes vidas. E também certa ciência moderna, que põe o comportamento do adulto na dependência de pequeninos e obscuros fatos de sua vida infantil, e que, com grande aparato de termos técnicos, veio afinal sancionar aquilo que o nosso Machado de Assis já havia dito: "O menino é pai do homem."[4]

De qualquer maneira, não será exagero afirmar que o escritor moderno que não tem fãs vive um drama: o drama do indivíduo que procura comunicar-se e que apesar de todos os aperfeiçoadíssimos recursos técnicos existentes para isso — livro, jornal, revista, rádio — não consegue fazer que suas palavras, ou sua "mensagem", como se costuma dizer, atinja o objetivo, isto é, o leitor... Daí o cabotinismo, a mania da demonstração, que entre intelectuais e artistas reveste, não raro, formas insuspeitadas, o que no fundo outra coisa não visa, senão a despertar a atenção do possível leitor, e permitir que o círculo se complete...

Esse não será, por certo, o caso de Graciliano Ramos, talvez o mais discreto dos nossos escritores. É que ao autor de *Angústia* não faltam fãs — que até às vezes se tornam importunos e maçantes — e trechos de obras suas vão entrando tranquilamente para as antologias — garantia de que terão curso forçado e de que ele, portanto, se comunicará também com as gerações futuras.

Virá daí, quem sabe, a sua serenidade diante dos meios usuais de propaganda, a despreocupação pela "política" do seu nome e a naturalidade com que fala aos jornalistas.

Vocação para as coisas inúteis

Principio por pedir-lhe que me diga alguma coisa sobre os começos de sua vida, no interior de Alagoas, na cidade onde nasceu, cujo nome geralmente se pronuncia como esdrúxulo, quando não é: Quebrangulo.

— Mas isso tudo está contado em *Infância*... Valeria a pena repetir?

E como eu dissesse que sim, resumiu:

— De minha cidade natal não guardo a menor lembrança, pois saí de lá com um ano. Criei-me em Buíque, zona de indústria pastoril, no interior de Pernambuco, para onde, a conselho de minha avó, meu pai se transferiu com a família. Em Buíque morei alguns anos e muitos fatos desse tempo estão contados no meu livro de memórias.

Abro o volume, para conferir, e, entre outras coisas, lá encontro este perfil psicológico do velho Ramos, traçado pelo filho: "Tinha imaginação fraca e era bastante incrédulo. Aborrecia os ateus, mas só acreditava no contas-correntes e nas faturas. Desconfiava dos livros, que papel aguenta muita lorota, e negou obstinadamente os aeroplanos. Em 1934 considerava-os duvidosos..."[5]

De quem o romancista teria herdado, então, o gosto pela literatura? Talvez do avô paterno, cujo retrato desbotado costumava admirar no álbum que se guardava no baú, e de quem admite tenha recebido em legado "a vocação absurda para as coisas inúteis".[6] De sua mãe, o cérebro infantil recolheu esta impressão: "uma senhora enfezada, agressiva, ranzinza, sempre a mexer-se, bossas na cabeça mal protegida por um cabelinho ralo, boca má, olhos maus que em momentos de cólera se inflamavam com um brilho de loucura", ente difícil que na harmonia conjugal "se amaciava, arredondava as arestas, afrouxava os dedos que nos batiam no cocuruto, dobrados, e tinham dureza de martelos".[7]

De Buíque, onde o romancista frequentou a primeira escola, experimentou os primeiros desânimos diante dos livros didáticos do Barão de Macaúbas e viveu algumas das inesquecíveis aventuras da sua meninice, a família mudou-se para Viçosa, não a de Minas, terra do presidente Bernardes, mas a da zona açucareira do interior de Alagoas. O que foi a extensa caminhada, de dezenas de léguas, desde os campos ralos, povoados de xiquexiques e mandacarus, até uma nova paisagem, de vegetação densa e muito verde, longa viagem feita em lombo de animal, está contado numa das melhores páginas de *Infância*.

De Viçosa Graciliano passou a Maceió, onde frequentou um colégio mau; voltou e, aos dezoito anos, foi morar em Palmeira dos Índios, no interior do estado. Em Palmeira dos Índios Graciliano chegaria a prefeito, e foi graças a dois relatórios que, nessa qualidade, escreveu, que se tornou conhecido. Mas não precipitemos os acontecimentos.

Primeira viagem ao Rio

Estamos ainda em 1914. Nesse ano realiza Graciliano sua primeira viagem ao Rio, tendo trabalhado aqui como "foca" de revisão. No *Correio da Manhã*[8] e n'*O Século*,[9] de Brício Filho, não passou de suplente de revisor, trabalhando apenas quando o revisor efetivo faltava. N'*A Tarde*,[10] porém, um jornal surgido naquela época para defender Pinheiro Machado,[11] chegou a revisor efetivo. Morou em várias pensões, naquele Rio dos princípios do século, que tantos cronistas já têm descrito. Os antigos endereços ficaram-lhe na memória, e sem qualquer esforço o romancista os vai citando: Largo da Lapa

110; Maranguape 11; Riachuelo 19... Todos numa zona então muito pouco recomendável, porque bairros de meretrício, de desordeiros e boêmios.

— A pensão do Largo da Lapa está em *Angústia* — confessa-me o escritor. — Dagoberto foi meu vizinho de quarto...

— Nessa sua primeira viagem à "corte" procurou aproximar-se de algum escritor, fez camaradagem literária?

— Nenhuma. Os escritores daquele tempo eram cidadãos que, nas livrarias e nos cafés, discutiam colocação de pronomes e discorriam sobre Taine. Machado e Euclides já haviam morrido, e os anos de 1914-1915, em que estive aqui, assinalam, na literatura brasileira, uma época cinzenta e anódina, de que é bem representativo um tipo como Osório Duque Estrada, que então pontificava...

Comerciante estabelecido

— Ficou aqui até quando?

— Até 1915. Depois de curta e nada sedutora permanência na capital, achei melhor voltar para Palmeira dos Índios, onde já havia deixado um caso sentimental e onde minha família estava toda sendo dizimada pela bubônica. Num só dia perdi dois irmãos. Alarmado, e também desgostoso com a vida que aqui levava, tratei de voltar para Alagoas. Em outubro de 1915 casei-me e estabeleci-me com loja de fazendas em Palmeira dos Índios. A mesma loja que fora de meu pai.

— Nessa ocasião já tinha preocupações literárias?

— Lia muito e escrevia coisas que inutilizava ou publicava com pseudônimos.

— Quer revelar alguns desses pseudônimos?

— Você é besta...

— Fazia versos?

— Aprendi isso, para chegar à prosa, que sempre achei muito difícil. Tendo vivido quinze anos completamente isolado, sem visitar ninguém, pois nem as visitas recebidas por ocasião da morte de minha mulher eu paguei, tive tempo bastante para leituras. Depois da Revolução Russa, passei a assinar vários jornais do Rio. Desse modo me mantinha mais ou menos informado, e os livros, pedidos pelos catálogos, iam-me daqui, do Alves[12] e do Garnier,[13] e principalmente de Paris, por intermédio do *Mercure de France*.[14]

Nunca foi modernista

— Então, se procurava manter-se tão bem informado a respeito do que se passava no Rio e no resto do mundo, deve ter acompanhado, lá de Palmeira dos Índios, o movimento modernista.

— Claro que acompanhei. Já não lhe disse que assinava jornais?

— E que impressão lhe ficou do modernismo?

— Muito ruim. Sempre achei aquilo uma tapeação desonesta. Salvo raríssimas exceções, os modernistas brasileiros eram uns cabotinos. Enquanto outros procuravam estudar alguma coisa, ver, sentir, eles importavam Marinetti.

— Não exclui ninguém dessa condenação?

— Já disse: "salvo raríssimas exceções". Está visto que excluo Bandeira, por exemplo, que aliás não é propriamente modernista. Fez sonetos, foi parnasiano. E o "Solau do desamado"[15] é como as "Sextilhas de Frei Antão".[16] Por dever de ofício, pois estou organizando uma antologia de contos brasileiros,[17] antologia que rola há mais de três anos, tive de reler toda a obra de um dos próceres do modernismo. Achei dois contos, de cinco ou seis páginas cada um. E pergunto: isso justifica uma glória literária?

Franze a testa, detém-se um instante, mas logo prossegue:

— Os modernistas brasileiros, confundindo o ambiente literário do país com a Academia, traçaram linhas divisórias rígidas (mas arbitrárias) entre o bom e o mau. E, querendo destruir tudo que ficara para trás, condenaram, por ignorância ou safadeza, muita coisa que merecia ser salva. Vendo em Coelho Neto a encarnação da literatura brasileira — o que era um erro — fingiram esquecer tudo quanto havia antes, e nessa condenação maciça cometeram injustiças tremendas.

Nas leituras que tenho feito, para a organização da antologia a que me referi, encontrei vários contos, de autores propositadamente esquecidos pelos modernistas e que seriam grandes em qualquer literatura. Lembro-me de alguns: "O ratinho Tic-Tac", de Medeiros e Albuquerque; "Tílburi de praça", de Raul Pompeia; "Só", de Domício da Gama; "Coração de velho", de Mário de Alencar; "Os brincos de Sara", de Alberto de Oliveira. Nas antologias que andam por aí essas produções geralmente não aparecem, e de alguns dos autores citados são transcritos contos que não dão ideia exata do seu talento e do domínio que tinham do gênero. Só posso atribuir isso, como já disse, a desonestidade. Porque, se os compararmos aos produtos dos líderes modernistas, estes se achatam completamente.

— Quer dizer que não se considera modernista?

— Que ideia! Enquanto os rapazes de 22 promoviam seu movimentozinho, achava-me em Palmeira dos Índios, em pleno sertão alagoano, vendendo chita no balcão.

Na prefeitura de Palmeira dos Índios

— E como foi que chegou a prefeito da cidade?

— Assassinaram o meu antecessor. Escolheram-me por acaso. Fui eleito, naquele velho sistema das atas falsas, os defuntos votando (o sistema no Brasil anterior a 30), e fiquei vinte e sete meses na prefeitura.

— Consta que, como prefeito, soltava os presos para que fossem abrir estradas...

— Não era bem isso. Prendia os vagabundos, obrigava-os a trabalhar. E consegui fazer, no município de Palmeira dos Índios, um pedaço de estrada e uma terraplenagem difícil.

Dois relatórios famosos

— Em que ano foi isso?

— Em 30.

— O ano do relatório...

— Os relatórios são dois: há o de 29 e o de 30.[18]

— Relatórios do prefeito ao governador do estado, dando contas de sua administração, não é?

— Justo. Apenas, como a linguagem não era a habitualmente usada em trabalhos dessa natureza, e porque neles eu dava às coisas seus verdadeiros nomes, causaram um escarcéu medonho. O primeiro teve repercussão que me surpreendeu. Foi comentado no Brasil inteiro. Houve jornais que o transcreveram integralmente.

— E assim nasceu o escritor...

— Não. Nasceu antes. Mas tinha o bom senso de queimar os romances que escrevia. Queimaram-se diversos. *Caetés*, infelizmente, escapou e veio à publicidade.

— Numa edição Schmidt.

— Exato. Por intermédio de Rômulo de Castro, Schmidt, que aqui no Rio lera os meus relatórios, pediu-me que lhe enviasse artigos para a imprensa. Como não me interessasse fazer carreira no jornalismo, nem construir nome literário, recusei-me. Aliás, nessa ocasião já estava de mudança para Maceió, pois fora nomeado diretor da Imprensa Oficial. Com a revolução, quis demitir-me, mas não pude. E lá fiquei até dezembro de 31. Não suportando os interventores militares que por lá andaram, larguei o cargo e voltei para Palmeira dos Índios, onde, numa sacristia, fiz *S. Bernardo*. Estava no capítulo XIX, capítulo que escrevi já com febre, quando adoeci gravemente com uma psoíte e tive de ir para o hospital. Do hospital ficaram-me impressões que tentei fixar em dois contos — "Paulo" e "O relógio do hospital" — e no último capítulo de *Angústia*. No delírio, julgava-me dois, ou um corpo com duas partes: uma boa, outra ruim. E queria que salvassem a primeira e mandassem a segunda para o necrotério. Estava convalescendo, em janeiro de 1933, quando tive notícia da minha nomeação para diretor da Instrução Pública. Não acreditei.

— Qual o interventor que o nomeou?

Graciliano sorri e satisfaz a minha curiosidade:

— O capitão Afonso de Carvalho, hoje coronel. Foi disparate.

Memórias do cárcere

E depois de uma pausa:

— Permaneci no cargo até 3 de março de 1936. Em 1933 Schmidt lançara *Caetés*, que eu trazia na gaveta desde muito tempo. Naquele dia do mês de março de 1936, porém, sem qualquer explicação, fui preso e remetido para o Recife, onde passei dez dias incomunicável. Depois fui metido no porão do *Manaus* e vim para cá. Tive dez ou doze transferências de cadeia.

— Qual o motivo da prisão?

— Sei lá! Talvez ligações com a Aliança Nacional Libertadora, ligações que, no entanto, não existiam. De qualquer maneira, acho desnecessário rememorar estas coisas, porque tudo aparecerá nas *Memórias da prisão*,[19] que estou compondo.

— Foi assim, então, que veio para o Rio?

— Foi. Arrastado, preso.

— Mas valeu a pena, não?

— Sinceramente, não sei. Nunca tive planos na vida, muito menos planos de sucesso. Depois daquela experiência da mocidade, o Rio não me atraía. No entanto vim, no porão do *Manaus*, e aqui vivo.

Um "antipará"

Estávamos, portanto, diante de um "antipará". Os "parás", na saborosa classificação de Jaime Ovalle-Manuel Bandeira (v. "A nova gnomonia", in: *Crônicas da Província do Brasil*), são "esses homenzinhos terríveis que vêm do Norte para vencer na capital da República; são habilíssimos, audaciosos, dinâmicos e visam primeiro que tudo o sucesso material, ou a glória literária, ou o domínio político".[20] Que pensaria Graciliano dessa fauna? Lanço a pergunta e a resposta não tarda:

— Está claro que existe um "Exército do Pará". Na maioria dos casos, porém, os seus milicianos já chegam feitos do Norte. Aqui vêm apenas colher os louros, ou, mais positivamente, as vantagens. E no

Rio em geral definham, tornam-se mofinos. Ignoro se também sou "pará". Nunca fiz coisa que prestasse, mas ainda assim o pouco que fiz foi lá e não aqui, onde a vida não nos deixa tempo para nada. Hoje leio apenas jornais, um ou outro romance. De manhã escrevo; à tarde saio para as minhas ocupações (inclusive para o "papo" na Livraria); à noite trabalho. Onde iria achar tempo para leituras? E se não tivesse lido um pouco no interior, onde os dias são intermináveis, seria inteiramente analfabeto.

— Quer dizer que acha preferível, para o escritor, a vida na província?

— No Nordeste não podemos falar em "provincianismo", luxo dos estados grandes: São Paulo, Minas, Rio Grande do Sul... Nós, do Nordeste, temos de ser "municipais" ou "nacionais". E, a ter de morar em qualquer dos estados daquela região, acho preferível o interior às capitais, porque estas, seus mexericos, seus grupinhos literários, suas academiazinhas, seus institutos históricos, são sempre muito ruins. Já no interior poderá um homem entrar em contato íntimo com a terra e o povo. É, por exemplo, de onde vem a força de um José Lins do Rego, de uma Rachel de Queiroz, de um Jorge Amado.

Leitor de dicionários

A conversa já ia longa, mas o questionário do repórter guardava ainda várias perguntas:

— Sabe que é apontado como um dos nossos escritores modernos que melhor manejam o idioma?

— Conversa. Talvez, se houvesse alguma verdade nisso, eu devesse muito aos caboclos do Nordeste, que falam bem. É lá que a língua se conserva mais pura. Num caso de sintaxe de regência, por exemplo, entre a linguagem de um doutor e a do caboclo, não tenha dúvida, vá pelo caboclo — e não erra. Note que me refiro ao caboclo do sertão. O do litoral vai-se estrangeirando.

— Mas não me venha dizer que seu aprendizado da língua se fez apenas com os caboclos de Buíque e Palmeira dos Índios.

— Claro que não... Muitas coisas não poderiam eles ensinar-me. Está visto que tive de chatear-me lendo gramáticas. E arrepiei-me com a leitura dos frades.

— Consta que você, como Euclides da Cunha e Monteiro Lobato, é grande leitor de dicionários...

— Consta e é verdade. Dicionário, para mim, nunca foi apenas obra de consulta. Costumo ler e estudar dicionários. Como escritor, sou obrigado a jogar com palavras. Logo, preciso conhecer o seu valor exato.

— Acha isso uma qualidade?

— Não sei... O que sei é que não há talento que resista à ignorância da língua...

Nunca saiu de dentro de si mesmo

— Poderia, hoje, deixar de escrever?

— Quem me dera poder deixar...

— Sua obra de ficção é autobiográfica?

— Não se lembra do que lhe disse a respeito do delírio no hospital? Nunca pude sair de mim mesmo. Só posso escrever o que sou. E se as personagens se comportarem de modos diferentes, é porque não sou um só. Em determinadas condições, procederia como esta ou aquela das minhas personagens. Se fosse analfabeto, por exemplo, seria tal qual Fabiano...

Inspetor do São Bento

— Já se pode viver, no Brasil, da profissão de escritor?

— Não creio. A última edição de minhas obras rendeu-me cinquenta contos.[21] Da edição americana de *Angústia*,[22] recebi dez contos apenas. Tenho também três livros traduzidos para o espanhol.[23] Mas os negócios na Argentina e no Uruguai andaram mal. Como não tenho o hábito de frequentar os suplementos e as revistas ilustradas, a literatura me rende pouco.

— Que outras coisas faz?

— Trabalho no *Correio da Manhã* e sou inspetor de ensino secundário.

— Que ginásio inspeciona?

— O Ginásio São Bento.

E como eu achasse curiosa a circunstância de um comunista ser inspetor de um colégio de frades, explicou-me logo:

— Damo-nos muito bem. Os beneditinos não são como os vigários do interior.

— Gosta do emprego que tem?

— É-me indiferente. Trata-se de uma sinecura como outra qualquer. Em todo caso, nunca tive uma falta nem tirei licença.

— E no *Correio da Manhã*, qual o seu serviço?

— Corrijo a gramática dos repórteres, topiquistas e articulistas.

— Trabalho cacete...

— Nem tanto.

— Gosta do jornalismo?

— Não. Nem me considero jornalista.

— Com essa vida de jornal, naturalmente dorme tarde...

— À uma hora, via de regra. E me levanto às sete.

— Nos seus livros trabalha, portanto, apenas de manhã.

— Exato. Até às onze, mais ou menos.

— E para trabalhar, exige um bom ambiente ou não liga a isso?

— Trabalho em qualquer parte. *Angústia* foi escrito em palácio, quando eu era diretor da Instrução Pública de Alagoas. *S. Bernardo*, em péssimas condições, numa igreja. Qualquer canto me serve. Mas disponho, hoje, em casa, de uma confortável sala de trabalho: isso que os burgueses costumam chamar "escritório".

— Gosta da casa onde mora?

— Em qualquer lugar estou bem. Dei-me bem na cadeia... Tenho até saudades da Colônia Correcional. Deixei lá bons amigos.

Já faz muito em pagar

Casado duas vezes, Graciliano tem seis filhos e duas netas. Pergunto-lhe se costuma ajudar a mulher em casa, e ele se espanta:

— Já faço muito em pagar as despesas... Aliás, tenho horror a compras. E quando ouço o telefone, tranco-me.

— Aos domingos, o que costuma fazer?

— Em geral escrevo pela manhã e à tarde durmo.

O autor de *Vidas secas* não faz visitas, não vai a concertos nem a conferências e não gosta de música. Tem, entretanto, um velho hábito: vai diariamente à Livraria José Olympio, na rua do Ouvidor, e fica lá várias horas, num banco que já é quase propriedade sua, localizado no fundo da loja.

— Muitas vezes vou lá dormir — esclarece-me. — Mas aparecem amigos, conhecidos, e toca-se a conversar.

Em virtude desse hábito, muita gente pensa que Graciliano dá a vida por um "papo". Ele, porém, desfaz-me essa impressão:

— Quase sempre converso forçado, porque chegam pessoas. Mas na verdade muitos dias preferiria ficar quieto, sem trocar palavra. Também é fato que lá aparecem bons amigos, desses que a gente revê com prazer. De um modo geral, porém, sou uma vítima dos cacetes.

A praga dos originais

Como Manuel Bandeira, Graciliano recebe inúmeros originais para ler e dar opinião.[24] A Bandeira dirigem-se sobretudo os jovens poetas ainda incertos quanto à própria vocação. E os que se iniciam na prosa geralmente procuram mestre Graciliano. Este, assim, tem sempre uma quantidade enorme de originais para ler.

— É maçada. Recebo dezenas de originais. São principiantes, geralmente dos estados, que desejam, é claro, alguns elogios. Já me aconteceu receber, na mesma semana, originais do Piauí e de Goiás. Eu devia fazer como José Lins: afirmar, sem leitura, que tudo é magnífico.

Os escritores jovens do Brasil, que dos mais distantes estados remetem originais para Graciliano Ramos, em busca de uma opinião, e nem sempre recebem resposta, ou a resposta que esperavam, podem, entretanto, considerar-se vingados: na própria casa do romancista surgem originais, e originais que ele tem, forçosamente, de ler, e talvez percorra com olhos mais benignos: os contos de seu filho Ricardo, de dezenove anos, e de sua filha Clara, quatro anos mais moça que o irmão. Ambos têm vocação para as letras. Ricardo, jornalista, já tem publicado alguma coisa, naturalmente com a chancela paterna. E, ainda que Graciliano nos afirme o contrário, nos diga que nenhum deles lhe pede opinião, é divertido imaginar o romancista, cansado de emendar o português dos noticiaristas do *Correio da Manhã*, e de ler originais que lhe chegam, às dezenas, de todo o país, ter, em casa, de dar opinião sobre os trabalhos dos filhos.

Pergunto-lhe que tal os contos de Ricardo Ramos, e ele não se nega a opinar:

— Regulares. Tem jeito e poderá fazer coisa que preste.

E Clara?

— É ainda criança. Tem quinze anos apenas e está findando o curso secundário.

Despedindo-me de Graciliano, depois da longa conversa que aqui tentei reproduzir, faço-lhe uma última pergunta:

— Acredita na permanência de sua obra?

E sem qualquer "pose", sem nada que deixasse transparecer falsa modéstia, antes dando a impressão de que falava com sinceridade, esse pessimista seco e amargo respondeu-me:

— Não vale nada; a rigor, até, já desapareceu.

Acontece, porém, que nesse ponto quem terá a última palavra não será o autor, mas a posteridade. E se por enquanto não podemos colher o seu depoimento, é quase certo que contrariará o romancista...

Notas

1. SENNA, Homero. "Como eles são fora da literatura: Graciliano Ramos". *Revista do Globo*, n. 473, 18 dez. 1948 (Com o título "Revisão do modernismo", a conversa consta do livro de Homero Senna *República das Letras*. 3. ed. Rio de Janeiro: Civilização Brasileira, 1996). A reportagem

se acompanha de fotografias, cujas legendas são estas: "*Diz o escritor:* '*Sou obrigado a jogar com as palavras, logo preciso conhecer o seu valor exato*'"; "*Na varanda do apartamento, o escritor, a mulher e os filhos, entre estes Ricardo e Clara (os da direita), que também escrevem*"; "*O escritor saindo do edifício de apartamentos onde mora, nas Laranjeiras, e onde o Velho Graça costuma ficar quieto, trancado*"; "*Debaixo daquela secura toda, Graciliano é louco pelas netinhas. Mas não ajuda nas lidas da casa: paga as despesas e pronto!*"; "*O escritor e um retrato seu, de Portinari; Graciliano, que 'corrige a gramática dos repórteres', não se considera jornalista...*"; "*O autor de* Angústia *e o filho — o jovem escritor Ricardo Ramos, cujos originais são lidos com benignidade*".

A 20 de março 1955, dois anos depois da morte do escritor, Homero Senna publicou "Graciliano Ramos e o modernismo", no *Diário de Notícias*. Nesse artigo, antes de transcrever um trecho da entrevista de 1948, referente ao modernismo, revela estes bastidores, com destaque para o fato de haver passado o texto pela revisão de Graciliano:

"É sabido que o velho 'Major Graça' (como era chamado o romancista de *Angústia* pelos seus contemporâneos de conversa naquele banco dos fundos da Livraria José Olympio) muitas vezes dizia as coisas apenas para escandalizar, fulminando, com uma frase, reputações longamente estabelecidas. Depois, se se fosse aprofundar aquela opinião, ver-se-ia que tinha sido apenas um rompante. Seu ponto de vista verdadeiro sobre o assunto vinha em seguida, sem alarde, meditado, minucioso e exato. / Lembro-me de como fiquei admirado de ver o conceito em que tinha escritores de minha particular estima, quando certa vez o fui entrevistar para a *Revista do Globo*, de Porto Alegre. A entrevista, se tivesse saído com tudo o que então me disse o autor de *S. Bernardo*, teria sido uma bomba. Depois, ao rever o texto, expungiu-o ele daquilo que tinha apenas sentido polêmico." Cf. SENNA, Homero. "Graciliano Ramos e o modernismo", *Diário de Notícias*, Rio de Janeiro, 20 mar. 1955, Suplemento Literário, p. 2.

2. Homero Senna (Guaratinguetá, São Paulo, 1919 — Rio de Janeiro, 2004): escritor, jornalista e pesquisador. Bacharelou-se na Faculdade de Direito do Brasil, em 1939. Foi funcionário do IAPI em 1938. Na década de 1940, pelas páginas de *O Jornal* e da *Revista do Globo*, realizou uma série de entrevistas com grandes intelectuais do país, como Aurélio Buarque de Holanda, Carlos Drummond de Andrade, Cyro dos Anjos, Graciliano, Jorge de Lima, Lúcia Miguel Pereira, Manuel Bandeira, Mário de Andrade, Murilo Mendes, Otto Maria Carpeaux, reunidas em *República das Letras*. Trabalhou no gabinete de Lúcio Meira, ministro de Viação e Obras Públicas do governo de Juscelino Kubitschek. Foi redator do texto de criação do Grupo Executivo da Indústria Automobilística (GEIA), quando Juscelino implantou o parque automobilístico no Brasil, nos anos 1950. E diretor do Centro de Pesquisas da Fundação Casa de Rui

Barbosa de 1975 a 1980. Publicou, entre outras: *República das Letras: 20 entrevistas com escritores*. Rio de Janeiro: São José, 1957; 3. ed. rev. e atualizada, 1996; *O problema da língua brasileira. Entrevista com Souza da Silveira*. Rio de Janeiro: Ministério da Educação e Cultura, 1953; e *Correspondência de escritores: cartas de Mário de Andrade a Souza da Silveira*. Revista do Livro, n. 26, v. 7, 1964, pp. 113-33.

3. *Revista do Globo*: Cf. a nota 3 de "Perfil apressado do velho Graça", Joel Silveira, *Revista do Globo*, 1946.

4. "O menino é pai do homem" é o título do capítulo XI de *Memórias póstumas de Brás Cubas*. Trata-se de um verso de William Wordsworth, do poema iniciado com "*My heart leaps up when I behold*".

5. RAMOS, Graciliano. "A vila". In: *Infância* (1945). 47. ed. Rio de Janeiro: Record, 2012.

6. RAMOS, Graciliano. "Manhã". In: *Infância* (1945).

7. RAMOS, Graciliano. "Nuvens". In: *Infância* (1945).

8. *Correio da Manhã*: Diário matutino carioca, fundado em 1901 por Edmundo Bittencourt. Lima Barreto colaborou em 1905 no *Correio*, e a redação do jornal inspirou as *Recordações do escrivão Isaías Caminha* (1907-09). Nos anos 1920, foi um dos poucos jornais a demonstrarem simpatia pelos rebeldes tenentistas e teve sua circulação suspensa. Em 1929, a direção passou a Paulo Bittencourt, filho de Edmundo. Nos anos 1930, durante o Governo Provisório, manteve posição ambígua, apoiando parcialmente Getúlio Vargas. Em 1934, dirigido por M. Paulo Filho, fez uma cobertura minuciosa dos trabalhos da Assembleia Nacional Constituinte. A coluna de Costa Rego, redator-chefe do jornal, criticava o governo e era vigiada pela censura. Em 1937, a oposição a Getúlio Vargas se acompanhou do apoio à candidatura do ministro José Américo de Almeida à presidência da República. A 5 de novembro de 1937, o *Correio da Manhã*, sempre dirigido por Paulo Bittencourt e com Costa Rego na chefia da redação, já denunciava o golpe do Estado Novo. E o articulista Rodolfo Mota Lima, amigo alagoano de Graciliano Ramos, se destacava em driblar a censura. Em 1940, definido a favor dos Aliados, o jornal quase foi fechado por apoiar o bloqueio dos ingleses ao navio Siqueira Campos, que transportava material bélico da Alemanha para o Brasil. Em 1945, publicou uma entrevista de José Américo de Almeida ao jornalista Carlos Lacerda, com crítica aberta ao Estado Novo.

Quando de sua passagem pelo Rio de Janeiro de agosto de 1914 até setembro de 1915, em cartas para seus pais e irmãs Graciliano se refere ao trabalho no *Correio da Manhã* (ver, no volume *Cartas*, esse intervalo de 1914 a 15). Depois da passagem pelo *Correio* na juventude, Graciliano foi revisor do jornal, em substituição a Aurélio Buarque, de 1947 até o fim da vida. E lá trabalharam também Otto Maria Carpeaux, Renard Perez, Antônio Callado, Carlos Drummond de Andrade, Newton Rodrigues, entre outros. O *Correio da Manhã* foi extinto em 1974: opositor ao governo, não sobreviveu ao regime militar instalado em 1964. Para mais informações, ver: LEAL, Carlos Eduardo. "Correio da Manhã", Site FGV/CPDOC.

9. Sobre *O Século*: confiram-se as notas 18 e 20 de "Graciliano Ramos, aos cinquenta anos", Francisco de Assis Barbosa, 1942, e o texto "Nossos escritores — Graciliano Ramos: 'Sempre fui antimodernista'"; "Traços de identidade", José Tavares de Miranda, *Folha da Manhã*, 1951.

10. *A Tarde*: a 26 de agosto de 1915, o jovem Graciliano deu notícia ao pai, Sebastião Ramos de Oliveira, de que aceitara o trabalho de revisor no jornal *A Tarde*, do Rio de Janeiro. Na carta, esclarece que o emprego lhe servia para sustentar-se e porque "sempre se está melhor com a consciência quando se está ocupado". Assumira o trabalho considerando em passá-lo para o amigo Joaquim Pinto Mota Lima, se fosse necessário mesmo deixar o Rio. E em setembro Graciliano voltou para Palmeira dos Índios, onde a peste bubônica matara familiares seus (RAMOS, Graciliano. *Cartas*. Op. cit., n. 29, pp. 87-8).

11. José Gomes Pinheiro Machado (Cruz Alta, Rio Grande do Sul, 1851 — Rio de Janeiro, 1915): eleito senador em 1891, participou da primeira Constituinte republicana e articulou as lideranças políticas do Norte e Nordeste, de Minas Gerais e do Rio Grande do Sul a favor da campanha de Hermes da Fonseca à presidência da República, contra Rui Barbosa, candidato dos paulistas, em 1910. Escreve Graciliano na *Pequena História da República*: "Uma reedição de Marcelino Bispo / Pinheiro Machado, homem rijo que se tinha feito combatendo os federalistas, subira demais e ultimamente havia organizado o Partido Republicano Conservador. Para as oligarquias nordestinas, apeadas no tempo do marechal Hermes, era quase um Deus. / Foi assassinado, no hotel dos Estrangeiros, a 8 de setembro de 1915, por Manso de Paiva, que não se suicidou na prisão, como devia. / Cumprida a sentença, Manso de Paiva anda por aí, mais ou menos vivo." (RAMOS, Graciliano. *Alexandre e outros heróis*. 60. ed. Rio de Janeiro: Record, 2014, p. 177).

12. A Francisco Alves é uma livraria e editora em atividade no Rio de Janeiro desde 1854, quando se chamava Livraria Clássica, até a década de 1990. Francisco Alves de Oliveira foi trabalhar com seu tio, o imigrante português Nicolau Antônio Alves, e, sobretudo com a produção de livros didáticos, a editora se expandiu, instalando-se na rua do Ouvidor. A Francisco Alves foi ponto de reunião literária, contando com Olavo Bilac, Sílvio Romero, Guimarães Passos, João Ribeiro, entre outros (MACHADO, Ubiratan. *Pequeno guia histórico das livrarias brasileiras*. Cotia: Ateliê Editorial, 2008, pp. 79-81; HALLEWELL, Laurence. *O livro no Brasil: sua história*. Tradução de Maria da Penha Villalobos, Lolio Lourenço de Oliveira e Geraldo Gerson de Souza. 2. ed. São Paulo: Edusp, 2005, pp. 277-94).

13. A editora de Baptiste-Louis Garnier, que funcionou no Rio de Janeiro de 1844 a 1934, era filial da Garnier Frères, de Auguste e Hippolyte.

JORNAL

Proprietario e Dire[ctor]

ANNO III

ASSIGNATURAS
CAPITAL.—Mez—2$000—NUMERO DO DIA —100 RÉIS
Annuncios e publicações por ajuste.

Maceió, Domin[go]

UM INQUERITO

A ARTE E A LITTERATURA EM ALAGOAS

O QUE SÃO, O QUE PENSAM, O QUE LEEM OS NOSSOS
ARTISTAS E LITTERATOS

Qual a escola predominante entre nós

O JORNALISMO

Antes de penetrar no labyrintho mais ou menos intrincado d'este Inquerito, cujos quesitos não poderei responder com precisão, devo dizer que o JORNAL DE ALAGOAS commetteu um erro grave collocando-me entre os litteratos alagoanos.

Minhas idéas tem pouco valor, porque de litteratura pouco conheço.

Não quiz ser dos primeiros, desejaria mesmo ser o ultimo.

Ahi vai o que fiz :

—QUAL O PRIMEIRO AUTOR QUE LEU ?

Sem falar nas poesias e nos trechos classicos espalhados por muitos compendios escolares, a primeira obra que li foi «O Guarany» de José de Alencar. Tinha eu dez annos de idade, quando comecei a admirar as bonitas descripções, a linguagem attrahente do autor da Iracema, os lances de fidelidade e de amor platonico de um indio, sentimentos impossiveis entre os nossos selvagens, homens desconfiados e lubricos, segundo a opinião de Southey, Levy, etc.

«São muito affeiçoados ao pecado nefando», affirma Gabriel Soares.

No entanto, talvez porque eu fosse demasiado ingenuo, aquelle enredo intrincado e bello parecia-me a coisa mais real possivel, que naquelle tempo eu ainda não conhecia o que ha de podre pelo mundo afora.

—QUAL O QUE PREDOMINOU SOBRE ISUA FORMAÇÃO LITTERARIA OU ARTISTICA ?

Desculpem-me não poder eu responder com precisão.

Si quizesse, porem, saber qual o autor que poderia influenciar sobre meu espirito, caso tivesse eu de abraçar a litteratura, responderia isto :

Tenho predilecção por Aluizio de Azevedo, mas não deixo de admirar outros escriptores nacionaes e extrangeiros.

Assim, predominaram tambem sobre mim o realismo nú de Adolpho Caminha e a linguagem sar-

tas, nem demasiado pessimistas. E' verdade que Alagoas não é um estado extremamente fecundo em litteratos, mas temos varios alagoanos que fazem figura nas lettras. Ordinariamente o brazileiro olha as coisas pelo lado peor. Nós, que não escapamos á lei commum, bradamos impensadamente que nosso estado não tem romancistas, não tem poetas, não tem pintores, não tem coisa alguma.

Ora, sem falar nos alagoanos que hoje estão fóra das estreitas raias de nosso modesto recanto, podemos ver facilmente que temos tudo quanto os pessimistas nos negam.

Creio que não devemos deixar na penumbra os vultos de Fernandes Tavares, Franco Jatubá, Rosalia Sandoval, Rdrigues de Mello, Motta Lima, Rosalvo Ribeiro, etc.

Quem não conhece os «Palmares» de Goulart de Andrade, a «Orgulhosa» de Julio Auto, a «Aranha» de Luiz Franco ?

Como esquecer o immortal autor de «Guarda e passa» e «Teu Lenço» ?

Si Alagoas não é um estado predestinado, não é para admirar, porque as lettras e artes em nosso paiz não estão muito desenvolvidas. Está muito proporcional nosso adiantamento como do resto do Brazil.

—HA UMA ARTE NACIONAL NO BRAZIL ?

Ha a poesia.

Tratando-se, porem, de uma arte nossa, devo dizer que não considero puramente nacional a poesia brazileira em geral.

Penso que não é verdadeiramente indigena uma escola que soffre influencias exteriores. Assim, considero nacional a poesia indianista.

—SI HA, QUAL O SEU REPRESENTANTE MAIS DEFINIDO ?

Julgo que ha mais de um : Basilio da Gama e Santa Rita Durão representantes do indianismo classico ; Gonçalves Dias representante do indianismo romantico.

— QUE PENSA DO JORNAL, NO TOCANTE ÁS ARTES E Á LITTERATURA ?

Creio que o jornal é realmente necessario, indispensavel

TOS BRAZILEIROS O MÉLHOR ? PORQUE ?

Em respondendo, será preciso repetir quasi integralmente o que já ficou dito no quesito n°. 3. Prefiro Aluizio aos outros literatos brazileiros.

Foi a «Casa de pensão» o livro que mais viva impressão deixou em meu espirito.

Os braços redondos da mulher do Campos, as formas bem delineadas de Amelia, a tosse do tuberculoso do n°. 7, a affectação do «Gentleman», a pobreza do Paiva Rocha, a adulação de Mme. Brizard, os olhinhos pardos e maliciosos do Coqueiro, vem-me sempre á imaginação quando recordo os factes e os typos que se agrupavam em volta de Amancio Vasconcellos.

Sem hesitar um só instante, digo que, em minha opinião, é o autor da «Casa de pensão» o melhor literato brazileiro.

—O QUE PENSA DA ARTE THEATRAL NO BRAZIL ?

Julgo que não estamos tão atrazados como vulgarmente se diz.

Leiam este trecho do melhor critico brazileiro :

«A verdade é que o Brazil, na região pura e desinteressada do sentir e do pensar, na sciencia e na arte, se não é um ricaço, como a Allemanha, a Inglaterra, a França, a Italia, não é mais um mendigo thrapitho, como uma horda de africanos, ou uma tribu de pelles vermelhas. Não estamos de cócoras, andamos já de pé e devemos ir caminho do futuro sem desfallecimentos nem covardias.» (2)

Como glorias do palco, Ludovina Soares e Florindo Joaquim da Silva protestarão sempre contra a injustiça que muita gente faz ao theatro brazileiro.

Uma referencia ao actor Arêas :

«De 1853 a 1863, em que falleceu João Caetano, aquelle theatro (Gymnasio Dramatico) collocou-se em tal evidencia, que não seria aventuroso assegurar-se que o «Vaudeville» poderia chamal-o ir mão, já pela natureza dos espectaculos, já pela proficiencia dos actores de que dispunha. Vimos em Londres os «Pobres de Pariz», executando o primeiro papel o celebre Reveil, da «Comedie Française», e garantimos que o actor Arêa lhe não era inferior.» (3)

E João Caetano dos Santos, sublime interpretador da «Garganlhada», o vulto mais gigantesco de nosso theatro ?

E' impossivel esquecer o homem que Jacques Arago definiu assim :

«Oh ! que ne m'est-il permis de vous citer ici un comédien d'Alagoas! l'Europe serait fière de nossa...

De Graciliano Ramos

GRACILIANO RAMOS

Não necessitamos de outras palavras para os nossos leitores sobre Graciliano sendo aquelas que andam na bocca de todo mundo; é um dos maiores romancistas nossos do Brasil. Grande cultura a serviço de bela inteligência — aqui damos o seu "porque amo a França", apanhado por um dos nossos redatores.

Graciliano Ramos preferiu responder verbalmente. Estavamos na Livraria José Olimpio e o romancista de "Angustia" atendeu à nossa pergunta, apontando risonhamente para os livros espalhados num balcão, deante de nós:

— Eu amo a França por isso...

Resposta vaga e precisa, ao mesmo tempo, e a que o nosso companheiro antepoz o ardil das insinuações, deante das quais Graciliano Ramos, com o seu habito de falar poupado, foi compelido a ir descreteando longamente sobre sua grande fascinação intelectual pela gente graúlea.

— Os franceses certamente influiram bastante em sua formação literaria...

— Sim. De França evidentemente recebi as primeiras sugestões propriamente literarias. Por uma questão de programa e de uso, sempre que o brasileiro deixa o curso primario, o primeiro livro que lhe vem às mãos são os "Lusiadas". A mentalidade da criança experimenta dificuldades terriveis para surpreender o pensamento do classico. Cria-se então a ogeriza pela epopea e tambem pela literatura portuguêsa. Em geral, prolonga-se essa aversão pelo resto da vida. Em tal circunstancia, só há um recurso: refugiar-se na literatura francêsa. Comigo, foi assim. Li primeiramente a chamada literatura de cordel, é certo que não o fiz por uma questão de estetica e de enlevo, mas por uma exigencia da curiosidade do adolescente. A lingua francesa, direta, facilita os auto-didatas, que somos todos nós, intelectuais brasileiros. Em pouco, familiarizei-me principalmente com os romancistas. Balzac foi para mim um deslumbramento. Ainda hoje me detenho deante de sua obra com a certeza de que me encontro com o maior romancista do mundo.

— Quer dizer que pensa como aquele homem exotico que Anatole France encontrou a revolver velhos livros num alfarrabista de Paris, e que dizia, gravemente, indicando as prateleiras: Balzac é um mundo...

— Evidentemente. Depois, Zola impressionou-me tambem, mas não conseguiu desviar a fascinação pela obra balzaqueana. Julgo ter sido verdadeiramente diabolica a mentalidade do autor das "Ilusões perdidas" A proposito, acho que é este o seu melhor livro. Que surpresa de tecnica! Ali ha de tudo, desde o bose economico, admiravelmente definida e levantada, e sobre a qual o resto do livro cai, para consistencia eterna. O resto do livro caminha impulsionado por aquela rajada até à superfície daqueles pensamentos filosoficos que Balzac colca na bóca de um cura. Por isso, bastava apenas Balzac para que eu amasse intensamente a França. O escritor portuguës que me deixou maior influencia foi, em parte, francês: Eça de Queiroz. O seu ritmo, a sua construção, o seu riso — tudo teve o seu berço sob o solo de Paris, muito embora ele construisse os seus volumes num hotel de Londres ou mesmo na ambiencia sossegada de Leiria. A minha fascinação e o meu entusiasmo pela literatura francêsa determinaram em mim quasi um desconhecimento total do que se escreveu no Brasil. Basta lhe dizer que sómente ha uns dois ou três anos vim conhecer Machado de Assis.

— Considera Machado de Assis um caso de genialidade?

— Certamente que não. Justifica-se este meu ponto de vista por uma questão de educação literaria, quando não fôsse por um imperativo do temperamento. Meu espirito se formou numa ambiencia de riso claro e vivo, como o de Anatole France. Ademais, o que mais me distancia de Machado de Assis é o meu medo de definir-se. A ausencia completa da coragem de uma atitude. O escritor tem o dever de refletir a sua epoca e iluminá-la ao mesmo tempo. Machado de Assis não foi assim. Trabalhando a lingua como nenhum, poderia ter feito uma obra transitavel às ideas. Como vê ainda é o amor à França que me faz discordar da maioria dos homens cultos do Brasil: não amo Machado de Assis. Entretanto, re...

"Vidas Seccas"
Uma palestra com Graciliano Ramos — O sertanejo da zona arida — O homem no seu "habitat"

RIO, 14 — Graciliano Ramos recebe-nos ás 9 horas da noite, em sua residencia, dos lados de Bento Ribeiro. Nós lhe haviamos pedido uma entrevista sobre o seu ultimo livro, "Vidas Seccas", que apareceram dentro de poucos dias em edição da José Olimpio, e o romancista de "Não Bernardo", com a simplicidade de seu trato, se dispôs a falar. Estamos numa pequena sala de jantar, por onde entra, de vez em quando, uma leve viração, amenisando o enervamento da noite carioca.

Graciliano tem uma certa dureza no olhar, dureza que logo se desfaz no seu tom de franqueza e sympathia com que o romancista entremeia, a todo momento, a palestra.

UM MUNDO COM CINCO PERSONAGENS

— "Vidas Secca" será um romance?

— Sim, um romance, mas um romance cujos capitulos podem ser considerados destacadamente como contos, tal a maneira por que nelle se desenvolvem e se contam o seu desfecho e uma determinada situação. Publiquei varios capitulos de "Vidas Secca", aqui e na Argentina, e todo mundo os considerou como narrativas independentes. O livro tem, entretanto, uma unidade e o entrelaçamento de todos esses capitulos formam a textura perfeita de um romance.

— Por que "Vidas Secca"?

— Acho o titulo um tanto estranho, não? São as vidas dos sertanejos nordestinos, existencia miseravel de trabalho, de lucta, sob a guanha da natureza implacavel e da injustiça humana.

— Qual o ambiente do romance?

— O de uma cozinha de fazenda velha na zona arida do sertão. Apenas cinco personagens evoluem no livro: um homem, uma mulher, dois meninos e uma cachorrinha. Com essa comparsaria insetalhadissima, crei o meu mundo. Aliás, não se trata de um romance de ambiente, como geralmente costumam fazer os escriptores naturalistas e os romancistas em geral. Eles se preocupam apenas com a paisagem, a pintura do meio, colocando os personagens em situação muito conventional. Não cuidam, propriamente, a alma do sertanejo. Limitam-se a empastelar o sentimento e a montura da gente da cidade, fazendo-os falar uma lingua que não é absolutamente a linguajar desses homens do sertão, o estudo da alma do sertanejo, do matte ou no rol, ainda está por fazer em nossa literatura regionalista. Quem ler os romances regionalistas brasileiros fica com a impressão de que o homem do sertão diverso do que seja o homem de carne e osso, é-lhe apresentado sempre como um tangerila, fazendo imagens atravezadas e demonstrando-se numa loquacidade extraordinaria. Na pele cada mais impelido o sertanejo daquellas bandas é de proporções falar, virando o macambuzio, elle vive quasi mudo, quando pega de falar, reflecte difficilmente, é sentencioso e curto.

PESQUIZANDO A ALMA DO PRIMARIO

— O romance passa-se na zona arida do sertão?

— Sim, mas não me preocupo em pintar o meio. O que me interessa é o homem, o homem daquella região aspersina. Julgo que é a primeira vez que esse entar-se apparece na literatura. Os romancistas do Nordeste têm pintado geralmente o homem do zona do brejo. E' o respeito que apparece na obra de José Americo e de Lins. Procurei suscitar a alma do côr rude e quasi primitivo que mora na zona mais recuada do sertão, observar a reação desse espirito bronco ante o mundo exterior, isto é, a hostilidade do meio physico e a injustiça humana. Por isso que o sertanejo não fala, prensaram-me que qual selvagem — o que elle pensa merece annotação. Foi essa pesquiza psychologica que procurei fazer, pesquiza que os escriptores regionalistas não fazem e nem mesmo podem fazer, porque, communemente não conhecem o sertão, não são familiares do mundo que descreveram.

— E o senhor esteve muito tempo nesse região?

— Nasci na zona arida, numa velha fazenda, e alli passei quasi toda minha infancia, convivendo com o sertanejo. Pai depois para a cidade estudar e mais tarde de diverso vezes visitei o meu terratal natal, bem como outras paragens do sertão nordestino. Os meus personagens são isso inventados. Elisa vivem em minhas reminiscencias, com suas maneiras moraes, seu modo vivendo pela miseria e pelo soffrimento.

— Quer dizer que o senhor applicou o principio que Jacques Lacretelle julga basico para o romancista: inventar com o auxilio da memoria.

— Isso mesmo. Acho que ainda não descobrimos a alma do nosso primario, a do sertanejo, a alma de nosso personagem que o regionalismo, contra o qual se tem erguido uma certa grita, ultimamente, é coisa que ainda está por fazer. Os sertanejos apparecem sempre transplantados, mas para outra zona e com seu "habitat", o que procurei fazer foi mostrar o homem no seu ambiente, vivendo a sua vida e falando a sua lingua. E' um livro amargo, duro, rapido, mas verdadeiro, profundamente verdadeiro.

— E, nessa altura, Graciliano desvia a palavra para outro assumpto, achando falso o seu ser muita modestia excessiva, que já...

"RECOMPENSA"
de Judas Isgorogota

Um livro de versos em 1.ª edição — eis o mais expressiva das consagrações para o seu autor, pois vêm-nos sendo pedidas pouca gente já o perdas, tela surge os livros de verso [...] pelas mesas [...]

rias tão em geral muito fracos, ou se já por estarem mais ou menos preoccupações intellectuaes de outra ordre, como os estudos sociologicos, economicos ou philosophicos.

"Recompensa" de Judas Isgoregota — menção honrosa da Academia Brasileira de Letras — appareceu agora em 2.ª edição, pelo "Jornal" volume distribuido pela Brasil Editora. Este facto bem mostra como "Recompensa", que em mais escriptores de nossas criticas receberam com altos elogios, tambem agradou o publico.

Aliás, em virtude dos acontecimentos — ha notas duros de decrescido da poesia — devido aos abusos das modernistas e da mediocridade de tantos poetastros, quando sorge um poeta de verdade, differente do anistia, espontaneo e inspirado, comprehendendo realmente o sentido da vida e adoentado ser sentidor com afflitiveo, dotado de rara finura e communicativa sensibilidade, o publico parece que adivinha o valor do artista, pôe de lado suas desconfianças e se livra.

"Recompensa" é um destes livros. Vae colhendo os successos que nossa edição dos criticos, a poesia da Academia, o favor do publico. E sua carreira deverá ser acclamada por nosso triumpho, como Nosso versos, profundamente humanos, são daquelles que a gente já a não esquece mais. Algumas de suas poesias, como a "Noticia", a da simples e commovedora, "Recompensa", tão cruelmente sentida, há de ficar, figurando entre as melhores da lingua portugueza.

O que se edita em Paris

Blaise Cendrars publica um volume de contos "Histoires Vrais", em que descreve, por vezes, scenarios d'unan terra, subentudo do Amazonas, o... há o um escriptor muito conhecido do publico brasileiro, pois aqui já esteve varias vezes.

Foi traduzido para o francez o livro de Dr. Freda Utley "Le Japon aux pieds d'argile", em que se salita, na opinião de Pierre Dominique, procurou apresentar o avanço do Japão.

Com um prefacio de Ramon Fernandez, o admiravel critico de "Marianne" apparece em traducção franceza o romance postumo "Samedi soir au greyhound" de John Hampson. Esse livro foi elogiado por Edmond Jaloux.

Georges Duhamel, quasi conjuntamente com o seu "Defense des Lettres" publica "Au chevet de la Civilisation". Como medico o autor procura, á cabeceira dessa doente que é a civilisação, a origem do seu proximo remedio ou esse seu derradeiro suspiro. (Ed. Flammarion)

Foi traduzido para o francez, (Ed. Stock) por Marthe Dupretu, o romance, d'uma nahia, Elisa's, ou o seu livro "Bivouacs au clotilo", prefaciado por Maurice Mæring "La cité des champs".

Marie Edith de Bonneuil narra a sua extraordinaria aventura durante a campanha na Ethiopia, no livro "Bivouacs au clotilo", prefaciado pelo marechal Franchet d'Espérey.

Edmund Jaloux, apesar de suas actividades de critico, continua a publicar romances.

"De Graciliano Ramos", *Dom Casmurro*,
Rio de Janeiro, 23 dez. 1937.
Fundação Biblioteca Nacional,
Rio de Janeiro

Brito Broca, "*Vidas secas*:
Uma palestra com Graciliano
Ramos", *A Gazeta*, São Paulo,
15 mar. 1938, p. 8.
Arquivo do Estado (SP)

José Condé, "Graciliano Ramos", *O Cruzeiro*, Rio de Janeiro, 15 abr. 1939, ano XI, n. 24, pp. 10-2.
Biblioteca da ECA-USP

Joel Silveira, "Graciliano Ramos conta sua vida", caricatura de Augusto Rodrigues, *Vamos Ler!*, Rio de Janeiro, 20 abr. 1939, pp. 9-10.
Biblioteca do IEB-USP

Legenda da foto à esquerda: "Graciliano Ramos e José Lins do Rego, dois dos maiores romancistas do Brasil, em todos os tempos."

Legenda da foto superior: "Graciliano entre o romancista Amando Fontes e o professor Hermes Lima. Quase todos os fotógrafos do Rio já apanharam o autor de *Angústia* neste instantâneo típico: Graciliano acendendo o seu cigarro."

Legenda da foto inferior: "Graciliano Ramos está escrevendo suas memórias, a vida de um homem que viveu muito, sofreu muito e viu muita coisa bela e feia neste mundo. Apesar de estar há muito tempo na Capital, Graciliano ainda não perdeu a sua maneira nordestina: é nordestino falando e escrevendo."

Francisco de Assis Barbosa, "A vida de Graciliano Ramos", *Diretrizes*,
Rio de Janeiro, 29 out. 1942, pp. 12-3, 15.
Fundação Biblioteca Nacional, Rio de Janeiro

Auto-Retrato

Graciliano visto por Graciliano

Esta coluna de "LEITURA" é dedicada aos grandes nomes que honram a literatura brasileira. Não tem outra finalidade sinão a de prestar algumas informações sobre a vida daqueles que, pelo talento e pela honestidade literária, deixaram de pertencer a si mesmos, para se tornarem figuras do povo.

Aparecerá mensalmente feita pelo próprio escritor convidado em cada número. Esta pertence a Graciliano Ramos.

Nasci em 27 de Outubro de 1892, em Quebrangulo, Alagoas, donde saí com dois anos. Meu pai, Sebastião Ramos, negociante miudo, casado com a filha dum criador de gado, ouviu os conselhos de minha avó, comprou uma fazenda em Buique, Pernambuco, e levou para lá os filhos, a mulher e os cacárecos. Ali a seca matou o gado — e seu Sebastião abriu uma loja na vila, talvez em 95 ou 96. Da fazenda conservo a lembrança de Amaro vaqueiro e de José Baía. Na vila conheci André Laerte, cabo José da Luz, Rosenda lavadeira, padre João Ignácio, Felipe Benicio, Theotoninho Sabiá e familia, seu Batista, dona Maricas, minha professora, mulher de seu Antonio Justino,

11

O MODERNISMO MORREU?

Osório Nunes, "O modernismo morreu?",
Dom Casmurro, Rio de Janeiro, 12 dez. 1942, p. 3.
Fundação Biblioteca Nacional, Rio de Janeiro

"As celebridades, suas manias e predileções", *A Noite*, Rio de Janeiro, 19 dez. 1944, pp. 1 e 9.
Fundação Biblioteca Nacional, Rio de Janeiro

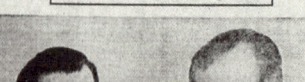

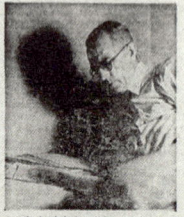

Ruy Facó, "Graciliano Ramos, escritor do povo e militante do PC".
Fotos: Ruy Santos. *Tribuna Popular*, Suplemento de Literatura e Arte,
Rio de Janeiro, 26 ago. 1945.
Fundação Biblioteca Nacional, Rio de Janeiro

GRACILIANO RAMOS CONTA COMO ESCREVEU "INFÂNCIA", SEU RECENTE LIVRO DE MEMÓRIAS

Conversa com o grande romancista de "Angústia" — Sua consciência política e a sua posição na vanguarda dos verdadeiros homens de letras — O memorialista Graciliano — O livro que pretende publicar — Levou seis anos para escrever o volume recentemente lançado pela Livraria José Olímpio

Reportagem de ARMANDO PACHECO   Fotos de VICENTE

Armando Pacheco, "Graciliano Ramos conta como escreveu *Infância, seu recente livro de memórias*". Fotos: Vicente. *Vamos Ler!*, Rio de Janeiro, 25 out. 1945, p. 26. Fundação Biblioteca Nacional, Rio de Janeiro

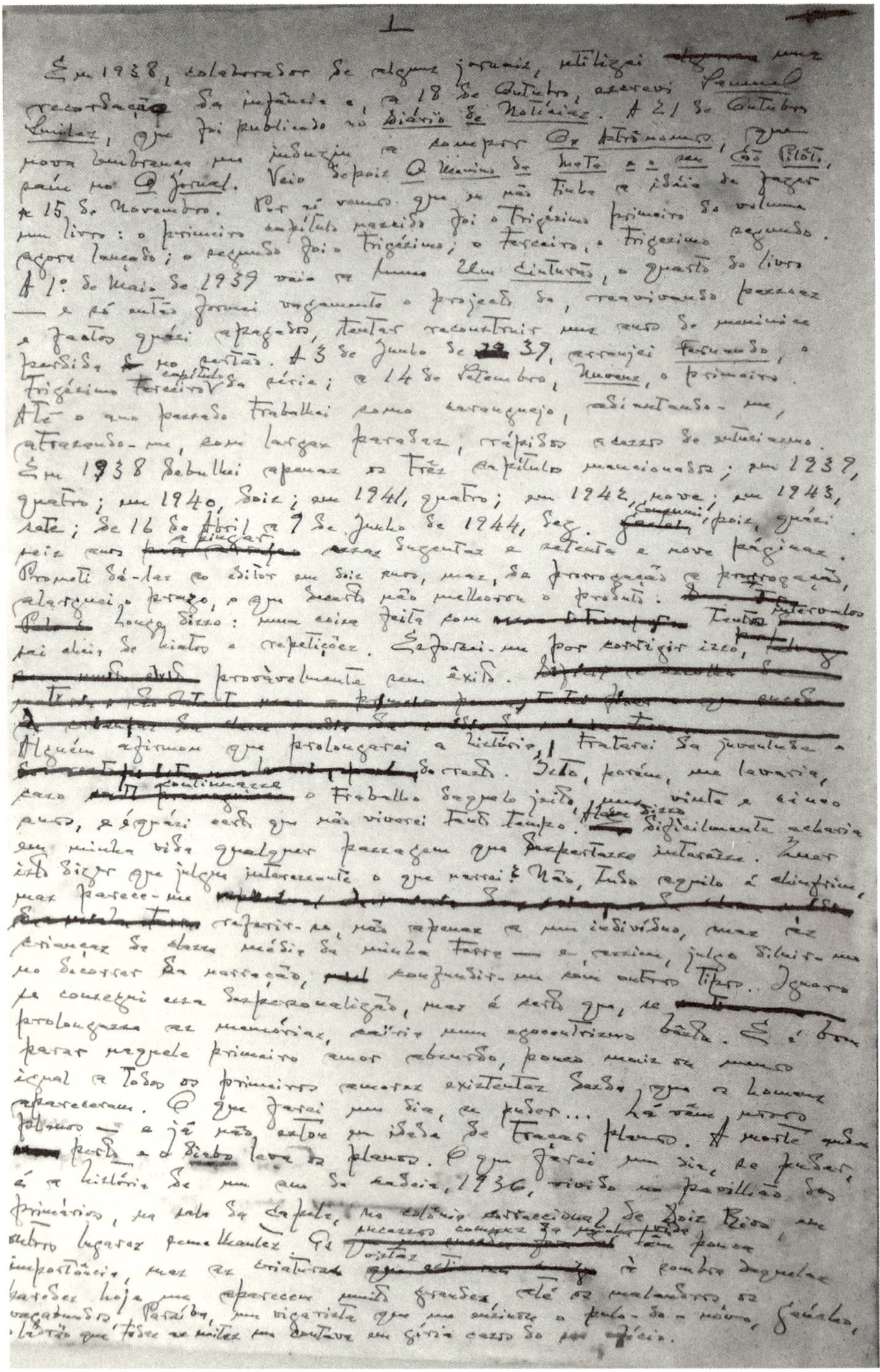

Manuscritos de Graciliano sobre a composição de *Infância*.
Arquivo Graciliano Ramos, IEB-USP

[manuscrito — prosa no topo, com numerosas rasuras, parcialmente ilegível]

... colaborador de alguns jornais, utilizei um caderno ... De infância a estória *Samuel Smiles*, que foi publicado no *Diário* de Ribeira, ... Dias depois, ... novo lançamento ... me induzir a compor ôs *Astrônomos*, que ... no *Jornal*. Vieram em seguida *O menino do mato* e o *Um cão pitoco* ... e *Fernando*, ... Por êsse tempo que ... tão ... tinha a idéia de fazer um livro: o primeiro ... têa capital. nascido foi o *Trigésimo primeiro do ... agora lançado; o segundo foi o *Trigésimo*; ... e *Terceiro*, o *Trigésimo segundo*; o quarto, o *Trigésimo Terceiro*. ... *Uma Bebedeira*, veio a vir o *Um Cinturão*, o quarto do livro; o ..., *Uma Bebedeira*, quinto ... e só então ... formei vagamente o projecto de, revivendo pessoas e factos quási apagados, tentar ressuscitar aquela menínica perdida no sertão.

Xxxxx — 14 - Setembro - 39
xxxx — 24 - Novembro - 40
Verão — 12 - Janeiro - 41
Um cinturão — 1 - Maio - 39
Uma bebedeira — 15 - Setembro - 40
Chegada à vila — 30 - Novembro - 39
A vila — 8 - Novembro - 41
Vida nova — 16 - Agôsto - 41
Padre João Inácio — 18 - Janeiro - 42
O fim do mundo — 30 - Janeiro - 42
O inferno — 25 - Janeiro - 42
O moleque José — 5 - Fevereiro - 42
Um incêndio — 14 - Agôsto - 43
José da Luz — 28 - Dezembro - 41
Leitura — 8 - Fevereiro - 42
Escola — 22 - Março - 42
D. Maria — 29 - Março - 42
O barão de Macaúbas — 27 - Julho - 42
Meu avô — 27 - Setembro - 42
Cegueira — 26 - Julho - 43
Chico Brabo — 3 - Agôsto - 43
José Leonardo — 18 - Agôsto - 43
Minha irmã natural — 17 - Fevereiro - 43
Antônio Vale — 21 - Agôsto - 43
Mudança — 21 - Agôsto - 43
Adelaide — 16 - Abril - 44
Um enterro — 22 - Abril - 44
Um novo professor — 18 - Abril - 44
Um intervalo — 26 - Abril - 44

Os Astrônomos — 21 - Outubro - 38
Samuel Smiles — 18 - Outubro - 38
O menino do mato — 15 - Novembro - 38
Fernando — 3 - Junho - 39
Joaquim Barreto — 3 - Maio - 44
Neitar Trindade — 30 - Maio - 44
Mário Venâncio — 11 - Maio - 44
Jer Ezaneiro — 9 - Junho - 44
A criança infeliz — 5 - Junho - 44
Luzia — 18 - Maio - 44

3
4
2
4
9
7
10
39

Manhã — ⁶Choçada à villa — ¹⁷D. Marilha —

¹⁰O moleque José — ²¹Chico Bimbo — ¹⁶Escola

~~xxxxx~~ ²²José Leonardo — ¹²O inferno —

¹⁴Padre João Ignacio — ¹³José da Luz — ¹⁵Leitura —

²³Minha irmã natural ~~xxxxxxxxxxx~~

~~xxxxxx~~ ¹⁹Meu avô. — ¹¹Uma discussão — ³Verão —

²⁵Mudança ~~xxxxxxxx~~ ³⁶Mário Venâncio —

³⁴Jerônimo Barreto ~~xxxxxxxxxxxxxxxx~~

²⁷Um enterro ~~xxxxxxxxxxxxx~~ ³³Serenão

³¹Vamos Smiles — ⁴História sem instrução —

³²O menino da mata e o ser das Piloto — ¹Heroes —

⁴/⁸ ³⁰Os astrônomos — ⁵Uma bebedeira — ³⁹Laura

⁸Vida nova — ⁹O fim do mundo — ⁷A villa —

¹⁸O varão de Macahubas — ³⁵Venta Tromba

²⁰Fogueira ~~xxxxxxxx~~ ²⁶Adelaide — ²⁸Um novo professor —

~~xxxxxx~~ ³⁸ — ²⁹Um intervalo — ³⁷Leu Ramiro —

A criança infeliz — ²⁴Antônio Vale —

Legenda da foto à esquerda: "Graciliano bebe (talagadas de boa cachaça), fuma, gosta de conversar, é pingente do bonde da Tijuca e frequentador diário da Livraria José Olympio. É homem de pouco otimismo e pouca crença, mas o seu entusiasmo moço muito tem servido ao Partido Comunista."

Legenda da foto à direita, superior: "O romancista famoso continua o mesmo cidadão seco e árido de Palmeira dos Índios, Alagoas. Sua caligrafia é um primor! – dizem."

Legenda da foto à direita, inferior: "Guilherme Figueiredo, Graciliano Ramos e José Lins do Rego. Guilherme e Zé Lins são das chamadas Esquerdas Democráticas."

Joel Silveira, "Perfil apressado do velho Graça", *Revista do Globo*, Porto Alegre, 9 fev. 1946, pp. 32-3 e 58.
Biblioteca da ECA-USP

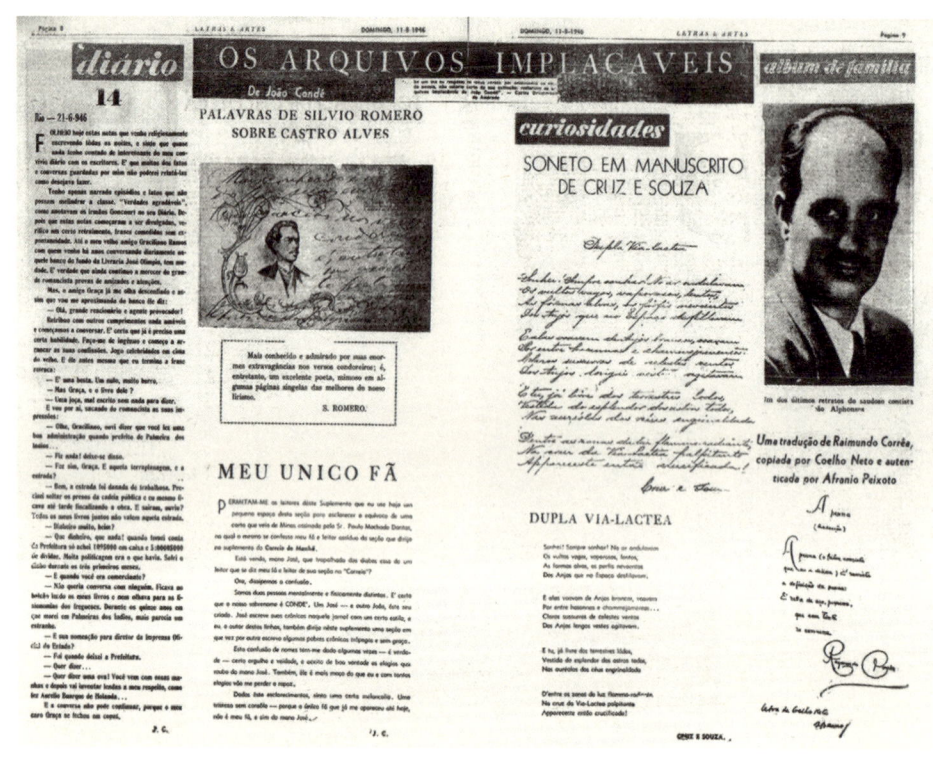

Na seção "Arquivos Implacáveis", publicada no caderno literário "Letras e Artes", do jornal *A Manhã* (1946-8), e depois na revista *O Cruzeiro* (1952-8), João Condé oferecia ao público documentos raros e inusitados.

João Condé, "Os Arquivos Implacáveis: Diário 14", *A Manhã*, "Letras e Artes", 11 ago. 1946, p. 8.
Fundação Biblioteca Nacional, Rio de Janeiro

GRACILIANO RAMOS RECORDA

FEBRE, POLINEVRITE E TUBERCULOSE, HERANÇAS DO PRESÍDIO DA ILHA GRANDE

"Olga Benário Prestes foi minha vizinha de cubículo — declara o romancista de "Angústia" — e lembra de noite em que a deportaram para a Alemanha". — O suplício das vigas, a cela em baixo da cachoeira, as camas de areia, o carregamento de tijolos, as humilhações de todo instante — "não se descrevem assim, em poucas palavras tantos horrores" — As "Memórias" de Graciliano Ramos, documento contra a tirania de Vargas

OLGA PRESTES, SIMBOLO DA TENACIDADE E DO HEROISMO

PEDRO POMAR

"Graciliano Ramos recorda: Febre, polinevrite e tuberculose. Heranças do presídio da Ilha Grande", *Tribuna Popular*, 12 fev. 1947, p. 3. Fundação Biblioteca Nacional, Rio de Janeiro

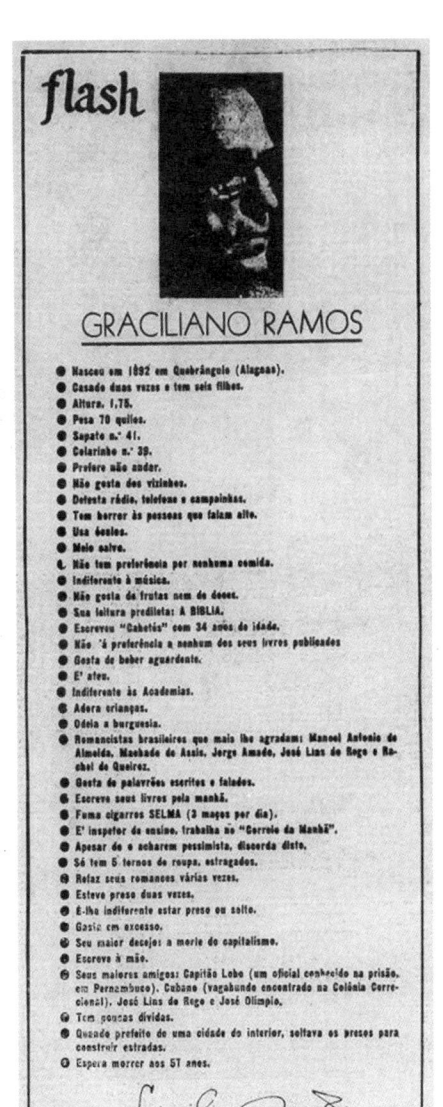

flash

GRACILIANO RAMOS

- Nasceu em 1892 em Quebrângulo (Alagoas).
- Casado duas vezes e tem seis filhos.
- Altura, 1,75.
- Pesa 70 quilos.
- Sapato n.° 41.
- Colarinho n.° 39.
- Prefere não andar.
- Não gosta dos vizinhos.
- Detesta rádio, telefone e campainhas.
- Tem horror às pessoas que falam alto.
- Usa óculos.
- Meio calvo.
- Não tem preferência por nenhuma comida.
- Indiferente à música.
- Não gosta de frutas nem de doces.
- Sua leitura predileta: A BÍBLIA.
- Escreveu "Caetés" com 34 anos de idade.
- Não 'á preferência a nenhum dos seus livros publicados.
- Gosta de beber aguardente.
- É' ateu.
- Indiferente às Academias.
- Adora crianças.
- Odeia a burguesia.
- Romancistas brasileiros que mais lhe agradam: Manoel Antônio de Almeida, Machado de Assis, Jorge Amado, José Lins do Rego e Raphael de Queiroz.
- Gosta de palavrões escritos e falados.
- Escreve seus livros pela manhã.
- Fuma cigarros SELMA (2 maços por dia).
- É' inspetor de ensino, trabalha no "Correio da Manhã".
- Apesar de o acharem pessimista, discorda disto.
- Só tem 5 ternos de roupa, estragados.
- Refaz seus romances várias vezes.
- Esteve preso duas vezes.
- É-lhe indiferente estar preso ou solto.
- Gasta em excesso.
- Seu maior desejo: a morte do capitalismo.
- Escreve à mão.
- Seus maiores amigos: Capitão Lobo (um oficial conhecido na prisão, em Pernambuco). Cubano (vagabundo encontrado na Colônia Correcional), José Lins do Rego e José Olímpio.
- Tem poucas dívidas.
- Quando prefeito de uma cidade do interior, soltava os presos para construir estradas.
- Espera morrer aos 57 anos.

"Autorretrato de Graciliano Ramos aos 56 anos", *A Manhã*, "Letras e Artes", Rio de Janeiro, 1° ago. 1948, p. 8. Fundação Biblioteca Nacional, Rio de Janeiro

Legenda da foto superior: "Diz o escritor: 'Sou obrigado a jogar com as palavras, logo preciso conhecer o seu valor exato'".
Este exemplar da *Revista do Globo* traz uma dedicatória sob a foto 1: "Abraços a Catita/Graciliano." E comentários cáusticos manuscritos pelo romancista, que podem ser lidos a seguir.
Legenda da foto inferior: "Na varanda do apartamento, o escritor, a mulher e os filhos, entre estes Ricardo e Clara (os da direita), que também escrevem." "Que beleza!", anota Graciliano nessa foto com a família.

Homero Senna, "Como eles são fora da literatura:
Graciliano Ramos", *Revista do Globo*, n. 473, 18 dez. 1948.
Acervo de Antonio Carlos Secchin

Legenda da foto superior: "O escritor saindo do edifício de apartamentos onde mora, nas Laranjeiras, e onde o Velho Graça costuma ficar quieto, trancado".

Note-se a letra de Graciliano na foto, a ironizar: "A casa é bonita, o conteúdo vale pouco".

Legenda da foto inferior: "Debaixo daquela secura toda, Graciliano é louco pelas netinhas. Mas não ajuda nas lidas da casa: paga as despesas e pronto!"

A autoironia do romancista, na foto, nos faz rir: "Salva-se a criança".

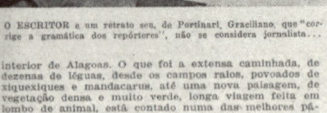

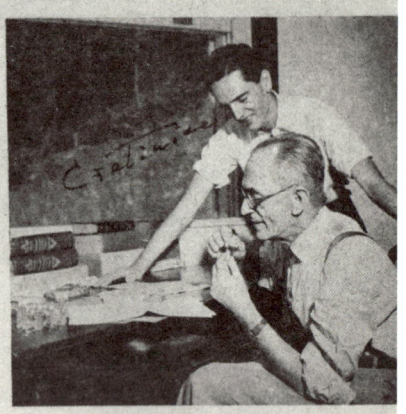

O ESCRITOR e um retrato seu, de Portinari; Graciliano, que "corrige a gramática dos repórteres", não se considera jornalista...

O AUTOR de "Angústia" e o filho — o jovem escritor Ricardo Ramos cujos originais forçosamente são lidos com benignidade...

interior de Alagoas. O que foi a extensa caminhada, de dezenas de léguas, desde os campos ralos, povoados de xiquexiques e mandacarus, até uma nova paisagem, de vegetação densa e muito verde, longa viagem feita em lombo de animal, está contado numa das melhores páginas de "Infância".

PRIMEIRA VIAGEM AO RIO

De Viçosa Graciliano passou a Maceió, onde freqüentou um colégio mau; voltou e, aos 18 anos foi morar em Palmeira dos Índios, no interior do Estado. Em Palmeira dos Índios Graciliano chegaria a prefeito, e foi graças a dois relatórios que, nessa qualidade, escreveu, que se tornou conhecido. Mas não precipitemos os acontecimentos.

Estamos ainda em 1914. Nesse ano realiza Graciliano sua primeira viagem ao Rio, tendo trabalhado aqui como "foca" de revisão. No "Correio da Manhã" e n'"O Século", de Brício Filho, não passou de suplente de revisor, trabalhando apenas quando o revisor efetivo faltava. N'"A Tarde", porém, um jornal surgido naquela época para defender Pinheiro Machado, chegou a revisor efetivo. Morou em várias pensões, naquele Rio dos princípios do século, que tantos cronistas já têm descrito. Os antigos endereços ficaram-lhe na memória, e sem qualquer esforço o romancista os vai citando: Largo da Lapa 110; Maranguape 11; Riachuelo 19... Tôdas numa zona então muito pouco recomendável, porque bairros de meretrício, de desordeiros e boêmios.

— A pensão do Largo da Lapa está em "Angústia" — confessa-me o escritor. — Dagoberto foi meu vizinho de quarto...

— Nessa sua primeira viagem à "côrte" procurou aproximar-se de algum escritor, fêz camaradagem literária?

— Nenhuma. Os escritores daquele tempo eram cidadãos que nas livrarias e nos cafés, discutiam colocação de pronomes e discorriam sôbre Taine. Machado e Euclides já haviam morrido, e os anos de 1914-1915, em que estive aqui, assinalam, na literatura brasileira, uma época cinzenta e anódina, de que é bem representativo um tipo como Osório-Duque-Estrada, que então pontificava...

COMERCIANTE ESTABELECIDO

— Ficou aqui até quando?

— Até 1915. Depois de curta, e nada sedutora permanência na capital, achei melhor voltar para Palmeira dos Índios, onde já havia deixado um caso sentimental e onde minha família estava tôda sendo dizimada pela bubônica. Num só dia perdi dois irmãos. Alarmado, e também desgostoso com a vida que aqui levava, tratei de voltar para Alagoas. Em outubro de 1915 casei-me e

estabeleci-me com loja de fazendas em Palmeira dos Índios. A mesma loja que fôra de meu pai.

— Nessa ocasião já tinha preocupações literárias?

— Lia muito e escrevia coisas que inutilizava ou publicava com pseudônimos.

— Quer revelar alguns dêsses pseudônimos?

— Você é bêsta...

— Fazia versos?

— Aprendi isso, para chegar à prosa, que sempre achei muito difícil. Tendo vivido quinze anos completamente isolado, sem visitar ninguém, pois nem as visitas recebidas por ocasião da morte de minha mulher eu paguei, tive tempo bastante para leituras. Depois da revolução russa, passei a assinar vários jornais do Rio. Dêsse modo me mantinha mais ou menos informado, e os livros, pedidos pelos catálogos, iam-me daqui, do Alves e do Garnier, e principalmente de Paris, por intermédio do "Mercure de France".

NUNCA FOI MODERNISTA

— Então, se procurava manter-se tão bem informado a respeito do que se passava no Rio e no resto do mundo, deve ter acompanhado, lá do Palmeira dos Índios, o movimento modernista.

— Claro que acompanhei. Já não lhe disse que assinava jornais?

— E que impressão lhe ficou do Modernismo?

— Muito ruim. Sempre achei aquilo uma tapeação desonesta. Salvo raríssimas exceções, os modernistas brasileiros eram uns cabotinos. Enquanto outros procuravam estudar alguma coisa, ver, sentir, êles importavam Marinetti.

— Não exclui ninguém dessa condenação?

— Já disse: "salvo raríssimas exceções". Está visto que excluo Bandeira, por exemplo, que aliás não é propriamente modernista. Fêz sonetos, foi parnasiano. E o Solau do Desamado é como na Sextilhas de Frei Antão. Por dever de ofício, pois estou organizando uma antologia de contos brasileiros, antologia que rola há mais de três anos, tive de reler tôda a obra de um dos próceres do Modernismo. Achei dois contos, de cinco ou seis páginas cada um. E pergunto: isso justifica uma glória literária?

Franze a testa, detém-se um instante, mas logo prossegue:

— Os modernistas brasileiros, confundindo o ambiente literário do país com a Academia, traçaram linhas divisórias rígidas (mas arbitrárias) entre o bom e o mau. E, querendo destruir aquilo que ficara para trás, condenaram, por ignorância ou safadeza, muita coisa que merecia ser salva. Vendo em Coelho Neto a encarnação da literatura brasileira — o que era um êrro — fingiram esquecer tudo quanto havia antes, e nessa con-

Cont. na pág. 84

Legenda da foto à esquerda: "O escritor e um retrato seu, de Portinari; Graciliano, que 'corrige a gramática dos repórteres', não se considera jornalista..."

O romancista comenta sua foto, sem complacência: "Medonho Graciliano".

Legenda da foto à direita: "O autor de *Angústia* e o filho — o jovem escritor Ricardo Ramos, cujos originais são lidos com benignidade".

Rimos do substantivo escrito por Graciliano na foto: "Cretinice".

OBRAS-PRIMAS DESCONHECI-DAS DO CONTO BRASILEIRO

Alguns momentos de palestra com Graciliano Ramos — Crítica literária na Livraria — Coelho Neto é uma droga — Um conhecedor de Lobato — Os grandes conto. brasileiros que ninguém conhece — Graciliano como pesquisador histórico.

OTTO MARIA CARPEAUX

NOS fundos da Livraria José Olympio, escura e quente, existe um banquinho, incômodo como banco dos réus... eis o lugar preferido do mestre Graciliano Ramos, teatro de conversas saborosas. Já se formou uma "leyenda negra" em tôrno dessas conversas cada vez mais "pessimistas"; por exemplo, eu teria dito, ao entrar: "Bom dia!", e Graciliano teria respondido: "Você acha?" São lendas, nas quais, há porém, como em tôdas as lendas, um grão de verdade. Ali fala-se mal do mundo. E mestre Graciliano, não raramente, fala mal da literatura brasileira. Já é conhecida sua resposta a um rapaz que defendeu certo escritor cearense cuja vida teria sido superior à sua obra: "Qualquer vida teria sido superior à sua obra". Os visitantes da província assustam-se sobretudo da irreverência de Graciliano com respeito a Machado de Assis; mas não é tanto assim.

UM INIMIGO DE MACHADO DE ASSIS?

"— Machado de Assis é grande escritor", me diz Graciliano Ramos, "apenas não é romancista. Do ponto de vista da técnica novelística, todos os seus romances são deficientes. São misturas de crônicas, ensaios, aforismos, meditações, contos, sobretudo de contos. O "Braz Cubas" não é outra coisa senão uma narração incoerente, com uns contos interpolados. Magníficos contos, aliás, pois Machado é grande nesse gênero, o maior entre os brasileiros. Como contista, o autor do "Trio em la-menor" e da "Causa secreta" seria grande em qualquer língua, Você não acha?"

OS GRANDES CONTISTAS DO MUNDO

"— Acho. Você sabe como admiro o velho. A última página do "Velho Senado" afigura-se-me como a maior página de prosa portuguêsa escrita no Brasil. Mas gostaria de saber algo dos critérios em que Você apoia seu julgamento. Há quem aponte Maupassant, Kipling e Tchekhov como os contistas-modelos. Você concorda com isso?"

"— Gosto de alguns contos de Kipling, apesar da aversão ideológica que o imperialista inglês me inspira. Admiro Boccaccio e outros italianos da Renascença, admiro muito o "Rinconete y Cortadillo" de Cervantes, Você se lembra do diálogo? "Es vuesa merced, por ventura, ladrón? — Si, respondió él, para servir a Dios y a las buenas gentes". Depois, há Gogol, há Dostoievski, há Tchenkhov sobretudo e Gorki. E "A morte de Ivan Ilitch", de Tolstoi, que Você mesmo me recomendou certo dia, talvez seja o maior conto de todos os tempos. Aí Você vê os meus critérios. Mas não gosto absolutamente de Maupassant".

"— Vejo bem a relação entre a sua aversão contra Maupassant e a sua admiração pelos contos de Machado. Talvez a imitação de Maupas-sant tenha estragado outros contistas brasileiros?"

OS BONS CONTISTAS... E OS OUTROS

"— Não sei se é isso. Não quero fazer o crítico literário. Mas o verdade que nunca houve, com exceção de Machado, grandes contistas no Brasil. Apenas houve indivíduos que escreveram, acidentalmente, um ou outro conto bom. Posso citar "Os demónios", de Aluizio Azevedo; alguns do velho Alfonso Arinos, como por exemplo "Joaquim Mironga"; depois, "Duelo de farrapos" e mais um ou dois de Simões Lopes Neto. Os chamados contos de Artur Azevedo são apenas crônicas bastante frívolas. Mas João Ribeiro poderia ter sido autêntico contista como se revela na "Floresta de Exemplos". João Alphonsus tem boas coisas: "Sardanapalo". "Noite de conselheiro". Entre os vivos, aprecio muito a arte de Marques Rebelo, arte de transformar em delicado e delicioso lirismo as safadezas da canalha carioca. Os contos de Marques são muito melhores do que as afamadas histórias de Lima Barreto".

"— Deixa em paz o Lima Barreto! Na minha tábua de admirações êle vem logo depois de Machado de Assis. Me parece aliás que Você também sente certa ternura pelo mulato genial e infeliz, apenas não quer admitir, por amor ao paradoxo"

Aí o velho Graça perde a paciência. "Acham paradoxo quando digo a verdade". Tira o paletó, como se quisesse ir à luta corporal. "Digo a Você que Lima Barreto, que foi muito mais sincero do que Machado, não presta. Digo mais que todos os outros contistas brasileiros não prestam. Alcides Maya é fraco. Coelho Neto é uma droga. Do Alcântara Machado perdoam-se algumas páginas, talvez "Carmela", mas o resto não vale nada. Os contos de Mario de Andrade são ruins como todos os diabos".

CONVERSA DE DIABOS

Já dizia eu que as frases decisivas de Graciliano Ramos terminam sempre com "todos os diabos"? Já o ouvi dizer que êle odeia os jesuítas e outras ordens religiosas mas — "os franciscanos são magníficos como de todos os diabos". Daí não se sabe com certeza se o apêlo ao Inferno não encerra porventura um elogio: "Es vuesa merced, por ventura, ladrón?". Graciliano gosta dos criminosos, pelo menos na ficção. Que pensaria êle do "Comprador de Fazendas"? Arrisco-me a perguntar: "E Monteiro Lobato?".

A resposta vem pronta: "Não conheço". Evidentemente Graciliano conhece muito bem os contos de Lobato. Mas não quer conhecê-los. Em compensação, acrescenta: "Mas conheço alguns bons contos brasileiros que todo mundo ignora".

TESOUROS IGNORADOS DA LITERATURA BRASILEIRA

Basta isso para provocar a maior curiosida-

(conclui na 14ª pag.)

Conversa de Otto Maria Carpeaux com Graciliano, centrada no gênero conto. "Obras-primas desconhecidas do conto brasileiro", *A Manhã*, "Letras e Artes", Rio de Janeiro, 10 abr. 1949, pp. 14-5.
Fundação Biblioteca Nacional, Rio de Janeiro

Artes e LETRAS

CARTA DO BRASIL

GRACILIANO RAMOS

FALA AO «DIÁRIO POPULAR»

ACERCA DOS MODERNOS

ROMANCISTAS BRASILEIROS

«FOI UM ESCANDALO

NÃO SABIAM ESCREVER...

...MAS ESTAVAM ALI

PEDAÇOS DO BRASIL»

RIO DE JANEIRO, Agosto —
Ao fundo da livraria José Olimpio, no mesmo banco onde o encontrei há onze anos, sentado, as pernas cruzadas, em mangas de camisa, o casaco dobrado sobre as pernas, Graciliano Ramos como que continua uma conversa interrompida durante esse lapso de tempo. Tenho a impressão de que o deixei ontem, que adiara por algumas horas a nossa conversa, que onze anos foram onze horas, tão presentes são os problemas dessa época, em relação à literatura. Mas isto é só aparência, porque a realidade é muito diferente, dado que as situa...

peitado e apreciado romancista brasileiro, no seu país e no estrangeiro, começa por se referir ao movimento modernista, que pôs termo a uma literatura «fabricada» numa língua estranha, com ideias importadas, falsa e medíocre. Uma literatura feita por sujeitos pedantes, balofos e ridículos, amarrados a um academismo estéril, de todo alheados dos factos nacionais, sem arte nem vida.

— Olhávamos para esse panorama com desânimo, e com enjoo, iamos a retórica boba que se arrumava em livros que nada significavam, nada traduziam, que não eram brasileiros nem de parte alguma — uma imitação e falsificação incompreensíveis.

(Continua na 9.ª pág.)

RECORDA-SE
A PROCISSÃO

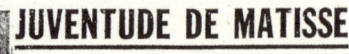

CLAUDE SILVE

Em 1935, acompanhando seu marido, que até à guerra exerceria elevadas funções diplomáticas no nosso país, chegou a Portugal «M.e» de la Forest de Divonne, que no mundo das letras honrava justamente, havia muito, o pseudónimo de Claude Silve. Nesse mesmo ano obtivera uma das mais elevadas recompensas literárias da seu país: o «Prix Fémina», com o seu livro «Bénédictions», obra-prima da literatura contemporânea, tão à maneira íntima desta escritora admirável cuja obra se pode situar em verdade a meio caminho entre a vida — e o sonho.

Veio a guerra, Claude Silve deixou Lisboa, recolhen-se ao isolamento dessa casa de campo onde até agora tem vivido para a sua família, para a sua...

JUVENTUDE DE MATISSE
Por B. VIVIENNE

A exposição que abriu há pouco no Museu de Arte Moderna, em Paris, e que se prolongará pelo Verão adiante, agrupa obras recentes de Henri Matisse. Em anos com amor, acabou por oferecer-á visitar de Juvéncio molhará conferir ás suas telas o brilho deslumbrante, ao seu grafismo e impulsividade, que só aos novos pertencem? Milagre dum artista que em 31 de Dezembro deste ano festejará os 80 anos, que vive retirado em Nice, e cuja obra irradia uma vitalidade que muitos pintores moços podem invejar-lhe!

Verdade seja que Matisse deixou de surpreender e vai longe o tempo em que uma «Femme au chapeau», que ele expôs no primeiro Salão do Outono, esteve em riscos de ser despedaçada pelos paladinos da pintura académica. Estávamos em 1903. A tela em questão seria, de resto, adquirida por Gertrude Stein e seu irmão, que os amadores americanos tornaram conhecidos no seu país tantos jovens pintores franceses. «Ficámos encantados», explicava Gertrude Stein, com essa «Femme au chapeau», de cor e de anatomia tão estranhas»

Foram igualmente os Stein que, em 1906, enviaram a Matisse os seus dois primeiros alunos, dois rapazes americanos, um volta dos quais se reuniram vários outros vindos para trabalhar na «Académia Matisse», que se instalou no local dum antigo convento do «Boulevard dos In-

que havia comprado a Ambroise Vollard — pouco tempo depois do seu casamento — e que o pintor tendo-a contemplado anos a recer generosamente, em 1936, ao Museu da Cidade de Paris.

Matisse nunca tentou ocultar quanto devia aos seus maiores — Gustave Moreau, sobretudo, injustamente caído numa espécie de esquecimento, embora tenha exercido tão grande influência na geração nova, que daria os «Fauves». A maior sensação do Salão de Outono de 1905 foi a sala em que estavam agrupadas telas de Matisse, Derain, Vlaminck, Manguin, Rouault, Friez, Puy, etc., todos eles guiados por Gustave Moreau. Neste Sa¹ão de Outono, a nova escola foi baptisado por Louis Vauxcelles que, lobrigando na sala, naquela «gaiola» no meio de tantas telas ricas em cores puras de arrojada composição, uma estatueta de criança florentina, exclamou: «Donatello ou milieu des Fauves»!

Passaram 45 anos a Matisse, o «Fauve», nada perdeu dos seus entusiasmos. No Museu de Arte Moderna, acham-se expostas treze telas que foram pintadas em 1947 e 1948, autêntico banho de sol para o visitante que contempla as folhagens palpitantes e os frutos sumarentos, e vai retraçar-se à sombra de interiores em que o Verão se agarra às persianas. Estas telas provam a fidelidade de Matisse às cores puras a que nunca alia senão o branco e não conhere a densidade senão pela superfície: um centímetro quadrado de azul é menos azul de que um outro quadrado, gosta Matisse de explicar.

O seu domínio da cor, utilizou-o também para realizar os seus papéis recortados, as suas «improvisações cromáticas e rítmicas» que compõem o magnífico álbum «Jazz», que ilustram...

(Continua na 9.ª pág.)

Castro Soromenho, "Graciliano Ramos fala ao *Diário Popular* acerca dos modernos romancistas brasileiros", *Diário Popular*, "Carta do Brasil", "Artes e Letras", Lisboa, 10 set. 1949, pp. 4 e 9.
Biblioteca Nacional de Portugal

José Tavares de Miranda, "Nossos escritores – Graciliano Ramos: 'Sempre fui antimodernista'"; "Traços de identidade", *Folha da Manhã*, São Paulo, 23 set. 1951, p. 5.
Legenda da foto: "Graciliano Ramos, hoje"; legenda da ilustração: "Graciliano, por Aldemir".
Banco de Dados do Grupo Folha

José Guilherme Mendes,
"Graciliano Ramos: romance é
tudo nesta vida", *Manchete*,
Rio de Janeiro,
15 nov. 1952, pp. 14-7.
Arquivo Graciliano Ramos, IEB-USP
(recortes)

Graciliano Ramos e José Guilherme Mendes, Rio de Janeiro, 1952.
Arquivo Graciliano Ramos, IEB-USP

Cidade Aberta
Coluna de EDMAR MOREL

Último Protesto de Graciliano Ramos às Portas da Morte

Chegou ao Rio o Jornalista Marques Gastão Que, há Anos, Deturpa, na Europa, o Pensamento de Inúmeros Escritores Brasileiros — Nem Marques Rebêlo Escapou — Onda de Protestos em Lisboa — Duas Páginas de Insultos — Recepção na ABI e Uma Saudação Fora do Programa — O Gajo Está no Rio

Edmar Morel, "Último protesto de Graciliano às portas da morte", *Última Hora*, Rio de Janeiro, 14 ago. 1954.
Fundação Biblioteca Nacional, Rio de Janeiro

UM PROFISSIONAL DA DETURPAÇÃO

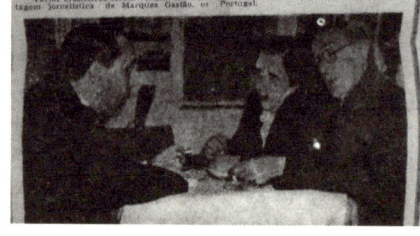

O casal Graciliano Ramos, no aeroporto de Lisboa, ao lado do deturpador.

INSULTOS

O GAJO ESTÁ NO RIO

Fac-símile do protesto de Graciliano Ramos na própria página do livro infamante.

A página do jornal traz esta legenda: "Fac-símile do protesto de Graciliano Ramos na própria página do livro infamante".
Observem-se as frases manuscritas: "Hitler, Mussolini e Estaline que há? Eu não poderia juntar esses três nomes." O texto de Marques Gastão, que desagradou Graciliano, está na p. 255 do *Conversas*.

Fornecia livros franceses (Dumas pai, Victor Hugo, Octave Feuillet, Júlio Verne etc.) e estrangeiros e editou 655 obras de escritores brasileiros do século XIX, como Joaquim Manuel de Macedo, José de Alencar, Machado de Assis. E nas quatro últimas décadas do século XX, a Livraria Garnier, na rua do Ouvidor, foi ponto de encontro desses e de outros intelectuais, como José Veríssimo, Sílvio Romero, Joaquim Nabuco, Rui Barbosa, Olavo Bilac, Alberto de Oliveira, Raimundo Correia, Coelho Neto, Medeiros e Albuquerque, Araripe Júnior, Mário de Alencar, entre outros. Segundo aponta Ubiratan Machado, a Garnier, "quase um mito", visitada como um templo por quem ia à cidade, foi a livraria mais importante do Rio de Janeiro no século XIX e início do XX (Ver: GRANJA, Lúcia. "Entre homens e livros: contribuições para a história da livraria Garnier no Brasil", *Livro, Revista do Núcleo de Estudos do Livro e da Edição*, v. 3, pp. 20-31, 2013; HALLEWELL, Laurence. *O livro no Brasil: sua história.* cit., pp. 195-225; MACHADO, Ubiratan. *Pequeno guia histórico das livrarias brasileiras.* Cotia: Ateliê Editorial, 2008, pp. 45-7).

14. *Mercure de France* foi uma revista literária francesa, voltada para a literatura e outras artes, fundada em 1890 por Alfred Vallete (surgiu em 1762 como *Le Mercure Galant*). Lançou-se como editora e publicou autores como Nietzsche, André Gide, Paul Claudel, Guillaume Apollinaire. Em 1958, foi comprada pela Gallimard.

15. O "Solau do desamado", de Manuel Bandeira (1886-1968), integra *A Cinza das Horas*, obra publicada em 1917 (3. ed. São Paulo: Global, 2013; *Poesia completa e prosa*. Introdução geral por Sérgio Buarque de Holanda e Manuel Bandeira. 2. ed. Rio de Janeiro: José Aguilar, 1967, pp. 169-70). Quanto à predileção de Graciliano pela poesia de Bandeira, veja-se a nota 46 de "Graciliano Ramos, aos cinquenta anos", Francisco de Assis Barbosa, 1942.

16. DIAS, Gonçalves (1823 — 1864). *Segundos cantos e Sextilhas de Frei Antão*. Rio de Janeiro: José Ferreira Monteiro, 1848; *Obras poéticas de A. Gonçalves Dias*. Organização, apuração do texto, cronologia e notas por Manuel Bandeira. São Paulo: Companhia Editora Nacional, 1944.

17. Sobre a antologia de contos brasileiros organizada por Graciliano, confira-se a nota 6 de "Graciliano Ramos, escritor do povo e militante do PC".

18. Sobre os relatórios de Graciliano prefeito de Palmeira dos Índios, confira-se a nota 10 de "Graciliano Ramos", José Condé, *O Cruzeiro*, 1939.

19. Graciliano compôs as *Memórias do cárcere*, referidas nesta *Conversa* como *Memórias da prisão*, num trabalho dedicado, lento e contínuo, desde 1946. Publicação póstuma (1953), falta-lhe apenas o último capítulo. O filho Ricardo, na "Explicação final", conta que Graciliano não se importava com o título da obra, ora se inclinando para este que prevaleceu, ora preferindo *Cadeia*.

20. Ver: BANDEIRA, Manuel. "A nova gnomonia". In: *Crônicas da Província do Brasil* (Rio de Janeiro: Civilização Brasileira, 1937; Org. Júlio

Castañon Guimarães. São Paulo: Cosac Naify, 2006). Em homenagem ao amigo Jayme Ovalle (Belém, 1894 — Rio de Janeiro, 1955), compositor e poeta, Manuel Bandeira escreveu o poema "Ovalle" (*Estrela da tarde*) e os textos "Ovalle I, II e III", 1955 (*Flauta de papel*. In: *Poesia completa e prosa*. Introdução geral por Sérgio Buarque de Holanda e Manuel Bandeira. 2. ed. Rio de Janeiro: José Aguilar, 1967). Ver também: WERNECK, Humberto. *O santo sujo: a vida de Jayme Ovalle*. São Paulo: Cosac Naify, 2008.

21. As *Obras completas* de Graciliano saíram pela José Olympio em 1947.

22. A edição americana de *Angústia* é: *Anguish*. Translated from the Portuguese by L.C. Kaplan. Nova York: A. A. Knopf, 1946.

23. Os três livros traduzidos para o espanhol: *Angustia*: novela. Traducción, prólogo y notas de Serafín J. Garcia. Montevidéu: Independencia, 1944. Colección Grandes Novelistas; *Vidas secas*, novela. Traducción y prólogo de Bernardo Kordon. Buenos Aires: Ed. Futuro, 1947; *Infancia*. Traducción de Bernardo Kordon. Buenos Aires: Siglo Veinte, 1948. Uma lista de traduções posteriores consta das páginas do fim deste volume.

24. A tarefa de Graciliano de ler originais remetidos à sua apreciação é assunto recorrente nas *Conversas*. Veja-se a nota 6 de "Conversas com Graciliano Ramos".

19. Obras-primas desconhecidas do conto brasileiro[1]

OTTO MARIA CARPEAUX,[2] *A MANHÃ*,[3] 1949

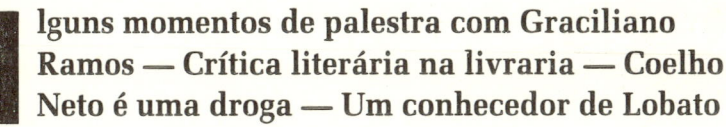

Alguns momentos de palestra com Graciliano Ramos — Crítica literária na livraria — Coelho Neto é uma droga — Um conhecedor de Lobato — Os grandes contos brasileiros que ninguém conhece — Graciliano como pesquisador histórico

Nos fundos da Livraria José Olympio escura e quente, existe um banquinho, incômodo como banco dos réus... eis o lugar preferido do mestre Graciliano Ramos, teatro de conversas saborosas. Já se formou uma "*leyenda negra*" em torno dessas conversas cada vez mais "pessimistas"; por exemplo, eu teria dito, ao entrar: "Bom dia!", e Graciliano teria respondido: "Você acha?".[4] São lendas nas quais há, porém, como em todas as lendas, um grão de verdade. Ali fala-se mal do mundo. E mestre Graciliano, não raramente, fala mal da literatura brasileira. Já é conhecida sua resposta a um rapaz que defendeu certo escritor cearense cuja vida teria sido superior à sua obra: "Qualquer vida teria sido superior à sua obra." Os visitantes da província assustam-se sobretudo da irreverência de Graciliano com respeito a Machado de Assis; mas não é tanto assim.[5]

Um inimigo de Machado de Assis?

— Machado de Assis é grande escritor — me diz Graciliano Ramos —, apenas não é romancista. Do ponto de vista da técnica novelística, todos os seus romances são deficientes. São misturas de crônicas, ensaios, aforismos, meditações, contos, sobretudo de contos. O *Brás Cubas* não é outra coisa senão uma narração incoerente, com uns contos interpolados. Magníficos contos, aliás, pois Machado é grande nesse gênero, maior entre os brasileiros. Como contista, o autor do "Trio em lá menor" e da "Causa secreta"[6] seria grande em qualquer língua, você não acha?

Os grandes contistas do mundo

— Acho. Você sabe como admiro o velho. A última página do "Velho Senado"[7] afigura-se-me como a maior página de prosa portuguesa escrita no Brasil. Mas gostaria de saber algo dos critérios em que você apoia seu julgamento. Há quem aponte Maupassant, Kipling e Tchekhov como os contistas-modelos. Você concorda com isso?

— Gosto de alguns contos de Kipling, apesar da aversão ideológica que o imperialista inglês me inspira. Admiro Boccaccio e outros italianos da Renascença, admiro muito o "*Rinconete y Cortadillo*" de Cervantes, você se lembra do diálogo? "*Es vuesa merced, por ventura, ladrón? — Si, respondió él, para servir a Dios y a las buenas gentes*".[8] Depois, há Gogol, há Dostoievski, há Tchekhov sobretudo e Gorki. E "A morte de Ivan Ilitch", de Tolstoi,[9] que você mesmo me recomendou certo dia, talvez seja o maior conto de todos os tempos. Aí você vê os meus critérios. Mas não gosto absolutamente de Maupassant.

— Vejo bem a relação entre a sua aversão contra Maupassant e a sua admiração pelos contos de Machado. Talvez a imitação de Maupassant tenha estragado outros contistas brasileiros?

Os bons contistas... e os outros

— Não sei se é isso. Não quero fazer o crítico literário. Mas é verdade que nunca houve, com exceção de Machado, grandes contistas no Brasil. Apenas houve indivíduos que escreveram, acidentalmente, um ou outro conto bom. Posso citar "Os demônios", de Aluísio Azevedo; alguns do velho Afonso Arinos, como, por exemplo, "Joaquim Mironga"; depois, "Duelo de farrapos" e mais um ou dois de Simões Lopes Neto. Os chamados contos de Artur Azevedo são apenas crônicas bastante frívolas. Mas João Ribeiro poderia ter sido autêntico contista como se revela na "Floresta de exemplos". João Alphonsus tem boas coisas: "Sardanapalo", "Noite de conselheiro". Entre os vivos, aprecio muito a arte de Marques Rebelo, arte de transformar em delicado e delicioso lirismo as safadezas da canalha carioca. Os contos de Marques são muito melhores do que as afamadas histórias de Lima Barreto.

— Deixa em paz o Lima Barreto! Na minha tábua de admirações ele vem logo depois de Machado de Assis. Me parece aliás que você também sente certa ternura pelo mulato genial e infeliz, apenas não quer admitir, por amor ao paradoxo.

Aí o velho Graça perde a paciência:

— Acham paradoxo quando digo a verdade.

Tira o paletó, como se quisesse ir à luta corporal.

— Digo a você que Lima Barreto, que foi muito mais sincero do que Machado, não presta. Digo mais: que todos os outros contistas brasileiros não prestam. Alcides Maya é fraco. Coelho Neto é uma droga. De Alcântara Machado perdoam-se algumas páginas, talvez "Carmela", mas o resto não vale nada. Os contos de Mário de Andrade são ruins como todos os diabos.

Conversa de diabos

Já dizia eu que as frases decisivas de Graciliano Ramos terminam sempre com "todos os diabos"? Já o ouvi dizer que ele odeia os jesuítas e outras ordens religiosas mas — "os franciscanos são magníficos como todos os diabos". Daí não se sabe com certeza se o apelo ao Inferno não encerra porventura um elogio. *"Es vuesa merced, por ventura, ladrón?"* Graciliano gosta dos criminosos, pelo menos na ficção. Que pensaria ele do "Comprador de fazendas"?[10] Arrisco-me a perguntar:

— E Monteiro Lobato?

A resposta vem pronta:

— Não conheço.

Evidentemente Graciliano conhece muito bem os contos de Lobato. Mas não quer conhecê-los. Em compensação, acrescenta:

— Mas conheço alguns bons contos brasileiros que todo mundo ignora.

Tesouros ignorados da literatura brasileira

Basta isso para provocar a maior curiosidade. Descobrir coisas novas, e boas, na literatura brasileira é um fraco meu. E não sei de guia mais seguro numa floresta de falsas celebridades e de valores injustamente esquecidos do que esse crítico insubornável ao meu lado, que não quer ser crítico e que, no entanto, dos fundos de uma livraria, ilumina uma literatura inteira.

— Há uns tempos — começa Graciliano — andei estudando aquilo que se chama conto brasileiro. Sérgio Buarque de Holanda abriu-me com a maior gentileza os, digamos, tesouros da Biblioteca Nacional.[11] Passei lá três meses, folheando velhas revistas e jornais. Quanta coisa obsoleta, quanta besteira! No entanto, eu já dizia a você que os verdadeiros contistas brasileiros[12] são indivíduos que escreveram, acidentalmente, um ou outro conto sofrível e às vezes notável. Fiz algumas descobertas. Raul Pompeia (não gosto, aliás, do *Ateneu*) tem um conto muito bom: "Tílburi de praça". Os contos de Medeiros e Albuquerque, em geral, não prestam; mas "O ratinho Tic-Tac" é exceção. Do Mário de Alencar descobri um conto notável, "Coração de velho". Outro esquecido, Domício da Gama, tem só um conto bom, mas é realmente bom e se chama mesmo: "Só". E quem conhece os contos de Alberto de Oliveira? Quem já leu "Os brincos de Sara"? Pois eu li e gostei.

O otimismo do velho Graça

Há tantos anos que conheço Graciliano, mas raramente ouvi dele tantas afirmações positivas de uma vez. Será que o velho virou otimista?

— Então — pergunto —, você já pensou em reunir essas obras-primas desconhecidas do conto brasileiro? Obras-primas não, quero dizer: de contos bons, isto sim.

Insisto:

— Será, em todo caso, uma boa, digamos, floresta de exemplos.

Mas Graciliano Ramos não tolera esse meu acesso de otimismo.

— Boa — pergunta, reincidindo —, você acha?

Notas

1. CARPEAUX, Otto Maria. "Obras-primas desconhecidas do conto brasileiro", *A Manhã*, "Letras e Artes", Rio de Janeiro, 10 abr. 1949. *Folha da Manhã*, Quarto caderno, São Paulo, 15 maio 1949, pp. 14-5.
2. Otto Maria Carpeaux (Otto Karpfen: Viena, 1900 — Rio de Janeiro, 1978): crítico literário e ensaísta austríaco, naturalizado brasileiro. Na Europa, estudou química, filosofia, matemática, sociologia, literatura comparada, política e música. Chegou ao Brasil em agosto de 1939, com sua mulher, dona Helena, fugindo do nazismo. Em três anos aprendeu a língua portuguesa e deu a público o livro de ensaios *Cinza do purgatório*. Publicou também: *Origens e fins* (1943); *Pequena bibliografia crítica da literatura brasileira* (1949); *Respostas e perguntas* (1953); *Retratos e leituras* (1953); *História da literatura ocidental* (oito volumes, de 1958 até 1966); *Presenças* (1958); *Uma nova história da música* (1958); *Livros na mesa* (1960); *A literatura alemã* (1964); *A batalha da América latina* (1965); *O Brasil no espelho do mundo* (1965); *Vinte e cinco anos de literatura* (1968); *Hemingway: tempo, vida e obra* (1971); *Alceu Amoroso Lima* (1978, póstumo). Carpeaux foi diretor da Biblioteca da Faculdade Nacional de Filosofia (1942-44) e da Biblioteca da Fundação Getulio Vargas (1944-49). Colaborou no *Correio da Manhã* desde 1941 e, em 1950, tornou-se seu redator-editor. Foi forte opositor do regime militar. Editou, com Antônio Houaiss, a *Grande Enciclopédia Delta-Larousse*.
Otto Maria Carpeaux é um dos quatro amigos que Graciliano destaca no "Discurso" de agradecimento pela homenagem em 1942, identificando-se, migrante forçado pela prisão, com a trajetória deles. O romancista salienta que, de procedências variadas, eles jamais suporiam "juntar-se e auxiliar-se" no Rio de Janeiro: dez anos antes, nas universidades europeias, Carpeaux e Paulo Rónai não pensavam que um dia, expulsos pela

guerra, estudariam a terra e a literatura brasileiras; em 1930, José Lins do Rego escrevia artigos em Maceió, mas se surpreenderia se lhe dissessem do Ciclo da Cana-de-Açúcar; Aurélio Buarque de Holanda, professor e poeta nos anos 1930 em Alagoas, também não imaginaria seu futuro no Rio de Janeiro, de contista e dicionarista (Cf. *Garranchos*).

Leiam-se os artigos de Carpeaux: "Visão de Graciliano Ramos" (*Diretrizes*, Rio de Janeiro, 29 out. 1942, pp. 6 e 22; in: *Homenagem a Graciliano Ramos*; *Origens e fins*, de Carpeaux; posfácio da edição antiga de *Angústia* da Record; *Ensaios reunidos 1942-1978* de Carpeaux, 1999, v. I, pp. 443-50); "Graciliano e seu intérprete" (*O Jornal*, Rio de Janeiro, 23 fev. 1947; *Teresa: revista de literatura brasileira* n. 2, USP/Ed. 34, 2001); "Os sessenta anos de Graciliano Ramos" (*Correio da Manhã*, Rio de Janeiro, 26 out. 1952); "Graciliano Ramos (No sétimo dia de sua morte)" (*Correio da Manhã*, 28 mar. 1953, 1º Caderno, p. 2); "Amigo Graciliano" (*O Globo*, Rio de Janeiro, 1953; *Teresa: revista de literatura brasileira* n. 2, USP/Ed. 34, 2001); "Graciliano: insônia e esperança" (*Jornal do Brasil*, Rio de Janeiro, 29 ago. 1976, caderno *B*, p. 7).

3. *A Manhã:* Ver nota 3 de "Diário 14", "Os Arquivos Implacáveis", João Condé, *A Manhã*, "Letras e Artes", 1946.
4. Constam da seção "Causos" algumas dessas "conversas saborosas", como o diálogo pessimista de Graciliano Ramos com Otto Maria Carpeaux a respeito da vida difícil dos intelectuais no país.
5. Evidentemente Graciliano apreciava a "obra excelente" de Machado: indicou-o entre os romancistas brasileiros que mais lhe agradavam (no "Autorretrato de Graciliano Ramos aos 56 anos", *A Manhã*, 1948); e considerava ótimos os contos desse "estilista notável" e "analista sutil". Porém, gostava de mostrar implicância para com ele, incomodando-se com a impassibilidade machadiana e deplorando sobretudo os "amigos de Machado de Assis", que promoviam sua mistificação desconhecendo-lhe a obra. Entende que Machado nunca será um artista popular, escreveu para um "diminuto número de indivíduos, os construtores da Academia e alguns outros, entre os quais ressaltam os seus ouvintes da livraria do Ouvidor, onde o grande homem falava pouco e se encolhia, por ser gago e por não querer, prudente e modesto, apresentar-se em tamanho natural. Encurtando-se, poupando suscetibilidades, tentou igualar-se aos outros, que lhe perdoaram a inteligência" (RAMOS, Graciliano. "Os amigos de Machado de Assis" e "Machado de Assis". In: *Linhas tortas*. Op. cit., p. 148). Mais sobre Machado se lê em "De Graciliano Ramos", *Dom Casmurro*, 1937, da seção "Enquetes e depoimentos", e nas notas 4 e 5 de tal texto.
6. "Trio em lá menor": conto de Machado de Assis publicado na *Gazeta de Notícias*, em 20 de janeiro de 1886, e incluído em *Várias histórias*, 1896. "A causa secreta" saiu também nesse periódico, em 1º de agosto de 1885, e consta do mesmo volume. Ricardo Ramos conta que o pai "em tempo

de paz" julgava "A causa secreta", incluída por ele na antologia de contos brasileiros, uma obra-prima (RAMOS, Ricardo. *Graciliano: retrato fragmentado*. Op. cit., p. 100).

7. "O Velho Senado", de Machado de Assis, foi publicado originalmente na *Revista Brasileira*, do Rio de Janeiro, em 1898. Em entrevista a Homero Senna, de 1949, o austríaco naturalizado brasileiro Otto Maria Carpeaux revela terem sido as *Páginas recolhidas*, de Machado de Assis, o primeiro livro brasileiro que leu, e o capítulo "O Velho Senado" "a maior página" que leu em prosa portuguesa (SENNA, Homero. "A literatura brasileira vista por um europeu". In: *República das Letras*. Op. cit., p. 301).

8. O diálogo "*Es vuesa merced, por ventura, ladrón? — Si, respondió él, para servir a Dios y a las buenas gentes*" é de "Rinconete y Cortadillo", das *Novelas exemplares* de Miguel de Cervantes. Evocada por Graciliano, esta novela e também o "Coloquio de los perros Cipión y Berganza" são consideradas por Carpeaux duas "obras-primas da novelística cervantina" (Ver: CARPEAUX, Otto Maria. *História da literatura ocidental*. Rio de Janeiro: O Cruzeiro, 1960, v. II, parte V, "Barroco e Classicismo", p. 1.111; Id., "Cervantes e o leão", *A Manhã*, "Letras e Artes", Rio de Janeiro, 25 maio 1947; In: *Ensaios reunidos 1946-1971*. v. II. Prefácio de Ivan Junqueira. Rio de Janeiro: UniverCidade & Topbooks, 2005, pp. 190-4).

9. "Esses russos são uns monstros", "*Guerra e paz* é o maior romance da literatura mundial. E não sei de novela melhor, nenhuma, que *A morte de Ivan Ilitch*": Ricardo Ramos relembra a admiração enorme do pai por Tolstoi (*Graciliano: retrato fragmentado*. Op. cit., p. 105).

10. O "Comprador de fazendas" é um conto escrito por Monteiro Lobato em 1917, publicado em *Urupês* (1918; São Paulo: Globo, 2010). Bem-tramado, foi levado ao cinema: na primeira versão, rodada em São Paulo em 1951 pela Companhia Cinematográfica Maristela e dirigida por Alberto Pieralisi, o casal era interpretado por Procópio Ferreira e Henriette Morineau; a música "Festa no Arraiá", composta para o filme, é de Luiz Gonzaga. De 1974, a outra versão do filme, do mesmo diretor, tem Agildo Ribeiro no papel do vigarista Trancoso.

   Graciliano incluiu na antologia o ótimo conto de Monteiro Lobato "Tragédia dum capão de pintos" (1919, de *O macaco que se fez homem, Cidades mortas*). Nos anos 1920, gostava de ler os artigos de Lobato no jornal (*Conversa* com Francisco de Assis Barbosa, 1942).

11. O sociólogo e historiador Sérgio Buarque de Holanda (São Paulo, 1902 – São Paulo, 1982), autor de *Raízes do Brasil* (1936), *Cobra de vidro* (1944) e *Monções* (1945), entre outros livros, foi diretor da Divisão de Consulta da Biblioteca Nacional do Rio de Janeiro de 1944 a 1946.

12. Referências sobre a antologia de contos organizada por Graciliano se leem na nota 6 de "Graciliano Ramos, escritor do povo e militante do PC", Ruy Facó, *Tribuna Popular*, 1945.

20. Carta do Brasil

Graciliano Ramos fala ao Diário Popular *acerca dos modernos romancistas brasileiros*[1]

CASTRO SOROMENHO,[2] *DIÁRIO POPULAR*,[3] 1949

"oi um escândalo. Não sabiam escrever...
... Mas estavam ali pedaços do Brasil"

Rio de Janeiro, agosto. Ao fundo da Livraria José Olympio, no mesmo banco onde o encontrei há onze anos, sentado, as pernas cruzadas, em mangas de camisa, o casaco dobrado sobre as pernas, Graciliano Ramos como que continua uma conversa interrompida durante esse lapso de tempo. Tenho a impressão de que o deixei ontem, que adiara por algumas horas a nossa conversa, que onze anos foram onze horas, tão presentes são os problemas dessa época, em relação à literatura. Mas isto é só aparência, porque a realidade é muito diferente, dado que as situações mudaram por completo, no Brasil e em Portugal, quanto à evolução e à decadência do romance.

— Vocês não têm um grande romancista moderno — diz-me Graciliano. — A vossa projeção está na crítica e na poesia.

— Sim, isso é verdade. A minha geração ainda não revelou um grande romancista, mas, desde 1938, formou-se um movimento literário que vem marcando apreciável ascensão. Esse movimento vale muito mais como grupo do que por unidades, e, entre estas, as mais reclamadas são precisamente as menos qualificadas. Razões de circunstância... que você não aceita, nem eu, nem o Casais Monteiro,[4] a quem você se refere com tanta admiração... Vocês, brasileiros, têm um grande romancista, que é você, Graciliano; mas onde está, por onde se perdeu o vosso movimento literário, que encontrei, em plena ascensão, há onze anos?[5]

— Não; há onze anos, nós já estávamos no período da decadência do romance, iniciado em 1935.[6] Você não sentiu isso, porque vivíamos da projeção do movimento de 1930-1935, intenso, forte e, ao mesmo tempo, anárquico.

Graciliano Ramos, o mais respeitado e apreciado romancista brasileiro, no seu país e no estrangeiro, começa por se referir ao movimento modernista, que pôs termo a uma literatura "fabricada" numa língua estranha, com ideias importadas, falsa e medíocre. Uma literatura feita por sujeitos pedantes, balofos e ridículos, amarrados a um academismo estéril, de todo alheados dos fatos nacionais, sem arte nem vida.

— Olhávamos para esse panorama com desânimo, e com enjoo líamos a retórica boba que se arrumava em livros que nada significavam, nada traduziam, que não eram brasileiros nem de parte alguma — uma imitação e falsificação incompreensíveis.

— Mas, Machado de Assis...

— Machado estava longe — atalhou Graciliano. — Foi após essa época que se caiu em período de estagnação, no academismo estéril, na imitação, na retórica. Mas o mais grave era que essa literatura tinha grande aceitação do público e da crítica. Recordo-me do extraordinário êxito que teve *Canaã*, uma novela medíocre e falsa, pavorosa, que dá engulhos. Da literatura do começo do século, muito pouco, quase nada se salvou.[7]

— E os modernistas?

— Devemos muito aos modernistas, que, embora nada tivessem construído, souberam empunhar e meter a fundo a picareta, espalhar o terror e abrir caminho. Abrir caminho foi tudo, e muito, o que eles fizeram. Em 1930, o terreno estava mais ou menos desobstruído.

"Empalhados" os literatos do começo do século e preparado o caminho pelos modernistas, abre-se novo e largo horizonte à literatura brasileira. O que desde então se passou na vida literária pertence à história dos nossos dias, onde pela primeira vez se fez a revelação do verdadeiro Brasil, em muitos dos seus mais característicos aspectos, trazendo o homem e seus problemas à literatura, a realidade e contradições de sua própria vida, enquadrado no seu meio social.

Mas deixemos Graciliano Ramos, grande prosador e grande romancista, falar sobre esse novo movimento literário, marcar-lhe as suas características, dando-nos, em síntese, a evolução e a decadência do romance brasileiro aparecido depois de 1930:

— Foi nessa época que de vários pontos surgiram, em número apreciável, escritores desconhecidos, que se afastavam dos preceitos rudimentares da nobre arte da escrita. Mas a verdade é que, sem saberem escrever, trouxeram qualquer coisa de novo à literatura brasileira. Meteram-se pela sociologia e economia e lançaram no mercado romances causadores de enxaqueca ao mais tolerante dos gramáticos. Foi um escândalo. Mas estavam ali pedaços do Brasil, e isso já era alguma coisa de importante. A literatura enriquecia-se de novos assuntos, novos problemas, nova vida, mas tínhamos que lastimar a maneira absurda e inclassificável como se escrevia. E este foi um grande mal. As barbaridades foram aceitas, lidas, relidas, multiplicadas, traduzidas e aduladas. Havia uma pureza e uma coragem primitivas nos escritos da arrancada, e daí o êxito dessa literatura. Porém, a sua decadência começou cedo, porque se perderam essas qualidades. Começaram descrevendo coisas que viram e acabaram descrevendo coisas que não viram. E, por desgraça nossa, a maioria não aprendeu a escrever. Raros são os que estudaram os problemas e a língua.

Deixamos o grande romancista de *S. Bernardo*, porque a vida chamou-nos para o caminho de Buenos Aires, mas em breve continuaremos a nossa conversa para nós mesmos e para o público.

Notas

1. SOROMENHO, Castro. "Graciliano Ramos fala ao *Diário Popular* acerca dos modernos romancistas brasileiros", *Diário Popular*, "Carta do Brasil", "Artes e Letras", Lisboa, 10 set. 1949, pp. 4 e 9.
2. Informações biobibliográficas a respeito de Castro Soromenho constam da nota 2 de "Um depoimento literário brasileiro: Marques Rebelo (Eddy)", Castro Soromenho, *O Primeiro de Janeiro,* 1939.
3. *Diário Popular*: jornal vespertino lisboeta de grande tiragem, publicado entre 1942 e 1991. Teve entre seus jornalistas Abel Pereira, António Rêgo Chaves, Eduardo Guerra Carneiro, Fernando Teixeira, Jacinto Baptista, Marina Tavares Dias, Manuel Gonçalves da Silva, Paulo David, Urbano Carrasco, entre outros.
4. Adolfo Vítor Casais Monteiro (Porto, 1908 — São Paulo, 1972) foi poeta, crítico e novelista; dirigiu a revista *Presença*, com José Régio e João Gaspar Simões. Opositor a Salazar, foi preso várias vezes e se exilou no Brasil em 1954. Na dedicatória a um volume de *Insônia* (Rio de Janeiro: José Olympio, 1947) encaminhado a Casais Monteiro, Graciliano ressalta: "Adolfo Casais Monteiro, numa dedicatória-bilhete, V. me pediu coisas novas. O que tenho de mais novo é isto, umas histórias bem chinfrins, Deus Louvado. Abraço, Graciliano Ramos (Rio — 1947)." Em dedicatória ao livro *Caetés*, o romancista alagoano se dirige ao crítico português deste modo: "A Adolfo Casais Monteiro envio esta horrível literatice, reeditada porque os tempos aqui estão duros. Graciliano Ramos, Rio — 1947." Esses exemplares autografados pertencem à Biblioteca do Departamento de Estudos Portugueses e Românicos, da Universidade do Porto.
5. Nesta entrevista, de 1949, Castro Soromenho, que retornou ao Brasil como correspondente do *Diário Popular*, alude ao encontro com Graciliano de onze anos antes, registrado no texto que consta deste volume: "Um depoimento literário brasileiro: Marques Rebelo (Eddy)", *O Primeiro de Janeiro*, Porto, 9 de agosto de 1939. Soromenho viera ao Brasil em dezembro de 1937 como correspondente especial do semanário *Humanidade*.
6. Sobre o modernismo de 1922, o romance de 1930 e a decadência a partir de 1935, questões recorrentes nas entrevistas, confira-se a seção "Vendas e sendas modernistas" do Prefácio deste livro.
7. O contexto brasileiro de academismo e estagnação intelectual do início do século XX foi sintetizado por Graciliano no artigo "Decadência do romance brasileiro" (1941). Depois de apontar a generalizada ignorância quanto aos fatos do país, o gosto por brilho e a prática de imitação, o escritor revela sua rejeição por *Canaã* (1902), romance de Graça Aranha (São Luís do Maranhão, 1868 — Rio de Janeiro, a 1931). E esta entrevista de 1949 a Soromenho retoma várias expressões de tal artigo: "Tínhamos,

porém, vivido numa estagnação. Ignorância das coisas mais vulgares, o país quase desconhecido. Sujeitos pedantes, num academismo estéril, alheavam-se dos fatos nacionais, satisfaziam-se com o artifício, a imitação, o brilho do plaquê. Escreviam numa língua estranha, importavam ideias reduzidas. As novelas que apareceram no começo do século, medíocres, falsas, sumiram-se completamente. Uma delas, *Canaã*, que obteve enorme êxito, dá engulhos, é pavorosa" (RAMOS, Graciliano. "Decadência do romance brasileiro", 1941. In: *Garranchos*, op. cit., pp. 262-7).

21. Afirma Graciliano Ramos: "Não me considero um escritor"[1]

FOLHA DA MANHÃ,[2] 1949

Uma entrevista com Graciliano Ramos não é uma coisa tão simples. O autor de *Angústia* é um desses tipos comuns no sertão nordestino, casmurro, introvertido, para usar uma expressão corrente, um homem enfim difícil de ser abordado. Na Livraria José Olympio encontramo-lo numa roda de amigos. Graciliano, meio distante, ouvia a conversa. O repórter acerca-se do grupo e de chofre diz o que pretende: uma entrevista para jornal. Graciliano, de óculos escuros, parecia imperscrutável. Contudo, acedeu com a condição de publicarmos realmente o que ele dissesse.

"Ainda hoje estaria lá nos sertões das Alagoas se não viesse preso para cá" — Começou a escrever aos dez anos de idade e somente publicou seu primeiro livro aos quarenta.

O escritor Graciliano Ramos é um nome que dispensa apresentações. Talvez seja mesmo, como diz Rachel de Queiroz: o maior da língua portuguesa. Mas isto são preferências, e o leitor pode ter outras. Todavia, ele é um grande escritor que honra sobremodo a literatura brasileira. Nascido em Alagoas, reside há vários anos no Rio de Janeiro. Publicou o primeiro livro, *Caetés*, aos quarenta anos de idade, quando era um simples negociante de tecidos no varejo, em Palmeira dos Índios, pequena cidade de sua província.

Nada entende de cinema

Iniciamos a conversa falando de cinema. Lembramos ao autor de *Vidas secas* que os críticos cinematográficos, depois de verem na tela *Terra violenta*,[3] de Jorge Amado, sugeriram que fossem filmadas as grandes obras nacionais de ficção, como o romance *Angústia*.

— O assunto é mais para técnicos — disse-nos o romancista. — Sou um leigo e nada entendo de cinema...

O repórter sente-se como que desamparado em face do laconismo de Graciliano e, então, começou a falar de literatura como aquele pobre homem da história que numa casa de ferreiro usava espeto de pau. O romancista parece que sentiu a nossa dificuldade e começou a ajudar o nosso trabalho.

Francamente, sem rodeios, foi dizendo:

— Não gosto de nenhum dos meus livros, e, na literatura do mundo inteiro, para mim o maior livro não é um livro de literatura e sim a Bíblia.[4] No entanto, gosto de Cervantes, Rabelais, Balzac, Tolstoi e Dostoievski. No Brasil, entre os romancistas aprecio Jorge Amado, José Lins do Rego e Rachel de Queiroz. Ainda, entre os contistas prefiro Machado de Assis, João Alphonsus e Marques Rebelo.

A conversa parecia que ia estancar. Todavia, Graciliano retomou o fio:

— Gosto da Bíblia, não porque ela me traga algum conforto moral. Talvez a prefira por uma tendência atávica. Gosto também da *Divina*

Comédia de Dante. Estudei até o italiano somente para conhecer essa obra no original.[5]

Depois Graciliano começou a falar nas dificuldades que o povo cada vez mais vem sentindo, para adquirir um livro.

— Tudo está tão caro... — comentou o autor de *Caetés* — que nem sabemos onde vamos parar. Isto é um assunto muito vasto e complexo. Não sou eu, pobre escritor, quem vai encontrar remédios para a crise.

Imprevisíveis os rumos da literatura mundial

A conversa toma o rumo da estética. Procuramos saber quais as tendências da literatura nos dias de hoje.

— Como poderemos saber? — indaga e responde ao mesmo tempo. — A literatura é uma superestrutura e estamos assistindo à maior revolução social que o mundo conheceu. Tudo é imprevisível. A revolução trará forçosamente uma modificação na arte. Quando da Revolução Francesa, por exemplo, ninguém poderia imaginar que o romantismo ia surgir com aquela força...

O homem

Agora queremos saber alguma coisa de sua vida. Ele observa que já descreveu sobre esse assunto em seu livro *Infância*. No entanto, não se faz de rogado e diz com rude franqueza:

— Não tenho saudades de nada. Não tenho predileções por nenhum prato. Odeio esportes. Não gosto de praias. Detesto viagens. Sou um animal sedentário; nasci para ostra: caramujo. Não tenho preferências por nenhuma cidade, por nenhum bairro. Vivo bem onde estou. O que não quero é mudar-me. Ainda hoje estaria lá nos sertões das Alagoas se não viesse preso para cá. Sim, vim preso num porão de navio, sem pagar passagem...

Começou a escrever aos dez anos

Prosseguiu falando do seu passado, e a sua figura de ângulos tão pronunciados tornava-se mais branda como a sua voz:

— Comecei a escrever aos dez anos de idade, como redator de um jornal para crianças chamado *Dilúculo*[6] editado em minha cidade natal. Era uma folha impressa em Maceió, com duzentos exemplares de tiragem quinzenal. Eu não acreditava na minha colaboração literária nem na minha vocação. Até hoje não me considero escritor nem jornalista. Fui obrigado a escrever porque não tinha outro ofício. Todas as portas estavam fechadas. Gostaria de poder viver sem trabalhar, como muita gente...

Notas

1. "Afirma Graciliano Ramos: 'Não me considero um escritor'", *Folha da Manhã*, São Paulo, 25 set. 1949, p. 35. ,
2. *Folha da Manhã*: edição matutina da *Folha da Noite*, foi criada em 1925 devido ao êxito da primeira, a qual, fundada em 1921 por Olival Costa e Pedro Cunha, buscava proximidade com assuntos que afetavam o cotidiano da população paulistana; já a *Folha da Tarde* surgiu em 1949. Os três títulos se fundiram em 1960, dando origem à *Folha de S.Paulo*. Dois anos depois, Octavio Frias de Oliveira e Carlos Caldeira Filho assumiram o controle da empresa Folha da Manhã (cf. site *História da Folha*).
3. *Terra violenta*: adaptação de *Terras do sem-fim* (1943), romance de Jorge Amado, para o cinema, feita em 1948 pela companhia Atlântida. Título e direção do americano Eddie Bernoudy. *S. Bernardo* inspirou Nelson Pereira dos Santos a realizar um filme, porém em seu roteiro Madalena não morria, e Ruy Santos encaminhou a Graciliano um pedido de autorização para mudar o final, fazendo a personagem fugir da fazenda. O romancista recusou: se não houvesse o suicídio de Madalena, Paulo Honório não teria escrito o romance, nem ele o livro, portanto não existiria ideia para filme. Tempos depois, Nelson Pereira dos Santos dirigiu os filmes *Vidas secas* (1963) e *Memórias do cárcere* (1984), além de "Um ladrão" (1980), um dos contos de *Insônia*. Também foram filmados outros episódios deste livro: "Dois dedos", por Emmanuel Cavalcanti, e "A prisão de J. Carmo Gomes", por Luiz Paulino dos Santos. Já o filme *S. Bernardo* (1972) foi feito por Leon Hirszman. Cf. SALEM, Helena. *Nelson Pereira dos Santos: o sonho possível do cinema brasileiro*. Rio de Janeiro: Record, 1996; SOUZA, Marize Berta de. *ABC de Nelson do sertão ao mar*

da Bahia ou quem é ateu e viu milagres como eu. Tese de doutorado em artes cênicas, UFBA. Salvador, 2008.

4. A predileção pela Bíblia é assunto recorrente; confiram-se: "Graciliano Ramos: romance é tudo nesta vida", José Guilherme Mendes, *Manchete*, 1952; "Autorretrato de Graciliano Ramos aos 56 anos", *A Manhã*, "Letras e Artes", 1948.

5. Sobre o estudo de italiano pelo escritor, confira-se a nota 23 de "Graciliano Ramos, aos cinquenta anos", Francisco de Assis Barbosa, 1942.

6. Sobre o *Dilúculo*, vejam-se as notas 12 e 13 de "Um inquérito", *Jornal de Alagoas*, 1910.

22. Nossos escritores

Graciliano Ramos: "Sempre fui antimodernista"[1]

JOSÉ TAVARES DE MIRANDA,[2] *FOLHA DA MANHÃ*,[3] 1951

Dificilmente poderemos escrever sobre Graciliano Ramos sem incidir nos mesmos lugares-comuns, repisados já há alguns anos de norte a sul do país, não somente sobre a obra do autor de *Angústia*, mas também sobre a sua vida, marcada por vicissitudes e fatos que não encontramos na maioria de seus pares — se é que se pode, em plena consciência, achar um par para o velho Graça, como chamam a Graciliano Ramos os seus amigos de porta de livraria e também os seus companheiros de jornada.

Sim, porque a vida deste homem, que é considerado por amigos e inimigos, por todos, como o maior romancista contemporâneo do Brasil, é realmente uma saga de sofrimentos suportados com estoicismo digno de admiração e de respeito. Por isso seria perfeitamente dispensável, e é mesmo inócuo, tratarmos da vida de Graciliano Ramos em simples reportagem de divulgação popular, jogando com frios dados e datas, que assinalariam, quando muito, simples episódios no tempo, destituídos da grandeza de que eles se revestiram.

Mas Graciliano Ramos vive. Nasceu, teve infância, adolescência, juventude, maturidade e agora beira os sessenta anos, respeitado e admirado. Vai entrar o velho Graça no sexagésimo ano da existência com um vigor intelectual e uma disposição para a luta que fazem inveja à grande e amorfa maioria de nossa juventude intelectual, hoje, mais do que em qualquer tempo de nossa história, como que atacada de esquecimento de sua própria condição.

Um fato digno de assinalarmos também na carreira literária de Graciliano Ramos é o de que somente se tornou escritor na maturidade. A sua estreia foi em 1933, com o romance *Caetés*. Tinha nessa época 41 anos de idade. Isto é um fato muito importante, sobretudo em um país como o Brasil, onde a grande maioria de escritores e poetas realiza-se antes dos trinta anos. Aí estão os exemplos de Álvares de Azevedo, Castro Alves, Gonçalves Dias, Casimiro — para falarmos somente nas gerações mais antigas — que tão moços se firmaram no conceito de seus contemporâneos. Por isso, é espantoso num país que apresenta tantos casos de precocidade, um homem de mais de quarenta anos apareça com o vigor com que surgiu Graciliano Ramos. A sua obra não é de afogadilho impressionista. Pelo contrário, é a construção de um mundo perdido. É o testemunho de um homem que viveu adversamente, não somente contra a paisagem árida de sua terra natal, mas também contra a aspereza dos semelhantes, nem sempre irmãos na dor e no sofrimento.

O princípio

Graciliano Ramos nasceu na cidade de Quebrangulo, estado de Alagoas, no dia 27 de outubro de 1892, filho de Sebastião Ramos e Maria Amélia Ferro Ramos. Seu pai era um pequeno comerciante. Muito criança ainda, Graciliano saiu de Quebrangulo para Buíque, no sertão de Pernambuco, onde seu pai comprara uma fazenda. Quando Graciliano tinha sete anos de idade, a sua família, fugindo da pobreza, mudou-se para Viçosa, e ali o menino cursou várias escolas. Aos dez anos, pegou o vício da leitura. Leu bastante, sobretudo o teatro clássico. Saiu da escola primária conhecendo Molière, Racine, Corneille, Camões, Zola, e não sabendo nada de matemática.

Se Viçosa, em Alagoas, era diferente de Buíque na paisagem, pois em plena Zona da Mata as terras são tão desoladas pelas secas, ali Graciliano sentiu a prepotência do criador de gado sobre o lavrador e a luta dos pequenos proprietários que procuram de armas na mão resolver os conflitos de terras. Esse drama o romancista fixou com muita propriedade no seu segundo livro, *S. Bernardo*.

Foi para Maceió fazer o curso ginasial no Colégio Agnelo. Todavia, não quis concluir o curso, porque não confiava nos professores. Quando retornou a Viçosa compunha sonetos, ou melhor, alguns versos que publicava nos jornais locais, sob pseudônimos. No entanto, lia poesia. Aprendera versificação para escrever prosa.

Quando tinha dezoito anos, mudou-se para Palmeira dos Índios, associando-se ao seu pai na loja de fazenda. Escrevia e estudava sempre. Lia selecionando a leitura. Nesse tempo não lia os escritores brasileiros. Os seus preferidos eram os franceses, os ingleses, os russos, os italianos. Comprava os livros aqui em São Paulo, por intermédio da Agência Chiaves, sobretudo os livros italianos. De Paris recebia livros de todas as livrarias, comprando-os por intermédio do *Mercure de France*.[4] Desde este tempo começou a ter preferência por Balzac e Tolstoi.

Em 1914 leu Karl Marx — *O capital*[5] — numa tradução italiana recebida da agência de São Paulo. Concomitantemente também lia Kropotkine e Nietzsche.

Para o Rio

Também neste 1914 rumou para o Sul. Tinha o desejo de ser um literato, e o Rio era o sonho de todo rapaz da província que quisesse vencer nas letras.

— Pensei naquele tempo que dava para a literatura. Verifiquei que não dava e voltei para minha Alagoas, depois de um ano.

Sim, durante um ano o moço da província, introvertido, viveu penosamente o sonho deslumbrante da capital, como foca de revisão em vários jornais, como o *Correio da Manhã*,[6] *O Século*,[7] *A Tarde*.[8]

Felizmente não ficou no Rio. Um dia chegou a notícia de que sua família estava lá no Nordeste morrendo de peste bubônica. Regressou imediatamente, para viver o drama. E esta volta o reconduziu não somente à paisagem áspera e comum, mas também ao convívio de seus livros e estudos. Deixou o Rio e a fauna de subliteratos que então comandava o Brasil. Daqueles medíocres, nem os nomes sabemos hoje ao certo. Essa seria a época de Lima Barreto... mas, naquele tempo, ele vivia desconhecido nos bares, como um vagabundo.

De volta, Graciliano meteu-se novamente no comércio e casou-se um mês depois com Maria Augusta, uma costureira, filha de um trabalhador de enxada. Teve quatro filhos e enviuvou depois de cinco anos. Oito anos depois casou-se novamente, com Heloísa Medeiros, com quem teve mais quatro filhos. E ali, em Palmeira dos Índios, ficou obscuramente, estudando, estudando. Escrevia também romances, mas os queimou todos.

— Também *Caetés* deveria ter sido queimado.

Mas felizmente não o foi, é o que pensamos. Graciliano diz que não gosta de nenhum de seus romances. Ele o diz sinceramente e acreditamos, mesmo porque neste escritor não percebemos a falsa modéstia dos medíocres. Se o diz é porque sente que ainda poderá nos dar muito mais do que já nos deu. E esta é a verdade do artista legítimo.

Prefeito

Um dia os seus conhecidos fizeram-no prefeito de Palmeira dos Índios. De suas atividades como prefeito da pequena cidade, temos a destacar apenas um relatório[9] que fez ao governador do estado, relatório contrário a todas as normas burocráticas, que lhe deu imediatamente uma notoriedade que não esperava, lançando-o nos meios intelectuais do país. Terminou impressionando os homens públicos de Alagoas, e um dia foi nomeado diretor da Imprensa Oficial do Estado. Também exerceu a função de diretor da Educação. Sua obra como reformador do ensino no estado tornou-se suspeita aos elementos conservadores.[10] Intrigas e mais intrigas barraram o seu caminho. Explode o movimento revolucionário de 1935 (novembro) e no dia 3 de março de 1936 a polícia bateu em sua porta.

Prisioneiro político

Neste dia começou o seu inenarrável martirológio. Preso, foi para a Colônia Correcional. Passou por doze presídios. Percorreu as cadeias de Alagoas, Pernambuco, Ilha Grande e Distrito Federal. Rasparam-lhe a cabeça na ilha. Passou doze dias sem comer e travou realmente contato com a miséria sob vários aspectos. Muito aprendeu.

Doze dias sem comer. A comida era podre: os companheiros de prisão — ladrões, proxenetas e vagabundos — atirados na mais vil promiscuidade, sujos, repelentes, não pareciam homens com alma e corpo à imagem e semelhança de Deus, mas, apenas, répteis chafurdando nas próprias fezes, sangue apenas, visto que a dosagem de potassa no feijão a fim de diminuir a vitalidade daqueles "bichos" era para matar...

Na hora da boia o vozerio da fome, o bater nas tábuas que serviam de mesa, as colheres em repique sobre os pratos de alumínio encardido pelo manuseio e a sujeira predispunham o seu estômago para o vômito.

Tapava os ouvidos para não ouvir as imprecações com os polegares e fechava as narinas com os médios... mas assim mesmo ouvia o vozerio de 950 bocas famintas e cheias de ódio, e sentia o nauseabundo e fétido cheiro que emanava dos caldeirões fumegantes... Mesmo de olhos fechados sabia que o parceiro da direita ou da esquerda na mesa já havia lhe roubado o prato.

Um dia, Cubano,[11] um delinquente da ilha que era tido como chefe dos presos, disse ao velho Graça:

— Doutor, o senhor vai comer.

— Mas não quero.

— Vai. Nem que eu tenha de lhe dar uma surra. O senhor não pode morrer de fome, está sob a minha responsabilidade.

— Como você quer que eu coma? — E Graciliano apontou um negro deitado esvaindo-se em sangue, com um enxame de moscas em torno...

— Mas, vai — e desceu o braço sobre o corpo esquálido do grande romancista. A luta foi desigual. Durante alguns minutos, escritor e ladrão rolaram na terra.

— Eu tinha que fazer isto, doutor, o senhor me desculpe.

Passou Graciliano Ramos um ano preso sem processo. Um dia foi solto da mesma maneira que fora preso: sub-repticiamente.

Não conheciam o velho Graça. Poderiam tê-lo matado, mas nunca lhe dobrariam a espinha. Se o matassem, o que teria sido possível, nada aconteceria por certo. Apenas, o Brasil perderia o seu maior escritor.

Antimodernista

Graciliano Ramos é antimodernista. Ele confessa com firmeza e orgulho:

— Sempre fui antimodernista.

Diz que nunca escreveu a palavra *gostosura* nem preposições em fim de período. Não acredita no enriquecimento da língua com essas inovações. Acha que escrever desse modo é apenas burrice.[12]

— Quando eu cometer um erro podem considerar que o cometi por burrice.

Ele é por excelência um escritor antirromântico. Talvez por isso sinta-se tão à vontade dentro do nacionalismo marxista. Para Graciliano quando a literatura fala em céu ou prostíbulos podemos aferir imediatamente: chegamos a um período de decadência. Mostrou-nos que os elementos de vanguarda do modernismo, ou ditos de vanguarda — como Manuel Bandeira, que depois de deitar vários "abaixo!" escreve o "Solau do desamado"[13] — apenas desejam movimento...

A ele não interessam escolas e modas literárias. O que quer é escrever novas lembranças e libertar-se através da palavra, enriquecendo cada vez mais a nossa literatura com a mais violenta experiência da ficção brasileira.

Os amigos de Graciliano Ramos contam sempre uma anedota à guisa de roteiro do caráter do autor de *Vidas secas*. Dizem que José Lins do Rego, certa vez ao entrar na Livraria José Olympio, encontrou o velho Graça confabulando com Otto Maria Carpeaux, esse notável crítico que felizmente hoje em dia é um escritor brasileiro, e disse num daqueles seus rompantes albuquerquianos:[14]

— O mundo vai se acabar...

Isto dizia o Zé Lins, porque considera os dois citados homens de letras como inexoráveis pessimistas a propósito de tudo e de todos. Todavia, pelo menos quanto a Graciliano Ramos, achamos que a aludida anedota não afina muito.

Graciliano Ramos é um homem de fé. Crê no futuro do mundo e no excepcional papel do Brasil neste mundo futuro: crê nos homens seus irmãos e semelhantes e em verdade acredita como ninguém em sua verdade.

Traços de identidade

É magro, anguloso. Cabelos: branco-cinza.

Altura: 1 m e 70.

Colarinho: 38.

Usa óculos.

Não tem cores preferidas, todavia as escuras levam vantagem no seu gosto.

Não tem preferências de comida.

Gosta e come pimenta como se fosse salada.

Não tolera doces e não suporta o açúcar.

Não gosta de café.

Bebe de tudo, de preferência aguardente.

Não tem tempo para ir ao teatro e por isso não tem opinião formada sobre o teatro contemporâneo.

Do cinema a mesma coisa. Há cerca de três anos não vai ao cinema.

Diz que não entende de música.

De artes plásticas também não entende.

Não dança.

Fuma muito. O seu cigarro é "Selma" (ponta de cortiça). No mínimo, três maços por dia.

Não tem preferência pela noite ou pelo dia. Vive.

Gosta de frio.

Da chuva, prefere não se molhar.

É muito supersticioso. Por exemplo: não entra em casa com o pé esquerdo. Não sobe degraus também com o pé esquerdo.

Não tem tipo de mulher preferido.

Adora crianças.

É um homem de idiossincrasias. Por exemplo: não tolera lugar-comum, campainha e telefone.

Não conhece os vizinhos.

Não entende de poesia, por isso não tem poetas preferidos.

Romancistas de sua preferência: Tolstoi, Balzac, Swift e Cervantes. Quanto aos romancistas brasileiros admira todos. Sabe que Machado de Assis é bom, mas não gosta.

Falando de contistas, acha que Machado de Assis é um dos grandes. Atualmente prefere Marques Rebelo e João Alphonsus. Diz ainda que os modernistas foram responsáveis por muitas injustiças. Citou o fato de haver encontrado em Alberto de Oliveira um ótimo conto — "Os brincos de Sara" — e em Medeiros e Albuquerque "O ratinho Tic-Tac". Gosta muito de um conto de Raul Pompeia — "Tílburi de praça" — e também de um outro, de Domício da Gama: "Só".[15]

Falando sobre a literatura brasileira, disse textualmente: "É uma boa esperança a literatura brasileira. Não sou derrotista. Acho que ela já foi pior do que é".

Sobre o modernismo, disse: "O modernismo nunca me interessou".

Considera-se suspeito para falar na crítica brasileira, visto que sempre foi bem tratado por ela.

Notas

1. MIRANDA, José Tavares de. "Nossos escritores — Graciliano Ramos: 'Sempre fui antimodernista'", "Traços de identidade", *Folha da Manhã*, São Paulo, 23 set. 1951, p. 5.
2. José Tavares de Miranda (Pernambuco, 1916 — São Paulo, 1992): jornalista, poeta, escritor. Estudou direito e sofreu a repressão da ditadura Vargas, tendo sido membro da juventude comunista. Chegou a São Paulo com uma carta de apresentação em 1938 e tornou-se repórter policial do

Diário da Noite. Dedicou-se também à poesia. Nas décadas de 1950/60, o "repórter Zé" destacou-se como colunista social na *Folha de S.Paulo*. Publicou, pela José Olympio: *Alambôa* (1942); *Poemas* (1944); *Galba dos infernos* (1946); *Tampa de canastra: poesia reunida* (1981). Cf. SILVA, Carlos Alberto. *A crônica esquecida: A trajetória do jornalista José Tavares de Miranda*. Folha Memória, 2011.

3. Cf. a nota 2 de "Afirma Graciliano Ramos: 'Não me considero um escritor'", *Folha da Manhã*, 1949.

4. Ver a nota 14 de "Como eles são fora da literatura: Graciliano Ramos", Homero Senna, *Revista do Globo*, 1948.

5. Em carta ao amigo Joaquim Pinto da Mota Lima Filho, escrita em Palmeira dos Índios a 8 de fevereiro de 1914, Graciliano se refere à leitura de *O capital* e de outras obras: "Eu não faço nada. Comecei a ler a *Origem das espécies*, *O capital*, *A adega*, *Napoleão: o pequeno*, *A campanha da Rússia*, uma infinidade de gramáticas e outras cacetadas. De nenhum livro cheguei a ler vinte páginas." (RAMOS, Graciliano. *Cartas*. Op. cit., n. 8, p. 24).

6. Cf. a nota 8 de "Como eles são fora da literatura: Graciliano Ramos", Homero Senna. *Revista do Globo*, 1948.

7. Confiram-se as notas 18 e 20 de "Graciliano Ramos, aos cinquenta anos", Francisco de Assis Barbosa, 1942, e o texto "Como eles são fora da literatura: Graciliano Ramos", Homero Senna. *Revista do Globo*, 1948.

8. Cf. a nota 10 de "Como eles são fora da literatura: Graciliano Ramos", Homero Senna. *Revista do Globo*, 1948.

9. Sobre os relatórios de Graciliano prefeito, ver a nota 10 de "Graciliano Ramos", José Condé. *O Cruzeiro*, 1939.

10. A radiografia da gestão de Graciliano Ramos à frente da pasta da Educação em Alagoas encontra-se no artigo-relatório "Alguns números relativos à instrução primária em Alagoas", publicado no *Diário de Pernambuco* a 28 de junho de 1935, e posteriormente recolhido em *Garranchos* (2012). A gestão de Graciliano enquanto diretor da Instrução Pública alagoana pautou-se pelo aumento do número de alunos na escola (acréscimo de 87,3%), pela construção de novas escolas e consequente expansão do ensino, pelo aperfeiçoamento do processo seletivo dos docentes, pela oferta de tecidos e calçados aos alunos, entre outros triunfos pedagógico-administrativos. Diante de tais conquistas, o *Jornal de Alagoas*, em editorial de 13 de dezembro de 1935, descreve o sr. Graciliano Ramos como um técnico no assunto: "Trabalhador compenetrado de seus deveres, decidido nas suas determinações, a sua obra, na Instrução Pública, dia a dia impõe-se ao respeito da coletividade" (SANT'ANA, Moacir Medeiros de. *Graciliano: vida e obra*. Maceió: Secom, 1992, p. 53).

11. Graciliano registrou o gesto de generosidade que recebeu de Cubano, exercido por meio da violência, no capítulo 29 do volume III, "Colônia correcional", das *Memórias do cárcere*. Cubano e também o capitão

Lobo, José Lins do Rego e José Olympio foram apontados pelo escritor como seus maiores amigos (Cf., neste volume: "Autorretrato de Graciliano Ramos aos 56 anos", *A Manhã*, "Letras e Artes", 1948).

12. Extravagâncias modernistas como o uso de preposições em fim de período na língua portuguesa, mas também pedantismos, são alvos da crítica de Graciliano que, em "Uma palestra", sublinha a necessidade de clareza na escrita (RAMOS, Graciliano. "Uma palestra". In: *Linhas tortas*. Op. cit.).

13. Sobre o "Solau do desamado" e a predileção de Graciliano Ramos por Manuel Bandeira, confiram-se as notas 46 de "Graciliano Ramos, aos cinquenta anos", Francisco de Assis Barbosa, 1942, e 15 de "Como eles são fora da literatura: Graciliano Ramos", Homero Senna, *Revista do Globo*, 1948.

14. Relativo a Afonso de Albuquerque (1453-1515), militar português que, grande conquistador de terras, se tornou governador da Índia. Sofreu às vésperas da morte, pois o rei d. Manuel I o substituiria por seu inimigo.

15. Sobre a antologia de contos organizada por Graciliano e o olhar do autor em relação ao modernismo, confiram-se: "Vendas e sendas modernistas" no Prefácio deste livro e a nota 6 de "Graciliano Ramos, escritor do povo e militante do PC", Ruy Facó, *Tribuna Popular*, 1945.

23. Conversa com Graciliano Ramos[1]

MIÉCIO TÁTI,[2] *TEMÁRIO*,[3] 1952

Esta entrevista foi conseguida pela revista *Temário*, da forma seguinte: — Perguntas de um suposto repórter e respostas transcritas literalmente dos romances e contos de Graciliano Ramos. Trata-se de simples curiosidade, sem pretensões a traduzir opiniões autênticas do autor de *S. Bernardo*, fora de seus livros. Até que ponto o pensamento real do romancista ter-se-á comprometido neste jogo, cabe ao leitor imaginá-lo. *Caetés*, *S. Bernardo*, *Angústia*, *Vidas secas* e *Insônia* — é por estes livros que Graciliano fala. E a entrevista começa:

— Abusando de um direito universalmente conferido aos jornalistas, quero saber particularidades de sua vida, de sua maneira de pensar. Será possível?

— Há fatos que eu não revelaria, cara a cara, a ninguém.[4] Seria interessante se andássemos dizendo tudo uns aos outros.

— Não lhe peço segredos. A opinião pública é uma entidade perigosa, e você, como um sujeito célebre...

— Medo da opinião pública?[5] Não existe opinião pública. O leitor de jornais admite uma chusma de opiniões desencontradas, assevera isto, assevera aquilo, atrapalha-se e não sabe para que banda vai. Não há opinião pública: há pedaços de opinião, contraditórios.

— De qualquer forma, não vejo perigo de que o prendam por causa desta entrevista. Quando julgar uma pergunta irrespondível, não responda.

— Não tenho medo de cadeia. Se me dessem água para lavar as mãos, acomodar-me-ia lá.

— Água para lavar as mãos? E basta isso?

— Lavo as mãos uma infinidade de vezes ao dia, lavo as canetas antes de escrever, tenho horror às apresentações, aos cumprimentos, em que é necessário apertar a mão que não sei por onde andou, a mão que meteu os dedos no nariz. Preciso muita água e muito sabão.

— Quer dizer que o cúmulo da infelicidade, para você, seria uma prisão nas caatingas do Nordeste, em época de seca.

— Podia o resto do corpo ficar sujo, podiam os piolhos tomar conta da cabeça e as roupas esfrangalhadas cobrir mal a carne friorenta. Se me dessem água para lavar as mãos, estaria tudo muito bem.

— Temos aí, sem dúvida, uma esquisitice; um hábito que, pelo menos, tem isto a seu favor: é higiênico.

— Esta ideia de uma pessoa viver sem hábitos é para mim extremamente dolorosa.

— A esse propósito, ouvimos dizer que você gosta de ler anúncios, juntar letras das palavras mais compridas e formar com elas nomes novos. Será verdade?

— Esse exercício tornou-se em mim um hábito de que não me posso libertar. Conto pelos dedos as combinações que vão surgindo em séries de vinte, correspondentes às duas mãos fechadas e abertas. Quando há muitas vogais, consigo arranjar sessenta, oitenta, às vezes cem palavras ou mais. Faço assim com os letreiros das casas de comércio, com os cartazes de cinema, com os títulos dos jornais e dos livros. Esse passatempo idiota dá-me uma espécie de anestesia: esqueço as humilhações, as dívidas, deixo de pensar. Pelo menos não penso numa coisa só. Mas vejo perfeitamente o que se passa em roda, pouco a pouco chegam sinais de impaciência: os dedos apertam-se, as unhas ferem a palma e zango-me por estar perdendo tempo com semelhante estupidez, mas ordinariamente não interrompo a contagem.

— Mais algum cacoete?

— Habituei-me a escrever, como já disse.

— Não disse, mas é óbvio.

— Nunca estudei, sou um ignorante, e julgo que os meus escritos não prestam. Mas adquiri cedo o vício de ler romances e posso, com facilidade, arranjar um artigo, talvez um conto. Compus, no tempo da métrica e da rima, um livro de versos. Eram duzentos sonetos, aproximadamente. Não me foi possível publicá-los, e com a idade compreendi que não valiam nada. Em todo o caso acompanharam-me por onde andei.

— Falar com tamanha displicência o autor de *S. Bernardo*... referir-se a artigos, contos e versos, e nada dizer de seus romances... Não está direito!

— É o que sei fazer, alinhar adjetivos, doces ou amargos. Escrevo, invento mentiras sem dificuldades. Mas as minhas mãos são fracas, e nunca realizo o que imagino.

— O valor dos seus livros...

— Qual nada! A linguagem escrita é uma safadeza que vocês inventaram para enganar a humanidade. Acredite que não vale a pena. Uma pessoa passa a vida remoendo essas bobagens. Tempo perdido. Uma criança mete a gente num chinelo: qualquer imbecil mete num chinelo.

— Histórias! Você vive em função da linguagem escrita, mais que de qualquer outra coisa. É ou não é?

— Dificilmente poderia distinguir a realidade da ficção; quando a realidade me entra pelos olhos, o meu pequeno mundo desaba. Certas personagens de romances familiarizam-se comigo.

— Os seres de ficção são companheiros mais constantes. Quando queremos encontrá-los, basta folhear os livros em que vivem. Dou-lhe inteira razão pela preferência.

— A humanidade está ficando pulha. Tento lembrar-me de uma dor humana. As leituras auxiliam-me, atiçam-me o sentimento.

— Então, não seja ingrato. A linguagem escrita sempre serve para alguma coisa. Não cuspa no prato em que comeu.

— Há por aí volumes que cabem em quatro linhas.[6]

— Concordo. Escreve-se muita droga. Mas o seu caso é outro.

— Que sou eu senão um selvagem, ligeiramente polido, com uma tênue camada de verniz por fora?[7] A minha linguagem é baixa, acanalhada.[8] Às vezes sapeco palavrões obscenos. Não os adoto escrevendo, por falta de hábito, e porque os jornais não os publicariam.

— Quando se torna necessário, você sapeca mesmo, inclusive escrevendo.

— É a minha maneira ordinária de falar.

— Escrever é bom, seja ou não seja a linguagem escrita uma safadeza, como você diz. Do contrário, não haveria tantos escritores por aí, cada qual querendo publicar seu livro, custe o que custar. As vitrines das livrarias estão cheias de novidades.

— Tenho a impressão de que se acham ali pessoas exibindo títulos e preços no rosto, vendendo-se. É uma espécie de prostituição. Um sujeito chega, atenta, encolhendo os ombros ou estirando o beiço, naqueles desconhecidos que se amontoam por detrás do vidro. Outro larga uma opinião à toa. Basbaques escutam, saem. E os autores, resignados, mostram as letras e os algarismos, oferecendo-se como as mulheres da rua da Lama.

— O pior é que, no meio de tanta coisa exposta, há o contrapeso dos livros idiotas, que dispõem os leitores contra a classe.

— Os livros idiotas animam a gente. Se não fossem eles, nem sei quem se atreveria a começar.

— Que costuma fazer quando lhe pedem opinião sobre tais livros?

— Ler romances e arranjar uma opinião sobre eles... Não há maçada pior. A princípio a gente lê por gosto. Mas quando aquilo se torna obrigação e é preciso o sujeito dizer se a coisa é boa ou não e por que, não há livro que não seja um estrupício.

— Alguma coisa você há de responder. Vamos supor que rapazes que o admiram venham perguntar-lhe: — "Fulano é bom escritor?". Como é que você se salva?

— Quando não conheço fulano, respondo sempre: "— É uma besta". E os rapazes acreditam.

— O fato é que é preciso ler — ler coisas boas e coisas que não prestam. Do contrário, não se adquire um critério seguro de julgamento. Ler os nossos e os de fora.

— Tenho lido muitos livros em línguas estrangeiras. Habituei-me a entender algumas. Nunca me serviram para falar, mas sei o que há nos livros.

— É o diabo! A gente se habitua a essa cachaça de literatura e não pensa em outra coisa.

— É não habituar-se.[9]

— E a instrução, em que fica?

— Não confunda instrução com leitura de papel impresso. Os médicos estudam menos nos livros que abrindo barrigas, cortando vivos e defuntos em experiências.

— Seja lá como for, você não viveria feliz se não pudesse ler. Se não estivéssemos conversando, que estaria lendo no momento?

— O que eu precisava era ler um romance fantástico,[10] um romance besta, em que os homens e as mulheres fossem criações absurdas, não andassem magoando-se, traindo-se. Histórias fáceis, sem almas complicadas, infelizmente essas leituras já não me comovem.

— Esse romance poderia, inclusive, ser escrito sem vírgulas?

— Não dispenso as vírgulas e os traços.

— Devem, portanto, suas obras apresentar-se em ordem, como você mesmo apresenta, quando sai de casa. Tudo nos lugares.

— Pessoalmente, sou um desleixado. Quando mudo a roupa, esqueço papéis nos bolsos. Deixo frequentemente níqueis e pratas sobre os móveis. A minha camisa se estufa no peito, é um desastre. Quando caminho, a cabeça baixa, como a procurar dinheiro perdido no chão, há sempre muito pano subindo-me na barriga, machucando-me, é necessário puxá-lo, ajeitá-lo com o cinto, que se afrouxa. Estes movimentos contínuos dão-me aparência dum boneco desengonçado, duma criatura mordida pelas pulgas. A camisa sobe constantemente, não há meio de conservá-la estirada. Também não é possível manter a espinha direita. O diabo tomba para a frente, e lá vou marchando como se fosse encostar as mãos no chão. Levanto-me. Sou um bípede, é preciso ter a dignidade dos bípedes.

— Bela descrição. Um pouco pessimista, mas bem-feita.

— Sempre brinquei só. Por isso cresci assim besta e mofino. Sou um bicho do mato. Sou tímido: quando me vejo diante de senhoras, emburro, digo besteiras. Além de tudo sei que sou feio. Perfeitamente, tenho espelho em casa. Os olhos baços, boca muito grande, nariz grosso, um sorriso besta e a atrapalhação, o encolhimento que é mesmo uma desgraça. Faço uma tolice sabendo perfeitamente que estou fazendo tolice. Quando tento corrigir o disparate, caio noutro e cada vez mais me complico.

— O melhor seria, talvez, a pessoa se perder no anonimato das grandes multidões, passar despercebido...

— A multidão é hostil e terrível. Raramente percebo qualquer coisa que se relacione comigo: um rosto bilioso e faminto de trabalhador sem emprego, um cochicho de gente nova que deseja ir para a cama, um choro de criança perdida. Às vezes isso me perturba, tira-me o sono.

— Realmente, a multidão, em determinadas circunstâncias, mete medo.

— Certos acontecimentos insignificantes tomam vulto, perturbam a gente! Vamos andando sem nada ver. O mundo é empastado e nevoento. Súbito uma coisa entre mil nos desperta a atenção e nos acompanha. Não sei se com os outros se dá o mesmo. Comigo é assim. Caminho como um cego, não poderia dizer por que me desvio para aqui e para ali. Frequentemente não me desvio — são os choques que me deixam atordoado: o pau do andaime derruba-me o chapéu, faz-me um calombo na testa: a calçada foge-me dos pés como se se tivesse encolhido de chofre; o automóvel para bruscamente a alguns centímetros de mim, com um barulho de ferragem, um raspar violento de borracha na pedra e um berro do chofer. Entro na realidade cheio de vergonha, prometo corrigir-me. "Perdão!" "Perdão!", digo às pessoas que me abalroam porque não me afastei do caminho. As pessoas vão para os seus negócios, nem se voltam, e eu me considero um sujeito mal-educado. Tenho a impressão de que os outros têm demasiada pressa em pisar-me os pés e bater-me nos calcanhares. Quanto mais me vejo rodeado mais me isolo e entristeço.

— O recurso, aí, seria ingerir um esquentativo, que sempre levanta as forças.

— Quando bebo demais ou fumo demais, a minha tristeza cresce. Tristeza e raiva. Não fiz nenhum esforço para observar o que se passava na multidão, ia de cabeça baixa, dando encontrões a torto e a direito nos transeuntes. De repente um grito, uma palavra amarga, um suspiro — e algumas figuras se criaram, foram bulir comigo na cama.

— Serão culpados outros, ou o problema é inteiramente seu?

— Está claro que o desarranjo é interior. Falta-me tranquilidade, falta-me inocência, estou feito um molambo que a cidade puiu demais e sujou.

— Não é nada de material que lhe falta. Você tem o de que precisa.

— Não possuo nada que se possa roubar.[11] Se um ladrão passasse pelos vidros, procurá-lo-ia tateando, encontrá-lo-ia num canto de parede e diria baixinho, para não amedrontá-lo: "Não te posso dar nada, meu filho. Volta para o lugar donde vieste, atravessa novamente os vidros. E deixa-me aí qualquer coisa". Não, nenhum ladrão se engana comigo.

— Graciliano Ramos, um homem sem camisa...

— Não preciso de automóveis nem de rádios,[12] viveria bem numa casa de palha, dormiria bem numa cama de varas, num couro de boi ou numa rede de cordas, como Quitéria, como o velho Trajano e Camilo Pereira da Silva. Para que me habituei a ler papel impresso, a ouvir o rumor de linotipos? Desejaria calçar alpercatas, descansar numa rede armada no copiar, não ler nada ou ler inocentemente a história dos doze pares de França.

— Ouça um pouco de música. Talvez as coisas lhe pareçam mais risonhas.

— Não sei música e tenho péssimo ouvido.

— Arranje um cavalo. Dê uma volta pelo mato.

— Nunca fui cavaleiro, nunca montei direito.

— Vou dar-lhe uma receita.

— Absurdo pretender que uma pessoa passe a vida com os olhos fechados e vá abri-los exatamente na hora em que aparecemos diante dela. Não vou, com esta idade, munir-me de noções que não obtive na mocidade.[13] Sei que perdemos tempo em padecimentos inúteis. Não era melhor que fôssemos como os bois? Bois com inteligência. Haverá estupidez maior que atormentar-se um vivente por gosto? Será? Não será? No meio das canseiras a morte chega, o diabo carrega a gente, os amigos entortam o focinho na hora do enterro, depois esquecem até os pirões que filaram. O que vale é que sou incapaz de sofrer por muito tempo.

— Está com medo de morrer?

— Não me preocupo muito com o outro mundo.[14]

— O eterno descrente...

— Descrente? Engano. Não há ninguém mais crédulo que eu. E esta exaltação, quase veneração, com que ouço falar em artistas que não conheço, filósofos que não sei se existiram![15]

— Quando digo descrente, quer dizer ateu.

— Ateu! Não é verdade. Tenho passado a vida a criar deuses que morrem logo, ídolos que depois derrubo...

— Seja como for, para que procurar aborrecimentos, pensando no outro mundo? De preocupação basta este.

— Apesar de ser um indivíduo impressionável, convenci-me de que este mundo não é mau. Quinze metros acima do solo, experimentamos a vaga sensação de ter crescido quinze metros.[16] Quanto a dores e sofrimentos, a água lava tudo, as feridas cicatrizam.[17]

— Por esse lado, portanto, você é um felizardo. Tem a sua filosofia, sabe como encarar os problemas.

— Tantos caminhos errados na vida! Quem sabe lá escolher com segurança os atalhos menos perigosos? A gente vai, vem, faz curvas e zigue-zagues, e de vez em quando é cada topada de arrancar a unha.

— Sou levado a acreditar que só mesmo o amor é que resolve. A saída é a mulher.

— O amor para mim sempre foi uma coisa dolorosa, complicada e incompleta. Sempre me pareceu que mulher é um bicho esquisito, difícil de governar.[18]

— É isso mesmo. Nada de intimidades. Cada um para o seu lado.

— Acho que os machos não devem viver apartados das fêmeas. Quando se entendem, quase sempre são levados por motivos que se referem ao sexo. Vem daí talvez a malícia excessiva que há em torno de coisas feitas inocentemente. Dirijo-me a uma senhora, e ela se encolhe e se arrepia toda. Se não se encolhe nem se arrepia, um sujeito que está de fora jura que há safadeza no caso.

— Esse perigo está afastado. As mulheres hoje em dia sabem defender-se.

— Tudo é descoberto, cara a cara. Uma pessoa topa outra. Se gostou, gostou; se não gostou, até logo.[19]

— Sabidonas, é o que há por aí...

— Não gosto de mulheres sabidas. Chamam-se intelectuais e são horríveis. Tenho visto algumas que recitam versos no teatro, fazem conferências e conduzem um marido ou coisa que o valha. Falam bonito no palco, mas intimamente, com as cortinas cerradas, dizem: "Me auxilia, meu bem".[20]

— Dou-me por satisfeito. Já o importunei mais do que devia. Enfim, é sempre melhor pedir uma entrevista, do que um emprego.

— Arranjar emprego é uma dificuldade. As pessoas a que a gente se dirige sorriem. Tudo fácil, às ordens, perfeitamente. Escutam as choradeiras com paciência, e escrevem cartões a outras pessoas. Estas escrevem outros cartões, e assim por diante. Cada um se desaperta para outro lado.[21]

— Ao passo que uma entrevista...

— A ideia é desagradável de explicar-se aos outros sobre coisas que só são interessantes para nós.

— É que os leitores gostam de saber... Perguntas deste tipo: "Que faz você das coisas que andam em volta, para incorporá-las em seus livros? Aproveita-se de tudo?".

— Extraio dos acontecimentos algumas parcelas: o resto é bagaço.[22]

— E é possível saber quais as parcelas que interessam e quais as que são bagaços?

— Quem pode lá jurar que isto é assim ou assado?[23]

— Alguma coisa é preciso que você não conte. Agradeço-lhe. Obtive de você mais do que esperava.

Notas

1. TÁTI, Miécio. "Conversa com Graciliano Ramos", *Temário*, Rio de Janeiro, jan.-abr. 1952, pp. 3, 6, 7, 8. O texto saiu também na revista *Horizonte*, Belo Horizonte, nov. 1952. E foi republicado, com pequenas alterações, em: TÁTI, Miécio. *Estudos e notas críticas*. Rio de Janeiro: Ministério da Educação e Cultura, Instituto Nacional do Livro, 1958, pp. 159-73.
2. Miécio Táti Pereira da Silva (Niterói, Rio de Janeiro, 1913 — Rio de Janeiro, 1980): romancista, ensaísta e tradutor, dirigiu a revista carioca *Temário*. Autor de *Estudos e notas críticas* (Rio de Janeiro: Instituto Nacional do Livro, 1958), volume que reúne diversos textos críticos, com destaque para: "Aspectos do romance de Graciliano Ramos" (pp. 105-47), "O aniversário de Graciliano" (pp. 149-57) e "Conversa com Graciliano" (pp. 159-73). Publicou também, entre outras: *Nossa máxima culpa*, romance (1948; reeditado com o título *Rio dos afogados*, 1961); *Jorge Amado: vida e obra*, 1961; *Rua do Tempo-Será*, romance, 1959; *O mundo de Machado de Assis* (*O Rio de Janeiro na obra de Machado de Assis*), 1961. Coordenou, para a Civilização Brasileira, edições críticas de obras de Machado de Assis (1975). Escreveu o conto "As sete cores do arco-íris", selecionado por Graciliano para a Antologia. Dedicou-se a traduções: *Cândido ou o otimismo*, de Voltaire; *Os miseráveis*, de Victor Hugo; *Madame Bovary*, de Gustave Flaubert; *História da música popular americana: as canções populares, o teatro musicado e o jazz na América dos tempos coloniais*, de David Ewen. E a traduções e adaptações: *Os três mosqueteiros*, de Alexandre Dumas; *Pai Goriot*, de Honoré de Balzac, entre outras.
   Na homenagem aos sessenta anos de Graciliano, em sessão solene no salão nobre da Câmara Municipal do Rio de Janeiro, presidida por Peregrino Júnior, da Academia Brasileira de Letras, Miécio Táti foi um dos que falaram, como também Jorge Amado, Peregrino Júnior, Heraldo Bruno, José Lins do Rego, Clara Ramos e outros.
3. *Temário*: diante da escassez de informações sobre tal periódico, pode-se dizer apenas que se tratou de uma revista carioca vinculada ao Partido Comunista que circulou entre 1951 e 1952, sob a direção de Miécio Táti. O seu quarto número, no qual esta "Conversa com Graciliano Ramos" foi publicada, incluiu ainda o texto de Graciliano intitulado "Seu Mota", que depois integrou as *Memórias do cárcere* (capítulo 24, volume III). A presente entrevista-colagem concebida por Táti também saiu em *Horizonte — Jornal de Letras e Artes* (Belo Horizonte, ano I, n. 9, nov. 1952, pp. 3, 6-7 e 8), folha literária que começou a circular em 1952 e tinha como diretor Octávio Dias Leite.
4. Conforme se indicará nesta e nas próximas notas, Miécio Táti selecionou trechos de *Angústia*, *S. Bernardo*, *Caetés* e do conto "Insônia" para compor as respostas. Em raros momentos, efetuou pequenas adaptações para o contexto do diálogo, por exemplo, alguma alteração de tempos, modos

e pessoas verbais, acréscimo ou supressão de advérbio. Este primeiro trecho, "Há fatos que eu não revelaria, cara a cara, a ninguém", é do capítulo 2 de *S. Bernardo*. O seguinte, "Seria interessante se andássemos dizendo tudo uns aos outros", pertence ao capítulo 26 do romance.

5. A sequência a partir daqui, "Medo da opinião pública?", até "A humanidade está ficando pulha. Tento lembrar-me de uma dor humana. As leituras auxiliam-me, atiçam-me o sentimento" reúne, como respostas, passagens selecionadas de *Angústia*.

6. "Há por aí volumes que cabem em quatro linhas": *S. Bernardo*, capítulo 16.

7. "Que sou eu senão um selvagem, ligeiramente polido, com uma tênue camada de verniz por fora?": *Caetés*, último capítulo, 31.

8. A partir daqui, "A minha linguagem é baixa, acanhada", até "Tenho lido muitos livros em línguas estrangeiras. Habituei-me a entender algumas. Nunca me serviram para falar, mas sei o que há nos livros", as respostas do diálogo são trechos de *Angústia*.

9. "É não habituar-se": esta resposta e a seguinte foram extraídas do capítulo 16 de *S. Bernardo*.

10. Desde "O que eu precisava era ler um romance fantástico" até "a cidade puiu demais e sujou", as respostas vêm de *Angústia*.

11. "Não possuo nada que se possa roubar": esta resposta foi extraída do conto "Insônia", presente no volume homônimo.

12. "Não preciso de automóveis nem de rádios [...]": esta resposta, as duas seguintes e o início da outra, "Absurdo pretender que uma pessoa passe a vida com os olhos fechados e vá abri-los exatamente na hora em que aparecemos diante dela", são de *Angústia*.

13. O trecho "Não vou, com esta idade, munir-me de noções que não obtive na mocidade" é do capítulo 1 de *S. Bernardo*, com alguns ajustes para o contexto do diálogo. A sequência, até "pirões que filaram", foi extraída do capítulo 28 do mesmo romance. E o final da resposta retoma palavras do capítulo 30 de *Caetés*: "O que vale é que sou incapaz de sofrer por muito tempo."

14. *S. Bernardo*, capítulo 24.

15. Esta resposta e a seguinte vêm do último capítulo, 31, de *Caetés*.

16. *S. Bernardo*, capítulo 31.

17. A partir de "Quanto a dores e sofrimentos, a água lava tudo" até "coisa dolorosa, complicada e incompleta", as respostas são de *Angústia*.

18. Miécio Táti escolheu no capítulo 11 de *S. Bernardo* esta continuação da resposta. E no capítulo 12 a resposta seguinte.

19. *Angústia*.

20. Capítulo 25 de *S. Bernardo*.

21. Esta resposta e a seguinte são de *Angústia*.

22. *S. Bernardo*, capítulo 13.

23. *Angústia*.

24. Graciliano Ramos: romance é tudo nesta vida[1]

JOSÉ GUILHERME MENDES,[2] *MANCHETE*,[3] 1952

Um homem de cabeça, tronco, membros e coração — "A literatura brasileira não está em decadência: ela nunca existiu" — Tem quase terminado um livro sobre a sua recente viagem à União Soviética e diz: "Quero escrever uma coisa diferente: nem céu, nem inferno. Pois não há isso, não é?" — Um grande escritor faz sessenta anos e declara: "Sou dos menores. Eu não tenho imaginação."

Graciliano Ramos — magro, vestido de pijama, com um robe azul — chegou à sala modesta onde a sobriedade dos móveis e quadros lhe oferecia a moldura mais adequada. Não conhecia o repórter moço que o ia entrevistar e, evidentemente, a vista do complicado aparelho levado pelo fotógrafo que acompanhava o jornalista deixou-o mais sem jeito ainda. Sentou-se e imediatamente enfiou a mão no bolso, apanhando um cigarro de ponta de cortiça. Não fitava o repórter, a quem dissera, apenas: "Sente-se", fazendo um gesto com a cabeça. Começou a preparar o cigarro, batendo-o na mesa. Arregalou os olhos durante alguns segundos, como se esforçasse. Depois colocou na boca o cigarro cujo fumo fora socado de forma a deixar a extremidade amarela inteiramente vazia. A mão, longa e fina, com a ponta dos dedos amarelecida pelo sarro, movia-se com agilidade. O corpo procurava ajeitar-se na poltrona em meio aos dois travesseiros que sua companheira de tantos anos arrumava com indisfarçável ternura. Um suspiro mais fundo encheu e esvaziou o peito magro daquele homem de sessenta anos. O repórter esperava. Sabia que ele sofria e tinha medo de aumentar-lhe, por qualquer forma, a dor física. Havia um silêncio incômodo naquela sala de um primeiro andar que dava para uma área bloqueada pelos fundos de outros prédios semelhantes, baixos e de construção recente, onde, em longas fileiras, viam-se roupas estendidas para enxugar.

Graciliano Ramos falou, afinal, com voz seca:

— Bem: o que é que o senhor deseja saber? Soube que o senhor queria uma entrevista.

O repórter, inseguro, tentou explicar que desejava conversar com o romancista. Mas, uma conversa com o romancista. Mas, uma conversa um tanto longa e em que se abordassem questões sobre a literatura em geral e o romance em particular; o romance, no Brasil e no resto do mundo; pontos de vista do romancista sobre a literatura brasileira atual e suas perspectivas; informações a respeito dos trabalhos do escritor de *S. Bernardo*. Esta era a ideia geral do que desejava o repórter, que quase gaguejava ao enunciá-la.

Graciliano Ramos tornou a arregalar os olhos, como se uma lente tivesse sido colocada diante dos mesmos. Não olhava para o repórter. O clarão do magnésio do fotógrafo iluminou-lhe o rosto. Virou-se para a esposa, d. Heloísa, e perguntou:

— Você não tem alguma coisa para a gente tomar? Arranje uma coisa qualquer para nós.

— Só se for vinho seco. Aquele chileno serve?

— Está bem. O senhor aceita um pouco, não é? Nós não temos café — disse, sem olhar para o jornalista. E tirou do bolso outro cigarro, que submeteu à mesma preparação anterior, antes de começar a sugá-lo em longas tragadas. Recebeu o primeiro cálice de vinho e passou para o repórter. Depois que o fotógrafo também foi servido, ergueu a taça e bebeu a metade, dum gole; logo, em seguida, tomou o resto.

— O que o senhor quer é muito vago — falou, afinal, com voz metálica, cortante. — Falar sobre o romance: isto é muito vago. Se o senhor quiser fazer perguntas sobre questões concretas eu posso responder. Doutra forma é impossível.

Suas palavras soaram extremamente ásperas. Ele não procurava disfarçar a impaciência diante do desajustamento daquele primeiro encontro. O repórter, às vezes, sentia-se embotado. Talvez ressentisse um pouco ter de fazer uma entrevista formal com aquele homem de quem desejava captar algo mais e a quem gostaria de transmitir uma sincera mensagem de admiração e carinho pelo que ele é para todos os que lutam e creem que a literatura não é condomínio de meia dúzia de pândegas e compadres. O repórter gostaria de dizer-lhe simplesmente: "Bom vinho, Graça". E ficar calado. E falar talvez dentro de meia hora, talvez no minuto seguinte: mas que aquele hiato não fosse espinhoso.

Graciliano Ramos começou a massacrar o repórter: cada pergunta que o jornalista buscava desesperadamente era respondida quase como a chicotadas. Atingiu em cheio o frágil queixo do jornalista; golpeou-o no estômago, no olho, na cabeça; a cada nova tentativa do repórter, a pancada soava, rápida e cortante.

Durou um tempo que pareceu não ter fim a sova do romancista no jornalista. Este fazia perguntas sem sentido e recebia respostas desconcertantes. Foi um verdadeiro castigo.

Chama-se Graciliano Ramos, nasceu em Quebrangulo, Alagoas. Foi prefeito de Palmeira dos Índios e diretor da Imprensa Oficial em Maceió. Em 1936 foi preso, teve a cabeça raspada, foi jogado no porão dum navio e conservado durante dez meses na Ilha das Flores, sem qualquer processo judicial, como era costume. Publicou seu primeiro livro em 1933, por iniciativa do então editor Augusto Frederico Schmidt, que, ao ler seu relatório de prefeito, percebeu logo que "o homem deve ter algum romance na gaveta". Depois desse primeiro romance, *Caetés*, vieram: *S. Bernardo, Angústia, Vidas secas*; o livro de memórias: *Infância*; e o de contos: *Sete histórias verdadeiras*. Não gosta de *Caetés* — "Não devia ter sido publicado", diz, acrescentando: "É um livro muito ruim." Afirma não ter preferência por qualquer deles, mas há quem diga ser *S. Bernardo* o favorito. A respeito de *Vidas secas*, declara: "Foi um livro muito fácil de escrever. Escrevi-o em três semanas." É a história nascida de seus meses de prisão.

Em 1945 entrou para o Partido Comunista do Brasil. Este ano, assistiu ao Primeiro de Maio em Moscou e, de volta, resolveu escrever um livro sobre sua viagem à União Soviética e outros países da Europa. Já tem 34 capítulos prontos, gostaria de escrever mais dez ou onze.[4] É casado pela segunda vez, tem duas filhas e três filhos. Seus livros têm sido traduzidos em várias línguas, especialmente para o francês, o inglês e o espanhol. O romancista José Lins do Rego, na sessão pública realizada na Câmara Municipal desta cidade em homenagem ao sexagésimo aniversário do romancista, declarou: "Nós viemos aqui para dizer que o Graciliano Ramos é o maior de todos nós."[5] O velho Graça, como é chamado, porém, costuma repetir: "Nunca fiz nada que preste." Mas ama seus livros como seres vivos. Porque sabe que o são.

Na sala que adquire uma estranha tonalidade azulada, como se captasse reflexos do invisível céu de outubro, subitamente deu-se o milagre. Eu não saberia dizer quanto tempo se passara. De repente, porém, não mais estava ali o homem áspero, agressivo e impaciente, a castigar o repórter bisonho. Desapareceu aquela angustiosa necessidade de impedir o silêncio. Desapareceu a voz cortante. Desapareceram as palavras frias e hostis. De repente, tive diante de mim o homem chamado Graciliano sem a sua armadura antiga. Vi que tinha cabeça, tronco, membros e coração.

Conversamos durante mais de uma hora. Às vezes, eu lhe perguntava qualquer coisa; outras, nem era preciso. Pediu a sua filha Luiza que lesse um capítulo do livro sobre a viagem à União Soviética. Quando ela terminou, ele olhou-me e com indisfarçável ansiedade perguntou:

"Que é que achou?" Pedi à moça que nos lesse outro capítulo, que descreve uma visita ao Kremlin. Era como se fôssemos velhos amigos.

E, de nossa conversa, aquele dia, ficou uma importante entrevista. Tomei notas, para não esquecer. E, assim, posso apresentar a opinião de um dos poucos escritores realmente grandes deste país a respeito de coisas e pessoas ligadas ao ofício a que se dedicou e deu nobreza.

Naquele mesmo dia, por coincidência, uma senhora fazia uma conferência sobre "A crise do romance brasileiro". Falamos nisso e disse Graciliano:

— Crise eu não sei se há. Os que escreviam há vinte anos escrevem ainda hoje. Estão vivos, produzindo. Não afirmaria que há crise.

— Mas, em sua opinião, temos algum grande romancista na chamada geração atual?

— Não sei se os que apareceram há vinte anos eram grandes — respondeu com uma risada curta.

Mais adiante, Graciliano desenvolveria o seu ponto de vista, ao dizer:

— A literatura, no Brasil como em todo o mundo, está relacionada ao grande adiantamento do país. E, como nós todos sabemos, o Brasil não é um país independente. A literatura acha-se sempre a serviço duma classe. E, uma vez que em nosso país a classe dominante — que é a burguesia — está em decadência, também a literatura está decadente. Aliás, dizer que está decadente talvez não seja certo: ela nunca existiu. É verdade que estamos numa fase pior e é por isso que os escritores brasileiros procuram fazer a chamada "literatura de fuga".

A respeito da necessidade que tem o escritor brasileiro de dedicar-se sempre a outras profissões, a fim de conseguir meios de subsistência, Graciliano (que é inspetor de ensino e jornalista) disse:

— Está claro que escritor também pode dedicar-se a outros trabalhos. Um sapateiro, por exemplo, pode ser um escritor: nada há de contraditório nisso. O ideal, porém, seria que o escritor pudesse dedicar-se apenas à sua arte, estudar mais e aperfeiçoar-se.

— Em sua opinião, Graciliano, a gente poderia dizer que "o romance é tudo, nesta vida"?

— E por que não? O romance é uma forma superior de vida, assim como a arte, em geral, representa uma estratificação da vida humana. Da minha parte eu não poderia nunca conceber um romance abstrato, um romance de fuga. Meus romances são todos sobre o Nordeste porque ali vivi a minha mocidade, é o que eu realmente conheço e sinto. Moro no Rio há vinte anos e não conseguiria fazer um romance sobre o Rio porque não conheço a cidade.[6] Enquanto que o Marques [Rebelo] pode e faz, porque é carioca.

E sobre as chamadas escolas literárias, disse Graciliano:

— Sou realista. Faço exatamente o contrário dessa nova moda, o chamado abstracionismo. Evidentemente, se gostasse disso — de abstracionismo — só faria esse tipo de literatura. Podia até pintar o Céu e o Inferno...

Mais, ainda, sobre o modernismo:

— Nunca me preocupei com o modernismo. Nem com o de 22, nem com este de agora. Sou velho e não posso me preocupar com esses "ismos".

Outra informação de Graciliano. Muita gente tem escrito sobre como ele elabora os seus romances, como os prepara, trabalha e acaba. Diz o escritor:

— Tenho um ponto de partida e outro de chegada. Na minha terra se diz: "Todo caminho dá na venda." Eu sou assim: sei como começo e onde acabo. Não tenho esses personagens arrumadinhos.

A respeito das influências que teria sofrido, do ponto de vista da literatura, Graciliano fala em Dostoievski, Tolstoi, Balzac, Zola e, também, inadvertidamente, cita o nome de Victor Hugo, mas corrige logo: "Não, Victor Hugo, não." Pergunto-lhe se, entre os russos, teria preferência especial por Tolstoi ou Dostoievski: qual dos dois considera maior?

— Tolstoi — responde prontamente, acrescentando: — Mas Tolstoi eu não considero apenas o maior dos russos: é o maior da humanidade.

Eu já estava tão acostumado com a falsa fera que é o homem fraternal chamado Graciliano Ramos que me arrisquei a uma provocação:

— Mas, há muita gente que diz: no Brasil, o maior é velho Graça.

— Eu, o maior?! Não concordo com isso, não. Sou até dos menores. Eu não tenho imaginação.

O escritor (comunista) confessa que um dos seus livros de cabeceira é a Bíblia:

— É um livro que fez um povo. Sem a Bíblia, os judeus não mais existiriam hoje. Basta lembrar o que sucedeu aos moabitas, aos fenícios e a outros mais: desapareceram. Ficou o judeu, porque tinha um monumento escrito.[7]

Sobre o livro que está escrevendo a respeito de sua viagem à União Soviética, declara Graciliano com a mesma franqueza e aquela honestidade que fazem dele um dos mais extraordinários exemplos de dignidade humana:

— Certas pessoas vêm achando que aquilo lá é o Paraíso; outras voltam caluniando e dizendo horrores. Quero ver se escrevo uma coisa diferente: nem céu nem inferno. Pois não há mesmo isso, não é?

Tudo isso conversamos. Conversamos mais, de outras vezes que lá voltei. A certa altura, por exemplo, Graciliano haveria de observar que Balzac pintava muito bem as suas mulheres: "Ele, apesar de tudo, deve ter lido alguma coisa de feminino"; logo, em seguida, porém, o escritor sacudiria a cabeça e, contraindo a boca agridoce, concluiria: "Qual, o homem era mesmo gênio. A explicação é esta."

Finalmente, indaguei-lhe sobre a solução, a saída para os escritores brasileiros, e Graciliano respondeu:

— Só existe uma: a revolução. Os escritores de hoje e de amanhã têm que ser os escritores da revolução.

Notas

1. MENDES, José Guilherme. "Graciliano Ramos: romance é tudo nesta vida", *Manchete*, Rio de Janeiro, 15 nov. 1952, pp. 14-7. A reportagem se acompanha de fotos feitas por Aymoré Marella. Leiam-se as legendas:

   Graciliano, sessenta anos, casado pela segunda vez, duas filhas e três filhos, comunista, admira a Bíblia [Ele teve três filhas e cinco filhos, dois dos quais haviam falecido].

   Sobre a Rússia: *"Certas pessoas voltam de lá achando que aquilo é um Paraíso. Outras voltam dizendo horrores. Escreverei uma coisa diferente..."*.

   Os escritores brasileiros prestaram a Graciliano Ramos uma homenagem comovente. Ressentimentos foram esquecidos e todos se uniram em torno do "velho Graça", nosso maior romancista.

   Foi uma consagração a festa na Câmara Municipal no dia em que "Mestre Graça" completou sessenta anos de idade. José Lins do Rego, falando em nome dos escritores brasileiros, declarou: "Viemos aqui para dizer que Graciliano Ramos é o maior de todos nós." Mas Graciliano responde, modesto: "Nunca fiz nada que preste."

   A filha de Graciliano fala em seu nome.

   Jorge Amado também homenageou Graciliano.

   Todos quiseram homenagear Graciliano Ramos.

   Portinari compareceu para saudar seu amigo.

   Sobre literatura: *"A literatura está sempre a serviço de uma classe. E como no Brasil a classe dominante está em decadência também a literatura é decadente."*

   Enquanto na Câmara Municipal escritores de todas as tendências saudavam Graciliano Ramos, o escritor, doente, conversa em casa com o repórter. E à pergunta sobre qual seria a solução para o escritor brasileiro, responde: "A revolução. Os escritores de hoje e de amanhã têm que ser os escritores da revolução."

2. José Guilherme Mendes: romancista, cronista, tradutor e jornalista. Realizou, em 1953, uma série de reportagens sobre a implantação do socialismo na Polônia, fato que o encantou, conforme relata Jorge Amado, que encontrou à época o jornalista em Varsóvia. Numa delas, "Um repórter brasileiro na 'Cortina de Ferro': Uma bomba atômica no Kremlin não liquidaria o regime", publicada no *Correio da Manhã* (Rio de Janeiro, 30 set. 1955, pp. 1 e 8), vê-se como as palavras da entrevista de Graciliano ecoaram nas impressões que José Guilherme teve da Rússia:

   "[...] Em todo o decorrer desta série de reportagens, haverá de encontrá-los — os selvagens de Sótchi, de Varsóvia ou de Berlim.

   Lembro-me de Graciliano Ramos, dizendo de volta da União Soviética:

   — Quero escrever um livro, mostrando que aquilo não é o Paraíso nem o Inferno, pois nada disso existe.

Nunca disse Graciliano coisa mais exata. Nem Inferno, nem Paraíso — assim é a União Soviética; ou, pelo menos, assim me pareceu, nos 25 dias que ali passei."

Tais reportagens resultaram no livro *Moscou, Varsóvia, Berlim: o povo nas ruas* (1956). José Guilherme Mendes publicou também: *Doorway to Brasilia*, com Elaine Goff (1959); *Brasília* (1957); *Gato na janela: romance policial* (1980); *...E assim nasceu um empregado de mesa* (1983). Traduziu o romance russo *O degelo*, de Ilya Grigorievich Ehrenburg (1959). Um dos pioneiros da correspondência internacional, Guilherme Mendes tinha como apelido Passaporte: vivia em trânsito para *O Globo*, *Diários Associados* e *Última Hora*, onde terminou sua carreira como editor-executivo. Em *Última Hora*, publicou *A face oculta da América*, série de reportagens sobre os Estados Unidos, onde viveu durante três meses (Cf. COUTINHO, Afrânio; SOUSA, J. Galante de. *Enciclopédia de literatura brasileira*. 2 vols. São Paulo: Global, 2001, v. 2, p. 1.055; AMADO, Jorge. *Navegação de cabotagem*. São Paulo: Companhia das Letras, 2012).

3. *Manchete*: revista publicada semanalmente de 1952 a 2000 pela Bloch Editores. Criada por Adolpho Bloch (Ucrânia, 1908 — São Paulo, 1995), inspirava-se na ilustrada parisiense *Paris Match* e sua principal forma de linguagem era o fotojornalismo. Surgiu disposta a competir com *O Cruzeiro*, tendo Henrique Pongetti como diretor-responsável, redator e repórter. Trazia reportagens originais e grande colaboração literária. Sua equipe de jornalistas e colaboradores incluiu Carlos Drummond de Andrade, David Nasser, Fernando Sabino, Joel Silveira, Manuel Bandeira, Otto Maria Carpeaux, Paulo Mendes Campos, Rubem Braga, entre outros. No início, fazia fotorrecortagem, mas as fotografias eram impressas com qualidade técnica. De 1954 a 1957, Otto Lara Resende foi diretor de redação, substituído por Nahum Sirotsky e, em 1959, por Justino Martins. Sua equipe de fotógrafos contou com Orlando Machado, Raul Perdigão, Aymoré Marella, Gervásio Batista, Jean Manzon, Nicolau Drei. *Manchete* se consolidou quando Juscelino Kubitschek chegou à presidência do país (LOUZADA DA SILVA, Silvana. *Fotojornalismo em Revista: o fotojornalismo em O Cruzeiro e Manchete nos governos Juscelino Kubitschek e João Goulart*. Dissertação de mestrado em comunicação social, Niterói: UFF, 2004).

4. Publicação póstuma, o livro *Viagem* saiu em setembro de 1954 pela José Olympio, com capa de Candido Portinari. Interrompido pela morte do autor quando alguns capítulos estavam em esboço, inclui os 34 capítulos mencionados, mais notas pormenorizadas do diário da viagem para a União Soviética e a Checoslováquia. *Viagem* está na 21ª edição, publicada em 2007 pela Record.

5. Como se observou, é recorrente nas *Conversas* os entrevistadores se referirem a Graciliano como o "maior romancista vivo do Brasil".

6. A preferência de Graciliano pelo realismo como forma artística autêntica, a qual ele já declarava em sua primeira entrevista, de 1910, expressa-se também em suas críticas dos anos 1930 e 40 a romances abstratos, alheios ao "fator econômico". Vejam-se os artigos "Norte e sul" (1937) e "O fator econômico no romance brasileiro" (1945), em *Linhas tortas*, e "Decadência do romance brasileiro" (1941), em *Garranchos*. Já em *Caetés* (1933) tal concepção de literatura de Graciliano ganhou forma, em especial na impossibilidade de João Valério escrever um romance histórico sobre os índios sem conhecer história. E a escrita da trajetória de sofrimentos experienciados seria determinante na ficção de Graciliano, como também em seus livros de memórias, posteriores à prisão. "Só me abalanço a expor a coisa observada e sentida", sintetizaria ele nas *Memórias do cárcere* (vol. I, capítulo II). Tanto assim, no *Retrato fragmentado*, Ricardo Ramos se recordaria de que o pai desistiu de compor um romance carioca porque "não sentia aquilo", preferindo a caatinga à beleza do Rio de Janeiro. Mas a experiência vivida na então capital desde a saída do cárcere fez o artista alagoano cogitar um romance, em muito inspirado nas diferenças políticas, estéticas, que se reuniam, desde as prateleiras, na casa editora da rua do Ouvidor, segundo se lê na crônica de Graciliano "A livraria José Olympio". Em carta ao filho Júnio, de 9 de abril de 1938, fala de um projeto vago de ficção, que iria "da favela ao arranha-céu onde os tubarões da indústria digerem o país, e entre o morro e o escritório — a livraria, o jornal, a pensão do Catete, o restaurante Reis, o bar automático, o cinema, o teatro, o mangue e o café da Cinelândia" (*Cartas*, op. cit., p. 280). O livro não foi escrito, mas Graciliano esboçou quatro contos-capítulos, tendo publicado apenas o primeiro deles, "A prisão de J. Carmo Gomes", na imprensa em 1940 e em *Insônia* em 1947. O segundo capítulo, inacabado, e uma análise do conjunto foram apresentados por Erwin Torralbo Gimenez em "Um capítulo inédito de Graciliano Ramos: a liberdade incompleta de J. Carmo Gomes" (*Estudos Avançados*, 2013, vol. 27, n. 79). O terceiro e o quarto capítulos foram dados a público por Fernando Cristóvão na revista *Colóquio-Letras* (Lisboa, n. 3-4, dez. 1971) e em seu livro *Cruzeiro do Sul, a Norte: estudos luso-brasileiros* (Lisboa: Imprensa Nacional-Casa da Moeda, 1983).

7. Sobre a predileção pela Bíblia, conferir: "Afirma Graciliano Ramos: 'Não me considero um escritor'", *Folha da Manhã*, 1949; "Autorretrato de Graciliano Ramos aos 56 anos", *A Manhã*, "Letras e Artes", 1948.

25. Entrevista a Marques Gastão (*Diário de Lisboa*, 1952) e artigos com o desmentido de Graciliano Ramos

O escritor Graciliano Ramos passou hoje em Lisboa para ir a Paris à comemoração de Victor Hugo[1]

MARQUES GASTÃO,[2] *DIÁRIO DE LISBOA*,[3] 1952

Graciliano Ramos, romancista brasileiro, cuja obra enfileira na estirpe de Lins do Rego, Marques Rebelo, Erico Verissimo e Jorge Amado, na literatura do Brasil, esteve em Lisboa, de passagem para Paris, acompanhado de sua esposa. O grande escritor, já com sessenta anos, velho fisicamente, ia assistir às comemorações do grande Victor Hugo. Na lista dos passageiros da Panair apenas esta indicação: Graciliano Ramos, professor. Mas o nome de Graciliano Ramos só podia ser o do escritor que um dia criou a figura de Paulo Honório,[4] nesse romance sertanejo que se chama *S. Bernardo*, e abordamo-lo no restaurante.

— Sim, sou eu... — a entrevista principiou.

Graciliano Ramos parece-nos fatigado e pouco disposto a falar.

— Vim à Europa para respirar um pouco... E não me agrada falar de literatura ou de política... Sou um analfabeto sertanejo que um dia se deu a escrever coisas sem nexo...

— Mas... o que pensa da literatura brasileira? — insistimos.

— Oiça: eu não quero responder, porque a minha resposta parece mal... Não sou otimista, em relação com a literatura brasileira... Os que fizeram alguma coisa calaram-se depois, e esse silêncio é uma cobardia... Minha cobardia e deles...

— Mas a que atribui esse silêncio?

— A tantos fatores! Não há novos valores no romance brasileiro, depois do surto do romance nordestino de 1932 a 1935... Depois, foi a curva descendente da literatura de ficção.[5]

— Não será pessimismo?

— Talvez seja o pessimismo da minha idade, talvez seja a opinião de um selvagem, mas é uma opinião...

— E na poesia?

— Qual poesia? A clássica ou a moderna? Para mim, eu não entendo essa coisa que os modernos chamam poesia, e é melhor não falarmos nela. Sabe? Eu tinha sete anos quando me meteram Camões nas mãos e me fizeram decorar os *Lusíadas*. Ficou-me o gosto da lírica do épico e o canto V com o Velho do Restelo, o Adamastor... Posso lá entender os *poetas* de hoje...[6]

E voltando ao romance, Graciliano Ramos, que criou *Vidas secas* e *Angústia*, diz-nos:

— Veja por exemplo o estado de São Paulo. Não deu um romance, um grande conto...

Fala-se depois da Arte e da divisão de opiniões sobre subordinação ou não a uma ortodoxia, seja ela qual for, e Graciliano responde:

— O comunismo e o fascismo mataram a Arte. A Arte é uma consequência das superestruturas da política. A dependência da Arte à política está no interior do indivíduo. Se eu tiver interesse nessa dependência, a subordinação é quase inconsciente. Na Arte há persistência de valores e quando os seus autores são gênios acabam ganhando a eternidade.

Graciliano Ramos, que, na sua juventude, foi um rebelde desinteressado, esteve preso durante um ano, segundo nos confessou, e entende que o amadurecimento de ideias se ganha com a idade. Hoje, pouco escreve. Publicou *Infância*, um livro de memórias e pouco mais. Os seus livros do passado vão ser reeditados. Agora procura o repouso, ao lado de sua esposa. Nascido em Quebrangulo, no interior de Alagoas, tem a sinceridade abrupta no falar. Considera Machado de Assis (infelizmente, segundo a sua opinião, porque não apareceu outro) como o maior escritor brasileiro, embora manifeste a sua "indignação" pelo fato de o autor de *Esaú e Jacó* não ter emitido opiniões pessoais, nos seus livros, sobre os grandes acontecimentos do seu tempo, talvez porque Graciliano pense que o escritor deve interferir na vida do seu tempo.[7] Admira Lins do Rego e Marques Rebelo, este como contista, e falando de Erico Verissimo afirma:

— É um influenciado pela literatura norte-americana: celuloide mascarado; pedaços de vidas sem continuidade... ou um exagerado ou um deformado... A literatura brasileira deste tempo é uma literatura falhada... E na Europa? Onde estão os novos valores? Os que substituíram Balzac e Tolstoi e o Eça, d'*Os Maias*?

Graciliano Ramos confessa depois o seu desconhecimento da nova literatura portuguesa e, falando da literatura em geral, diz:

— É impossível julgar o moderno. Li grandes escritores numa posição de passividade e hoje penso que as novas correntes são menos inteligentes do que o Catolicismo. O artista da Renascença não tinha obrigação de fazer isto ou aquilo — fazia porque estava no seu inconsciente o mandato e criava o que sentia. E sabe o que me apetece perguntar? O que foi que fizeram a Alemanha, a Itália e a Rússia? Do período clássico, temos grandes valores nos três países, mas depois de Hitler, de Mussolini e de Estaline [sic] o que há? Onde estão o Balzac, o Tolstoi, o Dostoievski, o Goeth [sic], o Miguel Angelo, o Leonard de Vinci [sic] do nosso século? Talvez falta de perspectivas? Não, os nossos mestres continuam a ser aqueles grandes homens do passado!

Fala-se depois das relações luso-brasileiras, e Graciliano Ramos confessa-nos:

— Portugal e Brasil são um todo, tão juntos, tão irmanados que penso ninguém poder cortar o cordão umbilical que os une. A nossa língua é a língua portuguesa. Quiseram um dia criar, artificialmente, a língua brasileira... Disparate! Pois repare: pois se nem há diferença na prosódia. Estamos aqui a falar português e não brasileiro e português, não é verdade?[8]

Graciliano Ramos, que é amigo pessoal de José Osório de Oliveira,[9] com quem esteve há pouco no Rio e onde assistiu a um dos banquetes realizados em honra da Embaixada Cultural Portuguesa,[10] disse-nos, a despedir-se:

— Foi útil a visita dessa Embaixada e penso que devem estreitar mais os laços entre intelectuais portugueses e brasileiros, indiferentemente de opiniões políticas. Todo brasileiro é, quer queira quer não queira, um português de coração. Tudo quanto se faça para os aproximar é pouco para benefício das duas Pátrias.

Notas

1. GASTÃO, Marques. "Graciliano Ramos". In: *Às portas do mundo*. Lisboa: Comp. Nacional Editora, 1952. pp. 323-5; "O escritor Graciliano Ramos passou hoje em Lisboa para ir a Paris à comemoração de Victor Hugo", *Diário de Lisboa*, 24 abr. 1952, p. 9. Entre o texto publicado primeiramente na imprensa e depois retrabalhado em livro pelo jornalista há diferenças substanciais. Neste último formato, sem as limitações espaciais comuns ao suporte jornal, são acrescidos trechos inteiros tanto de perguntas e comentários de Gastão quanto de respostas de Graciliano. Diante disso, optou-se por apresentar aqui a entrevista veiculada na obra *Às portas do mundo*, pois ela representa a última vontade autoral do repórter. Todavia, apesar de optar-se por essa última versão, manteve-se o título utilizado no *Diário de Lisboa*, uma vez que ele oferece mais dados informativos sobre o contexto enunciativo em que se deu a conversa Gastão-Graciliano. Por fim, vale ainda ressaltar que uma versão editada desta entrevista foi publicada no *Jornal do Brasil* de 30 abril de 1952 (p. 7), com o título "O sr. Graciliano Ramos em viagem para Paris". A matéria apresenta a seguinte nota introdutória: "Não lhe agrada falar de literatura ou de política. É um analfabeto sertanejo — Disse que um dia se deu a escrever coisas sem nexo". Com o título "Declarações do escritor Graciliano Ramos em Lisboa", esse mesmo texto adaptado também ganhou as páginas do *Correio da Manhã* de 30 de abril de 1952 (p. 4).

2. Manuel Marques Gastão (1914, Lisboa — 1995): jornalista, romancista, contista e crítico literário. Publicou, a partir de 1937, mais de trinta obras nos mais variados gêneros, como o romance *Três vidas* e conferências sobre Teixeira de Pascoaes e Fialho de Almeida ("OS NOVOS colaboradores". *Atlântico: Revista Luso-Brasileira*, Lisboa: SPN; Rio de Janeiro: DIP, N. 4, 1943, p. 170). Dentre os seus muitos livros de entrevistas estão: *Às portas do mundo*, *Figuras do meu tempo*, *Diálogos com escritores e artistas portugueses*, *Relações culturais luso-brasileiras*. Entrevistou personalidades como Sartre, André Maurois, Alberto Moravia, Giovanni Papini, Graham Greene, Tennessee Williams, Aldous Huxley, José Lins

do Rego, Graciliano Ramos, Cecília Meireles e os papas Paulo VI e João XXIII. Iniciou sua carreira de jornalista no *Diário de Lisboa* e no *Século*, com passagens por diversos outros veículos da imprensa portuguesa e estrangeira. Em 1943, fundou o Gabinete de Imprensa do Aeroporto de Lisboa e o dirigiu até 1962, quando foi expulso.

3. *Diário de Lisboa*: jornal vespertino, publicado entre 1921 e 1990. Teve como primeiro diretor Joaquim Manso; depois, entre 1956 e 1967, Norberto Ramos; António Ruella Ramos até 1989; e Mário Mesquita até 1990. Era propriedade da Renascença Gráfica, detentora das instalações, da gráfica e do próprio título. Confira-se "Arquivo & Biblioteca" no site da Fundação Mário Soares, que digitalizou a coleção.

4. Defendendo a tese de que o moderno romance brasileiro teria encontrado na "sinceridade" o fio condutor de sua arte de narrar, Marques Gastão particulariza esse viés crítico impressionista, referindo-se à obra de Graciliano: "Mesmo quando um 'Paulo Honório', em *S. Bernardo*, vem de baixo, com todos os ódios e todos os desesperos da sua condição, vai para cima, com a vingança e o ódio a espevitá-lo, numa quase total insensibilidade, não nos dá Graciliano Ramos, a par dos seus dons de observador, a sinceridade como fulcro da sua obra" (GASTÃO, Marques. "A sinceridade no romance brasileiro", *Atlântico*, Lisboa, SPN/DIP, n. 4, nov. 1943, p. 151).

5. A "decadência do romance brasileiro" a partir de 1936 é questão recorrente nas *Conversas*, em especial em: "O modernismo morreu?", Osório Nunes, *Dom Casmurro*, 1942; "Graciliano Ramos fala ao *Diário Popular* acerca dos modernos romancistas brasileiros", Castro Soromenho, *Diário Popular*, 1949.

6. O primeiro contato de Graciliano com a "figura culminante da Renascença portuguesa" deu-se de modo traumático, aos sete anos, quando o obrigaram a ler Camões, "o zarolho gênio": "O descobrimento do caminho da Índia aos oito anos! É, positivamente, um abuso. Aquela mistura de deuses do Olimpo, pretos africanos, o Gama ilustre, o gigante Adamastor, o rei de Melinda, a linda Inês e seu gago amante, tudo, a meter-se atrapalhadamente num pobre cérebro em formação — com franqueza, é demais!" (RAMOS, Graciliano. *Linhas tortas*. 21. ed. Rio de Janeiro: Record, 2005, p. 94). Cf. a nota 3 do texto "De Graciliano Ramos", *Dom Casmurro*, 1937.

7. Certa postura antimachadiana de Graciliano Ramos, apesar de ele destacar o contista e estilista Machado, é assunto recorrente nas *Conversas*: "Obras-primas desconhecidas do conto brasileiro", Otto Maria Carpeaux, *A Manhã*, 1949; "De Graciliano Ramos", *Dom Casmurro*, 1937, da seção "Enquetes e depoimentos".

8. A posição antimodernista de Graciliano, sobretudo quanto a extravagâncias linguísticas que prejudicam a clareza textual, expressa-se também em: "Nossos escritores — Graciliano Ramos: 'Sempre fui antimodernista'", José Tavares de Miranda, *Folha da Manhã*, 1951.

9. José Osório de Oliveira (Setúbal, 1900 — Lisboa, 1964): ensaísta e crítico literário português dedicado ao estudo e à difusão do romance brasileiro em terras lusitanas, sobretudo entre as décadas de 1930 e 1950, num contexto de intensificação do intercâmbio entre os dois países atlânticos. A maior iniciativa de Osório de Oliveira nesse sentido dá-se em 1939 com a publicação de sua *História breve da literatura brasileira*, que, segundo Mário de Andrade, embora escrita para portugueses, lhe parecia indispensável a qualquer brasileiro (ANDRADE, Mário de. *O empalhador de passarinho*. São Paulo: Martins, 1972, p. 165). Gilberto Freyre trata o livro como a "primeira tentativa inteligente e desassombrada de interpretação do nosso desenvolvimento literário sob o moderno critério sociológico" (FREYRE, Gilberto. "Apêndice". In: OLIVEIRA, José Osório de. *Aspectos do romance brasileiro: conferência para um público português*. Lisboa: [s.n.], 1943, p. 29). Graciliano mantém relativo contato missivístico com Osório de Oliveira a partir de outubro de 1938, quando este estampa uma nota crítica a *Angústia* na *Revista de Portugal*. Em 1941, o romancista alagoano toma parte em polêmica com o brasilianista. Depois de Osório de Oliveira ter publicado o rumoroso artigo-carta "Adeus à literatura brasileira", no qual, por falta de apoio e estímulos, dava por encerrado, depois de quinze anos, seu trabalho de divulgação das obras e autores nacionais em Portugal, Graciliano sai com o texto "Uma tentativa de explicação". Nele, argumenta que o rancor do português tinha origem numa "descortesia involuntária", tendo em vista a diferença no modo como brasileiros e os irmãos lusos tratavam as correspondências recebidas. Enquanto estes as consideravam como coisa séria, que pedia retorno imediato, aqueles postergavam a resposta fosse por desleixo, fosse por disporem apenas de ideias escassas, "indispensáveis à composição da nossa minguada literatura" (Cf. *Garranchos*, p. 186).

10. Provavelmente, Graciliano faz referência à Embaixada Especial Portuguesa, que chegou ao Brasil, a 5 de agosto de 1941, para agradecer, de modo oficial, a participação de nosso país nas festas do duplo centenário luso ocorridas no ano anterior. Quem chefiou a missão foi o escritor Júlio Dantas, presidente da Academia das Ciências de Lisboa. Faziam parte também da delegação diplomática Marcelo Caetano, Comissário Nacional da Mocidade Portuguesa, e Augusto de Castro, diretor do *Diário de Notícias*. Paralelamente, aportou no Rio de Janeiro António Ferro, então diretor do Secretariado da Propaganda Nacional português, que firmou com Lourival Fontes, à época diretor do Departamento de Imprensa e Propaganda (DIP), o chamado Acordo Cultural Luso-Brasileiro, assinado a 4 de setembro do mesmo ano, no Palácio do Catete. Tal documento visava a assegurar e a promover "tudo que possa concorrer para tornar conhecida, respectivamente, no Brasil e em Portugal, a cultura dos dois países" (Cf. ACCIAIUOLI, Margarida. *António Ferro: A vertigem da palavra*. Lisboa: Editorial Bizâncio, 2013, pp. 323-7).

Barulho![1]

GAZETA DE NOTÍCIAS,[2] 1952

Vai haver barulho grosso nos arraiais literários da metrópole em face da entrevista que o escritor Graciliano Ramos concedeu em Lisboa, a um jornalista luso e que foi publicada por um dos nossos matutinos.[3] Graciliano Ramos, em curtas frases, desancou a literatura brasileira, afirmando que o romance, depois da geração de 1932-5, a nordestina, não teve mais expressão. Quanto à pena, sem citar nomes, liquidou com os "modernos", e o Carlinhos Drummond deve estar chateado. Mas o pior foi com o Erico Verissimo, classificado como "matéria plástica", pura lataria...[4]

Vai haver barulho grosso nas "igrejas" literárias; o Graciliano Ramos que não volte agora, senão apanhará no píer da praça Mauá...

Não entendemos de literatura, mas que o referido escritor nos parece estar com a razão, embora um certo exagerozinho, não há dúvida. E vez por outra, é preciso que alguém diga umas verdades.

Notas

1. "Barulho!", *Gazeta de Notícias*, Rio de Janeiro, 10 maio 1952, p. 4.
2. Diário carioca, a *Gazeta de Notícias* foi fundada em 1875 por José Ferreira de Sousa Araújo, com o objetivo de lutar pela abolição da escravatura e pela proclamação da República. Contou com colaborações de Quintino

Bocaiuva, Silva Jardim, José do Patrocínio, Machado de Assis, Olavo Bilac, Euclides da Cunha, João do Rio, Eça de Queirós. Seu suplemento literário domingueiro publicou em folhetim, no ano de 1888, *O Ateneu*, de Raul Pompeia. Um dos principais jornais da capital federal durante a República Velha, introduziu na imprensa brasileira o emprego do clichê, das caricaturas e da técnica de entrevistas. Na época da nota "Barulho!", o jornal esteve de acordo com as posições do presidente Vargas, em seu segundo governo (1951-54). (LEAL, Carlos Eduardo. "Gazeta de Notícias", Site FGV/CPDOC).

3. Conforme indicado em nota do texto anterior, uma versão adaptada da entrevista concedida por Graciliano a Marques Gastão foi estampada no *Jornal do Brasil* ("O sr. Graciliano Ramos em viagem para Paris", p. 7) e no *Correio da Manhã* ("O sr. Graciliano Ramos em viagem para Paris", p. 4) no dia 30 de abril de 1952.

4. "[Erico Verissimo] Interrogado sobre o que pensava de Graciliano Ramos, que ultimamente tem criticado suas obras, respondeu: 'Considero Graciliano um grande escritor. Sei que ele me detesta e que se pudesse mandaria fazer comigo o que costumava fazer com seus inimigos políticos no tempo em que era prefeito de Palmeira dos Índios. É um profissional péssimo. Leu minhas obras por alto até 1936. De lá para cá, limita-se a dizer mal de mim. O autor de *Angústia* é um grande romancista, mas um sujeito amargo. Não lhe voto o menor rancor. Tenho pena, isto sim, muita pena.'" ("ERICO VERISSIMO opina sobre as questões entre o Oriente e Ocidente", *A Manhã*, Rio de Janeiro, 2 jul. 1952, p. 2).

Mesmo que não apreciasse tanto a literatura de Erico Verissimo, Graciliano não diria as palavras que Marques Gastão lhe atribuiu, cujo objetivo era disseminar polêmica e sensacionalismo. Erico havia publicado em 1939, por sua Livraria do Globo, *A terra dos meninos pelados*, com ilustrações de Nelson Boeira Faedrich. E houve um diálogo amigável entre eles, como se vê nesta carta escrita em Porto Alegre, a 18 de agosto de 1938: "Fiquei satisfeito por saber que v. não desgostou dos *Lírios*. Curioso. Nunca pedi a ninguém para ler um livro meu. Mas quando nos encontramos aí em julho último eu ia lhe pedir para não ler o meu último romance. Tive a impressão de que no estado de espírito em que v. se encontrava ele havia de irritá-lo" (Correspondência Passiva, Arquivo Graciliano Ramos do IEB-USP). E Erico destaca a "honestidade intelectual" de Graciliano em carta de 11 de fevereiro de 1954, de Washington, destinada a Herbert Caro: "Estou lendo e gostando muito das memórias do Graciliano. Foi uma vítima da infância, do *environment*. Era um chateado que chegou a desejar a prisão para fugir à cinzenta monotonia de sua vida provinciana e à companhia aborrecida da mulher. O livro é dissolvente. Não creio que os comunistas tenham gostado dele. O homem sabe escrever e é duma honestidade intelectual a toda prova. Quase doentia" (Acervo Literário de Erico Verissimo, Alev, Instituto Moreira Salles. A Carlos Alberto Cortez Minchillo o agradecimento por oferecer esta carta).

"Sou um homem de partido" — afirma Graciliano Ramos[1]

IMPRENSA POPULAR,[2] 1953

E mbora doente, internado numa casa de saúde, o grande romancista brasileiro Graciliano Ramos fez questão de desmentir, através da *Imprensa Popular*, as declarações que lhe foram atribuídas por um escriba salazarista, Marques Gastão, num livro intitulado *Às portas do mundo*. Em entrevista que vai publicada na segunda página desta edição, o autor de *Vidas secas* declara que foi vítima de uma infâmia e reafirma a sua condição de comunista, de homem de partido, cujas ideias políticas e opiniões literárias não constituem segredo para ninguém.

Totalmente falsas as declarações atribuídas por um escriba fascista de Portugal ao grande romancista de *S. Bernardo* — "Querem enlamear o meu nome" — Admiração e carinho pela URSS e por Stalin — O socialismo abre novas perspectivas à literatura

Doente há longos meses, Graciliano Ramos suporta a enfermidade, com fibra admirável. Encontra-se já há algumas semanas numa casa de saúde em Botafogo, onde os seus amigos da *Imprensa Popular* vão frequentemente visitá-lo. Mas desta vez Graciliano Ramos tinha alguma coisa de especial a nos dizer.

Falando com dificuldade, a voz baixa, mas firme, ele começa:

— É uma infâmia que fizeram comigo. Querem enlamear o meu nome.

Mostra-nos um volume, edição portuguesa recente: *Às portas do mundo*. Chama-se Marques Gastão o autor, um repórter que colhe entrevistas no aeroporto de Lisboa em estado salazarista. Lá estão, a páginas tantas, "declarações" de Graciliano Ramos.

— Tudo falso, de princípio a fim — afirma com indignação o romancista de *S. Bernardo*. — Comecei por declarar que não daria nenhuma entrevista. Troquei algumas palavras com o repórter, nada mais. O que esse sujeito publicou é uma safadeza.

Dá-nos o livro a folhear, com trechos que ele próprio assinala. O fascista português apresenta Graciliano Ramos como "um rebelde na juventude" — portanto já não mais rebelde agora, na idade madura... Atribui-lhe as mais absurdas opiniões sobre literatura e sobre política — opiniões que, se fossem verdadeiras, implicariam a negação de todos os princípios que o nosso grande escritor tem sustentado e que lhe valeram inclusive, durante o Estado Novo, a prisão na Ilha Grande.

"Sou um comunista"

— Eu sou um comunista e me orgulho disso — diz Graciliano Ramos. — Portanto, não podia nunca dizer tais coisas. Agora, mais que nunca, sou um homem de partido. Minhas ideias e minha filiação política não constituem segredo para ninguém.

Quando passei por Lisboa, continua, eu ia a caminho de Moscou, da União Soviética, realizar um velho sonho. Tudo o que eu vi reforçou a minha confiança no socialismo, na causa da paz.[3] Os escritores com os quais tive contato — Surkov, Leonidze, Ehrenburg, Kornei Tchuk, Polevoi, Ajaev, Anissimov e outros — me deram, em longas conversas, a ideia clara do que é e do que busca a literatura soviética. O socialismo cria extraordinárias condições para o exercício da profissão de escritor.[4] Rasga perspectivas e horizontes inteiramente novos. Eu encontrei na URSS o que esperava encontrar, e mais ainda.

É sempre com admiração e carinho que Graciliano fala da União Soviética, de Stalin, a quem pôde ver na parada de 1º de Maio do ano passado. E a todo momento, quando conversa sobre essa viagem inesquecível, vêm-lhe expressões comovidas sobre a Georgia, a bela Georgia, Tblisi e suas avenidas tranquilas, Gori, as casas de repouso e os sanatórios nas margens do mar Negro, a presença das realizações do socialismo, do enorme avanço da cultura, lado a lado com os vestígios das antiquíssimas civilizações.

— Gostaria de voltar à Georgia, a Moscou...

Dos fascistas tudo se pode esperar
Mas de repente, à lembrança desagradável da entrevista falsificada, Graciliano tem uma expressão de asco e repete:

— Veja, querem enlamear o meu nome. É muita baixeza, mas desses fascistas tudo se pode esperar.

E pede-nos:

— Desminta essa coisa. Não quero que fique nenhuma dúvida sobre o que eu penso. Nem aqui nem em Portugal, onde tantos escritores, sobretudo os moços, contrariando o terror salazarista, acreditam como eu na dignidade do escritor e do homem, na democracia, na paz.

Notas

1. "'Sou um homem de partido' — afirma Graciliano Ramos", *Imprensa Popular*, Rio de Janeiro, 5 mar. 1953, p. 2.
2. *Imprensa Popular*: diário carioca vinculado ao então Partido Comunista do Brasil (PCB). Foi criado em 1948, depois de a *Tribuna Popular* ter sido fechada em dezembro de 1947, ano em que o Tribunal Superior Eleitoral, durante o governo Dutra, cassou o registro do PCB. O corpo de redatores se manteve quase o mesmo, contando, entre outros, com Aydano do Couto Ferraz, Dalcídio Jurandir, Moacir Werneck de Castro e os alagoanos Pedro e Paulo Mota Lima. Promoveu campanhas de interesse popular, fez denúncias políticas e apoiou comissões operárias que reclamavam das condições de trabalho e de salário. Além de haver sofrido perseguições e suspensões em 1953, passou a enfrentar dificuldades

internas, como divergências entre alguns redatores e a direção do PCB. Estas se acirraram em 1956, com a divulgação do Relatório Kruschev, que denunciava o stalinismo. A consequência foi o fechamento do jornal em 1958. Cf. FERREIRA, Marieta de Morais. "Imprensa Popular". In: *Dicionário histórico-biográfico brasileiro*, Site FGV/CPDOC.

3. No que diz respeito a seu envolvimento com a causa da paz, Graciliano foi conselheiro da Organização Brasileira da Paz e da Cultura; delegado eleito para o II Congresso Mundial dos Partidários da Paz, realizado em Varsóvia; bem como signatário de diversos manifestos, entre os quais um alusivo à Convocação do Congresso Brasileiro da Paz, sob o patrocínio do Congresso Paulista pela Paz (MORAES, Dênis de. *O velho Graça*. Rio de Janeiro: José Olympio, 1992, p. 380). Além disso, o escritor alagoano foi legalmente dono e editor responsável do periódico *Partidários da Paz*, do final de 1950 a fevereiro de 1953.

4. No artigo "O Partido Comunista e a criação literária", Graciliano já defendera a ideia de que não havcria ingerência da agremiação nas produções artísticas de seus filiados e que, sob o guarda-chuva do PCB, os talentos continuariam a florescer. "É desnecessário asseverarmos que o Partido Comunista nenhum dano causa à produção literária. Inútil exibirmos figurões do exterior, engrandecidos pela distância: mostremos apenas a gente que aqui está. Nada de queimar incenso à toa. Estes homens e estas mulheres recusam lisonjas, mas provavelmente os nossos opositores gostariam de tê-los ao seu lado. E se pensam de outra forma, é que o julgamento lá fora é precário. Neste grupo, ainda exíguo, há escritores que se revelaram em diversos gêneros. Certamente continuarão a crescer, apesar dos agouros ruins espalhados sobre eles" (RAMOS, Graciliano. *Garranchos*. Op. cit., pp. 259-60).

O romancista desmente[1]

CORREIO DA MANHÃ,[2] 1953

E por falar em Portugal... Apareceu recentemente em Lisboa o livro *Às portas do mundo*, de autoria do repórter Marques Gastão. Nesse livro são citadas diversas opiniões de ordem literária e política que teriam sido expendidas pelo romancista Graciliano Ramos. A propósito, da casa de saúde onde se encontra recolhido, o grande escritor brasileiro pede que seja divulgado através desta seção o seguinte desmentido: "São totalmente falsas as declarações que me atribui o autor de *Às portas do mundo*. Trata-se de mentira e má-fé. Minhas opiniões literárias e políticas são notórias. Nunca as desmenti, muito menos a tal indivíduo."

Notas

1. "O romancista desmente", *Correio da Manhã*, Rio de Janeiro, "1º Caderno", 5 mar. 1953, p. 10. Nota semelhante a essa, com o título "Graciliano desmente", saiu à página 2 de *A Noite*, do Rio de Janeiro, a 9 de março de 1953.
2. Cf. a nota 8 de "Como eles são fora da literatura: Graciliano Ramos", Homero Senna, *Revista do Globo*, 1948.

Graciliano Ramos faz-me um apelo[1]

FRANCISCO DE ASSIS BARBOSA,[2] *ÚLTIMA HORA*,[3] 1953

G raciliano Ramos, o grande romancista, gravemente enfermo, pede-me que dê um desmentido às declarações contidas numa "pretensa entrevista" publicada no livro *Às portas do mundo*, da autoria do jornalista português Marques Gastão, que acaba de ser editado em Lisboa.

Não nega Graciliano Ramos que trocou algumas palavras com o sr. Gastão, no aeroporto de Lisboa, quando da sua recente viagem à Europa. Viajante em trânsito, recusou-se a conceder entrevistas, pois é conhecida a sua posição em relação ao regime português.

— São totalmente falsas as declarações que me atribui o autor desse livro — afirmou-me o nosso maior romancista vivo. Trata-se de safadeza e má-fé. Minhas convicções políticas e minhas ideias sobre literatura são notórias. Nunca as desmenti, muito menos a esse indivíduo.

Notas

1. BARBOSA, Francisco de Assis. "Graciliano Ramos faz-me um apelo", *Última Hora*, Rio de Janeiro, 5 mar. 1953.
2. Cf. a nota 2 de "Graciliano Ramos, aos cinquenta anos", Francisco de Assis Barbosa, 1942.

3. *Última Hora*: vespertino diário, fundado no Rio de Janeiro em 1951 por Samuel Wainer (Bessarábia, 1910 — São Paulo, 1980), jornalista conhecido por sua revista *Diretrizes* (perseguida pelo DIP) e por seu desempenho como repórter dos Diários Associados. *Última Hora* teve uma edição em São Paulo, além de uma nacional que era complementada localmente no ABC Paulista, e também em Bauru, Belo Horizonte, Campinas, Curitiba, Niterói, Porto Alegre, Recife e Santos. Marco no jornalismo brasileiro, com inovações técnicas e gráficas, pretendia ser um jornal de oposição à classe dirigente e de mediação entre o governo e o grande público. Tendo surgido para respaldar o getulismo junto à opinião pública, quando do retorno de Vargas à presidência, dava espaço para questões populares e se destacou por grandes polêmicas. Teve em sua equipe Otávio Malta, organizador da redação e futuro editor-geral, João Etcheverry, Medeiros Lima, Nabor Caires de Brito, Edmar Morel, o diagramador argentino Andrés Guevara, entre outros. Joel Silveira, José Guilherme Mendes e Newton Rodrigues, entrevistadores nestas *Conversas*, bem como Francisco de Assis Barbosa, também colaboraram em *Última Hora*. O jornal foi vendido em 1971 para a Empresa Folha da Manhã (LEAL, Carlos Eduardo. "Última Hora", Site FGV/CPDOC).

Último protesto de Graciliano às portas da morte[1]

EDMAR MOREL,[2] *ÚLTIMA HORA*,[3] 1954

Chegou ao Rio o jornalista Marques Gastão que, há anos, deturpa, na Europa, o pensamento de inúmeros escritores brasileiros — Nem Marques Rebelo escapou — Onda de protestos em Lisboa — Duas páginas de insultos — Recepção na ABI e uma saudação fora do programa — O gajo está no Rio

Graciliano Ramos, dias antes de morrer, no seu leito de dor na Casa de Saúde São Vicente, em Botafogo, depois de ouvir a leitura de algumas páginas do livro *Às portas do mundo*, do escritor Marques Gastão, assalariado do DIP do governo português, com função no aeroporto de Lisboa, protestou com toda a veemência:

— "São totalmente falsas as declarações que me atribui o autor de *Às portas do mundo*. Trata-se de mentira e má-fé. Minhas opiniões literárias e políticas são notórias".

E num esforço desesperador, com as mãos trêmulas pela doença, pediu uma caneta e tentou anotar a página n. 325, no referido livro, no trecho atribuído ao romancista brasileiro, que é o seguinte:

"É impossível julgar o moderno. Li grandes escritores numa posição de passividade e hoje penso que as novas correntes são menos inteligentes do que o Catolicismo. O artista da Renascença não tinha obrigação de fazer isto ou aquilo — fazia porque estará no seu inconsciente o mandato e criara o que sentia. E sabe o que me apetece perguntar? — 'O que foi que fizeram a Alemanha, a Itália e a Rússia? Do período clássico, temos grandes valores nos três países, mas depois de Hitler, Mussolini e de Stalin, o que há?'"

Note-se que estas declarações atribuídas a Graciliano Ramos e divulgadas em Portugal, com grande estardalhaço e reproduzidas no Brasil, através da United Press, foram postas na boca do escritor pelo escriba Marques Gastão, quando o autor de *S. Bernardo*, em companhia de sua esposa, transitava por Lisboa, rumo a Moscou, a convite dos intelectuais soviéticos.

Na mesma página Marques Gastão imputou ao velho Graça a seguinte declaração sobre Erico Verissimo:

— "É um influenciado pela literatura norte-americana, celuloide mascarado; pedaço de vida sem continuidade... ou um exagerado ou um deformado."

Graciliano Ramos, então, pegou a pena e escreveu pela última vez, já que a morte o surpreendeu cinco dias depois:

— De forma alguma poderia ter dito isto. Tudo é infâmia.

Um profissional da deturpação

Vários brasileiros foram vítimas da falta de escrúpulo do referido jornalista português, funcionário da Secretaria Nacional de Informações de Portugal, departamento que reúne inúmeros valores lusitanos e que prestam, realmente, relevantes serviços ao intercâmbio cultural entre o Brasil e Portugal, inclusive Gastão Bittencourt e Armando Aguiar, nomes tão ligados ao jornalismo brasileiro. Outros, como os poetas Antônio Botto e Casais Monteiro, embora não pertencendo ao DIP, muito têm contribuído para fortalecer os laços de amizade entre os dois povos irmãos.

Vários brasileiros foram vítimas da chantagem jornalística de Marques Gastão, os quais, em trânsito pelo aeroporto de Lisboa, falaram ao referido jornalista, com banca montada no aeroporto. O avião partia e no outro dia as declarações eram deturpadas.

O próprio Marques Rebelo, com seu espírito tão mordaz, aparece no referido livro, chamando o sr. Oliveira Salazar de Mestre.[4]

Os protestos dos intelectuais brasileiros que tiveram as suas entrevistas adulteradas pelo autor de *Às portas do mundo* motivaram, inclusive, uma repreensão pessoal do sr. Mário Saladini, então chefe do Escritório Comercial de Propaganda do Brasil em Portugal.

Insultos

O autor desta reportagem, certa vez, de regresso da Turquia, esteve alguns dias em Lisboa, onde em contato com jornalistas antifascistas recolheu farto material sobre o regime político em Portugal, tendo denunciado, inclusive, as prisões superlotadas com presos políticos. Isto valeu duas ou três páginas de insultos do livro *Às portas do mundo*, sendo de destacar o seguinte trecho:

"Trata-se de um repórter de escândalo, sem escrúpulos, falso, mentiroso, e, ainda por cima, deformado, no pior sentido, dos objetivos da sua profissão. Foi-se para o Brasil e, pouco depois, aparece a escrever, num manifesto, as piores barbaridades acerca de Portugal, de Salazar, do Estado Novo, do povo português. Assopraram-lhe o recado e ele encheu o balãozinho até o estoirar com um chorrilho infame de insolências, de calúnias, de miséria."[5]

Ignora o escriba que o autor desta reportagem é o único biógrafo do almirante Gago Coutinho, num livro de duzentas e tantas páginas, cada uma, um hino de exaltação ao grande povo lusitano.[6]

O gajo está no Rio

Acontece que Marques Gastão, depois de quatro anos de aeroporto, em Lisboa, onde deturpou conscientemente inúmeras entrevistas de escritores e jornalistas brasileiros, em troca de uma propina, desembarcou lépido e fagueiro no Galeão, na penúltima sexta-feira, com o objetivo de intensificar as relações culturais entre Portugal e o Brasil... Trouxe várias cartas, inclusive mensagens para a Associação Brasileira de Imprensa, que o receberá, possivelmente, em sessão especial. Lá estarei para saudá-lo, como conselheiro da ABI...

O gajo pretende entrevistar vários escritores brasileiros e realizar uma conferência.

Notas

1. MOREL, Edmar. "Último protesto de Graciliano às portas da morte", *Última Hora*, Rio de Janeiro, 14 ago. 1954. A página do jornal traz o seguinte trecho do livro de Marques Gastão, com a palavra *período* cortada, observações riscadas à margem, as frases manuscritas "Hitler, Mussolini e Estaline [sic] que há? Eu não poderia juntar esses três nomes" e a legenda *"Fac-símile do protesto de Graciliano Ramos na própria página do livro infamante"*: "[...] ção de fazer isto ou aquilo — fazia porque estava no seu inconsciente o mandato e criava o que sentia. E sabe o que me apetece perguntar? O que foi que fizeram a Alemanha, a Itália e a Rússia? Do período clássico, temos grandes valores nos três países, mas depois de Hitler, de Mussolini e de Estaline [sic] o que há? Onde estão o Balzac, o Tolstoi, o Dostoievski, o Goeth [sic], o Miguel Angelo, o Leonard de Vinci [sic] do nosso século? Talvez falta de perspectivas? Não, os nossos mestres continuam a ser aqueles grandes homens do passado!" (cf. caderno de imagens do presente volume).

2. Edmar Morel (Fortaleza, 1912 — Rio de Janeiro, 1989): biógrafo, jornalista, membro da União Brasileira de Escritores. Foi redator de *O Cruzeiro* e um dos fundadores do jornal *Última Hora*, ao lado de Samuel Wainer. Além disso, trabalhou no *Diário da Noite*, *Jornal do Brasil*, *O Semanário*, *Diretrizes*, *O Globo*, *Diário de Notícias*, entre outros. É autor de *Padre Cícero, o santo do Juazeiro* (biografia, 1946), *Moscou, ida e volta* (reportagem, 1953), *A Revolta da Chibata*, livro publicado em 1959, em que narra e documenta a rebelião de marinheiros ocorrida em 1910, e de *Histórias de um repórter*, 1999 (Cf. "EDMAR MOREL". In: MOREL, Edmar. *Amazônia saqueada*. 3. ed. São Paulo: Global, 1984, pp. 5-7).

3. *Última Hora*: Cf. a nota 3 do texto anterior.

4. "Marques Rebelo, que andou pela cidade [Lisboa] e pelos arredores, viu infantários e hospitais, jornais e bairros para trabalhadores, elogia a obra feita, tem palavras de apreço para o sr. dr. Oliveira Salazar, que considera um Mestre, e, não querendo no seu dizer 'meter foice em seara alheia', concluiu as suas declarações com estas palavras: — Portugal soube adotar, na hora própria e necessária, um regime de exceção que foi realmente

uma noção política com razão de ser. Embora eu não seja partidário de regimes de exceção, sou capaz de compreendê-los e admiti-los." (GASTÃO, Marques. *Às portas do mundo*. Lisboa: Comp. Nacional Editora, 1952, p. 215).

5. GASTÃO, Marques. *Às portas do mundo*, op. cit., p. 36. O jornalista português continua: "Quando tivemos conhecimento do fato, sorrimos de piedade, embora depois tivéssemos reagido. Que responsabilidades se podem pedir, porém, a um cavalheiro como Edmar Morel? Se ele pretendia defender um ideal — pensamos —, serve-o mal, com indignidade agravada, porque é um estrangeiro, para nós (porque um brasileiro deste não pode descender de portugueses); se pretende realizar jornalismo de sensação, pior, porque mente descaradamente até nos pormenores mais simples como os da sua chegada a Lisboa" (Id., p. 37).

6. Referência à obra *Gago Coutinho e sua vida aventurosa* (Rio de Janeiro: A. Coelho Branco), publicada por Edmar Morel em 1941.

Entrevista que pode redundar em uma grande chantagem[1]

EDMAR MOREL, *ÚLTIMA HORA*, 1957

C hegou ao Rio, para fazer a América, o "jornalista" Marques Gastão, que provocou a mais funda revolta no espírito de Graciliano Ramos, horas antes de sua morte — Ludibriado o escritor Cyro dos Anjos — Aviso às autoridades policiais

O bom Graciliano Ramos, em seu leito de dor, ao oferecer a este jornalista os seus seis livros editados por José Olympio, não escondeu a sua revolta ao denunciar um chantagista da opinião pública, um tipo useiro e vezeiro em deturpar os fatos, atribuindo declarações que jamais foram prestadas. Trata-se do aventureiro internacional Marques Gastão, autor de um livro de cavação intitulado *Às portas do mundo*, que enfeixa entrevistas forjadas com passageiros em trânsito pelo aeroporto de Lisboa.

Graciliano Ramos não foi o primeiro a protestar. Outros escritores brasileiros fizeram o mesmo. Na verdade não é um jornalista na expressão exata da palavra. É um "picareta" que procede à honrosa visita do presidente Craveiro Lopes, motivo de satisfação para o povo do Brasil.[2]

O cartão de visita para a grande chantagem

O conhecido chantagista chegou ao Brasil e os jornais anunciam que, através do escritor Cyro dos Anjos, subchefe da Casa Civil da Presidência da República, o aventureiro entrevistará o presidente Juscelino Kubitschek. A entrevista é um pretexto. A fotografia do encontro servirá, apenas, de gazua para extorquir a Agência Nacional e ilustres personalidades portuguesas domiciliadas no Rio e São Paulo.[3]

Figura conhecida dos guichês das firmas lusitanas, Marques Gastão usa dos processos mais ignóbeis, enxovalhando a dignidade da profissão de jornalista, principalmente em Portugal, onde os homens de imprensa têm repúdio pelo "picareta" que provocou a mais funda revolta no espírito de Graciliano Ramos. Note-se que o autor de *Memórias do cárcere*, embora alquebrado pela doença, ainda teve forças para redigir veemente protesto contra o tipo que está no Rio, sendo o mesmo divulgado pelos principais jornais do Rio, inclusive o *Correio da Manhã*. A primeira "Cidade Aberta" teve a honra de publicar o fac-símile do original do velho Graça.[4]

O Brasil de braços abertos receberá o presidente Craveiro Lopes. Com o mesmo entusiasmo receberia Oliveira Salazar. Não estão em jogo as divergências políticas existentes entre os dois regimes. Em Portugal e Brasil são irmãos gêmeos. Aqui vivem perfeitamente integrados na comunidade nacional cerca de 1 milhão e duzentos mil portugueses. O que o jornalista protesta, em nome do decoro e da dignidade da profissão, é a presença do charlatão Marques Gastão, que, antes da entrevista que deverá ser concedida pelo presidente Juscelino Kubitschek, terá a preocupação de se fotografar, forçando intimidade com o presidente da República. E a foto será a arma para extorquir o comércio português.

Aviso às autoridades

O Sindicato dos Jornalistas Profissionais do Rio de Janeiro e a ABI conhecem de sobra as atividades deste aventureiro da imprensa de Lisboa. Evidentemente que este conhecimento não é o bastante. Urge prevenir a Delegacia de Roubos e Defraudações contra as investidas do "escritor" Marques Gastão, "picareta" que cobre de opróbrio a imprensa de Portugal, tão cheia de exemplos edificantes de cultura e de amor à verdade.

Notas

1. MOREL, Edmar. "Entrevista que pode redundar em uma grande chantagem", Cidade Aberta, *Última Hora*, Rio de Janeiro, 16 abr. 1957, p. 11.
2. O militar Francisco Higino Craveiro Lopes governou Portugal entre 1951 e 1958. Em junho de 1957, durante a presidência de Juscelino Kubitschek, esteve no Brasil, onde, entre outros compromissos, assinou o Decreto de Regulamentação do Tratado de Amizade e Consulta entre Brasil e Portugal (GUERRA, Jacinto. *JK: triunfo e exílio: um estadista brasileiro em Portugal*. 2. ed. Brasília: Thesaurus, 2005, p. 60). Craveiro Lopes foi o primeiro chefe de Estado a visitar a nova capital, Brasília ("CRAVEIRO Lopes em Brasília", *A Noite*, Rio de Janeiro, 26 abr. 1957, p. 3).
3. No dia 24 de abril de 1957, o *Diário de Lisboa* publica uma entrevista com o presidente Juscelino Kubitschek ("O general Craveiro Lopes será o primeiro chefe de estado estrangeiro a visitar a nova capital do Brasil, declara ao *Diário de Lisboa* o presidente Juscelino Kubitschek", pp. 1 e 2). Quem conversa com ele e tem a foto a seu lado estampada na capa de tal periódico português é a jornalista Fernanda Reis. Todavia, conforme noticia o jornal *Última Hora*, em 14 de abril do mesmo ano, "Marques Gastão esteve com o escritor Cyro dos Anjos, seu velho amigo, e deverá ser recebido pelo Presidente da República esta semana" ("JORNALISTA português entrevistará JK", *Última Hora*, Rio de Janeiro, 14 abr. 19). A entrevista resultante desse encontro veio a ser publicada apenas um mês depois no órgão governamental *Diário da Manhã* (GASTÃO, Marques. "Excepcional prosperidade e perfeita paz no Brasil", *Diário da Manhã*, Lisboa, 18 maio 1957).
4. Referência ao texto anterior ("Último protesto de Graciliano às portas da morte", *Última Hora*, Rio de Janeiro, 14 ago. 1954), no qual Edmar Morel inclui a reprodução "do protesto de Graciliano na própria página do livro do infamante" (Id., ibid.).

ENQUETES E DEPOIMENTOS

1. De Graciliano Ramos[1]

DOM CASMURRO,[2] 1937

ão necessitamos de outras palavras para os nossos leitores sobre Graciliano senão aquelas que andam na boca de todo mundo; é um dos maiores romancistas novos do Brasil. Grande cultura a serviço de bela inteligência — Aqui damos o seu "por que amo a França", apanhado por um dos nossos redatores

Graciliano Ramos preferiu responder verbalmente. Estávamos na Livraria José Olympio e o romancista de *Angústia* atendeu à nossa pergunta, apontando risonhamente para os livros espalhados num balcão, diante de nós:

— Eu amo a França por isso...

Resposta vaga e precisa, ao mesmo tempo, e a que o nosso companheiro antepôs o ardil das insinuações, diante das quais Graciliano Ramos, com o seu hábito de falar poupado, foi compelido a ir discreteando longamente sobre a sua grande fascinação intelectual pela gente gaulesa.

— Os franceses certamente influíram bastante em sua formação literária...

— Sim. De França evidentemente recebi as primeiras sugestões propriamente literárias. Por uma questão de programa e de uso, sempre que o brasileiro deixa o curso primário, o primeiro livro que lhe vem às mãos são *Os Lusíadas*. A mentalidade da criança experimenta dificuldades terríveis para surpreender o pensamento do clássico.[3] Cria-se então a ojeriza pela epopeia e também pela literatura portuguesa. Em geral, prolonga-se essa aversão pelo resto da vida. Em tal circunstância, só há um recurso: refugiar-se na literatura francesa. Comigo, foi assim. Li primeiramente a chamada literatura de cordel, é certo que não o fiz por uma questão de estética e de enlevo, mas por uma exigência da curiosidade do adolescente. A língua francesa, direta, facilita os autodidatas, que somos todos nós, intelectuais brasileiros. Em pouco, familiarizei-me principalmente com os romancistas. Balzac foi para mim um deslumbramento. Ainda hoje me detenho diante de sua obra com a certeza de que me encontro com o maior romancista do mundo.

— Quer dizer que pensa como aquele homem exótico que Anatole France encontrou a revolver velhos livros num alfarrabista de Paris, e que dizia, gravemente, indicando as prateleiras: Balzac é um mundo...

— Evidentemente. Depois, Zola impressionou-me também, mas não conseguiu desviar a fascinação pela obra balzaquiana. Julgo ter sido verdadeiramente diabólica a mentalidade do autor das *Ilusões perdidas*. A propósito, acho que é este o seu melhor livro. Que surpresa de técnica! Ali há de tudo, desde a base econômica, admiravelmente definida e levantada, e sobre a qual o resto do livro cai, para consistência eterna. O resto do livro caminha impulsionado por aquela rajada até à surpresa daqueles pensamentos filosóficos que Balzac coloca na boca de um cura. Por isso, bastava apenas Balzac para que eu amasse intensamente a França. O escritor português que me deixou maior influência foi, em parte, francês: Eça de Queirós. O seu ritmo, a sua construção, o seu riso — tudo teve o seu berço sob o solo de Paris, muito embora ele construísse os seus volumes num hotel de Londres ou mesmo na ambiência sossegada de Leiria. A minha fascinação e o meu entusiasmo pela literatura francesa determinaram em mim quase um desconhecimento total do que se escreveu no Brasil. Basta lhe dizer que somente há uns dois ou três anos vim conhecer Machado de Assis.[4]

— Considera Machado de Assis um caso de genialidade?

— Certamente que não. Justifica-se esse meu ponto de vista por uma questão de educação literária, quando não fosse por um imperativo do temperamento. Meu espírito se formou numa ambiência de riso claro e vivo, como o de Anatole France. Ademais, o que mais me distancia de Machado de Assis é o seu medo de definir-se, a ausência completa da coragem de uma atitude. O escritor tem o dever de refletir a sua época e iluminá-la ao mesmo tempo. Machado de Assis não foi assim. Trabalhando a língua como nenhum, poderia ter feito uma obra transitável às ideias. Como vê ainda é o amor à França que me faz discordar da maioria dos homens cultos do Brasil: não amo Machado de Assis. Entretanto, releio o Eça de Queirós, pelo que me transmite, harmoniosamente, do espírito francês.[5]

Nesse instante, vinha chegando Amando Fontes. Graciliano Ramos despediu-se, sorrindo:

— Parece que satisfiz a curiosidade de seu jornal...

Notas

1. "De Graciliano Ramos", *Dom Casmurro*, Rio de Janeiro, 23 dez. 1937.
2. Sobre *Dom Casmurro*, cf. a nota 3 de "O modernismo morreu?", Osório Nunes, *Dom Casmurro*, 1942.
3. Como Graciliano destaca em *Infância* (1945): "Foi por esse tempo que me infligiram Camões, no manuscrito. Sim senhor: Camões, em medonhos caracteres borrados — e manuscritos. Aos sete anos, no interior do Nordeste, ignorante da minha língua, fui compelido a adivinhar, em língua estranha, as filhas do Mondego, a linda Inês, as armas e os barões assinalados. Um desses barões era provavelmente o de Macaúbas [...]. Deus me perdoe. Abominei Camões. E ao Barão de Macaúbas associei Vasco da Gama, Afonso de Albuquerque, o gigante Adamastor, barão também, decerto" (RAMOS, Graciliano. "O barão de Macaúbas". In: *Infância*. 47. ed. Rio de Janeiro: Record, 2012, p. 133).
4. Em 1947, dez anos depois deste depoimento, Álvaro Lins destaca que, ao ser comparado com Machado, "o sr. Graciliano Ramos se defendeu

com um argumento fulminante: que nunca havia lido antes Machado de Assis..." (LINS, Álvaro. *Os mortos de sobrecasaca: obras, autores e problemas da literatura brasileira*. São Paulo: Civilização Brasileira, 1963, p. 147). Todavia, vale relembrar que, em inquérito promovido pela *Revista Acadêmica* sobre "quais os dez melhores romances brasileiros", Graciliano não deixaria de incluir *Dom Casmurro* (RAMOS, Graciliano. "Quais os dez melhores romances brasileiros — resposta de Graciliano Ramos", *Revista Acadêmica*, Rio de Janeiro, n. 50, jul. 1940). Machado é também assunto de "Obras-primas desconhecidas do conto brasileiro", Otto Maria Carpeaux, *A Manhã*, 1949, da nota 5 de tal texto, e da entrevista concedida a Marques Gastão, em 1952, recolhida nestas *Conversas*.

5. Em fragmento inédito, presente no Arquivo Graciliano Ramos do IEB-USP, Graciliano sublinha a simultaneidade entre a elevação de Machado e o rebaixamento de Eça feito pela crítica brasileira: "Para deprimir Eça de Queirós foi necessário elevar em demasia Machado de Assis, que se tornou um gênio ultimamente oficializado numa vasta celebração. Cobriram-no de honras imensas, e exegetas sutis explicam-lhe a obra imensa e desigual. [...] Os patriotas da literatura contrapõem ao *D. Casmurro* o *Conde d'Abranhos*. Isto é cômodo e dispensa rigores de análise, que talvez nos fossem desfavoráveis. Certamente não se trata de literatura: trata-se de religião, de política. Mas é admirável que cidadãos afirmadores e crentes hajam elevado à categoria de símbolo um cidadão cético. [...] Nunca se meteu em questões e, se algumas lhe apareceram, fez o que pôde para evitá-las. Teria sido certamente preferível que ele cultivasse e elevasse as grandezas contemporâneas. Mas como teria podido fazer obra de arte enaltecendo semelhante material, tão próximo, tão falho?" (FRAGMENTO de manuscrito. Instituto de Estudos Brasileiros; Arquivo Graciliano Ramos; Crônicas, Ensaios e Fragmentos; Série Manuscritos; caixa 025; not. 10.14).

2. Como se referem à *Revista Acadêmica* os maiores escritores e artistas do Brasil[1]

REVISTA ACADÊMICA,[2] 1938

A minha opinião a respeito da *Revista Acadêmica* vale pouco, porque me tornei uma espécie de explorador dela. Poderia responder como os jurados que têm parentes no conselho: "Estou impedido". Estou. Mas, apesar do impedimento, direi que isto é uma revista onde se publicam muitas coisas verdadeiras, nem sempre agradáveis. Com certeza porque é feita por moços, que ainda não se habituaram a pôr os seus interesses acima de tudo.

Graciliano Ramos

Notas

1. "Como se referem à *Revista Acadêmica* os maiores escritores e artistas do Brasil", *Revista Acadêmica*, Rio de Janeiro, maio 1938. Ao lado do depoimento de Graciliano, estão presentes também elogios à *Revista Acadêmica* da autoria de Mário de Andrade, Manuel Bandeira, Candido Portinari, Gilberto Freyre, José Lins do Rego, Arthur Ramos, Jorge Amado, Dante Costa, Peregrino Júnior, Jorge de Lima, Sérgio Buarque de Holanda, Edison Carneiro, Luís Martins e Eloy Pontes.
2. Dirigida por Murilo Miranda, a *Revista Acadêmica* circulou por quinze anos: entre 1933 e 1948. Seu conselho diretor reunia grandes nomes da intelectualidade brasileira, tais como Mário de Andrade, Candido Portinari, José Lins do Rego, Erico Verissimo e Graciliano Ramos. Assim

o poeta Carlos Drummond de Andrade se recordava dessa publicação: "... de nome desconcertante, (a princípio era uma simples revista de alunos da Faculdade de Direito), de tiragem reduzida e redação errante no espaço. Mas colaborada por uma turma inquieta, aberta, ávida de fixar ideias ainda vaporosas, e que logo conquistou lugar próprio no campo estrito das letras" (ANDRADE, Carlos Drummond de. "Quase memórias", programa da Rádio MEC, 1954. Apud ANTELO, Raul. *Literatura em revista*. São Paulo: Ática, 1984, p. 113).

3. Ninguém tem dúvida[1]

DIÁRIO DA NOITE,[2] 1938

[...]

Graciliano Ramos é um escritor do povo. Escreveu *S. Bernardo*, *Angústia* e agora *Vidas secas*. Tem prestígio nos círculos literários. Falou ao repórter sobre o jogo em Estrasburgo:

— Nunca joguei futebol. Nem mesmo na meninice. Mas leio jornais e conheço teoricamente... o complicado esporte das multidões. O Brasil vai ganhar. Deve ganhar.[3] Seja como for... — Um freguês entrou na Livraria José Olympio e estranhou a conversa. Riu e fez blague. Abordado pelo repórter, também opinou sobre a peleja:

— 9 x 0 para o Brasil. Brasileiro nasceu para jogar futebol.

Notas

1. "Ninguém tem dúvida", *Diário da Noite*, 4 jun. 1938, p. 2. Eis o resumo informativo que abria a reportagem: "'Pois, se a bandeira do Brasil é a bandeira da esperança...', diz o almirante Gago Coutinho — Uma opinião de peso: a do tabelião Fausto Werneck — Certo do êxito o escritor Graciliano Ramos — Também o professor Pedro Cedro".

   Nesta seção do livro, algumas matérias trazem originalmente depoimentos diversos, porém transcrevemos apenas os de Graciliano. Por isso, os introitos delas, que anunciam as falas de outras pessoas, constam das notas.

2. *Diário da Noite*: jornal carioca, fundado em 1925 por Assis Chateaubriand, funcionava no número 7 da Praça Mauá, no Edifício da Noite, e chegou a ter uma tiragem de 200 mil exemplares. Nele escreveram José Tavares de Miranda, Melchisedech Aires da Cruz e Edmar Morel. Fechou suas portas em 1964, quando Chateaubriand se afastou da direção dos Diários Associados (COSTA, Maria Aparecida; DEVALLE, Antony. "Entrevista com Alberto Dines", *Memória da imprensa carioca/Uerj*, 21 ago. 2002).

3. A reportagem refere-se à partida entre Brasil e Polônia, jogo de estreia de nosso país na Copa do Mundo de 1938, competição realizada na França. O *match* em questão, disputado no Stade de la Meinau, na cidade francesa de Estrasburgo, em 5 de junho daquele ano, terminou com o placar de 6 x 5 (após a prorrogação) a favor do Brasil. Os gols da seleção canarinho foram marcados por Romeu, Perácio e Leônidas da Silva. Este último balançou as redes adversárias em três oportunidades. O aparente entusiasmo de Graciliano quanto ao "complicado esporte das multidões" chega a surpreender considerando-se sua opinião anterior sobre a introdução do futebol no interior nordestino: "... não pega, tenham a certeza. Não vale o argumento de que ele tem ganho terreno nas capitais de importância. Não confundamos." E recomenda: "Desenvolvam os músculos, rapazes, ganhem força, desempenem a coluna vertebral. Mas não é necessário ir longe, em procura de esquisitices que têm nomes que vocês nem sabem pronunciar. / Reabilitem os esportes regionais que aí estão abandonados: o porrete, o cachação, a queda de braço, a corrida a pé, tão útil a um cidadão que se dedica ao arriscado ofício de furtar galinhas, a pega de bois, o salto, a cavalhada e, melhor que tudo, o cambapé, a rasteira. / A rasteira! Este, sim, é o esporte nacional por excelência!" (RAMOS, Graciliano. *Linhas tortas*. Rio de Janeiro: Record, 2005, pp. 113-4). E em 1950, recorda-se Ricardo Ramos, a derrota para o Uruguai na final da Copa fez Graciliano antever o retorno de Getúlio à presidência (*Graciliano: retrato fragmentado*. Op. cit., p. 149).

4. Um inquérito entre crianças[1]

O OBSERVADOR ECONÔMICO E FINANCEIRO,[2] 1938

A ntes de ouvir as crianças, ouvimos também os adultos. *O Observador* distribuiu cento e cinquenta fichas, contendo as seguintes perguntas: *"Onde passou a infância? No seu tempo de criança, qual era o seu brinquedo predileto? De um modo geral, era o depoente uma criança comunicativa, ou preferia o isolamento? Preferia brincar com os outros, ou sozinha? Predominava, no seu tempo, o brinquedo, ou a simples brincadeira como 'chicote-queimado'[3] etc.? Que pretendia ser, quando era pequeno? Por quê? Qual a sua profissão atualmente? Convive com crianças? Notou alguma predileção, nessas crianças, para determinado brinquedo? Qual?"*

Não tinha *O Observador*, evidentemente, outra pretensão senão a de iniciar um movimento de interesse em torno da questão dos brinquedos. Das respostas que obtivemos, muitas das quais deficientes, e em tão pequeno número, nenhuma conclusão definitiva se poderia tirar, a não ser a de que os adultos de hoje não foram mais felizes do que os adultos de amanhã, em matéria de brinquedos. Certas respostas, como a do escritor Graciliano Ramos, reproduzem bem a amargura das crianças do sertão em que ele foi criado:

— Passou a infância no sertão de Pernambuco e Alagoas. Profissão atual: escritor. Se era uma criança comunicativa ou preferia o isolamento: "Era obrigado ao isolamento." Preferia brincar com os outros, ou sozinho? "Brincaria com outros, se pudesse." Qual o brinquedo de que mais gostou? "O que me permitiram foi ler romance". Quanto aos brinquedos do seu tempo, responde: "Não sei. Todos os brinquedos estavam afastados de mim." Que pretendia ser, quando era pequeno? "Não me supunha capaz de nada." Por quê? "Convenceram-me de que eu era um idiota." Que foi que decidiu da sua vocação? "Não podendo falar com os outros, habituei-me a falar só: a escrever."

[...]

Notas

1. "Um inquérito entre crianças" ["Economia e brinquedo", pp. 87-97], *O Observador Econômico e Financeiro*, Rio de Janeiro, n. 35, dez. 1938, p. 93.
2. Mensário de orientação direitista, *O Observador Econômico e Financeiro* foi criado nos moldes da publicação norte-americana *Fortune* por Valentim Fernandes Bouças, secretário do Conselho Técnico de Economia e Finanças do Ministério da Fazenda. Era dirigido pelo economista Olímpio Guilherme, presidente do Conselho Nacional de Imprensa e um dos diretores do Departamento de Imprensa e Propaganda (DIP) (In: MENDONÇA, Marina Gusmão de. "Imprensa e política no Brasil: Carlos Lacerda e a tentativa de destruição da *Última Hora*", *Histórica: Revista Eletrônica do Arquivo do Estado*, São Paulo, n. 31, jun. 2008). Ligado ao Estado Novo, dedicava-se ao estudo dos problemas nacionais, reunindo artigos extensos, escritos por intelectuais renomados, como Gilberto Freyre e o próprio Graciliano (ver os textos "A propósito de seca" e "O fenômeno do cangaço", reunidos recentemente na obra *Cangaços*), e por técnicos nas respectivas áreas abordadas.
3. Chicote-queimado é um jogo infantil que consiste em um dos participantes correr atrás dos demais, tentando atingi-los com um pano enrolado como chicote. O termo pode remeter ainda a outra modalidade de brincadeira na qual um objeto qualquer é escondido por uma criança para que as demais o encontrem, tendo como base indicações dadas por aquela (a qual deve avisar a alguém se "está quente" quando se aproxima do local do objeto, ou se "está frio", quando se afasta, e gritar "chicote-queimado", quando o item é encontrado) (HOUAISS, Antônio e VILLAR, Mauro de Salles. *Dicionário Houaiss da língua portuguesa*. Rio de Janeiro: Objetiva, 2001, p. 700).

5. Poderia um nazista escrever um bom poema?[1]

DALCÍDIO JURANDIR,[2] *DIRETRIZES*,[3] 1942

E sta enquete foi promovida por uma revista inglesa, em Londres, entre poetas e escritores da grande ilha. *Diretrizes* resolveu promovê-la entre nós também e pôde verificar o notável interesse que despertou. É possível que a enquete encerre apenas uma preocupação política, o que seria, então e segundo um conceito muito em voga, uma ofensa à poesia, uma grosseira subestimação dos temas poéticos que não podem estar subordinados a interesses tão imediatos. Entretanto, quando falamos em política acreditamos que ela seja uma função humana, cheia de paixões e de antecipações, tão sensível, e tão complexa que chega a ser uma inesperada fonte poética.

O povo de Pushkin e Tolstoi, conta alguém, costuma cantar: "As canções nos ajudam a construir e a viver" e aí está todo um senso de poesia ligado à política. A definição que se tornou hoje clássica a respeito de política: "a arte de conviver com seus semelhantes" destruiu o conceito formal que se sustentava sobre a mesma para colocá-la como um centro da vida humana, a estrutura das relações sociais em que participa todo o povo com as suas ansiedades, heroísmos cotidianos, descobrindo em si mesmo esperanças e emoções até ontem ignoradas. A poesia não ficou indiferente a isso. Encontrou aí uma realidade mágica, revolucionária, em que se renova sempre e acompanha a mudança criadora da vida. O nazismo teria oferecido essa realidade ao poeta ou é possível achar política em Hitler, segundo aquela definição que não é mais abstrata, mas praticada já por milhões de criaturas?

A enquete "Poderia um nazista escrever um bom poema?" pode ser compreendida como um tema fora da literatura, alheio a puras cogitações estéticas. No entanto, a pergunta tem um conteúdo não tão primário como se pensa nem tão absurdo como se acredita. Serve a todas as interpretações, na verdade, mas reflete, sobretudo, um estado de espírito, um momento de inquietação, um sentido de debate do qual não pode fugir a literatura, a verdadeira literatura, estuário onde desembocam todas as emoções, ideias, lutas, ambições e ideais do homem sempre em movimento, numa constante agitação, a caminho de sua libertação e para o seu completo triunfo sobre a natureza.

Todas as interpretações ou respostas em torno da enquete se fundem numa só: a de saber o que é um nazista. Um nazista, um homem sem sensibilidade poética, um ser cuja crueldade policial constitua um permanente perigo à vida humana. Não se trata somente disso. Um nazista é o inevitável produto de um regime e de uma vontade deliberadamente antipolítica, antiprogressista e de uma concepção essencialmente falsa do mundo. Uma deformação monstruosa da realidade pois não só deforma o passado de onde quer trazer os seus símbolos mais evidentes, como deforma o presente e o futuro da espécie humana, negando-lhe o direito de uma liberdade conquistada palmo a palmo através de séculos e obrigando-a a abolir a sua própria personalidade e a perder a razão mesma de sua existência social. Sem nenhum sentido profético nas suas ideias, sem nenhuma compreensão livre da natureza, separado do que há de mais profundo e mais vivo dentro do homem, o nazismo como motivo artístico acabou caricatura de Carlitos e, como fim político, destrói a casa de Tolstoi e a aldeia de Lidice. No sentido heroico, podemos ter esta certeza: por mais bravo que seja, um soldado nazista perdeu a significação de um herói verdadeiro. Pode-se afirmar, naturalmente, o heroísmo de Stalingrado.

Não é possível justificar o heroísmo de seus assaltantes. Por quê? A aventura internacional do fascismo deixou de ser uma aventura sob aparência ideológica ou política para se mostrar o que realmente foi e vem sendo: um típico banditismo sem par na história da humanidade e sem exemplo na imaginação dos novelistas policiais. Napoleão pôde ser uma criação poética e por que Hitler não é? Há um ano talvez um simples homem de Estado explicou: "Os alemães comparam Hitler a Napoleão. Hitler, porém, se parece tanto com Napoleão como um gato com um leão, pois Napoleão lutou contra as forças reacionárias apoiando-se em forças progressistas enquanto Hitler apoiado em forças reacionárias faz a guerra contra as forças progressistas". A poesia jamais pertenceu às forças reacionárias e quando Claudel tenta dirigir poemas ao marechal Pétain a gente sabe o que eles significam de antipoético e de grotescamente inumano.[4]

Graciliano Ramos e os assassinos inteligentes

O romancista de *S. Bernardo* e *Vidas secas* respondeu-nos: "Sim, devem fazer também poemas. Se não os fizessem, abandonariam completamente a espécie humana.

E devem achá-los bons, pelo menos devem declarar que os acham bons, da mesma forma que os outros admiram em público certas epopeias universais que em particular todos consideram horríveis. As obras de arte deles equivalem provavelmente à pintura de Hitler. Ou são poesias de Lacenaire,[5] produções talvez capazes de comover um assassino inteligente. O sr. Plínio Salgado escreveu romances. Saíram da moda nestes últimos tempos, mas já receberam elogios.[6] E com certeza ainda são lidos com entusiasmo pelos integralistas sinceros."

Notas

1. JURANDIR, Dalcídio. "Poderia um nazista escrever um bom poema?", *Diretrizes*, Rio de Janeiro, 3 dez. 1942, pp. 12-3. O questionamento proposto pelo escritor paraense Dalcídio Jurandir fazia-se acompanhar da seguinte introdução: "Será que a poesia nada tem a ver com a política?

Por que um nazista é um homem perdido para a poesia? Um debate que parece estar fora da literatura, mas não está. Respondem à enquete: Adalgisa Neri Fontes, Abelardo Romero, Afonso Arinos de Melo Franco, Álvaro Lins, Álvaro Moreyra, Carlos Drummond de Andrade, Cecília Meireles, Dinah Silveira de Queiroz, Edison Carneiro, Emil Farhat, Graciliano Ramos, Hermes Lima, José César Borba, José Lins do Rego, Jorge de Lima, Manuel Bandeira, Marques Rebelo, Murilo Mendes, Otto Maria Carpeaux, Peregrino Júnior, Roberto Alvim Correia, Valdemar Cavalcanti, Viana Moog."

Entre os que responderam à enquete, destaque para as colocações dos poetas Murilo Mendes, Carlos Drummond de Andrade e Manuel Bandeira. O primeiro foi taxativo em sua resposta: "Não poderia, não pode nem poderá. A simples junção das duas palavras, 'nazismo' e 'poema', já me põe doente. O nazismo é o inimigo número 1 da poesia." Mais ameno, o segundo adota viés crítico semelhante ao do autor de *Poesia em pânico*: "A meu ver, um regime político ideal ou mesmo razoável não produz necessariamente grandes poetas, mas um regime político de baixa categoria produz poetas do mesmo nível inferior e aniquila ou corrompe a poesia como, aliás, todas as letras e artes." Bandeira, por sua vez, revela-se mais condescendente: "Victor Hugo conta que Satanás, querendo desafiar a Deus, criou a teia de aranha, que já é uma maravilha. Deus respondeu-lhe fazendo o sol. Fazer poema é, em suma, como criar o sol ou a teia de aranha. O próprio Satanás é capaz de fazer um bom poema... Não vejo por que o seu agente moderno mais autorizado, o nazista, não possa fazer o mesmo" (JURANDIR, Dalcídio. "Poderia um nazista escrever um bom poema?", *Diretrizes*, Rio de Janeiro, 3 dez. 1942, pp. 12).

2. Dalcídio Jurandir Ramos Pereira (Ponta de Pedras, ilha do Marajó, Pará, 1909 — Rio de Janeiro, RJ, 1979): romancista, jornalista e professor. Em 1929, escreveu seu primeiro romance, *Chove nos campos de Cachoeira*. Em 1931, em Belém, exerceu cargos públicos e colaborou nos jornais *O Imparcial*, *Crítica* e *Estado do Pará* e secretariou a revista *Escola*. Escreveu artigos e poemas para as revistas *Guajarina*, *A Semana*, *Terra Imatura* e *Pará Ilustrado*. Militante da Aliança Nacional Libertadora, ficou dois meses preso em 1936. Filiado ao Partido Comunista e à campanha contra o fascismo, foi novamente preso em 1937, por três meses, em Belém. Ao sair da prisão, em 1938, retomou suas atividades jornalísticas e suas funções na Diretoria Geral de Educação e Ensino. Em 1940, venceu o concurso de romances promovido pela editora Vecchi e pelo jornal literário *Dom Casmurro*, com *Chove nos campos de Cachoeira*. Com o prêmio, mudou-se para o Rio de Janeiro. Em 1941, a Vecchi lançou o romance, primeiro do Ciclo do Extremo Norte, de uma série de dez. No Rio, Dalcídio trabalhou como jornalista em: *O Radical* (1942), *Diretrizes* (1943), *Diário de Notícias*, *Correio da Manhã*, revista *Leitura*, *Tribuna Popular*,

O Jornal, revista *O Cruzeiro*, *Imprensa Popular* e *A Classe Operária*. Em 1952, viajou para a União Soviética, com uma delegação brasileira de escritores e partidários do Comunismo, entre eles Graciliano Ramos. Registrou num diário de viagem suas impressões sobre Amsterdam, Praga, Varsóvia, Minsk e Moscou. Em 1956, trabalhou como redator de *Para Todos*, sob a direção de Jorge Amado. Em 1972, recebeu da Academia Brasileira de Letras o prêmio Machado de Assis pelo conjunto da obra. Cf. NUNES, Benedito; PEREIRA, Ruy; PEREIRA, Soraia Reolon (Org.). *Dalcídio Jurandir, romancista da Amazônia: literatura & memória*. Belém: SECULT; Rio de Janeiro: FCRB, 2006; basesdedados.casaruibarbosa.gov.br; e dalcidiojurandir.com.br.

3. *Diretrizes*: Cf. a nota 3 de "Graciliano Ramos, aos cinquenta anos", Francisco de Assis Barbosa, 1942.

4. Referência ao controverso poeta e dramaturgo francês Paul Claudel (1868-1955) e à ode "Paroles au Maréchal" que este endereçou a Philippe Pétain (1856-1951), líder da França de Vichy (Estado francês, sob a influência nazista, vigente durante a Segunda Guerra Mundial, após a conquista do país pelos alemães). Os versos de apoio ao mencionado oficial foram publicados no jornal *Le Figaro*, em 10 de maio de 1941 (FLOOD, Christopher. *Pensée politique et imagination historique dans l'ouvre de Paul Claudel*. Paris: Les Belles Lettres, 1991, pp. 263-6).

5. Graciliano faz menção a Pierre-François Lacenaire (1803-36), um assassino perverso que escreveu poesias e memórias e cuja cultura e realização literárias fascinaram Dostoievski. "A figura de Lacenaire, cujo nome aparece mais tarde em *O idiota* e entre as notas para *O adolescente*, tornou-se para Dostoievski o protótipo do criminoso que usa das ideias de seu tempo para justificar seu crime; e seu exemplo serviu certamente para compor algumas características de Raskólnikov, Svidrigáilov e Stavróguin" (FRANK, Joseph. *Dostoievski: os efeitos da liberação 1860-1865*. Tradução de Geraldo Gerson de Souza. São Paulo: Edusp, 2002, p. 118).

6. Basta lembrar, por exemplo, a crítica de Monteiro Lobato ao romance *O estrangeiro* (1926), de Plínio Salgado: "Vem de São Paulo um livro que vale pela mais pura revelação artística destes últimos tempos. *O estrangeiro*, de Plínio Salgado. [...] Todo o livro [...] é uma inaudita riqueza de novidades bárbaras, sem metro, sem verniz, sem lixa acadêmica — só força, a força pura ainda não enfiada em fios de cobre, das grandes cataratas brutas. [...] Plínio Salgado é uma força nova com a qual o país tem que contar." (LOBATO, Monteiro. *Na antevéspera*. São Paulo: Globo, pp. 187-90). Vale, contudo, fazer a ressalva de que nesse momento nem Lobato havia se aproximado dos comunistas, nem Salgado se tornara líder e fundador da Aliança Integralista Brasileira.

6. Autorretrato

Graciliano visto por Graciliano[1]

LEITURA,[2] 1942

E sta coluna de *Leitura* é dedicada aos grandes nomes que honram a literatura brasileira. Não tem outra finalidade senão a de prestar algumas informações sobre a vida daqueles que, pelo talento e pela honestidade literária, deixaram de pertencer a si mesmos, para se tornarem figuras do povo.

Aparecerá mensalmente feita pelo próprio escritor convidado em cada número. Esta pertence a Graciliano Ramos.

Nasci a 27 de outubro de 1892,[3] em Quebrangulo, Alagoas, donde saí com menos de dois anos. Meu pai, Sebastião Ramos, negociante miúdo, casado com a filha dum criador de gado, ouviu os conselhos de minha avó, comprou uma fazenda em Buíque, Pernambuco, e levou para lá os filhos, a mulher e os cacarecos. Aí a seca matou o gado — e seu Sebastião abriu uma loja na vila, talvez em 95 ou 96. Da fazenda conservo a lembrança de Amaro, vaqueiro, e de José Baía. Na vila conheci André Laerte, cabo José da Luz, Rosenda lavadeira, padre João Ignácio, Felipe Benício, Teotoninho Sabiá e família, seu Batista, dona Maricas, minha professora, mulher de seu Antônio Justino, personagens que utilizei muitos anos depois. Aprendi a carta de ABC em casa, aguentando pancada. O primeiro livro, na escola, foi lido em uma semana; mas no segundo encrenquei: diversas viagens à fazenda de meu avô interromperam o trabalho, e logo no começo do volume antipático a história besta dum Miguelzinho que recebia lições dos passarinhos fechou-me, por algum tempo, o caminho das letras. Meu avô dormia numa cama de couro cru, e em redor da trempe de pedras, na cozinha, a preta Vitória mexia-se, preparando a comida, acocorada. Dois currais, o chiqueiro das cabras, meninos e cachorros numerosos, soltos no pátio, cobras[4] em quantidade. Nesse meio e na vila passei os meus primeiros anos. Depois seu Sebastião aprumou-se e em 99 foi viver em Viçosa, Alagoas, onde tinha parentes. Aí entrei no terceiro livro e percorri várias escolas, sem proveito. Como levava uma vida bastante chata, habituei-me a ler romances. Os indivíduos que me conduziram a esse vício foram o tabelião Jerônimo Barreto e o agente do correio Mario Venâncio, grande admirador de Coelho Neto e também literato, autor de um conto que principiava assim: "Jerusalém, a deicida, dormia sossegadamente à luz pálida das estrelas. Sobre as colinas pairava uma tênue neblina, que era como o hálito da grande cidade adormecida." Um conto bonito, que elogiei demais, embora intimamente preferisse o de Paulo Kock e o de Júlio Verne. Desembestei para a literatura. No colégio de Maceió, onde estive pouco tempo, fui um aluno medíocre. Voltei para Viçosa, fiz sonetos e conheci Paulo Honório, que em um dos meus livros aparece com outro nome. Aos dezoito anos fui com a minha gente morar em Palmeira dos Índios. Fiz algumas viagens a Buíque, revi parentes do lado materno, todos em decadência. Em começo de 1914, enjoado da loja de fazendas de meu pai, vim para o Rio, onde me empreguei como foca de revisão. Nunca passei disso. Em fim de 1915, embrenhei-me de novo em Palmeira dos Índios. Fiz-me negociante, casei-me, ganhei algum dinheiro, que depois perdi, enviuvei, tornei a casar, enchi-me de filhos, fui eleito prefeito e enviei dois relatórios ao governador. Lendo um desses relatórios, Schmidt imaginou que eu tinha algum romance inédito e quis lançá-lo. Realmente o romance existia, um desastre. Foi arranjado em 1926 e apareceu em 1933. Em princípio de 1930 larguei a prefeitura e dias depois fui convidado para diretor da imprensa oficial.

Demiti-me em 1931. No começo de 1932 escrevi os primeiros capítulos de *S. Bernardo*, que terminei quando saí do hospital. As recordações do hospital estão em dois contos publicados ultimamente, um em Buenos Aires, outro aqui. Em janeiro de 1933 nomearam-me diretor da instrução pública de Alagoas — disparate administrativo que nenhuma revolução poderia justificar. Em março de 1936, no dia em que me afastavam desse cargo, entreguei à datilógrafa as últimas páginas do *Angústia*, que saiu em agosto do mesmo ano, se não estou enganado, e foi bem recebido, não pelo que vale, mas porque me tornei de algum modo conhecido, infelizmente.

Mudei-me para o Rio, ou, antes, mudaram-me para o Rio, onde existo, agora. Aqui fiz o meu último livro, história mesquinha — um casal vagabundo, uma cachorra e dois meninos. Certamente não ficarei na cidade grande. Preciso sair.[5] Apesar de não gostar de viagens, sempre vivi de arribada, como um cigano. Projetos não tenho. Estou no fim da vida se é que a isso se pode dar o nome de vida. Instrução não tenho quase nenhuma. José Lins do Rego tem razão quando afirma que a minha cultura, moderada, foi obtida em almanaques.

N. R. — O último livro a que Graciliano Ramos se refere, chamando-o de "história mesquinha — um casal vagabundo, uma cachorra e dois meninos" é *Vidas secas* — um grande romance consagrado pela crítica brasileira. Depois dele, além de artigos e contos espalhados pela imprensa do país, Graciliano fez, de parceria com Aníbal Machado, Rachel de Queiroz, Jorge Amado e José Lins do Rego, o romance *Brandão entre o mar e o amor*.[6]

Notas

1. "Autorretrato: Graciliano visto por Graciliano", *Leitura*, Rio de Janeiro, dez. 1942. Este depoimento foi produzido por Graciliano a pedido de Joel Silveira, que o publicou inicialmente, em formato de entrevista, na revista *Vamos Ler!*, a 20 de abril de 1939 (cf. "Graciliano Ramos conta sua vida", Joel Silveira, *Vamos Ler!*, 1939, presente neste volume). Além disso, quando do anúncio da publicação em série do romance coletivo *Brandão entre o mar e o amor*, o presente relato ganhou as páginas da

publicação carioca *Diretrizes*, em 31 de julho de 1941. Com algumas pequeninas variações (anotadas ao longo do texto), trata-se da mesma narrativa biográfica. A diferença mais substanciosa encontra-se na versão saída em *Diretrizes*, que traz dois parágrafos, acrescidos pelos editores da revista: "Depois da publicação de *Caetés*, *S. Bernardo*, *Angústia* e *Vidas secas*, quatro grandes romances, Graciliano Ramos anuncia para breve um livro de contos. Porque este romancista é também um ótimo contista. / Graciliano Ramos é atualmente inspetor do ensino nesta capital. Morou uma porção de tempo numa pensão da rua Correia Dutra. Hoje reside num apartamento lá para as bandas da Gávea" (RAMOS, Graciliano. "Graciliano Ramos", *Diretrizes*, Rio de Janeiro, ano IV, n. 58, 31 jul. 1941, p. 16).

2. A revista de crítica e boletim bibliográfico *Leitura* existiu de 1942 até 1968. Em 1943, o jornal *A Manhã*, em cujas oficinas se imprimia a revista, registrou que ela chegara a 15 mil exemplares, "tiragem verdadeiramente excepcional para uma publicação especializada". *Leitura* tinha como objetivo popularizar a literatura e trouxe, nesta seção "Autorretrato", nos anos 1940, também as palavras de Jorge de Lima, Oswald de Andrade, Galeão Coutinho, Eloi Pontes, Sérgio Milliet, Carlos Drummond de Andrade, Marques Rebelo, Dias da Costa, José Lins do Rego. O artigo de Galeão Coutinho aqui mencionado (na nota 5 da *Conversa* com Ernesto Luiz Maia), "Um romancista no meio do povo", pertencia a uma seção criada por *Leitura*: em busca de conhecer hábitos e preferências do público, a cada número um escritor saía às ruas para se informar sobre a popularidade de um romancista. Outra seção era "*Leitura* condensa um romance", que foi assinada pelo alagoano Raul Lima. A revista se marcou por uma postura antifascista e pelo propósito de democratização da arte. Contou também com colaborações de Rachel de Queiroz, Valdemar Cavalcanti, Joel Silveira, Dalcídio Jurandir, Rosário Fusco, Ascendino Leite, entre outros. E fundou a editora homônima, que publicou, entre outras obras: *Histórias de Alexandre*, de Graciliano (1944); *Os russos: antigos e modernos*, com coordenação e apresentação de Rubem Braga, prefácio de Aníbal Machado, notas biográficas de Valdemar Cavalcanti e supervisão de Graciliano Ramos (Coleção Contos do Mundo, 1944); *Zumbi dos Palmares*, de Leda Maria de Albuquerque (1944); *Carlitos, a vida, a obra e a arte do gênio do cine*, de Manuel Villegas Lopes, com ilustrações de Oswaldo Goeldi (1944); *Os homens não falam demais*, de Joel Silveira e Francisco de Assis Barbosa (1945); *O que se deve ler para conhecer o Brasil*, de Nelson Werneck Sodré (1945); *Lampião e seus cabras*, de Luiz Luna (1963) (Cf. "Um acontecimento jornalístico digno de registro", *A Manhã*, Rio de Janeiro, 6 jul. 1943, p. 7; RIO DOCE, Cláudia. "Literatura e política cultural pelas páginas de *Leitura*", *Revista Instituto de Estudos Brasileiros*, 2012, n. 54, pp. 67-86; HALLEWELL, Laurence. *O livro no Brasil*. Op. cit., pp. 507-8).

3. "Nasci *em* 27 de outubro de 1892", na versão publicada em *Leitura* (1942); e "Nasci *no dia* 27 de outubro de 1892", na variante estampada em *Diretrizes* (1941).

4. Ver a nota 7 de Joel Silveira, "Graciliano Ramos conta sua vida", *Vamos Ler!*, 1939.

5. A forma "Preciso" é utilizada por Joel Silveira (1939) e em *Diretrizes* (1941). Em *Leitura* (1942), por sua vez, tem-se o emprego de "Prefiro". Como a primeira ocorrência prevalece entre as variantes, optou-se por ela.

6. *Brandão entre o mar e o amor* é um romance composto conjuntamente por Jorge Amado, José Lins do Rego, Aníbal Machado, Rachel de Queiroz e pelo próprio Graciliano Ramos. A obra foi publicada em livro, em princípios de 1942, pela Editora Martins, mas saíra um ano antes, em folhetim, pela revista carioca *Diretrizes*. Ao autor alagoano, coube escrever o terceiro capítulo da história, intitulado "Mário".

7. Qual a influência de Anatole France na literatura brasileira?[1]

MELCHISEDECH AIRES DA CRUZ,[2] *DOM CASMURRO*,[3] 1944

A nossa reportagem estaca na Livraria José Olympio. Ali encontramos Graciliano Ramos e Otto Maria Carpeaux. Anatole France é o tema que propusemos. Sobre a influência da prosa anatoliana no Brasil. Assim se exprime o famoso autor de *Angústia*:

— Não creio em qualquer influência decisiva desse escritor francês em nossos homens de letras. Penso mesmo que não é tão lido como se supõe. Disto tenho tido provas, repetidas vezes, ao realizar "enquetes" imprevistas, em palestras com alguns.

E com um riso leve, acrescenta:

— É só compulsar os livros e verificar que ninguém, no Brasil, escreve como Anatole France... A propósito, devo dizer que o considero um artista quase impecável no estilo, sendo esse o mérito principal de sua obra. Já ouvi mesmo a afirmação espantosa de que, sendo Anatole um homem de gênio, não sabia escrever. Pois, se Anatole o que sabia era precisamente escrever, deliciosamente, com uma arte tal que nos levava a esquecer os motivos, fossem quais fossem, que sua pena escolhesse para nos encantar com sua prosa esmerada. A rigor, poder-se-ia exigir até mesmo esta virtude anatoliana, tratando-se do *Crime de Silvestre Bonard* e do *Ilha dos Pinguins*, por isso que, neles, não transparece toda a magia da criação literária. Há de fato um certo silêncio sobre Anatole em nossa época. Quero crer que por motivos de ordem política ou outra razão que escapa às verdadeiras exigências do mundo das letras.

Enquanto se processava o diálogo que reproduzimos, o senhor Otto Carpeaux escrevia. A seguir, deu-nos o seguinte:

— Não pertenço ao mundo daqueles dogmáticos que, entre 1920 e 1930, se revoltaram contra o ceticismo de Anatole France, declarando "morta" a sua literatura. Tampouco pertenço ao número daqueles parnasianos atrasados que morrem de amores pelas sutilidades estilísticas parisienses. O que me parece importante, em Anatole France, é o conjunto de artista culto, que ele era, com o homem corajoso: corajoso, não apenas no sentido de aderir ao movimento "dreyfusard" e mais tarde ao socialismo, contra a reação política e social, mas corajoso, também, porque renegou, com esse ato de adesão, um passado obsoleto e vazio.

"Contudo, é preciso fazer uma distinção. Outro dia, li numa revista que 'Anatole France será sempre lido pelo povo'; e essa opinião me parece simplesmente absurda. O povo ler as obras de Anatole France? Qual povo? E quais obras? Não, Anatole France é um dos representantes mais dignos de uma literatura burguesa decadente e inacessível ao povo, como quer que seja definido: mas literatura digna, porque o seu autor se lembrou, afinal, dos seus deveres humanos. Quer dizer, a obra da primeira fase de France, a obra preciosa, ficará só como objeto de estudos literários. A obra da segunda fase, a dos grandes romances, ficará, apesar das fraquezas da construção novelística, como grande documento histórico. E o resto não importa."

Notas

1. CRUZ, Melchisedech Aires da. "Qual a influência de Anatole France na literatura brasileira?", *Dom Casmurro*, Rio de Janeiro, 13 maio 1944, p. 65. A reportagem foi assim apresentada: "Uma enquete, em 24 horas, no mundo intelectual — Um perfil em cada conceito — Acadêmicos, jornalistas, escritores, ensaístas e psicólogos exprimem seu ponto de vista.

Consciência em férias no mundo da ironia — "Um mestre com muitos admiradores mas sem discípulos" — "Sua ironia dosada de piedade invadiu a alma dos contemporâneos" — Já o apelidaram "o demônio sossegado" — "O complexo de Pilatos" — Ninguém escreve como Anatole, no Brasil — Um profissional das letras — Promessas entre sorrisos para a reportagem — Nossa edição especial".

2. Melchisedech Aires da Cruz: jornalista, colaborou em *Dom Casmurro* e também no *Diário da Noite*, *A Noite*, *Diário do Paraná*, entre outros. É autor do livro-reportagem *A operação Brasil de JK* (1960) e da obra *Cartas sem resposta* (1978).

3. Cf. a nota 3 da *Conversa* com Osório Nunes, de 1942.

8. Sobre o atual funcionamento legal do Partido Comunista como fator de equilíbrio e segurança da democracia brasileira[1]

TRIBUNA POPULAR,[2] 1945

Falam escritores

Na Livraria José Olympio, como já se tornou tradicional, reúnem-se todos os dias, para discutirem literatura, política e outros assuntos, conhecidos nomes de projeção em nossas letras. À hora em que ali estivemos ontem, encontramos, infelizmente, apenas uns poucos. Era muito cedo, certamente. Em todo caso, procuramos ouvir dois dos que palestravam animadamente num canto da casa. O primeiro a nos falar foi o romancista Graciliano Ramos, que assim opinou:

— Creio que é desnecessário dizer minha opinião sobre este assunto. Tendo estado quase todo o ano de 1936 e parte do de 1937 no Pavilhão dos Primários, na Sala da Capela, na Colônia Correcional de Dois Rios e em outros lugares semelhantes, é claro que fico muito satisfeito em saber que os meus amigos daquele tempo irão trabalhar, sem ser importunados pelos "tiras".

Notas

1. "Sobre o atual funcionamento legal do Partido Comunista como fator de equilíbrio e segurança da democracia brasileira", *Tribuna Popular*, Rio de Janeiro, 13 jun. 1945. A reportagem na qual a presente fala de Graciliano se insere tem o seguinte introito informativo: "Manifestam-se,

por nosso intermédio, políticos, industriais, escritores, funcionários e domésticas. Como opinaram os srs. João Mangabeira, Graciliano Ramos, major Gabriel Duarte, o industrial Pedro Etelvino, a funcionária Maria José Ferreira e outras pessoas por nós entrevistadas".

2. Cf. a nota 2 de "Graciliano Ramos ingressa no Partido Comunista do Brasil e participa da luta pela Constituinte", *Tribuna Popular*, 1945.

9. Depoimento de duas gerações[1]

ALMEIDA FISCHER,[2] *A MANHÃ*,[3] 1946

raciliano Ramos, o grande romancista de *Vidas secas*, *Angústia, S. Bernardo* etc., não quis concordar com o nosso critério de separação das gerações literárias:

— Na minha opinião, o modernismo terminou em 1930. Estendeu-se de 1922, ano da Semana de Arte Moderna, até fins de 1930, quando apareceu a geração pós-modernista. Entretanto, não concordo com a estreiteza dos conceitos de geração nova ou velha, não posso admitir tais limitações. Estou organizando uma antologia de contos brasileiros e tenho encontrado mesmo muitos "novos" do século passado, e "velhos" do movimento modernista. Encontrei mesmo muitos "novos" dentro da própria Academia Brasileira de Letras. Encontrei "velhos" escrevendo sem vírgula e iniciando os períodos com letra minúscula... Estou encantado com as mulheres da geração pós-modernista. Pela primeira vez as mulheres começam a pensar, em nosso país. É excelente essa geração feminina. Em 1936 o romance brasileiro estava em decadência. A geração pós-modernista o reergueu e o valorizou.

Notas

1. FISCHER, Almeida. "Depoimento de duas gerações", *A Manhã*, Rio de Janeiro, 20 jan. 1946. O depoimento de Graciliano é antecedido pela seguinte apresentação: "Falam a *A Manhã* os escritores Alceu Amoroso Lima, Graciliano Ramos, Jorge de Lima, Octávio de Faria, Raymundo Magalhães Júnior, José Lins do Rego e Pedro Calmon — Manifestam-se também os 'novos' Emmo Duarte, Elisa Lispector, Breno Accioly, Adonias Filho, Geraldo de Freitas, Luiz Alípio de Barros e Raymundo de Souza Dantas."

2. Oswaldo Almeida Fischer (Piracicaba, 1916 — Brasília, 1991): além de um dos fundadores e diretor de "Letras e Artes", suplemento de *A Manhã*, foi o redator principal de *Dom Casmurro* e colaborou em inúmeros outros periódicos: *O Jornal, Diário de Notícias, Diário Carioca, O Cruzeiro, A Cigarra, Clima, O Estado de S. Paulo* etc. Entre 1966 e 1967, desempenhou a função de professor de Literatura Brasileira na Universidade de Brasília. Notabilizou-se como contista, tendo publicado *Horizontes noturnos* (1947) e *O homem de duas cabeças* (1950), entre outros. Esta última obra alcançou o prêmio Afonso Arinos da Academia Brasileira de Letras (MELO, Luís Correia de. *Dicionário de autores paulistas*. São Paulo: Comissão do IV Centenário da Cidade de São Paulo, 1954, pp. 224-5).

3. *A Manhã:* Ver nota 3 de "Diário 14", "Os Arquivos Implacáveis", João Condé, *A Manhã*, "Letras e Artes", 1946.

10. Qual a melhor definição de poesia?[1]

A MANHÃ,[2] 1946

D efinir, seja lá o que for, é sempre tarefa bastante ingrata e difícil. Além de ingrata e difícil, perigosa. Tratando-se de definir a poesia, então, as dificuldades aumentam consideravelmente. A poesia, pela sua própria natureza, é indefinível, dizem muitos. Seja como for, a verdade é que há um grande número de definições ou tentativas de definições assinadas por nomes ilustres do pensamento universal. Umas que se aproximam bastante do que seja realmente poesia, outras que lhe definem um aspecto, um ângulo. Todas nascidas em função de um temperamento, de uma formação, de uma atitude diante da vida. Todas pessoais, como é pessoal a própria manifestação da poesia. A poesia estará em nós ou nas coisas? De uma ou de outra forma, esteja em nós ou na vida, senti-la de maneira pessoal, característica do que somos — folha que se faz asa na tarde outonal, pensamento alado que nos transporta para o éter, recordação que nos leva para o desfile das coisas mortas, para a infância, para a terra natal, imaginação que nos aproxima de Deus.

Se todos os homens tentassem definir a poesia, sem dúvida não haveria duas definições iguais entre as enunciadas pelos bilhões de seres que habitam o mundo.

Manuel Bandeira, o grande poeta do Brasil de hoje, colhendo pacientemente, através dos muitos anos de leitura de sua gloriosa vida, as definições de poesia mais diversas e dos mais diversos autores, organizou com elas uma antologia que "Letras e Artes" publicou em seu último número.[3] Resolvemos, então, ouvir vários intelectuais brasileiros sobre qual ou quais as definições que mais lhes agradaram. Entre tantas — mais de sessenta definições diferentes —, provavelmente uma, pelo menos, se aproximará do conceito que cada um deles tem de poesia.

[...]

O mundo num homem

Graciliano Ramos, o romancista cujo nome hoje ultrapassa nossas fronteiras, tornando-se conhecido pelo público de língua inglesa, escolheu a definição de Max Jacob:[4]

"O mundo num homem, tal é o poeta moderno."[5]

Notas

1. "Qual a melhor definição de poesia?", *A Manhã*, "Letras e Artes", 21 jul. 1946, p. 11. A reportagem tem a seguinte apresentação: "Enquete entre intelectuais sobre as definições colecionadas por Manuel Bandeira — Depõem Marques Rebelo, Jorge de Lima, Graciliano Ramos, Alceu Amoroso Lima, José Lins do Rego, Lúcio Cardoso, Manoel de Abreu, Paulo Rónai, Murilo Mendes e Manuel Bandeira."
2. *A Manhã:* ver nota 3 de "Diário 14", "Os Arquivos Implacáveis", João Condé. *A Manhã*, "Letras e Artes", 1946.
3. A antologia preparada por Manuel Bandeira inclui definições de poesia do *Dicionário de Larousse, Dicionário de Littré, Dicionário de Oxford, Dicionário de Morais*, Ronsard, Sydney Smith, Jonson, Donne, Dryden, Platão, Dante, Carlyle, Edgard Poe, Coleridge, Ruskin, Novalis, Hazlitt, Theodore Watts-Dunton, E.C. Stedman, Raymond Macdonald Alden, Max Jacob, Gustavo Adolfo Becquer, Raissa Maritain, Lautréamont, Bacon, Jean Royère, Jacques Maritain, F.C. Prescott, Longino, André Gide, Banville, Paul Valéry, Edwin Arlington Robinson, Wordsworth, Wallace Fowlie, Thomas Nashe, Edith Sitwell, Paul Claudel, Schiller, Cocteau, Jean Royère, Emily Dickinson, Matthew Arnold, Leigh Hunt, Rainer

Maria Rilke, Daiches, Otto Maria Carpeaux. "Antologia de Bandeira", *A Manhã*, "Letras e Artes", Rio de Janeiro, 14 jul. 1946, pp. 2-3.

4. Max Jacob (1876, Quimper, França — 1944, Drancy, França): poeta, romancista, pintor e crítico. Em Paris, trabalhou como caixeiro, jornalista, astrólogo e professor de piano, e se aproximou de Picasso, André Salmon e Apollinaire. Estreou com o romance místico *Saint-Matorel* em 1909 e no mesmo ano se converteu ao catolicismo, tendo Picasso como padrinho. Judeu, foi preso pela Gestapo em fevereiro de 1944 e morreu no mês seguinte, no campo de Drancy. Seu corpo foi sepultado em 1949 em Saint-Benoit-sur-Loire. Escreveu, dentre outros livros: *Le Cornet à dés* (1917), influente no período surrealista, *La Défense de Tartufe* (1919), *Cinématoma* (1920), *Le Laboratoire central* (1921), *Le Cabinet noir: lettres avec commentaires* (1922), *Art poétique* (1922), *Ballades* (1938) e os póstumos *Conseils à un jeune poète* (1945) e *Méditations religieuses* (1947).

5. O aforismo que Graciliano escolheu da antologia preparada por Manuel Bandeira — "*Le monde dans un homme, tel est le poète moderne*" [O mundo num homem, tal é o poeta moderno] — consta da *Art poétique* de Max Jacob (Paris: Emile-Paul, 1922, p. 27). No ensaio "Visão de Graciliano Ramos" (1942), Otto Maria Carpeaux recorre a Max Jacob: "A arte é uma astúcia do espírito humano, para fraudar o mau Demiurgo das suas vítimas, para ironizar a criação malograda. A ironia é uma arma suprema. '*C'est l'ironie*' — diz Max Jacob — '*qui lui fournit chaque jour une clé pour sortir de sa prison.*'" [É a ironia que lhe fornece a cada dia uma chave para sair de sua prisão.] (CARPEAUX, Otto Maria. "Visão de Graciliano Ramos". In: *Ensaios reunidos 1942-1978*. Op. cit., v. I, pp. 443-50).

11. A palavra de Graciliano Ramos[1]

TRIBUNA POPULAR, 1946

 **campanha do livro — Uma causa dos escritores — O povo precisa ler para não ser enganado**

Graciliano Ramos é hoje uma das figuras de maior prestígio na literatura brasileira. Como romancista, surgindo numa época em que se manifestava o desprezo da forma entre nós, fugia inteiramente a esse rumo, compreendendo que o valor artístico é indispensável à durabilidade de uma obra literária. Também não se limitou ao simples papel de observador social, segundo uma tendência então em voga; visou, antes de tudo, ao humano através do social, estudando as reações psicológicas do homem no ambiente de desequilíbrio econômico da época. Daí a força concentrada, a unidade artística dos seus romances, que hão de ficar como um testemunho expressivo das perturbações morais do novo tempo, transcendendo o valor documentário. Neste momento a crítica norte-americana está se ocupando da versão inglesa de *Angústia*,[2] não poupando elogios ao autor.[3] Graciliano Ramos é assim um nome, cujo prestígio já ultrapassou as fronteiras do Brasil.

Quando lhe falamos da campanha do livro, ele se mostra vivamente interessado:

— Mas isso é uma campanha nossa, um empreendimento que nos diz respeito e para o qual devemos concorrer.

Explicamos-lhe o caráter do movimento, resultado da iniciativa conjunta de editores e livreiros.

O autor de *S. Bernardo* renova seu aplauso:

— Sim, é preciso, principalmente, fazer chegar o livro ao povo. Falta-nos leite, pão, carne, tudo, mas felizmente o que até agora não nos tem faltado é livro. Entretanto, para muita gente é como se essa preciosa mercadoria também não existisse. Acho, porém, o problema complexo. Para que o povo venha a ter, como deve ter, será preciso superar muitos obstáculos, entre os quais o analfabetismo...

— Exatamente o ponto frisado por Aníbal Machado.[4]

— Mas a campanha do livro — continua Graciliano — já constitui, a meu ver, um grande passo para a solução do problema, principalmente orientada por esse espírito coletivista de interesse comum. Tudo está em agitar as questões, em trazê-las à baila e provocar a manifestação de opiniões. A iniciativa terá uma significação: o livro em foco. E isso já é muito. Será a oportunidade para examinarmos atentamente os motivos que vêm embaraçando a vulgarização do livro e visionarmos os meios mais práticos de resolvê-los. Daí poderão provir muitas sugestões úteis e valiosas.[5]

"Nada mais fácil do que enganar um povo ignorante"

Graciliano tira uma baforada do cigarro, e num gesto muito seu:

— A ignorância entre nós você bem sabe como é grande. Todo mundo fala do que não entende, e daí a confusão, o caminho aberto para o charlatanismo e a mais desenfreada demagogia. O povo precisa ler para não ser enganado. Pois nada mais fácil do que enganar um povo ignorante. A campanha do livro reveste-se sob esse aspecto de extraordinária importância, constituindo uma das faces de um movimento do maior interesse nacional.

E acentua:

— Os escritores devem cerrar fileiras nessa causa, uma causa muito nossa.

Notas

1. "A palavra de Graciliano Ramos", *Tribuna Popular*, Rio de Janeiro, 8 dez. 1946, p. 2.
2. RAMOS, Graciliano. *Anguish*. Tradução de L.C. Kaplan. Nova York: Alfred A. Knopf, 1946. Foi o crítico Samuel Putnam, tradutor de *Os sertões* e *Casa-grande & senzala* para o inglês, quem recomendou a história de Luís da Silva ao editor nova-iorquino Alfred A. Knopf, num contexto em que o governo norte-americano procurava fortalecer seus laços com a América Latina (Cf. SADLIER, Darlene J. "Lendo Graciliano Ramos nos Estados Unidos", *Revista do Instituto de Estudos Brasileiros*, São Paulo, n. 54, mar. 2012, pp. 31-52).
3. Destaque para o artigo de R.H. Hays, "The World's Sorrow", *New Republic: Journal of Opinion*. Nova York, vol. 114, n. 24, 17 jun. 1946, p. 876. Ao se referir a *Angústia*, num contexto de comemoração do sexagésimo aniversário de Graciliano, Carpeaux destaca essa crítica à versão do romance traduzida para o inglês: "Por meio de um simbolismo sutil e profundo sabe estilizar o realismo cruelmente verídico das suas análises psicológicas e dos seus enredos sociais, espelhos da vida brasileira, sempre fiéis à verdade embora como envoltos em uma nuvem que um crítico norte-americano de sua obra chamou 'tristeza do mundo'." (CARPEAUX, Otto Maria. "Os sessenta anos de Graciliano Ramos", *Correio da Manhã*, 26 out. 1952).
4. Aníbal Monteiro Machado (Sabará, 1894 — Rio de Janeiro, 1964): escritor eleito presidente da ABDE em 1944, responsável, ao lado de Sérgio Milliet (presidente da seção paulista da associação), pela realização do I Congresso Brasileiro de Escritores, conclave ocorrido em São Paulo, entre 22 e 27 de janeiro de 1945. Ao lado de Graciliano, fez parte do grupo de escritores que compôs a obra coletiva *Brandão entre o mar e o amor* (1942). Escreveu, dentre outras obras, *A morte da porta-estandarte*; *Tati, a garota e outras histórias*, e o romance *João Ternura*.
5. A "Campanha do Livro" promovida pelo PCB pretendia, sobretudo, estimular a venda de obras das editoras de orientação comunista Vitória e Horizonte. Cf. "GRANDE INTERESSE desperta a 'Campanha do livro'", *Tribuna Popular*, Rio de Janeiro, 27 fev. 1947, p. 3; e RAMOS, Graciliano. "Cultura a serviço do povo". In: *Garranchos*. Op. cit., pp. 293-5.

12. Retrospecto do ano literário[1]

A MANHÃ, "LETRAS E ARTES", 1946

Fala Graciliano Ramos

O romancista Graciliano Ramos, na Livraria José Olympio, diz à reportagem:

— Quanto à poesia, *A rosa do povo* está em primeiro lugar. Menciono ainda os poemas de Oswaldino Marques,[2] que são uma excelente revelação.

— E quanto à prosa de ficção?

— Considero impossível responder honestamente ao inquérito. Há vários livros que ainda não li porque mal acabaram de sair, como os romances do Jorge Amado, do Dyonélio Machado etc. Há outros com os quais já havia travado conhecimento quando entraram em concurso, de que eu era juiz. Assim, para me pronunciar a respeito, seria preciso fazer uma releitura de livros como *Sagarana*, de Guimarães Rosa,[3] d'*Os servos da morte*, de Adonias Filho,[4] *Capricornius*, de Ovídio Chaves[5] etc.

Notas

1. "Retrospecto do ano literário", *A Manhã*, "Letras e Artes", Rio de Janeiro, 8 dez. 1946, p. 12. O texto do qual faz parte a fala de Graciliano Ramos tem o seguinte resumo informativo: "Os escritores brasileiros

opinam sobre os sucessos literários de 1946 — Poesia, ficção e ensaio — Depõem neste inquérito Lúcio Cardoso, Aníbal Machado, Santa Rosa, Magalhães Júnior, Octávio de Faria, Guilherme de Figueiredo, Ledo Ivo, Álvaro Lins, Marques Rebelo, Genolino Amado, Adonias Filho, Guimarães Rosa, Otávio Tarquínio de Souza, Lúcia Miguel Pereira, Almeida Fischer, Cyro dos Anjos, Otto Schneider, Graciliano Ramos e Ascendino Leite."

2. Graciliano faz referência a *Poemas quase dissolutos*, livro de estreia do poeta Oswaldino Ribeiro Marques (1916, São Luís do Maranhão, Maranhão — 2003, Brasília), publicado pela José Olympio em 1946. No mesmo ano, a editora lança a tradução dos *Cantos de Walt Whitman*, feita por Marques. A obra conta com o prefácio de Aníbal Machado.

3. Na crônica "Conversa de bastidores", publicada na *Tribuna de Santos* em 6 de junho de 1946 e depois recolhida em *Linhas tortas*, Graciliano retoma a história do concurso literário Humberto de Campos, realizado em 1938, por obra da editora José Olympio. Nessa ocasião, o romancista alagoano avaliou a primeira versão dos textos que viriam a constituir *Sagarana*, livro lançado em 1946 pela Editora Universal. Se antes decidira não dar o grande prêmio ao livro de Rosa, então encoberto pelo pseudônimo de Viator, em 1946, com o volume havia pouco editado em mãos, reconhecia-lhe a excelência. "Vejo agora, relendo *Sagarana*, que o volume de quinhentas páginas emagreceu bastante e muita consistência ganhou em longa e paciente depuração. Eliminaram-se três histórias, capinaram-se diversas coisas nocivas. As partes boas se aperfeiçoaram: 'O burrinho pedrês', 'A volta do marido pródigo', 'Duelo', 'Corpo fechado', sobretudo 'Hora e vez de Augusto Matraga', que me faz desejar ver Rosa dedicar-se ao romance" (RAMOS, Graciliano. *Linhas tortas*. Op. cit., pp. 353-4. Confiram-se também, de 1939, "Prêmios" e "Um livro inédito").

4. *Os servos da morte*: Romance de estreia do escritor baiano Adonias Aguiar Filho (Itajuípe, 1915 — Ilhéus, 1990). Além de cultivar sua carreira literária, esteve à frente, entre os anos de 1946 e 1950, da editora A Noite. Foi ainda diretor da Biblioteca Nacional de 1961 a 1971. Durante sua gestão, para marcar os dez anos da morte do autor de *Vidas secas*, essa instituição promoveu, em 1963, a exposição *Graciliano Ramos 1892 — 1953*, que apresentava pela primeira vez, e de modo abrangente, manuscritos, cartas, fotos, entre outros documentos até então sob a guarda da família do artista alagoano.

5. Referência ao romance *Capricornius, um dia tem mil séculos*, do músico, poeta e romancista gaúcho Ovídio Moojen Chaves (Lagoa Vermelha, RS, 1910 — Rio de Janeiro, RJ, 1978), lançado pela Livraria do Globo em 1945.

13. Escritores e artistas falam sobre o aniversário de Prestes[1]

TRIBUNA POPULAR, 1947

Sobre o aniversário de Prestes, ouvimos ontem, em rápida enquete, escritores e jornalistas. A data, que se transformou numa autêntica festa democrática do povo brasileiro, repercute da melhor maneira em nossos meios intelectuais, que veem em Prestes o patriota vigilante na defesa do progresso e da independência do Brasil. Foram estas as opiniões colhidas pela nossa reportagem.

Do romancista Graciliano Ramos

— "Temos a impressão de que nele se equilibram sentimentos opostos. Ou não será isso: talvez se combinem qualidades naturais e qualidades adquiridas, umas e outras a convergir, com força terrível, para a concretização de uma ideia. A intensidade se explica pelo afastamento impiedoso de tudo quanto de leve perturbe a execução de um plano estudado com rigor, criticado e corrigido sempre, segundo as circunstâncias. Frieza? Quase nos desorienta a contradição. Sob as cinzas que se espalham na face torturada, lavra fogo medonho, pavoroso incêndio a custo perceptível. Raramente uma labareda rompe a crosta gélida. Noutras épocas essa alma vidente se teria enchido de visões celestes; hoje se prende a terra."

Nota

1. "Escritores e artistas falam sobre o aniversário de Prestes [do romancista Graciliano Ramos, do prof. Josué de Castro, do Barão de Itararé, do prof. Arthur Ramos, do escritor Aníbal Machado, do etnógrafo Edison Carneiro, do dr. Sérgio Gomes, de Álvaro Moreyra, do escultor Honório Peçanha, do ex-correspondente de guerra Egídio Squeff]", *Tribuna Popular*, Rio de Janeiro, 3 jan. 1947, pp. 1-2. Depoimento extraído daquela que viria a ser a crônica "Prestes", publicada dois anos depois no jornal comunista *Classe Operária*, de 1º de janeiro de 1949. Em 2012, o texto foi recolhido em *Garranchos* (pp. 300-4).

14. "A baba da reação não atinge Prestes"[1]

TRIBUNA POPULAR, 1947

As manobras que vêm sendo realizadas pelo "Ministro de Chumbo", no sentido de que seja instaurado um processo contra o senador Luís Carlos Prestes, eleito com o voto de cerca de 100 mil cariocas, estão inteiramente desmoralizadas perante o nosso povo. Tivemos ocasião de publicar opiniões colhidas a esse respeito entre os trabalhadores, declarações de populares que situam o pensamento de todos os brasileiros em torno do vergonhoso intento, para que o sr. Costa Neto e seu grupo desejam a permissão do Senado.[2] Os motivos alegados são os mais irrisórios, constantemente ridicularizados em toda a cidade, em cada esquina, nos grupos que se reúnem frente às bancas de jornais, em qualquer lugar onde se fala em política. Esse, aliás, o destino das atitudes do titular da nossa pasta da Justiça.

Sobre essa estúpida provocação do grupo militar-fascista, procurou ontem a nossa reportagem ouvir os escritores Graciliano Ramos, Edison Carneiro e Ivan Pedro de Martins, que nos prestaram incisivas declarações.

"O povo está contra a reação"

O romancista de *Fronteira agreste* afirmou-nos:

"O processo a Prestes é antes de mais nada inconstitucional. A nossa Carta é taxativa a esse respeito.

"O que se deve ter em conta, no entanto, é o fato de um Costa Neto, peça da engrenagem fascista que maneja a ditadura indígena, pretender castigar um Senador, o senador mais votado da capital, por delito de opinião. Não temos ilusões sobre a ausência de coluna dorsal de políticos reacionários que falam em consciência: mas o povo, os trabalhadores estão vendo todos os dias que espécie de democratas governam o país.

"É coisa de repugnar o que aí está. Como brasileiros nos sentimos humilhados, pois as autoridades que acoitam nazistas e encobrem negociatas ajeitam tribunais para ganhar de 3 x 2, fecham sindicatos, prendem e espancam jornalistas, aparecem na "imprensa sadia" e nos discursos capitulacionistas de alguns bonzos da UDN como legítimos representantes do povo. Se todos os que opinam sobre a camarilha fascista devessem ser processados, a Justiça passaria só a trabalhar em seus processos, pois o povo está todo contra ela. E ele deve reagir. O povo às vezes demora em marchar, mas é inelutável sua marcha. E então veremos esses pigmeus lembrarem, já tarde, do que houve em Nuremberg."

Uma aventura impossível

O historiador e etnógrafo Edison Carneiro prestou-nos as seguintes declarações:

"O processo contra Prestes me lembra a aventura de Gulliver em Liliput. Estou vendo os anões tentando manietar o gigante... É claro que a baba da reação não atinge Prestes. Os homens da ditadura estão cuspindo contra o vento. Eles é que ficarão sujos perante os seus concidadãos."

"Manifestações do fascismo tupinambá"[3]

Do grande romancista Graciliano Ramos, ouvimos o seguinte:

"Essas manifestações do fascismo tupinambá distinguem o Brasil, terra adorada etc.: o fascismo branco era estúpido e safado; o nosso é estúpido, safado e ridículo. Qualquer pessoa transformada casualmente em ministro julga-se no direito de processar os descontentes. Bem. Processem, arrumem justiça, mas não embrulhem apenas o senador Prestes: façam liquidação, envolvam toda a gente, inclusive as senhoras que tiveram roupa furtada por amigos da ordem, no baile das Laranjeiras."

Notas

1. "A baba da reação não atinge Prestes", *Tribuna Popular*, Rio de Janeiro, 10 jul. 1947, pp. 1-2. A reportagem foi assim apresentada: "O processo do 'Ministro de Chumbo' é antes de mais nada inconstitucional — 'Um fascismo estúpido, safado e ridículo' — Falam sobre as desmoralizadas manobras do sr. Costa Neto os escritores Graciliano Ramos, Edison Carneiro e Ivan Pedro de Martins."

2. A reportagem faz referência a Benedito Costa Neto, ministro da Justiça e Negócios Interiores durante a presidência de Eurico Gaspar Dutra. Rotulado como "Ministro de Chumbo" pelo jornal *Tribuna Popular*, Costa Neto trabalhou para que o PCB fosse colocado na ilegalidade, algo que veio a se concretizar em meados de 1947. Em janeiro de 1948, o mandato do senador Luís Carlos Prestes foi cassado. Vale ressaltar que Graciliano fez parte de comissão instaurada pelo Partidão para defender o mandato de Prestes e, no âmbito dessa atribuição, enviou uma carta a tal líder partidário (Arquivo Graciliano Ramos, Correspondência Ativa, caixa 035, doc. 068. Cf. RAMOS, Graciliano. *Garranchos*. Op. cit., p. 304).

3. Graciliano já se valera da expressão "fascismo tupinambá" dois anos antes no texto "Esta vontade é a nossa arma: Constituinte!", estampado na mesma *Tribuna Popular* em 25 de setembro de 1945 e recolhido em *Garranchos* (2012, p. 233): "O nosso pequenino fascismo tupinambá encheu os cárceres e o campo de concentração da Ilha Grande, meteu neles sujeitos inofensivos, até devotos de padre Cícero, gente de penitência e rosários, pobres seres tímidos que nos perguntavam com surpresa verdadeira: — Por que é que estamos presos?" E torna a empregá-lo no trecho introdutório de suas *Memórias do cárcere*: "Não caluniemos o nosso pequenino fascismo tupinambá: se o fizermos, perderemos qualquer vestígio de autoridade e, quando formos verazes, ninguém nos dará crédito. De fato ele não nos impediu escrever. Apenas nos suprimiu o desejo de entregar-nos a esse exercício" (RAMOS, Graciliano. *Memórias do cárcere*. 48. ed. Rio de Janeiro: Record, 2014, p. 12).

15. O massacre foi premeditado[1]

TRIBUNA POPULAR, 1947

A propósito dos criminosos acontecimentos da noite de sexta-feira, procuramos ouvir ontem vários membros da Comissão patrocinadora do Comício comemorativo da declaração de guerra do Brasil ao Eixo.[2] [...]

Declarações do escritor Graciliano Ramos

O escritor Graciliano Ramos, um dos membros da Comissão promotora do Comício, declarou:

— Assistimos e sofremos mais uma demonstração da polícia, que sempre age dessa maneira, lançando-se contra o povo de modo covarde. — Dão-nos licença para realizar uma coisa, e atacam a massa pelas costas, a tiros e bombas.[3] Atitude digna desses senhores que ainda estão no poder. Desconhecem a lei e forçam a união de todos os democratas, que lutam pelo respeito à Constituição. Manifestação estúpida do fascismo desmoralizado.

Notas

1. "O massacre foi premeditado", *Tribuna Popular*, Rio de Janeiro, 24 ago. 1947, pp. 1-2. O texto que enfeixa as declarações de Graciliano apresenta o seguinte resumo informativo: "Devem ser punidos os autores da

selvageria nazista de anteontem — Inconsistentes as alegações oficiais da polícia — 'Que dirão de tais atos do nosso governo as delegações dos países americanos presentemente no Brasil?' — A ditadura degrada a nação — Falam à nossa reportagem sobre os crimes da polícia, na Esplanada do Castelo, o ex-senador Abel Chermont, o jornalista Mattos Pimenta, o vereador Apparício Torelly, o escritor Graciliano Ramos, a líder feminina Alice Tibiriçá, a suplente de Senador, d. Nutta Bartlet James, e o secretário da LIAF, sr. Nilo da Silveira Werneck."

2. Comício realizado na Esplanada do Castelo, em 22 de agosto de 1947, em frente à estátua do Barão do Rio Branco. Tinha como objetivo oficial comemorar "o quinto aniversário da entrada do Brasil contra o Eixo agressor". Procurava também afirmar o "sagrado direito de reunião inscrito na Carta Magna", uma vez que fazia seis meses que tais manifestações não tomavam lugar na então capital federal ("GRANDE Comício amanhã", *Tribuna Popular*, Rio de Janeiro, ano III, n. 682, 21 ago. 1947, p. 1). Além de Graciliano, fizeram parte da comissão organizadora do evento: Abel Chermont, Mattos Pimenta, Rafael Correia de Oliveira, Apparício Torelly, Amerino Wanick, Fernando Luís Lobo Carneiro, Nilo da Silveira Werneck e Odilon Batista. Em nome da Liga dos Intelectuais Antifascistas, o romancista alagoano abriu o "*meeting*", vindo, em seguida, a fala de ex-combatentes.

3. Segundo reportagem do jornal *Tribuna Popular*, mais de trinta pessoas ficaram feridas "em virtude dos lutuosos acontecimentos premeditados pelo grupo fascista no poder". Presumia-se ainda que haveria mortos, tendo em vista a força e a truculência desproporcionais utilizadas pela polícia na ocasião ("SELVAGERIA nazista", *Tribuna Popular*, Rio de Janeiro, ano III, n. 684, 23 ago. 1947, p. 1). Além disso, o vereador do PCB pelo então Distrito Federal Bacellar Couto foi agredido, e "vários jornalistas seviciados e presos" ("PARLAMENTARES e jornalistas brutalmente espancados pela polícia", *Tribuna Popular*, Rio de Janeiro, ano III, n. 685, 24 ago. 1947, p. 1). Depois dessa escalada de violência, a comissão organizadora do comício, da qual Graciliano fazia parte, emitiu a seguinte nota: "A Comissão Promotora do Comício da Esplanada do Castelo sente-se no dever de informar a opinião pública sobre os graves acontecimentos que se verificaram naquele local e dos quais foi protagonista a Polícia do Distrito Federal. A Comissão opõe a mais formal contestação à nota do senhor general Chefe de Polícia, pois nem o comício teve desvirtuada a sua finalidade patriótica, nem injúrias foram irrogadas às altas autoridades da República, nem houve a menor provocação da parte do povo ou dos oradores aos agentes da segurança pública, presentes no Comício" ("PRESTES exige punição para os responsáveis pela chacina", *Tribuna Popular*, Rio de Janeiro, ano III, n. 686, 26 ago. 1947, p. 2).

16. Autorretrato de Graciliano Ramos aos 56 anos[1]

A MANHÃ, "LETRAS E ARTES", 1948

- Nasceu em 1892 em Quebrangulo (Alagoas).
- Casado duas vezes, tem seis filhos.[2]
- Altura 1,75.[3]
- Sapato nº 41.
- Colarinho nº 39.[4]
- Prefere não andar.
- Não gosta dos vizinhos.[5]
- Detesta rádio, telefone e campainhas.[6]
- Tem horror às pessoas que falam alto.
- Usa óculos.
- Meio calvo.
- Não tem preferência por nenhuma comida.
- Não gosta de frutas nem de doces.
- Indiferente à música.[7]
- Sua leitura predileta: a Bíblia.[8]
- Escreveu *Caetés* com 34 anos de idade.
- Não dá preferência a nenhum dos seus livros publicados.[9]
- Gosta de beber aguardente.[10]
- É ateu.
- Indiferente às Academias.

- Adora crianças.
- Odeia a burguesia.
- Romancistas brasileiros que mais lhe agradam: Manuel Antônio de Almeida, Machado de Assis, Jorge Amado, José Lins do Rego e Rachel de Queiroz.
- Escreve seus livros pela manhã.
- Gosta de palavrões escritos e falados.
- Fuma cigarros Selma (três maços por dia).[11]
- É inspetor de ensino, trabalha no *Correio da Manhã*.
- Apesar de o acharem pessimista, discorda disto.
- Só tem cinco ternos de roupa, estragados.
- Refaz seus romances várias vezes.
- Esteve preso duas vezes.
- É-lhe indiferente estar preso ou solto.
- Gasta em excesso.
- Seu maior desejo: a morte do capitalismo.
- Escreve à mão.
- Seus maiores amigos: Capitão Lobo (um oficial conhecido na prisão, em Pernambuco), Cubano (vagabundo encontrado na Colônia Correcional), José Lins do Rego e José Olympio.[12]
- Tem poucas dívidas.
- Quando prefeito de uma cidade do interior, soltava os presos para construir estradas.
- Espera morrer com 57 anos.

Notas

1. RAMOS, Graciliano. "Autorretrato de Graciliano Ramos aos 56 anos" [Embora o título no jornal seja "Graciliano Ramos" (e ele tenha nascido em outubro de 1892), optou-se por essa forma, com base na orelha da edição especial de *Cartas*, da MPM-Comunicações, cuja capa traz o retrato de Graciliano feito por Portinari]. *A Manhã*, "Letras e Artes", Rio de Janeiro, 1 ago. 1948, p. 8. Texto composto a pedido de João Condé, responsável pela seção Arquivos Implacáveis do referido periódico. Ao fim deste rol de frases consta a reprodução da assinatura de Graciliano Ramos. Em 1951, o jornalista José Tavares de Miranda publicou um retrato sinóptico do escritor, no qual retoma muitos dos itens abordados

aqui. O texto, "Traços de identidade", estampado na *Folha da Manhã* a 23 de setembro de 1951, encontra-se na primeira parte destas *Conversas*.

2. Graciliano teve oito filhos: Márcio, Júnio, Múcio e Maria Augusta, com Maria Augusta de Barros; Ricardo, Roberto, Luiza e Clara, com Heloísa Leite de Medeiros.

3. Em 1951, a altura indicada é 1,70 m.

4. Três anos depois, Graciliano aponta que o número do seu colarinho é 38.

5. "Não conhece os vizinhos", diz Graciliano, em 1951.

6. Consta do outro retrato de Graciliano, publicado três anos depois: "É um homem de idiossincrasias. Por exemplo: não tolera lugar-comum, campainha e telefone."

7. Mais ameno, em 1951, diz apenas que "não entende de música".

8. Graciliano fala de sua predileção pela Bíblia em: "Afirma Graciliano Ramos: 'Não me considero um escritor'", *Folha da Manhã*, 1949; "Graciliano Ramos: romance é tudo nesta vida", José Guilherme Mendes, *Manchete*, 1952.

9. Embora Graciliano repetisse, pública ou particularmente, não ter preferência por nenhum de seus livros, Ricardo Ramos se recorda de alguns indícios da inclinação do pai por *Angústia*: ao falar dele, o tom e as palavras do autor mudavam; as dedicatórias desse romance para os familiares não eram bem-humoradas como as das demais obras. "Um envolvimento maior, talvez uma ligação mais pessoal", observa Ricardo. "Quem sabe o seu livro mais sofrido? Em vários sentidos, creio." A notícia de que um estudante se matara depois de ler *Angústia* deixou Graciliano arrasado. Por outro lado, grande foi a alegria do escritor ao ler o artigo de uma revista americana que percebia no romance não só a expressão de um drama pessoal, "um ensaio sobre a loucura chegando ao crime", mas sobretudo a representação da "condição do intelectual nos países subdesenvolvidos da América Latina" (RAMOS, Ricardo. *Graciliano: retrato fragmentado*. cit., pp. 136-7). Leia-se, na nota 3 de "A palavra de Graciliano Ramos", *Tribuna Popular*, 1946, a referência ao artigo "A tristeza do mundo", mais de uma vez evocado por Carpeaux: HAYS, R.H. "The World's Sorrow", *New Republic: Journal of Opinion*, Nova York, vol. 114, n. 24, 17 jun. 1946, p. 876.

10. No flash de 1951: "Bebe de tudo, de preferência aguardente."

11. Outra marca de Graciliano mantém-se no retrato de 1951: "Fuma muito. O seu cigarro é 'Selma' (ponta de cortiça). No mínimo, três maços por dia."

12. As surpresas de Graciliano ante os gestos de generosidade do Capitão Lobo e de Cubano, num mundo brutal, permitiram ao artista evidenciar a necessidade de se relativizarem visões estereotipadas, sobressaindo a difícil tarefa de compreender as contradições da realidade e das pessoas. Não à toa os dois foram indicados, ao lado de José Lins e José Olympio, como os melhores amigos do escritor. A epígrafe deste livro e a conversa "Nossos escritores — Graciliano Ramos: 'Sempre fui antimodernista'", com José Tavares de Miranda (*Folha da Manhã*, 1951), evocam esses dois amigos, cuja singularidade está guardada nas *Memórias do cárcere*.

17. A ABDE não é um clube recreativo[1]

FOLHA DO POVO,[2] 1949

Graciliano Ramos não se sente inclinado a dormir e sonhar com a vitória da bomba atômica e do dólar... — Declarações do grande escritor sobre a eleição da nova diretoria do órgão dos escritores.

Está despertando grande interesse o pleito que se realizará no próximo sábado para a eleição da nova diretoria da Associação Brasileira de Escritores. A expectativa em torno dessa eleição já extravasou mesmo dos círculos literários.

Duas chapas vão se defrontar, uma presidida pelo professor Homero Pires e outra pelo deputado udenista Afonso Arinos, um dos autores da nova "Lei de Segurança". A primeira reivindica a continuação das tradições democráticas dos dois Congressos Brasileiros de Escritores, a par da defesa dos interesses profissionais dos homens de letras. A segunda, articulada na base do anticomunismo, apresenta-se como apolítica, mas representa na realidade uma tentativa de arrastar os escritores a uma política covarde de submissão aos inimigos da democracia e da cultura em nosso país. Sua composição valeu-lhe o título de "Chapa dos Cartolas".

Fala de Graciliano Ramos

Sobre essa movimentada eleição, ouvimos o depoimento do romancista Graciliano Ramos, um dos maiores nomes da literatura nacional, candidato a membro do Conselho Fiscal da ABDE, na chapa Homero Pires.

O autor de *Angústia* foi incisivo em suas [considerações], como aliás é do seu feitio. Disse-nos o seguinte:

— Estou inteiramente de acordo com Álvaro Lins, que, ao ser eleito presidente da ABDE, declarou em discurso que esta sociedade não é um clube recreativo. Evidentemente não é. Se o homem é bicho político, não podemos admitir uma associação isenta de política. A defesa dos interesses da classe não nos basta. Isto é uma bonita conversa. Qual é a classe? Não há classe de literatos. Há literatos da burguesia, da pequena burguesia, e começam a surgir alguns proletários.

Esses homens se distanciam uns dos outros; não há meio de aproximá-los porque os seus interesses são opostos.

Disseram que a literatura é o "sorriso da sociedade".[3] Julgo isso estupidez e safadeza. Não escrevemos para dar prazer aos idiotas. Aceito os conselhos de Rubem Braga, que, em 1942, em carta publicada, censurou as minhas vacilações em política.[4] Sem essa advertência, talvez hoje me sentisse inclinado a dormir e sonhar com a vitória da bomba atômica e do dólar.

Notas

1. "A ABDE não é um clube recreativo", *Folha do Povo*, Recife, 19 mar. 1949. O título retoma uma expressão proferida por Álvaro de Barros Lins (Caruaru, 1912 — Rio de Janeiro, 1970). Advogado, jornalista, professor e crítico literário, escreveu diversas séries de seu *Jornal de Crítica* (Rio de Janeiro: José Olympio, 1941-51, e Rio de Janeiro: *O Cruzeiro*, 1963), entre outras obras dedicadas, sobretudo, ao exame da literatura brasileira e internacional. No contexto de polarização político-ideológica que marcou o II Congresso Brasileiro de Escritores, realizado em Belo Horizonte em 1947, foi escolhido como nome consensual por comunistas e liberais para presidir a Associação Brasileira de Escritores (ABDE) no ano seguinte. Eleito para o cargo, tanto em seu discurso de posse quanto em artigo estampado no *Correio da Manhã*, explica qual seria a postura

da instituição durante seu mandato: "[...] a ABDE não é um órgão partidário, por outro lado não é um *clube recreativo*. Ela é política no sentido superior da palavra, cabendo-lhe defender intransigentemente a liberdade de pensamento e palavra, e, por extensão, as instituições que tornam possível essa liberdade, combatendo ao mesmo tempo qualquer espécie de opressão ou injustiça contra os escritores e a literatura" (LINS, Álvaro. "Explicação e propósitos", *Correio da Manhã*, Rio de Janeiro, 4 jan. 1948, 2ª seção, p. 1).

2. *Folha do Povo*: jornal recifense, simpatizante dos comunistas, fundado em 10 de julho de 1935 por Osório de Lima e José Cavalcanti, mas logo fechado em decorrência da repressão à Intentona Comunista. Depois de ficar dez anos sem circular, voltou integrado à rede de comunicação do PCB em 19 de novembro de 1945, mesmo ano em que o partido retornou à legalidade. No editorial de reapresentação, destaca: "*Folha do Povo* volta hoje a circular. Como da vez passada, será um jornal modesto. Muito pobre de aparelhagem material. Pobre como o povo; porém, como ele, amigo da verdade" (*Folha do Povo*, 19 de novembro de 1945). Em sua nova fase, que se estendeu de modo intermitente até 1960, sofreu com problemas financeiros decorrentes da escassez de publicidade e da intensa perseguição policial de que foi vítima. Nesse período, teve como diretores Sindulfo Correia Josué e Permínio Ásfora. (Cf. RUBIM, Antonio Albino Canelas. *Partido Comunista, cultura e política cultural*. Tese de doutorado em sociologia. São Paulo: FFLCH/USP, 1986, pp. 43-45).

3. Frase da lavra do crítico baiano Afrânio Peixoto: "A literatura é como o *sorriso da sociedade*. Quando a sociedade ela está feliz, o espírito se lhe reflete nas artes e, na arte literária, com ficção e com poesias, as mais graciosas expressões da imaginação. Se há apreensão ou sofrimento, o espírito se concentra grave, preocupado, e então, histórias, ensaios morais e científicos, sociológicos e políticos, são-lhe a preferência imposta pela utilidade imediata" (PEIXOTO, Afrânio. *Panorama da literatura brasileira: 1500-1940*. São Paulo: Nacional, 1940, p. 5).

4. Provavelmente, Graciliano faz referência ao "Discurso de um ausente ao banquete de homenagem a Graciliano Ramos", texto enviado por Rubem Braga quando da realização da festividade comemorativa do cinquentenário do autor de *Vidas secas*, em 27 de outubro de 1942. Nesse Discurso, o cronista capixaba enfatiza: "Que a minha voz, nessa festa de hoje, seja uma voz de companheiro. Vamos ser mais exatos e usar a palavra horrível, a palavra de mau gosto, a palavra quase proibida em reuniões amenas: companheiro de política. [...] É preciso dizer que um dia de festa de Graciliano Ramos é um dia de festa para toda uma grande turma de pessoas do Brasil que perante ele não são apenas leitores e admiradores, são companheiros também. [...] Nosso Reino não é o do céu, e às vezes se parece um pouco demais com o inferno. Com seu pessimismo desgraçado, pessimismo de velhote ingênuo, você chega a dizer que essa nossa

gente é a pior que há. Não é verdade. Não somos piores que os outros. Se os nossos defeitos aparecem mais é porque somos mais exigentes conosco mesmos e de vez em quando somos submetidos a provas que os outros não conhecem" (BRAGA, Rubem. "Discurso de um ausente ao banquete de homenagem a Graciliano Ramos". In: *Homenagem a Graciliano Ramos*. Brasília: Hinterlândia, 2010, pp. 122-3).

18. Graciliano Ramos e o Manifesto de Prestes[1]

[*IMPRENSA POPULAR*], 1950

"**P**restes fala, a certa altura, em 'intelectuais pobres', e em seguida, no programa da Frente Democrática de Libertação Nacional,[2] acentua a necessidade de 'apoio e estímulo à atividade científica e artística de caráter democrático'.[3] É um apelo que se dirige à imensa maioria dos intelectuais e escritores do país, que sofrem as consequências do monstruoso atraso econômico em que vivemos. Aliás, a Declaração de Princípios do Congresso de Escritores da Bahia constatou isto com muita precisão.[4] E não há dúvida que só o caminho indicado por Prestes pode criar condições decentes para a verdadeira profissão de escritor, como para a expansão da cultura às mais amplas camadas do povo. E isto é que é urgente: o mais é literatura de fachada. Só quem pode ficar contra são os escritores oficiais da ditadura, os que se ajeitam gostosamente debaixo da canga do americano."

(Da entrevista de Graciliano Ramos à *Imprensa Popular*.)

Notas

1. "Graciliano Ramos e o Manifesto de Prestes", [*Imprensa Popular*], Rio de Janeiro, 13 ago. 1950.

2. Lançada pelo Manifesto de Agosto de 1950, tratava-se de uma organização "de luta e de ação em defesa do povo, com raízes nas fábricas e nas fazendas, nas escolas e repartições públicas, nos quartéis e nos navios, em todos os locais de trabalho, enfim, nos bairros das grandes cidades e nas aldeias e povoados" (PRESTES, Luiz Carlos. cit.). Tinha como fim batalhar pela realização imediata do programa ultraesquerdista então proposto pelo PCB, que preconizava a substituição da "ditadura feudal-burguesa, serviçal do imperialismo, por um governo revolucionário" (Id., ibid.).

3. Referência àquele que ficou mais conhecido como Manifesto de Agosto, assinado por Prestes em 1º de agosto de 1950 em nome do Comitê Nacional do PCB. Nesse texto, Prestes conclama: "Unamo-nos, todos, democratas e patriotas, acima de quaisquer diferenças de crenças religiosas, de pontos de vista políticos e filosóficos, homens e mulheres, jovens e velhos, operários, camponeses, *intelectuais pobres*, pequenos funcionários, comerciantes e industriais, soldados e marinheiros, oficiais das forças armadas, em ampla *FRENTE DEMOCRÁTICA DE LIBERTAÇÃO NACIONAL* para a ação e para a luta com o seguinte programa..." (PRESTES, Luís Carlos. "Nossa política: Prestes aponta aos brasileiros o caminho da libertação", *Problemas: Revista Mensal de Cultura Política*, Rio de Janeiro, n. 29, ago.-set. 1950). Entre as proposições desse programa, consta o tópico intitulado "Instrução e cultura para o povo", cujo conteúdo assinala: "Ensino gratuito para todas as crianças entre sete e catorze anos de idade e redução de todas as taxas e impostos que pesem sobre a instrução secundária e superior. Trabalho para a juventude que termina seus estudos. *Apoio e estímulo à atividade científica e artística de caráter democrático*" (Id., ibid.).

4. Menção ao III Congresso da ABDE, sob a presidência de Álvaro Moreyra, realizado entre 17 e 21 de abril de 1950 em Salvador. Juntamente com Edison Carneiro, Santa Rosa, entre outros, Graciliano fez parte da comissão organizadora do evento. A Declaração de Princípios então produzida inicia-se da seguinte maneira: "Os escritores brasileiros, reunidos em III Congresso na histórica cidade de Salvador, com firme consciência dos seus deveres e responsabilidades perante a Nação e inspirados na tradição do I e II Congressos, proclamam que *um dos principais obstáculos ao desenvolvimento da cultura é a situação de atraso econômico de nosso país*. / Em tal situação, o povo cada vez menos encontra meios de utilizar livros e publicações como fatores de aperfeiçoamento cultural, limitando-se na mesma medida as possibilidades ao exercício da atividade profissional do escritor." ("DECLARAÇÃO de Princípios", *Para Todos*, Rio de Janeiro, n. 4, maio-jun. 1950, p. 5).

19. Caloroso apoio popular ao comício da Esplanada[1]

IMPRENSA POPULAR, 1951

[...]

Fala Graciliano Ramos

A propósito da manifestação popular de amanhã,[2] ouvimos também o grande romancista Graciliano Ramos. Disse-nos o autor de *Vidas secas*, refletindo a opinião dos escritores democratas e partidários da paz:

— Já estava tardando. É preciso fazer muitos comícios em defesa da paz. Só o povo nas ruas, clamando alto, pode atrapalhar e anular os planos desses criminosos que querem outra guerra. Tudo o que escrevemos, todas as palavras do mundo, não teriam sentido se não se transformassem em ação, ação de massas em favor da paz. Por isso, está claro que dou toda a minha solidariedade ao comício.

Notas

1. "Caloroso apoio popular ao comício da Esplanada", *Imprensa Popular*, Rio de Janeiro, 6 mar. 1951, p. 1. A reportagem apresenta o seguinte resumo informativo: "Estudantes, comerciários, trabalhadores, mulheres e intelectuais progressistas manifestam-se sobre o grande ato de amanhã

na Esplanada do Castelo — Nota da CTB [Confederação dos Trabalhadores do Brasil] e declarações da sra. Branca Fialho e do escritor Graciliano Ramos — Entusiasmo da juventude".

2. Referência ao Comício em Defesa da Paz realizado em 7 de março de 1951, na Esplanada do Castelo, Rio de Janeiro, pelo Movimento Carioca pela Paz e contra Armas Atômicas, entre outras entidades integrantes do Movimento pela Paz articulado e propagandeado pelo PCB.

20. Monstruoso atentado à paz mundial[1]

IMPRENSA POPULAR, 1952

Cresce em todo o país uma onda de indignação popular em face da proibição, pelo governo de Vargas, da Conferência Continental pela Paz,[2] conclave convocado por personalidades de destaque da vida política, religiosa e filosófica das três Américas. Cartas, telegramas, mensagens de protesto vêm sendo diariamente enviados ao presidente da República. Ao mesmo tempo que protesta, o povo exige, também, que o governo volte atrás em sua medida ilegal e autorize os vistos nos passaportes das diversas personalidades que já estão de viagem marcada para o Rio de Janeiro.

A propósito dessa proibição, ouvimos, ontem, três membros da Comissão Brasileira de Patrocínio do Conclave, cujas opiniões a respeito transcrevemos na quarta página.

Palavras do escritor Graciliano Ramos

O escritor Graciliano Ramos, ouvido também a propósito da proibição, assim se expressou:

— Esse foi mais um ato estúpido do governo. A paz é tudo o que a humanidade quer. Com proibição ou sem proibição, a Conferência será realizada. Poderá não ser no Rio de Janeiro. Paciência. Para vergonha do governo brasileiro, será em outra capital americana. A vergonha não atingirá nosso povo, que se fará representar nessa grande reunião em qualquer parte em que ela venha a se realizar.

Notas

1. "Monstruoso atentado à paz mundial", *Imprensa Popular*, Rio de Janeiro, fev. 1952, p. 4. Na primeira página do jornal, o título da reportagem na qual se insere o depoimento de Graciliano é acompanhado da seguinte descrição: "Falam sobre a proibição da Conferência da Paz os senhores des. Henrique Fialho, etnólogo Edison Carneiro e escritor Graciliano Ramos — O conclave será realizado e o nosso povo nele estará representado". Os três intelectuais listados são apresentados como membros da "Comissão Brasileira de Patrocínio do Conclave".

2. Prevista para ocorrer entre 11 e 16 de março de 1952, a Conferência Continental pela Paz foi cancelada pelo governo do então presidente Getúlio Vargas, pois seria um evento "patrocinado pelos comunistas" e estaria a serviço dos interesses da União Soviética ("MEDIDA de Guerra contra a Conferência Continental", *Imprensa Popular*, Rio de Janeiro, 30 jan. 1952, p. 4). A princípio, o conclave contaria com a presença da vencedora do Prêmio Nobel de Literatura, Gabriela Mistral, e do então vice-presidente do Senado do Chile, Salvador Allende, entre outras figuras de destaque no cenário político e cultural das três Américas ("SERÁ REALIZADA em março a Conferência Continental da Paz", 2 fev. 1952). Em contraposição à medida proibitiva do executivo brasileiro, até 31 de janeiro de 1952, o Movimento Brasileiro dos Partidários da Paz, presidido por Abel Chermont, já havia colhido mais de 3 milhões de assinaturas em favor do Apelo por um Pacto de Paz entre as cinco maiores potências mundiais. Tal mobilização não foi suficiente, pois o evento, ocorrido nas datas inicialmente previstas, teve de ser transferido para Montevidéu.

CAUSOS

1. O pouso do morcego[1]

AURÉLIO BUARQUE DE HOLANDA,[2] *JORNAL DE NOTÍCIAS*[3]

Das brincadeiras verbais há uma curiosa. Em frente dum café onde habitualmente se reunia o nosso grupo, e hoje imortalizada nas páginas de *Angústia*, achava-se um dia José Lins em uma roda de que fazia parte Graciliano Ramos, chegado de Palmeira dos Índios desde 1930. Anoitecia; e um morcego — vindo ninguém sabe donde nem como — mansamente pousou no ombro do romancista alagoano. Não vale investigar as razões íntimas e sutis da preferência do bicho. Os morcegos, ao que parece, são dados a essas visitas literárias; como se sabe, um deles já entrou no quarto de Augusto dos Anjos, à meia-noite.[4] O certo é que o morcego pousou (àquela hora, que não era a da meia-noite como a escolhida pelo outro para visitar o poeta paraibano, ou pelo corvo para bater à porta de Edgar Poe) no ombro de Graciliano Ramos, com a mesma naturalidade com que a ave preta se instalou no busto de Palas. Surpreendeu-nos aquele pousar; e da surpresa logo passamos em breve ao riso. Então José Lins tomou a palavra:

— Sim senhor, seu Graciliano! Cultivando o seu morcego, hem?

E voltando-se para os outros:

— Isso é um morcego domesticado que o velho usa para se poder dizer que ele é um infeliz, que "um morcego pousou na sua sorte"...[5]

Notas

1. HOLANDA, Aurélio Buarque de. "Depoimento sobre José Lins do Rego", *Jornal de Notícias*, São Paulo, 11 jul. 1947, p. 2. Cf. FERREIRA, Aurélio Buarque de Holanda. *Seleta em prosa e verso*. Organização, estudo e notas do Prof. Paulo Rónai. Rio de Janeiro: José Olympio; Brasília: INL, 1979. p. 169 (Coleção Brasil Moço).

2. Aurélio Buarque de Holanda Ferreira (Passo de Camaragibe, Alagoas, 1910 — Rio de Janeiro, RJ, 1989): filólogo, lexicógrafo, contista, professor, tradutor e ensaísta brasileiro. Publicou poemas na revista alagoana *Novidade* (1931). Em 1936, formou-se em Ciências Jurídicas e Sociais e foi nomeado professor do Liceu Alagoano, onde lecionou português, francês e literatura. Diretor e organizador da Biblioteca Municipal de Maceió. Secretariou a *Revista do Brasil* (3ª fase), de 1939 a 1943. Foi professor de Português do Colégio Pedro II, de 1940 a 1969. Trabalhou como revisor do *Correio da Manhã*, tendo deixado o emprego em 1947, indicando para seu lugar Graciliano Ramos. Com o amigo Paulo Rónai (1907 — 1992), organizou a coleção *Mar de histórias*, antologia do conto mundial (dez volumes, de 1945 a 1989). Publicou, dentre outras obras: *Dois mundos: contos, retratos e quadros* (1942); *Linguagem e estilo de Eça de Queirós* (ensaio, 1945); *O romance brasileiro: de 1752 a 1930* (1952, com Alceu Amoroso Lima, orgs.); *Território lírico* (1958); *Novo dicionário da língua portuguesa* (1975). Cf. RAMOS, Graciliano. "Uma palestra" (fev. 1952). In: *Linhas tortas*. cit.; VASCONCELOS FILHO, Marcos. *Marulheiro: viagem através de Aurélio Buarque de Holanda*. Maceió: Edufal, 2008.

3. *Jornal de Notícias*: Dirigido por José Carlos Pereira de Sousa, começou a circular em 1935 (SODRÉ, Nelson Werneck. *História da imprensa no Brasil*. 4. ed. atualizada. Rio de Janeiro: Mauad, 1999, p. 380). Aparentemente, tal periódico deixa de funcionar e, em 1946, aparece outro *Jornal de Notícias*, agora sob a batuta de Fernando Marrey, tendo como redator-chefe Galeão Coutinho. Num contexto pós-Segunda Guerra, marcado por incertezas, surge com o objetivo de buscar os "contornos imprecisos" das soluções para os problemas contemporâneos em meio ao "denso nevoeiro" do momento presente ("NOSSO ROTEIRO", *Jornal de Notícias*, São Paulo, ano 1, n. 1, 12 abr. 1946, p. 2).

4. Referência ao soneto "O morcego", de Augusto dos Anjos: "Meia-noite. Ao meu quarto me recolho. / Meu Deus! E este morcego! E, agora, vede: Na bruta ardência orgânica da sede, / Morde-me a goela ígneo e escaldante molho" (ANJOS, Augusto dos. *Eu: Outras poesias — poemas esquecidos*. 31. ed. Rio de Janeiro: Livraria São José, 1971, p. 59).

5. Intertexto com o poema "Budismo moderno", também de Augusto dos Anjos: "Ah! Um urubu pousou na minha sorte!" (id., p. 84).

2. Últimas palavras[1]

AÍLTON SANTOS,[2] *FOLHA DE S.PAULO*

O governador de Alagoas, Osman Loureiro,[3] anuncia um grande plano de construção de escolas em todo o estado, prometendo não deixar nenhuma criança sem educação.[4]

Ao saber da decisão do governador, o diretor da Instrução Pública, escritor Graciliano Ramos, critica o plano a amigos ("Educação, a nova ideologia", Emil Farhat).[5]

— Essa besteira é para atender a compromissos eleitorais e nomear as meninas professoras, sob recomendações.

Mas, para o governador, Graciliano apresenta outros argumentos:

— As escolas já existentes vivem vazias porque os "bichinhos" vêm, desmaiam de fome e depois não voltam mais.

— Vamos construir mais escolas — teima o governador.

— Antes das escolas novas, precisamos de mais dinheiro e mantimentos para construir cozinhas nas velhas escolas. E fazer merendas para os "bichinhos" aguentarem as aulas.[6]

O governador não recua:

— Essa é a minha última palavra.

Graciliano, seco:

— A minha é adeus, excelência.[7]

Notas

1. SANTOS, Aílton. "Últimas palavras", *Folha de S.Paulo*, "Contraponto", São Paulo, 19 abr. 1987.
2. Jornalista, advogado e poeta. Entre 1984 e 1987 escreveu a coluna "Contraponto" na *Folha de S.Paulo*. Publicou, dentre outros livros, *Redação no vestibular: sem medo, nem segredo.*
3. Referência a Osman Loureiro de Farias (Maceió, 1895 — Matriz de Camaragibe, Alagoas, 1979), interventor federal das Alagoas de 1º de maio de 1934 a 26 de março de 1935. Alguns meses depois, foi eleito governador pela assembleia constituinte do estado, permanecendo no cargo até 24 de novembro de 1937. Ao longo do Estado Novo, conservou-se à frente do poder Executivo alagoano novamente como interventor, desta última data até 31 de outubro de 1940.
4. Com relação a tal proposta de ampliação da rede de ensino alagoana, no dia 21 de abril de 1936, Osman Loureiro, em mensagem apresentada à Assembleia Legislativa Estadual, "asseverou que, no primeiro ano de seu mandato de governador, já havia adquirido, no sul do país, mais de 2 mil carteiras duplas, destinadas a grupos escolares, que vinham assim substituir até mesmo caixotes de madeira nas salas de aula usados em lugar de bancas, trazidos pelos próprios alunos" (SANT'ANA, Moacir Medeiros de. *Graciliano: vida e obra*. Maceió: Secom, 1992, p. 56).
5. Como destaca Emil Farhat, "O governador queria mais escolas para poder cumprir compromissos de nomeações de novas professoras. Mas o secretário Graciliano Ramos, apesar de escritor, não conseguia entender aquela tradução que se queria para o problema. Foi demitido" (FARHAT, Emil. *Educação, a nova ideologia*. São Paulo: Companhia Editora Nacional, 1975, p. 135).
6. Nesse mesmo sentido, Emil Farhat reproduz uma fala atribuída a Graciliano: "Cansei-me de receber relatórios contando como bichinhos desmaiavam de fome nas escolas das zonas mais pobres. Necessidade havia era de se fazer cozinhas nas escolas que já existiam" (FARHAT, Emil. Op. cit. p. 135). Além de ampliar o número de estabelecimentos de ensino, aprimorar a estrutura das escolas já existentes, tornar mais rigoroso o processo de seleção de novos docentes (como meio de evitar o favorecimento de candidatas apadrinhadas), Graciliano também trabalhara para propiciar aos alunos material escolar, calçados, tecidos para a confecção de roupas e merenda escolar (Cf. RAMOS, Graciliano. "Alguns números relativos à instrução primária em Alagoas". In: *Garranchos*. Op. cit., pp. 143-5).
7. Sobre a demissão de Graciliano do cargo de diretor da Instrução Pública de Alagoas, tome-se o seguinte trecho de *Memórias do cárcere*: "[...] Osman Loureiro, o governador, se achava em dificuldade: não queria demitir-me sem motivo, era necessário o meu afastamento voluntário. Ora,

motivo há sempre, motivo se arranja. Evidentemente era aquilo início de uma perseguição que Osman não podia evitar: constrangido por forças consideráveis, vergava; se quisesse resistir, naufragaria. Não presumi que nele houvesse perfídia. Sempre se revelara razoável, nunca entre nós houvera choque. Provavelmente se perturbava como eu. Conversei com Rubem [filho de Osman Loureiro], sem melindres, revolvendo as gavetas, procurando papéis meus. Os integralistas serravam de cima, era o diabo. Demissão ninguém me forçaria a pedir. Havia feito isso várias vezes, inutilmente; agora não iria acusar-me. Dessem-na de qualquer jeito, por conveniência de serviço" (RAMOS, Graciliano. *Memórias do cárcere*. 48. ed. Rio de Janeiro: Record, 2014, p. 18).

3. Alagoas[1]

SEBASTIÃO NERY,[2] *POLITIKA*[3]

G raciliano Ramos, prefeito de Palmeira dos Índios e o maior dos romancistas brasileiros:
— A Revolução Socialista não foi feita no Brasil por causa do português. Pichavam nos muros o slogan de Marx: — "Trabalhadores do mundo, uni-vos".[4] Mas quem pichava e quem lia não sabia o que era *uni-vos*.

Notas

1. NERY, Sebastião. "Alagoas", *Politika*, "Folklore Polítiko", Rio de Janeiro, n. 31, 22 a 28 maio 1972, p. 17. Ao registrar este causo em *Folclore político*, Sebastião Nery alterou o início da narrativa: se no jornal apresentou Graciliano, "prefeito de Palmeira dos Índios e o maior dos romancistas brasileiros", na versão em livro indicou o escritor e crítico James Amado como interlocutor: "Graciliano Ramos a James Amado: / — A Revolução Socialista [...]" (NERY, Sebastião. *Folclore político: 1950 histórias*. São Paulo: Geração Editorial, 2002, n. 1.650, p. 516).
2. Sebastião Augusto de Sousa Nery (Jaguaquara, Bahia, 1932 —): jornalista e político, formado em Filosofia e em Direito, foi professor de Latim e de Português. Trabalhou em periódicos impressos, rádios e televisões de Belo Horizonte, Salvador, São Paulo, Rio de Janeiro e Brasília. Fundou e dirigiu jornais em Minas Gerais (*A Onda*), Bahia (*Jornal da Semana*), São Paulo (*Dia Um*) e Rio de Janeiro (*Politika*). Publicou, dentre outras obras:

Folclore político, 5 vols. (1973, 1976, 1978, 1982, 2002); *Socialismo com liberdade* (1974); *Pais e padrastos da pátria* (1980); *Crime e castigo da dívida externa* (1985); *Grandes pecados da imprensa* (2000) (NERY, Sebastião. "Biografia". In: *Sebastião Nery — jornalista*. Disponível em: sebastiaonery.com.br/biografia).

3. Sobre esse periódico, vale conferir a obra *As capas desta História*, coordenada por Ricardo Carvalho: "Em 1971, a esquerda nacionalista voltou às bancas com *Politika*. O jornal, publicado no Rio de Janeiro por Sebastião Nery, retomou as ideias de Getúlio Vargas, João Goulart e Leonel Brizola, opondo-se à subordinação da economia brasileira aos interesses do capitalismo. *Politika* bateu de frente com a ditadura, chegou à tiragem de 38 mil exemplares e sobreviveu nas bancas por mais de dois anos, apesar da censura prévia e da forte pressão econômica exercida pelos militares" (CARVALHO, Ricardo (Coord.); ROIO, José Luiz Del; SACCHETTA, Vladimir; OLIVEIRA, José Maurício de Oliveira (Orgs.). *As capas desta História*. São Paulo: Editora Instituto Vladimir Herzog, 2011, p. 46).

4. Uma versão dessa frase, acompanhada de tais comentários críticos, foi empregada por Graciliano em *Angústia*: "'Proletários, uni-vos'. Isto era escrito sem vírgula e sem traço, a piche. Que importavam a vírgula, o traço? O conselho estava dado sem eles, claro, numa letra que aumentava e diminuía [...]. Aquela maneira de escrever comendo os sinais indignou-me. Não dispenso as vírgulas e os traços. Quereriam fazer uma revolução sem vírgulas e sem traços. Numa revolução de tal ordem não haveria lugar para mim. Mas então?" (RAMOS, Graciliano. *Angústia*. 69. ed. Rio de Janeiro: Record, 1953, pp. 203-4).

4. Saindo da Ilha Grande[1]

HILDON ROCHA[2]

José Lins conseguira vencer os escrúpulos de Graciliano, arrancando-lhe a assinatura na procuração ao advogado Sobral Pinto, para que este defendesse o romancista junto à Justiça especial. Mas, diligente, procurou os caminhos que levam a César, e esses caminhos começaram no gabinete do então ministro Capanema. No dia em que Graciliano Ramos atravessara a "cancela" da prisão da Ilha Grande, não encontrou apenas a luz intensa da manhã, que mais uma vez *amanhecia* em sua vida difícil. Havia outra luz clareando no rosto do amigo que o aguardava, mal saltou em terra firme, no Rio. O amigo era José Lins do Rego, que antes de levar seu hóspede para casa, no Jardim Botânico, tentara conduzi-lo imediatamente ao gabinete do ministro Capanema. E explicava a Graciliano:

— Vamos agradecer ao Capanema o que fez por você junto ao Getúlio.

— Mas assim, com esta roupa mal-arrumada, sem gravata, com a barba por fazer?

— Vai assim mesmo, para ele ver como é que saem os presos políticos encerrados na Ilha Grande.

Graciliano resistiu à proposta provocativa, tendo preferido ir primeiro à casa do amigo Zé Lins para fazer a barba, tomar um banho em chuveiro decente, vestir roupa melhor. Mas onde estaria a roupa? Zé Lins emprestou um terno, dentro do qual Graciliano se perdia, tão folgado estava, já que era o terno de um gordo a vestir um magro. Foi o que puderam ajeitar. Chegaram ao gabinete do ministro da Educação do mesmo governo que, irresponsavelmente, jogara na Colônia Correcional da Ilha Grande o grande romancista. Capanema os recebeu com o seu sorriso acolhedor e sua careca vasta e luzidia. Graciliano dizia-se aporrinhado com aquela situação incômoda, desconfiado de tanto carinho recebido do ministro, como se não fosse o preso de algumas horas antes. Capanema o achara magro e observava que as roupas do romancista tinham-se alargado demais. E sentira remorsos, forte sentimento de culpa misturado à alegria de ver o romancista de *S. Bernardo* liberado dos seus carcereiros. Estava feliz com o seu trabalho hábil junto ao Chefão, que acabara se *sensibilizando* com a humilhante prisão sem processo e sem culpa formada (mesmo culpa política), imposta durante tanto tempo a um dos mais conceituados escritores do país. Conversaram pouco, pois Graciliano se apressava em sair, bem mais que o ministro em despedi-lo. Os dois romancistas foram saindo aliviados da missão cumprida. Mas Zé Lins não deixou de chamar a atenção do companheiro para o paradoxo da situação que ele vivia:

— O que é bom neste país é isto: há algumas horas você estava num cárcere da Ilha Grande, e agora acaba de ser recebido, sem marcar audiência, pelo ministro da Educação.

Graciliano Ramos não tinha como negar a evidência, a mesma evidência de que era beneficiário, de que era parte e exemplo. Olhou Zé Lins, aprovativo:

— É verdade, "seu" Zé, o que você está dizendo, claro que é verdade. Mas não se esqueça que também pode acontecer o contrário…

— Como o contrário, "seu" Graça? Você está doido? Não acredita ainda que está solto, que voltou a ser Graciliano Ramos?

— Tomara que isso se mantenha, seu Zé Lins, mas o que quero dizer não é nada disso, é outra coisa…

— Que coisa, velho Graça, deixe de resmungar…

— Olhe, Zé Lins, pode acontecer o contrário, pode alguém encontrar-se aqui no Gabinete, na cadeira de ministro, e horas depois estar trancado lá na Ilha Grande. Isto, sim, é que é o Brasil.[3]

— Com o mestre Graça ninguém pode — resmungava José Lins do Rego, que gostava muito das tiradas do mestre Graciliano.

Com Vitorino Papa Rabo ninguém pode, com Zé do Rego ninguém pode, com o mestre Graça ninguém pode...[4]

Notas

1. ROCHA, Hildon. "Saindo da Ilha Grande". In: *Memória indiscreta: de Getúlio, Juscelino, Prestes etc. a Drummond, Vinicius, Bethânia etc.* Rio de Janeiro: F. Alves, 1981, pp. 91-3.
2. Hildon Rocha (Barreiras, Bahia, 1922 — 1990 [?]): funcionário público, jornalista, crítico literário e memorialista. Escreveu para *A Noite*, de 1953 até o início de 1955, uma série de ensaios intitulados "Graciliano memorialista". Publicou, dentre outras obras: *O poeta e as potências abstratas: Álvares de Azevedo* (1956); *Entre lógicos e místicos: crítica, ensaio, estudos humanos* (1968); *Os polêmicos* (1971); *Memória indiscreta: de Getúlio, Juscelino, Prestes etc. a Drummond, Vinicius, Bethânia etc.* (1981); *Álvares de Azevedo, anjo e demônio do romantismo* (1982). Dirigiu a Coleção Dimensões do Brasil, da Vozes, que editou ou reeditou, dentre outras obras: *Um paraíso perdido: reunião dos ensaios amazônicos*, de Euclides da Cunha (1976); *Estudos sobre a poesia popular do Brasil*, de Sílvio Romero (2. ed. 1977); *O abolicionismo*, de Joaquim Nabuco (4. ed., 1977); *A língua nacional e outros estudos linguísticos*, de João Ribeiro (1979) (COUTINHO, Afrânio e SOUSA, J. Galante de. *Enciclopédia de literatura brasileira*. 2 vols. São Paulo: Global, 2001, v. 2, p. 1387; VIANA, Huendel Junio. *Jurandir Ferreira: o escritor escondido. Biografia, seleção de textos e Catálogo bibliográfico*. Dissertação de mestrado em teoria literária e literatura comparada). São Paulo, FFLCH-USP, 2006, 3 vols.).
3. Graciliano faz menção a este episódio em correspondência enviada à esposa: "Vi lá [no Ministério da Educação], num corredor, o nariz e o beiço caído de s. exa. o sr. Gustavo Capanema. Zélins acha excelente a nossa desorganização, que faz que um sujeito esteja na Colônia hoje e fale com ministros amanhã; eu acho ruim a mencionada desorganização, que pode mandar para a Colônia o sujeito que falou com o ministro" (Carta a Heloísa de Medeiros Ramos. São Paulo, 28 fev. 1937. In: RAMOS, Graciliano. *Cartas*. Op. cit., n. 93, pp. 239-40).
4. O próximo causo é uma variante deste, escrita por Sebastião Nery.

5. *Folclore político*: n. 1.649[1]

SEBASTIÃO NERY

S olto, Graciliano foi para a casa de José Lins do Rego. No dia seguinte, Zé Lins levou-o ao Ministério da Educação para agradecer a Gustavo Capanema o pedido que havia feito a Getúlio para libertá-lo. Foram, esteve com Capanema. Na saída, Zé Lins estava feliz:

— O que é bom neste país é isto: há algumas horas você estava num cárcere da Ilha Grande e agora acaba de ser recebido, sem marcar audiência, pelo ministro da Educação.

— O que você está dizendo é verdade. Mas não esqueça que também pode acontecer o contrário. Pode alguém estar aqui, na cadeira de ministro, e horas depois estar trancado lá na Ilha Grande. Isto sim é que é Brasil.

E foi escrever as *Memórias do cárcere*, a clássica biografia dos cavalos.

Nota

1. NERY, Sebastião. *Folclore político: 1950 histórias*. São Paulo: Geração Editorial, 2002, n. 1.649, p. 516.

6. Trocadilho de guerra[1]

DOM CASMURRO

Conversavam na porta da Livraria Civilização os senhores Graciliano Ramos, Dante Costa, Danilo Bastos e Antônio Amorim, quando aparece o romancista Emil Farhat. A conversa girava sobre a guerra. Então o sr. Dante Costa, voltando-se para o autor de *Cangerão*,[2] diz:

— Estamos falando na necessidade de armamentos para o Brasil. A situação assim o exige...

— Pelo menos umas dúzias de "balas dum-dum" — acrescenta, sorrindo, o sr. Graciliano Ramos.

— Qual o quê — responde Farhat. — Não precisamos de "balas dum-dum".

E, com malícia:

— Nós temos "balas... gandans...".

Notas

1. "Trocadilho de guerra", *Dom Casmurro*, Rio de Janeiro, 23 set. 1939, p. 2.
2. Romance do jornalista e escritor Emil Farhat (1914 — 2000), publicado em 1939 pela editora José Olympio e que, no ano seguinte, venceu o prêmio Lima Barreto, conferido pela *Revista Acadêmica*.

7. Otimista[1]

HILDON ROCHA, *A NOITE*

Numa das palestras entre escritores, hoje cada dia mais raras, na Livraria José Olympio, Otto Maria Carpeaux e Graciliano Ramos comentavam, desanimados, a vida difícil dos homens que escrevem neste país.[2] Referiam-se ao desprestígio da inteligência, do produto desta, que cada vez mais vai descendo em face do que a vida exige para um passadio razoável. Um artigo, duzentos cruzeiros, um conto, um capítulo de romance inédito, o mesmo preço, e ainda assim nas publicações periódicas, cujas folhas de pagamento chegam ao guichê dificilmente. O livro, que tanto trabalho dá aos autores — sempre em luta com a falta de edições rápidas e bem distribuídas, sem falar na vendagem, sempre a diminuir de ano para ano. Uma calamidade! O escritor sempre um desajustado, uma coisa inútil, pelo menos quando pretende se manter fiel à sua vocação e aos seus planos de trabalho. Quando não havia mais desgraça a ser mencionada, advertiu Otto Maria Carpeaux:

— Um dia desses, a solução será sairmos por aí pedindo esmola!

E Graciliano, surpreso:

— A quem, homem de Deus?[3]

Notas

1. ROCHA, Hildon. "O pessimismo de Graciliano...", "Carrossel das Letras", *A Noite*, Rio de Janeiro, 5 ago. 1952, p. 24. ROCHA, Hildon. "Otimista". In: *Memória indiscreta: de Getúlio, Juscelino, Prestes etc. a Drummond, Vinicius, Bethânia etc.* Rio de Janeiro: F. Alves, 1981, p. 61.

2. No texto "Obras-primas desconhecidas do conto brasileiro" (*A Manhã*, 1949), que consta deste volume, Otto Maria Carpeaux se recorda das "conversas saborosas" com Graciliano na José Olympio. Quanto à difícil condição dos intelectuais, sobressai a ponderação realista de Carpeaux em entrevista a Homero Senna, publicada na *Revista do Globo* a 28 de maio de 1949: "A não ser uns felizardos autores de best-sellers, ninguém vive, em parte alguma do mundo, da profissão de escritor. [...] O que importa é uma relativa independência, de modo que o rendimento do trabalho literário vire parte cada vez maior do rendimento total. Nos últimos cinco anos, a situação melhorou muito no Brasil. No meu caso particular, aquela parte subiu de 20% para 60%. No entanto, esse negócio de duas ocupações é o diabo..." (SENNA, Homero. "A literatura brasileira vista por um europeu". In: *República das Letras*. Op. cit., p. 303).

3. O bar do Hotel Marialva, na esquina da rua onde se localizava o prédio do *Correio da Manhã*, é o cenário da versão deste causo apresentada por Sebastião Nery, transcrita a seguir.

8. *Folclore político*: n. 879[1]

SEBASTIÃO NERY

Graciliano Ramos e Otto Maria Carpeaux compuseram, durante muitos anos, a galeria de glórias do velho e assassinado *Correio da Manhã*. Passavam a tarde na sala especial da redação da rua Gomes Freire, no Rio, revendo e escrevendo seu lúcido e duro jornalismo, que tanto incomodou governos por aí. Depois, iam tomar qualquer coisa no bar do Hotel Marialva, na esquina.

Lá conversavam, curtiam pessimismo, discutiam cultura e política, Brasil e mundo. Uma noite, depois de algumas doses, veio a conta. Tudo aumentado. O custo de vida estava embalado. Carpeaux olha a nota, diz apenas:

— Como as coisas estão, intelectual vai ter que pedir esmola.

Graciliano levanta os olhos.

— A quem?

Nota

1. NERY, Sebastião. *Folclore político: 1950 histórias*. São Paulo: Geração Editorial, 2002, n. 879, p. 284.

9. O intransigente Graciliano[1]

HILDON ROCHA, *A NOITE ILUSTRADA*

Sabe-se da intransigência com que Graciliano Ramos julgava todas as obras, todos os autores, inclusive a si mesmo e as suas criações. Em 1948, ao oferecer-me a edição de suas obras completas, pôs dedicatória diferente em cada um dos volumes. Vejamos a dedicatória com que distinguiu o *Caetés*: "Meu velho Hildon Rocha: isto não é romance, é uma droga, republicada por motivo de pecúnia. Em todo caso, leia o prefácio.[2] Abraços de Graciliano Ramos".

É escusado dizer que li o livro e não o prefácio, uma peça laboriosa, porém dificílima [do sr. Floriano Gonçalves]. Outra coisa engraçada era quando abordávamos Graciliano a propósito dos seus "colegas" de literatura, de modo especial sobre os que praticam o mesmo ofício de escrever romances. De Jorge Amado, em que pesassem a amizade e a identidade ideológica, só ressaltava alguns capítulos: o do velório em *Jubiabá*; o da cena do negro Damião errando a pontaria, em *Terras do Sem Fim* — talvez alguns outros. De qualquer modo, "perdoava" esses dois livros do famoso Jorge. De José Lins do Rego, não gostava de maior número de capítulos, abrindo discreta exceção para *Fogo morto*. A propósito de Marques Rebelo (atualmente em luta com o sr. José Américo), citava exemplos da ignorância dele observada nas traduções assinadas pelo autor de *A estrela sobe*. Intrigava-o a ausência de cultura literária, acentuadamente em literatura francesa, no contista de *Estela me abriu a porta*. Quando lhe perguntei como Rebelo poderia escrever tão interessantes livros, sendo "tão ignorante", ele safava-se: "talento, homem!". Então é que chegava o momento de falar de Lúcio Cardoso e Octávio de Faria. Enumerava, rapidamente, as razões da "inautenticidade" de ambos, com substantivos e adjetivos nem sempre reproduzíveis em letra de forma. Mas concluía, misterioso:

— Prefiro o Octávio de Faria!

— Por que, mestre Graça?

— Esse, pelo menos, ninguém lê.[3]

(A blague é engraçada, mas injusta. Todas as edições e reedições dos romances de Octávio de Faria foram esgotadas — e ninguém, em nosso país, melhor que ele, contou os dramas e tragédias da velha burguesia.)

Notas

1. ROCHA, Hildon. "Graciliano Ramos e os colegas", *A Noite Ilustrada*, Rio de Janeiro, 15 dez. 1952; ROCHA, Hildon. "O intransigente Graciliano". In: *Memória indiscreta: de Getúlio, Juscelino, Prestes etc. a Drummond, Vinícius, Bethânia etc.* Rio de Janeiro: F. Alves, 1981, pp. 60-1.
2. Referência ao texto "Graciliano Ramos e o romance — ensaio de interpretação", de Floriano Gonçalves, publicado em 1947, na segunda edição de *Caetés*, como apresentação à obra reunida do autor que ganhava as livrarias naquele ano.
3. Em 1937, Graciliano travou polêmica com Octávio de Faria, principal defensor do chamado romance intimista (perspectiva literária de orientação, em geral, católica, que radicalizava o interesse pelo indivíduo, com destaque para a produção de dramas centrados em personagens pertencentes à burguesia urbana dos grandes centros). Em abril de 1937, o escritor alagoano publica o artigo "Norte e Sul", no 1º Suplemento do *Diário de Notícias*. Nesse texto, faz duros ataques ao dito romance psicológico, tachando-o, ironicamente, de reles "espiritismo literário", desconectado da vida e dos problemas do país. Um mês depois, vem a resposta de Faria. No extenso "O defunto se levanta", artigo publicado em *O Jornal*, ele responde de maneira direta e circunstanciada a

Graciliano, ao mesmo tempo que rebaixa o romance nordestino de 1930 à mera "tapeação ou propaganda de ideias sociais" (Cf. SALLA, Thiago Mio. "Graciliano Ramos versus Octávio de Faria: o confronto entre autores sociais e intimistas nos anos 1930", *Opiniães: revista dos alunos de Literatura Brasileira* (*USP*), São Paulo, vol. 1, n. 3, 2011, pp. 17-31). Por outro lado, alguns anos depois, em inquérito promovido pela *Revista Acadêmica*, Graciliano incluiria *Os caminhos da vida*, de Faria, entre os dez melhores romances brasileiros (RAMOS, Graciliano. "Quais os dez melhores romances brasileiros — resposta de Graciliano Ramos", *Revista Acadêmica*, Rio de Janeiro, n. 50, jul. 1940).

10. O desabafo de Graciliano[1]

JOEL SILVEIRA, *CONTINENTE MULTICULTURAL*[2]

O encadernador me entrega os livros de Graciliano Ramos, que mandei vestir de roupa nova, mas não tão cara como eles merecem. A maioria traz dedicatória, naquela letra de um desenho seco.

Agressivo e duro, Graciliano negava-se a ver o lado bom do mundo, suas possíveis venturas e alegrias. Era um amargurado que se alimentava da própria amargura — e levou para os seus livros esse travo de fruta verde que era o gosto que ele sentia da vida.

Mas também era — e principalmente é o que ele era — um homem de bem. Dificuldades, glórias e tormentos nunca o torceram. Insatisfeito com o mundo inteiro, talvez, mais insatisfeito ainda se mostrava com ele próprio, particularmente com a sua literatura. Aos magníficos romances que escreveu, chamava de livrecos.

Certo dia, quando eu tentava lhe arrancar uma entrevista para o meu jornal, Graciliano me recebeu ríspido e, num tom de reprimenda, me disse que não sabia de "profissão mais idiota do que essa de vocês, jornalistas, que vivem a recolher bobagens de pessoas sem importância".[3]

Notas

1. SILVEIRA, Joel. "O desabafo de Graciliano", *Continente Multicultural*, "Diário de uma Víbora", Recife, jan. 2005, p. 59.
2. *Continente Multicultural*: revista pernambucana de cultura, editada desde dezembro de 2000 em Recife, pela Companhia Editora de Pernambuco (Cepe). Em julho de 2001, Joel Silveira (Lagarto, Sergipe, 1918 — Rio de Janeiro, 2007) passou a publicar nela a coluna "Diário de uma Víbora". A revista conta com colaboradores no Brasil e no exterior. Em 2008, mudou seu nome para *Continente*.
3. Em conformidade com tal referência irônica à profissão de jornalista, recorde-se, com Ricardo Ramos, a resposta de Graciliano ao convite de Paulo Bittencourt para que, além de copidesque, colaborasse regularmente, em seção assinada, no *Correio da Manhã*: "Graciliano, rindo, afastava a tentação: — Você está doido? Eu sou lá homem de gastar papel com amante do príncipe inglês?" (RAMOS, Ricardo. *Graciliano: retrato fragmentado*. 2. ed. Op. cit., p. 148).

11. Independência[1]

JUSTINIANO BORBA,[2] *FOLHA DE S.PAULO*

estre Graciliano Ramos foi, além de admirável escritor e incorruptível antifascista, homem de sertaneja e rude independência.

Embora tivesse trabalhado anos a fio no *Correio da Manhã*, não era empregado regular da empresa. Recusava-se a fazê-lo, com o argumento de que não queria ser mero empregado do sr. Paulo Bittencourt, de quem era grande amigo.

Certa vez, Paulo Bittencourt homenageou-o, convidando-o e aos demais redatores do jornal para um uísque em sua sala. Depois de demoradamente elogiado pelo dono do *Correio*, obrigado, pela circunstância, a dizer alguma coisa, Graciliano resumiu:

— Paulo, todo patrão é explorador. Mas você é o menos explorador dos que eu conheço.[3]

Notas

1. BORBA, Justiniano. "Independência", *Folha de S.Paulo*, "Contraponto", 12 jul. 1984.
2. Diante da escassez de informações sobre tal jornalista, pode-se afirmar apenas que no ano de 1984 ele colaborou com a seção "Contraponto", publicada no Primeiro Caderno do jornal *Folha de S.Paulo*.

3. Envolvendo também a amizade de Graciliano com Paulo Bittencourt, proprietário de *O Correio da Manhã*, o causo seguinte traz uma versão menos branda dessa frase, bem como descreve outro contexto no qual ela teria sido proferida.

12. Duas histórias de Graciliano[1]

M E M,[2] *POLITIKA*

Graciliano Ramos era homem extremamente tímido. Mas nem por isso deixava de dizer o que pensava, sempre que havia oportunidade. Funcionário do *Correio da Manhã*, um dia Paulo Bittencourt entra na redação e, dirigindo-se ao autor de *Angústia*, lhe diz:

— Seu Graça, o senhor me fez uma que eu não esperava.

Surpreendido com a observação, Graciliano manifesta sua estranheza, pois não estava lembrado de ter feito alguma coisa que pudesse magoar o amigo.

— Mas do que se tratou?

— Ora, então sua cadeira, ao meu lado, não ficou vazia, ontem durante o almoço de aniversário do *Correio*?[3]

— Não vou a festa de patrão.

— Mas eu sou um patrão diferente.

Graciliano Ramos, imediatamente, em tom meio ríspido, responde:

— Seu Paulo, para mim todo patrão é filho da p."

Paulo Bittencourt gostava de provocar Graciliano Ramos por causa de suas ideias socialistas. Quando o *Correio da Manhã* recebeu novas máquinas, Paulo, encontrando o romancista na redação, disse:

— Não entendo como você pode professar essas suas ideias exóticas. Imagine se vocês fizessem uma revolução e vencessem. Todo este parque gráfico seria destruído.

Graciliano não esperou que Paulo Bittencourt continuasse e foi logo dizendo:

— Só um burro ou um maluco poderia pensar isto. Se fizéssemos a revolução e vencêssemos, só ia acontecer uma coisa. Em vez de você andar por aí, viajando pela Europa, gastando dinheiro com as mulheres, teria que ficar sentadinho no seu canto trabalhando como todos nós.

Notas

1. M e M. "Duas histórias de Graciliano", *Politika*, Rio de Janeiro, n. 52, p. 20, de 16 a 22 out. 1972.
2. Talvez seja o jornalista alagoano Murilo Marroquim (1915 — 1984), colaborador de *Politika*.
3. Segundo a versão desse causo apresentada por Dênis de Moraes, Graciliano não compareceu a um jantar de aniversário de Paulo Bittencourt. E justificou tal desfeita com o seguinte silogismo: "— Não me sento à mesa com patrão. Todo patrão é filho da puta! O Paulo é o menos que conheço, mas é patrão" (MORAES, Dênis de. *O velho Graça*. 1ª ed. rev. e ampl. São Paulo: Boitempo, 2012, p. 236).

13. O elogio[1]

REMO FRANCO,[2] *FOLHA DE S.PAULO*

Graciliano Ramos inicia, em abril de 1952, uma visita à União Soviética de Stalin. Desde que desembarca em Moscou, não para de fazer perguntas sobre o que vê e o que não vê.

O escritor surpreende-se com o *Dom Quixote*,[3] de Cervantes, na biblioteca de uma fábrica e com a disputa dos trabalhadores para lê-lo. E durante a viagem não perde a curiosidade nem a oportunidade de criticar tudo aquilo de que discorda.

Escritores e intelectuais soviéticos promovem uma recepção a Graciliano e a outros brasileiros, num hotel de Moscou. Um dos anfitriões sugere que sirvam um conhaque da Geórgia aos convidados.

Graciliano saboreia vagarosamente o primeiro gole. Bebe o segundo e surpreende a todos.

— Mas este conhaque da Geórgia não pode ficar sem um elogio. É simplesmente maravilhoso.

— Nós ainda não sabemos fazer um conhaque como este — responde o escritor Ilia Ehrenburg. — Só os franceses conseguem fazer um conhaque como este.

— Assim não é possível — diz Graciliano. — A única oportunidade que tive de fazer uma concessão, um elogio, vocês me esculhambam.

Todos riem.

Notes

1. REMO, Franco. "O elogio", *Folha de S.Paulo*, "Contraponto", São Paulo, 9 nov. 1985.
2. Jornalista da *Folha de S. Paulo*, responsável pela seção "Contraponto" durante a primeira metade dos anos de 1980.
3. Conforme se lê no livro póstumo *Viagem* (1954), em visita a uma fábrica de meias em Tbilissi, na Geórgia, Graciliano entra na biblioteca do estabelecimento. Em meio a obras da literatura francesa e inglesa traduzidas para o russo, pega um exemplar de *Dom Quixote* e indaga o diretor da instituição: "— Quantas pessoas leram este livro em 1952?" Em seguida, tece comentários sobre a resposta obtida: "Doze. Número razoável. Em quatro meses e dias, doze operários de uma fábrica georgiana tinham visto e ouvido o cavaleiro de Cervantes. Pessoal de mau gosto: não se preocupa com os romances policiais, tão difundidos neste hemisfério. Só nos restava apresentar os nossos agradecimentos e partir" (RAMOS, Graciliano. *Viagem*. 21. ed. Rio de Janeiro: Record, 2007, p. 118).

14. Graciliano e André Gide[1]

CARLOS CASTELLO BRANCO,[2] *DIÁRIO CARIOCA*

O escritor Graciliano Ramos, recém-chegado da Rússia, compareceu a uma reunião em casa de uma senhora das suas relações. A conversa naturalmente girou em torno das impressões que o romancista trouxe dos países da Cortina de Ferro. A certa altura, a senhora perguntou-lhe aludindo ao desencanto de André Gide quando visitou a Rússia:[3]

— É verdade que o senhor voltou da Rússia como Gide?

— A senhora não acha — respondeu Graciliano — que já estou bastante velho para isso?[4]

Notas

1. CASTELLO BRANCO, Carlos. "Graciliano e André Gide", *Diário Carioca*, Rio de Janeiro, 5 jul. 1952, p. 3.
2. Carlos Castello Branco (Teresina, Piauí, 1920 — Rio de Janeiro, 1993): contista, jornalista, crítico, romancista e membro da ABL (eleito em 1982). Jornalista desde 1939, trabalhou nos Diários Associados e, como repórter político, a partir de 1949 em *O Jornal*, depois no *Diário Carioca* e na revista *O Cruzeiro*. Integrou a "geração mineira de 1945", ao lado de Otto Lara Resende, Paulo Mendes Campos e Fernando Sabino, tendo publicado, em 1952, *Continhos brasileiros*. Autor também do romance *Arco de triunfo* (1959), *Introdução à Revolução de 1964: agonia do*

poder civil (crônicas, 1975), *A renúncia de Jânio* (póstumo, 1996), *Introdução à Revolução de 1964*, 2 vols. (1975), *Os militares no poder*, 4 vols. (1977, 1978, 1980 e 1981), entre outros. Foi Secretário de Imprensa do presidente Jânio Quadros. Em 1962 retornou ao jornalismo, como chefe da sucursal do *Jornal do Brasil* em Brasília, até 1972, e com sua Coluna do Castello. De 1976 até 1981 foi presidente do Sindicato dos Jornalistas Profissionais do Distrito Federal. Considerado o "papa" do jornalismo político brasileiro, "como observador, comentarista e especialmente repórter mostrou-se insuperável. Não que fosse um anjo de isenção. Tinha preferências e idiossincrasias. Adorava os cardeais da velha UDN e possuía razões de sobra para cultivar aqueles liberais, com exceções. Começando a trabalhar em jornais na ditadura do Estado Novo, não lhe faltaram motivos para rejeitar o populismo. Detestava a esquerda radical" (CHAGAS, Carlos. "Apresentação". In: CASTRO, Pedro Jorge (Org.). *Carlos Castello Branco: o jornalista do Brasil*. Brasília: Editora Senac-DF, 2006, p. 11; Cf.: COUTINHO, Afrânio; SOUSA, J. Galante de. *Enciclopédia de literatura brasileira*. 2 vols. São Paulo: Global, 2001, v. 1, p. 456; academia.org.br).

3. O escritor francês André Gide (1869-1951) viajou à União Soviética em 1936. Ao retornar, no mesmo ano, publicou suas objeções ao Estado socialista na obra *Mon Retour de l'URSS*, seguida de *Retouches à Mon retour de l'URSS* (1937).

4. Ver uma variante desta anedota no texto a seguir.

15. Ponto pacífico[1]

EGYDIO SQUEFF,[2] *IMPRENSA POPULAR*

L ogo depois de seu regresso de Moscou, o romancista Graciliano, em uma roda de pessoas conhecidas, certa senhora grã-fina que se achava presente dirigiu-se ao autor de *S. Bernardo* tentando fazer espírito:

— Então, Graciliano, você voltou de Moscou como o André Gide?

Todos sabem que André Gide, homossexual, ao regressar de sua visita a Moscou escreveu um livreco contra a URSS.[3] Quando a ilustre dama fez a pergunta a Graciliano, os presentes, alguns constrangidos, aguardaram o desfecho da cena. O velho Graça não se fez esperar. Chutou o cigarro e foi dizendo, em voz alta:

— Minha senhora, eu já estou muito velho para ser...[4]

E soltou uma daquelas suas gargalhadas silenciosas. A dama, muito séria, não perguntou mais nada.

Notas

1. SQUEFF, Egydio. "Ponto pacífico", *Imprensa Popular*, Rio de Janeiro, 1º jul. 1952, p. 3.
2. Egydio Squeff (Jaguarão, Rio Grande do Sul, 1911 — Rio de Janeiro, 1973): jornalista, trabalhou no *Correio do Povo*, de Porto Alegre, em *Diretrizes*, *O Globo*, *Imprensa Popular* (responsável pela seção "Ponto

Pacífico") e *Última Hora*, do Rio de Janeiro. Foi para a Itália como correspondente de *O Globo* na Segunda Guerra Mundial, assim como Joel Silveira (pelos Diários Associados), Rubem Braga (pelo *Diário Carioca*), Raul Brandão (pelo *Correio da Manhã*) e o fotógrafo Thassilo Mitke (pela Agência Nacional). Publicou em primeira mão a reportagem sobre a tomada de Monte Castelo pelos brasileiros, num dos mais famosos "furos" da imprensa brasileira. Aposentou-se como redator da Agência Nacional (Cf. SILVEIRA, Joel. *O inverno da guerra*. Rio de Janeiro: Objetiva, 2005).

3. Ver nota aposta ao texto anterior.

4. Conforme destaca Ricardo Ramos, ninguém escaparia à anedota e "Graciliano deu lugar a muitos casos contados, verídicos ou verossímeis" (RAMOS, Ricardo. *Graciliano: retrato fragmentado*. 2. ed. Op. cit., p. 70). Neste causo específico, o filho do escritor abre mão do interdito: "uma mulher lhe perguntou: 'É verdade que você voltou da Rússia feito Gide?' E ele respondeu: 'O que, minha senhora, pederasta?'. Sabemos todos o quanto significa isso de imagem projetada" (Ibid.).

16. Primeiro plano[1]

PAULO MENDES CAMPOS,[2] *DIÁRIO CARIOCA*

N a porta de uma livraria.

— O meu maior trabalho é corrigir o que escrevo. Sofro pra cachorro — disse o romancista Graciliano Ramos.

— Pois eu não consigo reler o que escrevo — disse o romancista José Lins do Rego.

— Eu também sou assim! — disse conhecido cronista social, cujo "estilo" se reduz em arrolar o nome das pessoas que comparecem às reuniões elegantes.

Notas

1. CAMPOS, Paulo Mendes. "Primeiro plano", *Diário Carioca*, Rio de Janeiro, 24 jul. 1952, p. 6.
2. Paulo Mendes Campos (Belo Horizonte, 1922 — Rio de Janeiro, 1991) destacou-se como cronista, poeta e jornalista. Pertencente à geração mineira de Fernando Sabino, Otto Lara Resende e Murilo Rubião, foi para o Rio de Janeiro em 1945 e passou a colaborar nos principais jornais cariocas, com destaque para *O Jornal*, a revista *Manchete* e o *Correio da Manhã* (MONTEZ, Ângela Barros, Coord. *Autores brasileiros: biobibliografias*, 1ª parte. Rio de Janeiro: MEC; FBN; Departamento Nacional do Livro, 1998, p. 166). Neste último, conviveu com Graciliano Ramos, então copidesque do periódico; em uma de suas crônicas, Mendes Campos relembra essa convivência: "Graciliano Ramos emendava os erros

de português e as tibiezas de estilo dos redatores. Ofício modesto, como todos os demais de que ele se ocupou, ofício de artesão das letras, praticado por um escritor que inventava belezas de expressão e recriava a realidade. Entregava-se à tarefa com uma paciência teimosa. Pedia-nos explicações sobre nossas sintaxes suspeitas, ia aos dicionários e neles se demorava com obstinação, esforçava-se em compreender o sentido tantas vezes confuso e vago dos tópicos." (CAMPOS, Paulo Mendes. "Conversa Literária: Graciliano Ramos", *Manchete*, Rio de Janeiro, n. 84, 28 nov. 1953).

17. Porta de livraria[1]

AUGUSTO AGUIAR,[2] *A NOITE*

*** Diálogo na José Olympio — Há muito tempo, Graciliano Ramos e um novo do Paraná conversavam a respeito das rendas de literatos. Dizia o novo:

— Hoje, ninguém vive de literatura, ninguém...

— Ninguém, não — atalhou o velho Graça: Jorge Amado vive...

— Do *Suor* e do *Cacau*... do pai dele...

*** Graciliano (*Angústia*, *Vidas secas*, *S. Bernardo*) Ramos recebeu verdadeira consagração, em seu leito de doente, na passagem de seu sexagésimo aniversário, por parte de escritores de todas as correntes políticas. Em verdade, todos reconhecem no velho Graça o maior romancista vivo do Brasil, cujo ponto alto é incontestavelmente o romance *Angústia*.

Notas

1. AGUIAR, Augusto. "Porta de livraria" ("Flash do Dia"). *A Noite*, Rio de Janeiro, 31 out. 1952, p. 3.
2. Jornalista originário do estado de Alagoas. Apesar de ter passado por diferentes veículos de comunicação, como o *Diário da Noite* e a Rádio Nacional, notabilizou-se como repórter de *A Noite* ao longo da década de 1950 ("O FLASH de Augusto Aguiar", *A Manhã*, Rio de Janeiro, 9 abr. 1952, p. 3). A *Gazeta de Notícias* atribui a ele um epíteto a Luís XIV: *La Nuit c'est moi*. A folha comunista *Imprensa Popular* refere-se constantemente a ele como "escriba da família Góis Monteiro".

18. Interpretação[1]

CARLOS CASTELLO BRANCO, *DIÁRIO CARIOCA*

Chegaram à redação do *Correio da Manhã* dois exemplares do livro *Graciliano Ramos, um ensaio de interpretação psicanalítica*,[2] um com dedicatória ao interpretado e outro com dedicatória ao crítico Álvaro Lins. Graciliano Ramos, chegando à tarde à redação, viu os livros e, num impulso, arrancou as páginas de dedicatória, atirando ambos os volumes à cesta.

À noite, Álvaro Lins reclamou do romancista:

— Quêde o livro que veio para mim?

— Joguei na cesta — respondeu Graciliano.

— Mas você não podia fazer isso — revidou o crítico. — No máximo, poderia jogar fora o seu exemplar, não o meu.

— Você acha — arrematou Graciliano — que eu ia deixar você ler tanta bobagem sobre mim?

Notas

1. CASTELLO BRANCO, Carlos. "Interpretação", *Diário Carioca*, Rio de Janeiro, 17 jul. 1952, p. 3.
2. Na verdade, o livro em questão, de autoria de H. Pereira da Silva, tem como título *Graciliano Ramos: ensaio crítico-psicanalítico* (Rio de Janeiro: Aurora, 1950).

19. "Somôs dois fodidos"[1]

RICARDO RAMOS

O primeiro livro sobre Graciliano saiu em 1950. Era um ensaio que tentava explicar o romancista com exatidão de psicologismo, descobrindo símbolos e estabelecendo relações imprevistas, perdendo pé em toda e qualquer realidade, desprezando as mais elementares referências sociais, mas sempre guiado pela maior admiração. Lemos aquilo simultaneamente, ele se desgostou. Argumentei: que mal podiam fazer tantos elogios, ainda que tão obscuros? Não achava assim, ficou encafifado. Visivelmente não queria ser entendido daquele jeito.[2]

Passou a evitar o autor, um médico simpático, que por três vezes me viu na rua e cobrou a sua opinião. Eu o avisava, ele ficava calado. Enfim, chegou em casa dizendo que encontrara o rapaz, contou como tinha sido:

— Fui muito camarada. Abracei-o, falei no livro. Indiretamente agradecendo, inventando, essas coisas. Quando me perguntou se havia gostado mesmo, respondi: "Meu filho, nós somos dois fodidos."

Ri, mas ele estava sério. E arrematou:

— Que é que eu podia dizer?

A seguir recompôs-se, voltando ao seu natural. Irreverente, destrambelhado, fazendo assinatura 'com Freud. O gozador cáustico.

E se bem-humorado, ao despedir-se para deitar, seu boa-noite era invariável:

— Vou dormir, para sonhar com minha mãe.

De tanto repetir-se, apesar do tom de brincadeira, não resisti à pergunta:

— Você sonha mesmo com minha avó?

E ele, capaz de rir às próprias custas, aligeirou:

— Claro. Eu ia me enganar com a mãe dos outros?

Notas

1. RAMOS, Ricardo. *Graciliano: retrato fragmentado*. 2. ed. São Paulo: Globo, 2011, pp. 146-7.
2. O médico Hélcio Pereira da Silva, autor de *Graciliano Ramos: ensaio crítico-psicanalítico*, afirma na introdução a este livro que "a psicanálise, ao contrário do que afirmam alguns tipos freudianos — no sentido pejorativo em que se emprega usualmente essa designação —, não 'passou da moda', pois em realidade nem mesmo ainda foi devidamente compreendida. Inútil negá-la. Ela aí está na ciência e nas artes, principalmente na literatura, à espera, apenas dos seus intérpretes a fim de que seus postulados esclareçam e justifiquem as manifestações íntimas dos homens" (SILVA, H. Pereira da. *Graciliano Ramos: ensaio crítico-psicanalítico*. Rio de Janeiro: Aurora, 1950, p. 11). Pautando-se pela abordagem do fenômeno artístico segundo tal viés interpretativo psicologista, o referido ensaísta já havia ganhado certo destaque midiático com a obra *A megalomania literária de Machado de Assis: ensaio* (1949). Depois de abordar a figura de Graciliano, ele ainda publicaria, entre outros, a *Função do inconsciente nas artes plásticas* (1951) e *Lima Barreto, escritor maldito* (1976).

Índice onomástico

Barros, Luiz Alípio de 307
Barros, Maria Augusta de (primeira esposa) 227, 325, 392
Bastos, Danilo 350
Bastos, Hermenegildo 40, 45, 123, 404, 409
Batista 91, 296
Batista, Gervásio 253
Batista, Odilon 322
Baudelaire, Charles 125
Becquer, Gustavo Adolfo 309
Beethoven, Ludwig van 158
Benício, Felipe 91, 296
Berger, Elisa 187
Bernardes, Arthur 125, 191
Bernardi, Mansueto 178
Bernoudy, Eddie 222
Bertaso Filho, José 178
Bertaso, Henrique 178
Berveiller, Michel 96
Bethânia 348, 352, 355
Bilac, Olavo 24, 44, 52, 60-63, 79,114, 133, 204, 205, 262
Bill 122
Bisetto, Carmen Luc 404
Bispo, Marcelino 204
Bittencourt, Edmundo 203
Bittencourt, Gastão 271
Bittencourt, Paulo 203, 358, 359, 360, 361, 362
Bloch, Adolfo 22, 253
Bocaiuva, Quintino 262
Boccaccio, Giovanni 208
Bonaparte, Napoleão 293
Bopp, Raul 178
Borba, José César 294
Borba, Justino 10, 359
Borba, Osório 119,122, 129, 141, 142
Borges, Abílio Cesar (Barão de Macaúbas) 94, 95, 171, 191, 283
Bosi, Alfredo 42, 45, 46, 404, 409
Botto, Antônio 271
Bouças, Valentim Fernandes 290
Bourdieu, Pierre 40
Braga, Rubem 39, 70, 71, 109, 122, 130, 141, 142, 253, 299, 327, 328, 329, 368
Branco, Aloísio 118, 128

Branco, Carlos Castello 10, 100, 365, 366, 372
Brandão, Raul 368
Brasil, Francisco de Assis Almeida 404
Braun, Otto 187
Brayner, Sônia 398, 404
Brício Filho 114, 124, 125, 191
Brito, Nabor Caires de 269
Brito, Osório de 124
Brizola, Leonel 345
Broca, Brito 7,14, 19, 41, 66, 69, 70, 129
Brunacci, Maria Izabel 404
Bruneti, Almir de Campos 408
Bruno, Heraldo 243
Bruyère, Jean de la 125
Bueno, Luís 43, 404
Bueno-Ribeiro, Eliana 405
Bulcão, Athos 397
Bulhões, Marcelo Magalhães 405
Bumirgh, Nádia R.M.C.S. 405
Burton, Richard Francis 59

C

Caetano, João 56, 64, 65
Caetano, Marcelo 260
Caldeira Filho, Carlos 222
Calisto, J. 86, 115, 127, 392
Callado, Ana Arruda 44, 79
Callado, Antônio 39, 203
Calmon, Pedro 92, 95, 111, 307
Camargo, Iberê 178
Caminha, Adolfo 19, 52, 53, 60
Camões, Luís de 225, 256, 259, 283
Campofiorito, Quirino 398
Campos, Luís Batista de (personagem) 56
Campos, Haroldo de 397
Campos, Humberto de 26, 73, 79, 315
Campos, Paulo Mendes 10, 253, 365, 369, 370
Camus, Albert 393
Candido, Antonio 12, 30, 40, 43, 45, 46, 86, 163, 398, 405, 409
Canizal, Eduardo Peñuela 413
Capanema, Gustavo 123, 346, 347, 348, 349

Coutinho, Gago 272, 274, 287
Coutinho, Galeão 142, 143, 299, 340
Couto, Bacellar 322
Couto, Ribeiro 135
Cristóvão, Fernando Alves 254, 407
Cruls, Gastão 87, 105, 108, 118, 127,
  136
Cruz e Sousa, João da 79
Cruz, Liberto 407
Cruz, Melchisedech Aires da 9, 288,
  301, 302, 303
Cubano 34, 36, 70, 228, 232, 324, 325
Cunha, Almeida 126, 391
Cunha, Euclides da 192, 198, 262, 348
Cunha, Pedro 222

D
D. João VI 59
D. Manuel I 233
D. Pedro I 64
D. Quixote (personagem) 82
Dagoberto 192
Daiches, David 310
Damião (personagem) 354
Dantas, Audálio 407, 418, 419
Dantas, Júlio 260
Dantas, Pedro 107, 108
Dantas, Raymundo de Souza 307
Dantas, Vinicius 40
David, Paulo 217
Deabreu, Moacir 135
Deane, Percy 155, 399
Devalle, Antony 288
Di Cavalcanti, Emiliano 178
Dias, Ângela Maria 407
Dias, Carlos Malheiro 20, 85
Dias, Cícero 136
Dias, Gonçalves 54, 205, 225
Dias, Maria Odila da Silva 59
Dias, Marina Tavares 217
Dickens, Charles 76
Dickinson, Emily 309
Diégues Júnior 127
Dinis, Júlio 407
Dona Helena (esposa de Otto Maria de
  Carpeaux) 211
Dona Leocádia (mãe de Prestes)187
Dona Maria (personagem) 171

Dona Maricas 91, 112, 296
Dona Marieta 175
Donne, John 309
D'Onofrio, Salvatore 407
Dostoievski, Fiódor 82, 126, 149, 208,
  220, 250, 257, 273, 295
Drei, Nicolau 253
Dreiser, Theodore 150, 154, 162, 163
Dryden, John 309
Duarte, Eduardo de Assis 407
Duarte, Emmo 307
Duarte, Gabriel 305
Dumas, Alexandre (filho) 126
Dumas, Alexandre (pai) 205, 243
Dumont, Santos 122
Duque Estrada, Osório 135, 192
Durão, Santa Rita 54

E
Ehrenburg, Ilya [Ilia] Grigorievich
  161, 253, 264, 363
Eichenberg, Rosaura 44
Ellison, Fred P. 408
Éluard, Paul 162
Emília (prima) 18, 45, 113
Engels, Friedrich 154
Escrich, Enrique Pérez 82, 86
Etcheverry, João 269
Etelvino, Pedro 305
Eulálio, Alexandre 407
Ewen, David 243

F
Fabiano (personagem) 14, 20, 30, 42,
  71, 85, 89, 90, 94,109, 198, 412
Fabris, M. 408
Facioli, Valentim 409
Facó, Ruy 4, 8, 28, 157, 162, 213, 233
Faedrich, Nelson Boeira 123, 178,
  262, 394
Falcão, Barreto 118, 127
Farhat, Emil 294, 341, 342, 350
Faria, João Amado de 178
Faria, Octávio de 72, 106, 134, 307,
  315, 355, 356, 397
Faria, Viviane Fleury 408
Feldmann, Helmut 408
Felinto, Marilene 408

H

Halévy, Ludovic 126
Hallewell, Laurence 87, 108, 204, 205, 299
Hays, R.H. 313, 325
Hazlitt, William 309
Heleno 87, 392
Hessel, Lothar 64
Hirszman, Leon 222
Hitler, Adolf 257, 271, 273, 292, 293
Holanda, Aurélio Buarque de 4, 10, 12, 39, 40, 107, 109, 118, 122, 127, 128, 129, 134, 178, 180, 182, 202, 203, 212, 339, 340
Holanda, Sérgio Buarque de 46, 136, 205, 206, 210, 213, 285
Houaiss, Antônio 42, 211, 290
Hourcade, Pierre 96
Hunt, Leigh 309
Huret, Jules 43
Huxley, Aldous 258

I

Ivo, Ledo 142, 315

J

Jacob, Max 37, 309, 310
James, Nutta Barlet 322
James, P.D. 106
Jardim, Luís 79, 134
Jardim, Silva 123, 262
Jatobá, Francisco Remígio de Araujo 61
Jatubá, Franco 54
Jean, Yvonne 119, 128
João Ignácio 296
João Valério (personagem) 30, 254
Joaquim Mironga (personagem) 209
Joliot-Curie, Frédéric 162
Jonson, Ben 309
José Leonardo (personagem) 171
Josué, Sindulfo Correia 328
Jouhandeau, Marcel 129
Jovino 115
Julião Tavares (personagem) 89, 158, 162
Junqueira, Ivan 213
Junqueiro, Guerra 100

Jurandir, Dalcídio 4, 122, 153, 164, 265, 291, 293, 294, 295, 299
Justino, Antônio 91, 296

K

Kamprad, Rafael (Sergio) 130
Kaplan, L.C. 163, 206, 313
Katz, Renina 149
Kipling, Rudyard 125, 208
Knopf, Alfred A. 163, 206, 313
Kock, Paulo de 92, 297
Koetz, Edgar 178
Kordon, Bernardo 206
Kropotkin, Piotr 226
Kubitschek, Juscelino 22, 86, 122, 202, 253, 276, 277, 348, 352, 355

L

Lacenaire, Pierre-François 293, 295
Lacerda, Carlos 122, 136, 203, 290
Lacerda, Jorge 148, 182
Lacerda, Leônidas 167
Lacretelle, Jacques de 68, 71
Laerte, André 91, 296
Langevin, Paul 162
Laura (personagem) 171
Lautréamont, Conde de 309
Leal, Carlos Eduardo 122, 204, 262, 269
Leal, Eulália (mãe de Jorge Amado) 178
Leão, Carlos 397
Lebensztayn, Ieda 11, 148, 396
Leitão, Cláudio Correa 398, 399
Leite, Ascendino 299, 315
Leite, Octávio Dias 176, 178, 243
Lemaître, Jules 126
Lenin [Lenine], Vladimir Ilitch 154, 165
Leonardo de Vinci 257, 273
Leonidze, Giorgi 264
Leonor (irmã) 87, 392
Léry, Jean de 59
Leskoschek, Axl Von 146, 148, 149, 395
Lewin, Willy 142
Líbero, Cásper 69, 78
Lima Filho, Joaquim Pinto da Mota 62, 107, 114, 124, 232

Mello, Thiago de 130
Melo, Luís Correia de 307
Melo, Manuel Rodrigues de 54, 62
Melo Neto, João Cabral de 136, 142
Mendes, José Guilherme 223, 245,
252, 253, 269, 325
Mendes, Murilo 37, 136, 182, 202,
294, 309
Mendonça, Marina Gusmão de 290
Meneses, Emílio de 61, 62
Menezes, Agrário de 57
Mérimée, Prosper 125
Mesquita, Mário 259
Mestrinel, Reinaldo 187
Miguel Angelo 257, 273
Miguelzinho 91, 112, 297
Milliet, Sérgio 299, 313
Minchillo, Carlos Alberto Cortez 262
Miranda, José Tavares de 22, 87, 124,
130, 163, 204, 224, 231, 232, 259,
288, 324, 325
Mistral, Gabriela 335
Mitke, Thassilo 368
Moles, Abraham 40
Molière 125, 225
Mólnar, Férenc 129
Monteiro, Vicente do Rego 142
Montello, Josué 106
Moog, Viana 178, 294
Moraes, Dênis de 47, 80, 266, 362
Moraes, Eneida de 39
Moraes Filho, Mello 64
Moraes, Lígia 174
Moraes, Marcos Antonio de 178
Moraes, Vinicius de 134, 174, 348,
355
Morais, Fernando 187
Morais Neto, Francisco de Paula
Prudente de 79, 104, 107
Moravia, Alberto 258
Morel, Edmar 4, 35, 269, 270, 273,
274, 275, 277, 288
Moreyra, Álvaro 41, 122, 135, 153,
164, 294, 317, 331
Morin, Edgar 13, 40
Morineau, Henriette 213
Mota Lima, Joaquim Pinto da 54, 62,
113, 123

Mota Lima Filho, Joaquim Pinto da
62, 107, 123, 124, 204, 232
Mourão, Fernando Augusto
Albuquerque 100
Múcio 325
Mühlhaus, Carla 40, 43, 44, 79, 94
Müller, Filinto 183
Murat, Luís 52
Mussolini, Benito 257, 271, 273

N

Nabuco, Joaquim 205, 348
Nashe, Thomas 309
Nássara, Antônio 122
Nasser, David 85, 86, 253
Navarro, Raúl 42, 71, 96
Nei, Paula 63
Neiva Filho, Aloysio 154
Nelson, Thomas 125
Nemésio, Tibúrcio Valeriano 113,
123
Neri Fontes, Adalgisa 136, 294
Neruda, Pablo 150, 153, 154, 161
Nery, Sebastião 4, 344, 345, 348, 349,
352, 353
Nexo, Martin Andersen 162
Niemeyer, Oscar 45
Nietzsche, Friedrich 205
Novalis Georg Philipp Friedrich von
Hardenberg) 309
Nunes, Benedito 295
Nunes, Osório 31, 130, 131, 135, 259,
283, 303

O

Olga ver Prestes, Olga Benário
Oliveira, Alberto de 52, 194, 205, 210,
231
Oliveira, Carlos Estevão de 126
Oliveira, Germano de 124
Oliveira e Castro, Luiz Joaquim de 59
Oliveira, José Maurício de 345
Oliveira, José Osório de 257, 260
Oliveira, Lolio Lourenço de 87, 108,
204
Oliveira, Octavio Frias de 222
Oliveira, Rafael Correia de 322
Olivença, Feliciano de 53, 61, 126

R

Rabelais, François 220

Rabelo, Pedro 61

Racine, Jean 225

Raeders, Georges 64

Ramos, António Ruella 259

Ramos, Arthur 70, 122, 285, 317

Ramos, Clara 129, 243

Ramos, Elizabeth 40, 397, 414

Ramos, Heloísa de Medeiros 34, 39, 45, 79, 120, 124, 227, 246, 325, 348, 392, 393, 396

Ramos, Júnio 94, 254, 325, 392

Ramos, Luiza 36, 38, 39, 120, 248, 325

Ramos, Maria Amélia Ferro 225

Ramos, Maria Augusta (filha) 120, 325

Mariquinhas 112

Ramos, Norberto 259

Ramos, Ricardo 27, 32, 44, 169, 201, 202, 205, 212, 213, 254, 288, 325, 358, 368, 373, 374, 398

Ramos, Sebastião 81, 91, 110, 204, 225, 296

Rangel, Lúcio 130

Raskólnikov (personagem) 295

Rebelo, Castro 174

Rebelo, Marques [Eddy Dias da Cruz] 37, 73, 79, 93, 97, 98, 99, 100, 107, 122, 134, 135, 209, 217, 220, 231, 250, 255, 257, 270, 272, 273, 294, 299, 309, 315, 354, 355

Régio, José 217

Rego, José Lins do 12, 22, 25, 31, 33, 37, 39, 44, 68, 70, 71, 73, 84, 87, 93, 97, 101, 106, 109, 118, 120, 122, 127, 129, 132, 134, 136, 164, 197, 212, 220, 229, 230, 233, 243, 248, 252, 255, 257, 259, 285, 294, 298, 299, 300, 307, 309, 324, 340, 346, 347, 348, 349, 354, 369

Reis, Fernanda 277

Renan, Ernest 125

Resende, Otto Lara 253, 365, 369

Reverbel, Carlos 43

Ribeiro, Agildo 213

Ribeiro, Darcy 128

Ribeiro, João 204, 209, 348

Ribeiro, Rosalvo Alexandrino de Caldas 54, 62

Ricardo, Cassiano 135, 182

Rilke, Rainer Maria 37, 310

Rio Doce, Cláudia 299

Rio, João do 24, 43, 79, 262

Robinson Crusoe (personagem) 82

Robinson, Edwin Arlington 309

Rocha, Hildon 29, 167, 171, 172, 346, 348, 351, 352, 354, 355

Rocha, Paiva 56

Rodrigues, Augusto 93, 122, 396, 397

Rodrigues, Fernando 44

Rodrigues, Mário 126

Rodrigues, Newton 4, 142, 203, 269

Roio, José Luiz Del 345

Romero, Abelardo 294

Romero, Sílvio 64, 204, 205, 348

Rónai, Paulo 39, 119, 123, 128, 129, 211, 309, 340, 399

Ronsard, Pierre de 309

Rosa, Guimarães 79, 85, 128, 314, 315, 399, 407, 412

Rosenda 91, 296

Rouède, Emílio 57

Roussel, Marie-Claude 128

Royère, Jean 309

Rubião, Murilo 369

Rubim, Antonio Albino Canelas 328

Ruskin, John 309

S

Sabino, Fernando 94, 181, 253, 365, 369

Sacchetta, Vladimir 345

Sadlier, Darlene 313

Saint-Pierre, Bernardin de 125

Saladini, Mário 272

Salazar, Oliveira 217, 272, 273, 276

Saldanha, João 153

Salem, Helena 222

Salgado, Plinio 148, 293, 295

Salla, Thiago Mio 11, 41, 356, 396

Salmon, André 310

Sampaio, Roberta de Castro 181

Samuel Smiles (personagem) 45, 167, 169, 171

Sand, George 125

VIDA E OBRA DE GRACILIANO RAMOS

Cronologia

1892 Nasce a 27 de outubro em Quebrangulo, Alagoas.

1895 O pai, Sebastião Ramos, compra a Fazenda Pintadinho, em Buíque, no sertão de Pernambuco, e muda com a família. Com a seca, a criação não prospera e o pai acaba por abrir uma loja na vila.

1898 Primeiros exercícios de leitura.

1899 A família se muda para Viçosa, Alagoas.

1904 Publica o conto "Pequeno pedinte" em *O Dilúculo*, jornal do internato onde estudava.

1905 Muda-se para Maceió e passa a estudar no colégio Quinze de Março.

1906 Redige o periódico *Echo Viçosense*, que teve apenas dois números.

Publica sonetos na revista carioca *O Malho*, sob o pseudônimo Feliciano de Olivença.

1909 Passa a colaborar no *Jornal de Alagoas*, publicando o soneto "Céptico", como Almeida Cunha. Nesse jornal, publicou diversos textos com vários pseudônimos.

1910-1914 Cuida da casa comercial do pai em Palmeira dos Índios.

1914 Sai de Palmeira dos Índios no dia 16 de agosto, embarca no navio *Itassucê* para o Rio de Janeiro, no dia 27, com o amigo Joaquim Pinto da Mota Lima Filho. Entra para o *Correio da Manhã*, como revisor. Trabalha também nos jornais *A Tarde* e *O Século*, além de colaborar com os jornais *Paraíba* *do Sul* e *O Jornal de Alagoas* (cujos textos compõem a obra póstuma *Linhas tortas*).

1915 Retorna às pressas para Palmeira dos Índios. Os irmãos Otacílio, Leonor e Clodoaldo, e o sobrinho Heleno, morrem vítimas da epidemia da peste bubônica.

Casa-se com Maria Augusta de Barros, com quem tem quatro filhos: Márcio, Júnio, Múcio e Maria Augusta.

1917 Assume a loja de tecidos A Sincera.

1920 Morte de Maria Augusta, devido a complicações no parto.

1921 Passa a colaborar com o semanário *O Índio*, sob os pseudônimos J. Calisto e Anastácio Anacleto.

1925 Inicia *Caetés*, concluído em 1928, mas revisto várias vezes, até 1930.

1927 É eleito prefeito de Palmeira dos Índios.

1928 Toma posse do cargo de prefeito.

Casa-se com Heloísa Leite de Medeiros, com quem tem outros quatro filhos: Ricardo, Roberto, Luiza e Clara.

1929 Envia ao governador de Alagoas o relatório de prestação de contas do município. O relatório, pela sua qualidade literária, chega às mãos de Augusto Schmidt, editor, que procura Graciliano para saber se ele tem outros escritos que possam ser publicados.

1930 Publica artigos no *Jornal de Alagoas*.

Renuncia ao cargo de prefeito em 10 de abril.

Em maio, muda-se com a família para Maceió, onde é nomeado diretor da Imprensa Oficial de Alagoas.

1931 Demite-se do cargo de diretor.

1932 Escreve os primeiros capítulos de *S. Bernardo*.

1933 Publicação de *Caetés*.

Início de *Angústia*.

É nomeado diretor da Instrução Pública de Alagoas, cargo equivalente a Secretário Estadual de Educação.

1934 Publicação de *S. Bernardo*.

1936 Em março, é preso em Maceió e levado para o Rio de Janeiro.

Publicação de *Angústia*.

1937 É libertado no Rio de Janeiro.

Escreve *A terra dos meninos pelados*, que recebe o prêmio de Literatura Infantil do Ministério da Educação.

1938 Publicação de *Vidas secas*.

1939 É nomeado Inspetor Federal de Ensino Secundário do Rio de Janeiro.

1940 Traduz *Memórias de um negro*, do norte-americano Booker Washington.

1942 Publicação de *Brandão entre o mar e o amor*, romance em colaboração com Rachel de Queiroz, José Lins do Rego, Jorge Amado e Aníbal Machado, sendo a sua parte intitulada "Mário".

1944 Publicação de *Histórias de Alexandre*.

1945 Publicação de *Infância*.

Publicação de *Dois dedos*.

Filia-se ao Partido Comunista do Brasil.

1946 Publicação de *Histórias incompletas*.

1947 Publicação de *Insônia*.

1950 Traduz o romance *A peste*, de Albert Camus.

1951 Torna-se presidente da Associação Brasileira de Escritores.

1952 Viaja pela União Soviética, Tchecoslováquia, França e Portugal.

1953 Morre no dia 20 de março, no Rio de Janeiro.

Publicação póstuma de *Memórias do cárcere*.

1954 Publicação de *Viagem*.

1962 Publicação de *Linhas tortas* e *Viventes das Alagoas*.

Vidas secas recebe o Prêmio da Fundação William Faulkner como o livro representativo da literatura brasileira contemporânea.

1980 Heloísa Ramos doa o Arquivo Graciliano Ramos ao Instituto de Estudos Brasileiros da Universidade de São Paulo, reunindo manuscritos, documentos pessoais, correspondência, fotografias, traduções e alguns livros.

Publicação de *Cartas*.

1992 Publicação de *Cartas de amor a Heloísa*.

Bibliografia
de autoria de Graciliano Ramos

Caetés
Rio de Janeiro: Schmidt, 1933. 2ª ed. Rio de Janeiro: J. Olympio, 1947. 6ª ed. São Paulo: Martins, 1961. 11ª ed. Rio de Janeiro: Record, 1973. [32ª ed., 2013]

S. Bernardo
Rio de Janeiro: Ariel, 1934. 2ª ed. Rio de Janeiro: J. Olympio, 1938. 7ª ed. São Paulo: Martins, 1964. 24ª ed. Rio de Janeiro: Record, 1975. [96ª ed., 2014]

Angústia
Rio de Janeiro: J. Olympio, 1936. 8ª ed. São Paulo: Martins, 1961. 15ª ed. Rio de Janeiro: Record, 1975. [69ª ed., 2014]

Vidas secas
Rio de Janeiro: J. Olympio, 1938. 6ª ed. São Paulo: Martins, 1960. 34ª ed. Rio de Janeiro: Record, 1975. [125ª ed., 2014]

A terra dos meninos pelados
Ilustrações de Nelson Boeira Faedrich. Porto Alegre: Globo, 1939. 2ª ed. Rio de Janeiro: Instituto Estadual do Livro, INL, 1975. 4ª ed. Ilustrações de Floriano Teixeira. Rio de Janeiro: Record, 1981. 24ª ed. Ilustrações de Roger Mello. Rio de Janeiro: Record, 2000. 46ª ed. Ilustrações de Jean-Claude Ramos Alphen. Rio de Janeiro: Galera Record, 2014.

Histórias de Alexandre
Ilustrações de Santa Rosa. Rio de Janeiro: Leitura, 1944. Ilustrações de André Neves. Rio de Janeiro: Record, 2007. [10ª ed., 2014]

Dois dedos
Ilustrações em madeira de Axel de Leskoschek. R. A., 1945. Conteúdo: Dois dedos, O relógio do hospital, Paulo, A prisão de J. Carmo Gomes, Silveira Pereira, Um pobre-diabo, Ciúmes, Minsk, Insônia, Um ladrão.

Infância (memórias)
Rio de Janeiro: J. Olympio, 1945. 5ª ed. São Paulo: Martins, 1961. 10ª ed. Rio de Janeiro: Record, 1975. [47ª ed., 2012]

Histórias incompletas
Rio de Janeiro: Globo, 1946. Conteúdo: Um ladrão, Luciana, Minsk, Cadeia, Festa, Baleia, Um incêndio, Chico Brabo, Um intervalo, Venta-romba.

Insônia
Rio de Janeiro: J. Olympio, 1947. 5ª ed. São Paulo: Martins, 1961. Ed. Crítica. São Paulo: Martins; Brasília: INL, 1973. 16ª ed. Rio de Janeiro: Record, 1980. [31ª ed., 2013]

Memórias do cárcere
Rio de Janeiro: J. Olympio, 1953. 4 v. Conteúdo: v. 1 Viagens; v. 2 Pavilhão dos primários; v. 3 Colônia correcional; v. 4 Casa de correção. 4ª ed. São Paulo: Martins, 1960. 2 v. 13ª ed. Rio de Janeiro: Record, 1980. 2 v. Conteúdo: v. 1, pt. 1 Viagens; v. 1, pt. 2 Pavilhão dos primários; v. 2, pt. 3 Colônia correcional; v. 2, pt. 4 Casa de correção. [47ª ed., 2013]

Viagem
Rio de Janeiro: J. Olympio, 1954. 3ª ed. São Paulo: Martins, 1961. 10ª ed. Rio de Janeiro: Record, 1980. [21ª ed., 2007]

Contos e novelas (organizador)
Rio de Janeiro: Casa do Estudante do Brasil, 1957. 3 v. Conteúdo: v. 1 Norte e Nordeste; v. 2 Leste; v. 3 Sul e Centro-Oeste.

Linhas tortas
São Paulo: Martins, 1962. 3ª ed. Rio de Janeiro: Record; São Paulo: Martins, 1975. 280 p. 8ª ed. Rio de Janeiro: Record, 1980. [22ª ed., 2014]

Viventes das Alagoas
Quadros e costumes do Nordeste. São Paulo: Martins, 1962. 5ª ed. Rio de Janeiro: Record, 1975. [19ª ed., 2007]

Alexandre e outros heróis
São Paulo: Martins, 1962. 16ª ed. Rio de Janeiro: Record, 1978. [60ª ed., 2014]

Cartas

Desenhos de Portinari... [et al.]; caricaturas de Augusto Rodrigues, Mendez, Alvarus. Rio de Janeiro: Record, 1980. [8ª ed., 2011]

Cartas de amor a Heloísa

Edição comemorativa do centenário de Graciliano Ramos. São Paulo: Secretaria Municipal de Cultura, 1992. 2ª ed. Rio de Janeiro: Record, 1992. [3ª ed., 1996]

O estribo de prata

Ilustrações de Floriano Teixeira. Rio de Janeiro: Record, 1984. (Coleção Abre-te Sésamo). 5ª ed. Ilustrações de Simone Matias. Rio de Janeiro: Galerinha Record, 2012.

Garranchos

Organização de Thiago Mio Salla. Rio de Janeiro: Record, 2012.

Cangaços

Organização de Thiago Mio Salla e Ieda Lebensztayn. Rio de Janeiro: Record, 2014.

Antologias, entrevistas
e obras em colaboração

CHAKER, Mustafá (Org.). *A literatura no Brasil*. Graciliano Ramos ... [et al.]. Kuwait: [s. n.], 1986. 293 p. Conteúdo: Dados biográficos de escritores brasileiros: Castro Alves, Joaquim de Souza Andrade, Carlos Drummond de Andrade, Vinicius de Moraes, Haroldo de Campos, Manuel Bandeira, Manuel de Macedo, José de Alencar, Graciliano Ramos, Cecília Meireles, Jorge Amado, Clarice Lispector e Zélia Gattai. Texto e título em árabe.

FONTES, Amando et al. *10 romancistas falam de seus personagens*. Amando Fontes, Cornélio Penna, Erico Verissimo, Graciliano Ramos, Jorge Amado, José Geraldo Vieira, José Lins do Rego, Lucio Cardoso, Octavio de Faria, Rachel de Queiroz; prefácio de Tristão de Athayde; ilustradores: Athos Bulcão, Augusto Rodrigues, Carlos Leão, Clóvis Graciano, Cornélio Penna, Luís Jardim, Santa Rosa. Rio de Janeiro: Edições Condé, 1946. 66 p., il., folhas soltas.

MACHADO, Aníbal M. et al. *Brandão entre o mar e o amor*. Romance por Aníbal M. Machado, Graciliano Ramos, Jorge Amado, José Lins do Rego e Rachel de Queiroz. São Paulo: Martins, 1942 154 p. Título da parte de autoria de Graciliano Ramos: "Mário".

QUEIROZ, Rachel de. *Caminho de pedras*. Poesia de Manuel Bandeira; Estudo de Olívio Montenegro; Crônica de Graciliano Ramos. 10ª ed. Rio de Janeiro: J. Olympio, 1987. 96 p. Edição comemorativa do Jubileu de Ouro do Romance.

RAMOS, Graciliano. *Angústia 75 anos*. Edição comemorativa organizada por Elizabeth Ramos. 1ª ed. Rio de Janeiro: Record, 2011. 384 p.

RAMOS, Graciliano. *Coletânea*: seleção de textos. Rio de Janeiro: Civilização Brasileira; Brasília: INL, 1977. 315 p. (Coleção Fortuna Crítica, 2).

RAMOS, Graciliano. "Conversa com Graciliano Ramos". *Temário* — Revista de Literatura e Arte, Rio de Janeiro, v. 2, n. 4, p. 24-29, jan.-abr., 1952. "A entrevista foi conseguida desta forma: perguntas do suposto repórter e respostas literalmente dos romances e contos de Graciliano Ramos."

RAMOS, Graciliano. *Graciliano Ramos*. Coletânea organizada por Sônia Brayner. Rio de Janeiro: Civilização Brasileira; Brasília: INL, 1977. 316 p. (Coleção Fortuna Crítica, 2). Inclui bibliografia. Contém dados biográficos.

RAMOS, Graciliano. *Graciliano Ramos*. 1ª ed. Seleção de textos, notas, estudos biográfico, histórico e crítico e exercícios por: Vivina de Assis Viana. São Paulo: Abril Cultural, 1981. 111 p., il. (Literatura Comentada). Bibliografia: p. 110-111.

RAMOS, Graciliano. *Graciliano Ramos*. Seleção e prefácio de João Alves das Neves. Coimbra: Atlântida, 1963. 212 p. (Antologia do Conto Moderno).

RAMOS, Graciliano. *Graciliano Ramos*: trechos escolhidos. Por Antonio Candido. Rio de Janeiro: Agir, 1961. 99 p. (Nossos Clássicos, 53).

RAMOS, Graciliano. *Histórias agrestes*: contos escolhidos. Seleção e prefácio de Ricardo Ramos. São Paulo: Cultrix, [1960]. 201 p. (Contistas do Brasil, 1).

RAMOS, Graciliano. *Histórias agrestes*: antologia escolar. Seleção e prefácio Ricardo Ramos; ilustrações de Quirino Campofiorito. Rio de Janeiro: Tecnoprint, [1967]. 207 p., il. (Clássicos Brasileiros).

RAMOS, Graciliano. "Ideias Novas". Separata de: *Rev. do Brasil*, [s. l.], ano 5, n. 49, 1942.

RAMOS, Graciliano. *Para gostar de ler*: contos. 4ª ed. São Paulo: Ática, 1988. 95 p., il.

RAMOS, Graciliano. *Para gostar de ler*: contos. 9ª ed. São Paulo: Ática, 1994. 95 p., il. (Para Gostar de Ler, 8).

RAMOS, Graciliano. *Relatórios*. [Organização de Mário Hélio Gomes de Lima.] Rio de Janeiro: Editora Record, 1994. 140 p. Relatórios e artigos publicados entre 1928 e 1953.

RAMOS, Graciliano. *Seleção de contos brasileiros*. Rio de Janeiro: Ed. de Ouro, 1966. 3 v. (333 p.), il. (Contos brasileiros).

RAMOS, Graciliano. [Sete] *7 histórias verdadeiras*. Capa e ilustrações de Percy Deane; [prefácio do autor]. Rio de Janeiro: Ed. Vitória, 1951. 73 p. Contém índice. Conteúdo: Primeira história verdadeira. O olho torto de Alexandre, O estribo de prata, A safra dos tatus, História de uma bota, Uma canoa furada, Moqueca.

RAMOS, Graciliano. "Seu Mota". *Temário* — Revista de Literatura e Arte, Rio de Janeiro, v. 2, n. 4, p. 21-23, jan.-abr., 1952.

RAMOS, Graciliano et al. *Amigos*. Ilustrações de Zeflávio Teixeira. 8ª ed. São Paulo: Atual, 1999. 66 p., il. (Vínculos), brochura.

RAMOS, Graciliano (Org.). *Seleção de contos brasileiros*. Ilustrações de Cleo. Rio de Janeiro: Tecnoprint, [1981]. 3 v.: il. (Ediouro. Coleção Prestígio). "A apresentação segue um critério geográfico, incluindo escritores antigos e modernos de todo o país." Conteúdo: v. 1 Norte e Nordeste; v. 2 Leste; v. 3 Sul e Centro-Oeste.

RAMOS, Graciliano. *Vidas Secas 70 anos*: Edição especial. Fotografias de Evandro Teixeira. 1ª ed. Rio de Janeiro: Record, 2008. 208 p.

ROSA, João Guimarães. *Primeiras estórias*. Introdução de Paulo Rónai; poema de Carlos Drummond de Andrade; nota biográfica de Renard Perez; crônica de Graciliano Ramos. 5ª ed. Rio de Janeiro: J. Olympio, 1969. 176 p.

WASHINGTON, Booker T. *Memórias de um negro*. [Tradução de Graciliano Ramos.] São Paulo: Cia. Ed. Nacional, 1940. 226 p.

Obras traduzidas

Alemão

Angst [Angústia]. Surkamp Verlag, 1978.

Karges Leben [Vidas secas]. 1981.

Karges Leben [Vidas secas]. Verlag Klaus Wagenbach, 2013.
Obra publicada com o apoio do Ministério da Cultura do Brasil / Fundação Biblioteca Nacional.

Kindheit [Infância]. Verlag Klaus Wagenbach, 2013.
Obra publicada com o apoio do Ministério da Cultura do Brasil / Fundação Biblioteca Nacional.

Nach eden ist es weit [Vidas secas]. Horst Erdmann Verlag, 1965.

Raimundo im Land Tatipirún [A terra dos meninos pelados].
Zürich: Verlag Nagel & Kimche. 1996.

São Bernardo: roman. Frankfurt: Fischer Bucherei, 1965.

Búlgaro

Cyx Knbot [Vidas secas]. 1969.

Catalão

Vides seques. Martorell: Adesiara Editorial, 2011.

Dinamarquês

Tørke [Vidas secas]. 1986.

Espanhol

Angustia. Madri: Ediciones Alfaguara, 1978.

Angustia. México: Páramo Ediciones, 2008.

Angustia. Montevidéu: Independencia, 1944.

Infancia. Buenos Aires, Rosario: Beatriz Viterbo Editora, 2010.

Infancia. Buenos Aires: Siglo Veinte, 1948.

San Bernardo. Caracas: Monte Avila Editores, 1980.

Vidas secas. Buenos Aires: Editorial Futuro, 1947.

Vidas secas. Buenos Aires: Editora Capricornio, 1958.

Vidas secas. Havana: Casa de las Américas, [1964].

Vidas secas. Montevidéu: Nuestra América, 1970.

Vidas secas. Madri: Espasa-Calpe, 1974.

Vidas secas. Buenos Aires: Corregidor, 2001.

Vidas secas. Montevidéu: Ediciones de la Banda Oriental, 2004.

Esperanto
Vivoj Sekaj [Vidas secas]. El la portugala tradukis Leopoldo H. Knoedt. Fonto (Gersi Alfredo Bays), Chapecó, SC — Brazilo, 1997.

Finlandês
São Bernardo. Helsinki: Porvoo, 1961.

Flamengo
De Doem van de Droogte [Vidas secas]. 1971.

Vlucht Voor de Droogte [Vidas secas]. Antuérpia: Nederlandse vertaling Het Wereldvenster, Bussum, 1981.

Francês
Angoisse [Angústia]. Paris: Gallimard, 1992.

Enfance [Infância]. Paris: Gallimard.

Insomnie: Nouvelles [Insônia]. Paris: Gallimard, 1998.

Mémoires de Prison [Memórias do Cárcere]. Paris: Gallimard.

São Bernardo. Paris: Gallimard, 1936, 1986.

Secheresse [Vidas secas]. Paris: Gallimard, 1964.

Húngaro
Aszaly [Vidas secas]. Budapeste: Europa Könyvriadó, 1967.

Emberfarkas [S. Bernardo]. Budapeste, 1962.

Holandês
Angst [Angústia]. Amsterdam: Coppens & Frenks, Uitgevers, 1995.

Dorre Levens [Vidas secas]. Amsterdam: Coppens & Frenks, Uitgevers, 1998.

Kinderjaren [Infância]. Amsterdam: De Arbeiderspers, Uitgevers, 2007.

São Bernardo. Amsterdam: Coppens & Frenks, Uitgevers, 1996.

Inglês

Anguish [Angústia]. Nova York: A. A. Knopf, 1946; Westport, Conn.: Greenwood Press, 1972.
Barren Lives [Vidas secas]. Austin: University of Texas Press, 1965; 5ª ed, 1999.
Childhood [Infância]. Londres: P. Owen, 1979.
São Bernardo: a novel. Londres: P. Owen, 1975.

Italiano

Angoscia [Angústia]. Milão: Fratelli Bocca, 1954.
Insonnia [Insônia]. Roma: Edizioni Fahrenheit 451, 2008.
San Bernardo. Turim: Bollati Boringhieri Editore, 1993.
Siccità [Vidas secas]. Milão: Accademia Editrice, 1963.
Terra Bruciata [Vidas secas]. Milão: Nuova Accademia, 1961.
Vite Secche [Vidas secas]. Roma: Biblioteca Del Vascello, 1993.

Polonês

Zwiedle Zycie [Vidas secas]. 1950.

Romeno

Vieti Seci [Vidas secas]. 1966.

Sueco

Förtorkade Liv [Vidas secas]. 1993.

Tcheco

Vyprahlé Zivoty [Vidas secas]. Praga, 1959.

Turco

Kiraç [Vidas secas]. Istambul, 1985.

Bibliografia
sobre Graciliano Ramos

**Livros, dissertações,
teses e artigos de periódicos**

ABDALA JÚNIOR, Benjamin. *A escrita neorrealista*: análise socioestilística dos romances de Carlos de Oliveira e Graciliano Ramos. São Paulo: Ática, 1981. xii, 127 p. Bibliografia: p. [120]-127 (Ensaios, 73).

ABEL, Carlos Alberto dos Santos. *Graciliano Ramos, cidadão e artista*. Rio de Janeiro: UFRJ, 1983. 357 f. Tese (Doutorado) — Faculdade de Letras, Universidade Federal do Rio de Janeiro.

ABEL, Carlos Alberto dos Santos. *Graciliano Ramos, cidadão e artista*. Brasília, DF: Editora UnB, c1997. 384 p. Bibliografia: p. [375]-384.

ABREU, Carmem Lucia Borges de. *Tipos e valores do discurso citado em Angústia*. Niterói: UFF, 1977. 148 f. Dissertação (Mestrado) — Instituto de Letras, Universidade Federal Fluminense.

ALENCAR, Ubireval (Org.). *Motivos de um centenário*: palestras — programação centenária em Alagoas — convidados do simpósio internacional. Alagoas: Universidade Federal de Alagoas: Instituto Arnon de Mello: Estado de Alagoas, Secretaria de Comunicação Social, 1992. 35 p., il.

ALMEIDA FILHO, Leonardo. *Graciliano Ramos e o mundo interior:* o desvão imenso do espírito. Brasília, DF: Editora UnB, 2008. 164 p.

ANDREOLI-RALLE, Elena. *Regards sur la littérature brésilienne.* Besançon: Faculté des Lettres et Sciences Humaines; Paris: Diffusion, Les Belles Lettres,

1993. 136 p., il. (Annales Littéraires de l'Université de Besançon, 492). Inclui bibliografia.

AUGUSTO, Maria das Graças de Moraes. *O absurdo na obra de Graciliano Ramos*, ou, de como um marxista virou existencialista. Rio de Janeiro: UFRJ, Instituto de Filosofia e Ciências Sociais, 1981. 198 p.

BARBOSA, Sonia Monnerat. *Edição crítica de* Angústia *de Graciliano Ramos*. Niterói: UFF, 1977. 2 v. Dissertação (Mestrado) — Instituto de Letras, Universidade Federal Fluminense.

BASTOS, Hermenegildo. Memórias do cárcere, *literatura e testemunho.* Brasília: Editora UnB, c1998. 169 p. Bibliografia: p. [163]-169.

BASTOS, Hermenegildo. *Relíquias de la casa nueva. La narrativa Latinoamericana: El eje Graciliano-Rulfo.* México: Universidad Nacional Autónoma de México, 2005. Centro Coordinador Difusor de Estúdios Latinoamericanos. Traducción de Antelma Cisneros. 160 p. Inclui bibliografia.

BASTOS, Hermenegildo. BRUNACCI, Maria Izabel. ALMEIDA FILHO, Leonardo. *Catálogo de benefícios:* O significado de uma homenagem. Edição conjunta com o livro *Homenagem a Graciliano Ramos*, registro do jantar comemorativo do cinquentenário do escritor, em 1943, quando lhe foi entregue o Prêmio Filipe de Oliveira pelo conjunto da obra. Reedição da publicação original inclui os discursos pronunciados por escritores presentes ao jantar e artigos publicados na imprensa por ocasião da homenagem. Brasília: Hinterlândia Editorial, 2010. 125 p.

BISETTO, Carmen Luc. *Étude quantitative du style de Graciliano Ramos dans* Infância. [S.l.], [s.n.]: 1976.

BOSI, Alfredo. *História concisa da literatura brasileira.* 32ª ed. Editora Cultrix, São Paulo: 1994. 528 p. Graciliano Ramos. p. 400-404. Inclui bibliografia.

BRASIL, Francisco de Assis Almeida. *Graciliano Ramos:* ensaio. Rio de Janeiro: Org. Simões, 1969. 160 p., il. Bibliografia: p. 153-156. Inclui índice.

BRAYNER, Sônia. *Graciliano Ramos:* coletânea. 2ª ed. Rio de Janeiro: Civilização Brasileira, 1978. 316 p. (Coleção Fortuna Crítica).

BRUNACCI, Maria Izabel. *Graciliano Ramos:* um escritor personagem. Belo Horizonte: Autêntica Editora, 2008. Crítica e interpretação. 190 p. Inclui bibliografia.

BUENO, Luís. *Uma história do romance de 30.* São Paulo: Ed. da Universidade de São Paulo; Campinas: Editora da Unicamp, 2006. 712 p. Graciliano Ramos, p. 597-664. Inclui bibliografia.

BUENO-RIBEIRO, Eliana. *Histórias sob o sol*: uma interpretação de Graciliano Ramos. Rio de Janeiro: UFRJ, 1989. 306 f. Tese (Doutorado) — Faculdade de Letras, Universidade Federal do Rio de Janeiro, 1980.

BULHÕES, Marcelo Magalhães. *Literatura em campo minado*: a metalinguagem em Graciliano Ramos e a tradição brasileira. São Paulo: Annablume, FAPESP, 1999.

BUMIRGH, Nádia R.M.C. S. *Bernardo de Graciliano Ramos*: proposta para uma edição crítica. São Paulo: USP, 1998. Dissertação (Mestrado) — Faculdade de Filosofia, Letras e Ciências Humanas, Universidade de São Paulo.

CANDIDO, Antonio. *Ficção e confissão*: ensaio sobre a obra de Graciliano Ramos. Rio de Janeiro: J. Olympio, 1956. 83 p.

CANDIDO, Antonio. *Ficção e confissão*: ensaios sobre Graciliano Ramos. Rio de Janeiro: Editora 34, 1992. 108 p., il. Bibliografia: p. [110]-[111].

CARVALHO, Castelar de. *Ensaios gracilianos*. Rio de Janeiro: Ed. Rio, Faculdades Integradas Estácio de Sá, 1978. 133 p. (Universitária, 6).

CARVALHO, Elizabeth Pereira de. *O foco movente em Liberdade:* estilhaço e ficção em Silviano Santiago. Rio de Janeiro: UFRJ, 1992. 113 p. Dissertação (Mestrado) — Faculdade de Letras, Universidade Federal do Rio de Janeiro.

CARVALHO, Lúcia Helena de Oliveira Vianna. *A ponta do novelo*: uma interpretação da "mise en abîme" em *Angústia* de Graciliano Ramos. Niterói: UFF, 1978. 183 f. Dissertação (Mestrado) — Instituto de Letras, Universidade Federal Fluminense.

CARVALHO, Lúcia Helena de Oliveira Vianna. *A ponta do novelo*: uma interpretação de *Angústia*, de Graciliano Ramos. São Paulo: Ática, 1983. 130 p. (Ensaios, 96). Bibliografia: p. [127]-130.

CARVALHO, Lúcia Helena de Oliveira Vianna. *Roteiro de leitura*: *São Bernardo* de Graciliano Ramos. São Paulo: Ática, 1997. 152 p. Brochura.

CARVALHO, Luciana Ribeiro de. *Reflexos da Revolução Russa no romance brasileiro dos anos trinta*: Jorge Amado e Graciliano Ramos. São Paulo, 2000. 139 f. Dissertação (Mestrado) — Faculdade de Filosofia, Letras e Ciências Humanas, Universidade de São Paulo.

CARVALHO, Sônia Maria Rodrigues de. *Traços de continuidade no universo romanesco de Graciliano Ramos*. São Paulo: Universidade Estadual Paulista, 1990. 119 f. Dissertação (Mestrado) — Universidade Estadual Paulista Júlio Mesquita Filho.

CASTELLO, José Aderaldo. *Homens e intenções*: cinco escritores modernistas. São Paulo: Conselho Estadual de Cultura, Comissão de Literatura, 1959. 107 p. (Coleção Ensaio, 3).

CASTELLO, José Aderaldo. *A literatura brasileira. Origens e Unidade (1500-1960)*. Dois vols. Editora da Universidade de São Paulo, SP, 1999. Graciliano Ramos, autor-síntese. Vol. II, p. 298-322.

CENTRE DE RECHERCHES LATINO-AMÉRICAINES. *Graciliano Ramos: Vidas secas*. [S.l.], 1972. 142 p.

CERQUEIRA, Nelson. *Hermenêutica e literatura:* um estudo sobre *Vidas secas* de Graciliano Ramos e *Enquanto agonizo* de William Faulkner. Salvador: Editora Cara, 2003. 356 p.

CÉSAR, Murilo Dias. *São Bernardo*. São Paulo: Imprensa Oficial do Estado, 1997. 64 p. Título de capa: *Adaptação teatral livre de* São Bernardo, *de Graciliano Ramos*.

[CINQUENTA] 50 anos do romance *Caetés*. Maceió: Departamento de Assuntos Culturais, 1984. 106 p. Bibliografia: p. [99]-100.

COELHO, Nelly Novaes. *Tempo, solidão e morte*. São Paulo: Conselho Estadual de Cultura, Comissão de Literatura, [1964]. 75 p. (Coleção Ensaio, 33). Conteúdo: O "eterno instante" na poesia de Cecília Meireles; Solidão e luta em Graciliano Ramos; O tempo e a morte: duas constantes na poesia de Antônio Nobre.

CONRADO, Regina Fátima de Almeida. *O mandacaru e a flor:* a autobiografia *Infância* e os modos de ser Graciliano. São Paulo: Arte & Ciência, 1997. 207 p. (Universidade Aberta, 32. Literatura). Parte da dissertação do autor (Mestrado) — UNESP, 1989. Bibliografia: p. [201]-207.

CORRÊA JUNIOR, Ângelo Caio Mendes. *Graciliano Ramos e o Partido Comunista Brasileiro*: as memórias do cárcere. São Paulo, 2000. 123 p. Dissertação (Mestrado) — Faculdade de Filosofia, Letras e Ciências Humanas, Universidade de São Paulo.

COURTEAU, Joanna. *The World View in the Novels of Graciliano Ramos*. Ann Arbor: Univ. Microfilms Int., 1970. 221 f. Tese (Doutorado) — The University of Wisconsin. Ed. Fac-similar.

COUTINHO, Fernanda. *Imagens da infância em Graciliano Ramos e Antoine de Saint-Exupéry*. Recife: UFPE, 2004. 231 f. Tese (doutorado) — Centro de Artes e Comunicação, Universidade Federal de Pernambuco. Inclui bibliografia.

406 GRACILIANO RAMOS • CONVERSAS

COUTINHO, Fernanda. *Imagens da infância em Graciliano Ramos e Antoine de Saint-Exupéry*. Fortaleza: Banco do Nordeste do Brasil, 2012. 276p. (Série Textos Nômades). Esta edição comemora os 120 anos de nascimento de Graciliano Ramos.

COUTINHO, Fernanda. *Lembranças pregadas a martelo:* breves considerações sobre o medo em *Infância* de Graciliano Ramos. In Investigações: Revista do Programa de Pós-graduação em Letras e Linguística da UFPE. Recife: vol. 13 e 14, dezembro, 2001.

CRISTÓVÃO, Fernando Alves. *Graciliano Ramos*: estrutura e valores de um modo de narrar. Rio de Janeiro: Ed. Brasília; Brasília: INL, 1975. 330 p. il. (Coleção Letras, 3). Inclui índice. Bibliografia: p. 311-328.

CRISTÓVÃO, Fernando Alves. *Graciliano Ramos*: estrutura e valores de um modo de narrar. 2ª ed., rev. Rio de Janeiro: Ed. Brasília/Rio, 1977. xiv, 247 p., il. (Coleção Letras). Bibliografia: p. 233-240.

CRISTÓVÃO, Fernando Alves. *Graciliano Ramos*: estrutura e valores de um modo de narrar. Prefácio de Gilberto Mendonça Teles. 3ª ed., rev. e il. Rio de Janeiro: J. Olympio, 1986. xxxiii, 374 p., il. (Coleção Documentos Brasileiros, 202). Bibliografia: p. 361-374. Apresentado originalmente como tese do autor (Doutorado em Literatura Brasileira) — Universidade Clássica de Lisboa. Brochura.

CRUZ, Liberto; EULÁLIO, Alexandre; AZEVEDO, Vivice M. C. *Études portugaises et brésiliennes*. Rennes: Faculté des Lettres et Sciences Humaines, 1969. 72 p. facsims. Bibliografia: p. 67-71. Estudo sobre: Júlio Dinis, Blaise Cendrars, Darius Milhaud e Graciliano Ramos. Travaux de la Faculté des Lettres et Sciences Humaines de l'Université de Rennes, Centre d'Études Hispaniques, Hispano-Américaines et Luso-Brésiliennes (Series, 5), (Centre d'Études Hispaniques, Hispano-américaines et Luso-Brésiliennes. [Publications], 5).

DANTAS, Audálio. *A infância de Graciliano Ramos*: biografia. Literatura infantojuvenil. São Paulo: Instituto Callis, 2005.

DIAS, Ângela Maria. *Identidade e memória*: os estilos Graciliano Ramos e Rubem Fonseca. Rio de Janeiro: UFRJ, 1989. 426 f. Tese (Doutorado) — Faculdade de Letras, Universidade Federal do Rio de Janeiro.

D'ONOFRIO, Salvatore. *Conto brasileiro*: quatro leituras (Machado de Assis, Graciliano Ramos, Guimarães Rosa, Osman Lins). Petrópolis: Vozes, 1979. 123 p.

DUARTE, Eduardo de Assis (Org.). *Graciliano revisitado*: coletânea de ensaios. Natal: Ed. Universitária, UFRN, 1995. 227 p. (Humanas letras).

ELLISON, Fred P. *Brazil's New Novel:* Four Northeastern Masters: José Lins do Rego, Jorge Amado, Graciliano Ramos [and] Rachel de Queiroz. Berkeley: University of California Press, 1954. 191 p. Inclui bibliografia.

ELLISON, Fred P. *Brazil's New Novel:* Four Northeastern Masters: José Lins do Rego, Jorge Amado, Graciliano Ramos, Rachel de Queiroz. Westport, Conn.: Greenwood Press, 1979 (1954). xiii, 191 p. Reimpressão da edição publicada pela University of California Press, Berkeley. Inclui índice. Bibliografia: p. 183-186.

FABRIS, M. "Função Social da Arte: Cândido Portinari e Graciliano Ramos". *Rev. do Instituto de Estudos Brasileiros*, São Paulo, n. 38, p. 11-19, 1995.

FARIA, Viviane Fleury. *Um fausto cambembe:* Paulo Honório. Tese (Doutorado) — Brasília: UnB, 2009. Orientação de Hermenegildo Bastos. Programa de Pós-Graduação em Literatura, UnB.

FÁVERO, Afonso Henrique. *Aspectos do memorialismo brasileiro.* São Paulo, 1999. 370 p. Tese (Doutorado) — Faculdade de Filosofia, Letras e Ciências Humanas, Universidade de São Paulo. Graciliano Ramos é um dos três autores que "figuram em primeiro plano na pesquisa, com *Infância* e *Memórias do cárcere*, duas obras de reconhecida importância dentro do gênero".

FELDMANN, Helmut. *Graciliano Ramos:* eine Untersuchung zur Selbstdarstellung in seinem epischen Werk. Genève: Droz, 1965. 135 p. facsims. (Kölner romanistische Arbeiten, n.F., Heft 32). Bibliografia: p. 129-135. Vita. Thesis — Cologne.

FELDMANN, Helmut. *Graciliano Ramos:* reflexos de sua personalidade na obra. [Tradução de Luís Gonzaga Mendes Chaves e José Gomes Magalhães.] Fortaleza: Imprensa Universitária do Ceará, 1967. 227 p. (Coleção Carnaúba, 4). Bibliografia: p. [221]-227.

FELINTO, Marilene. *Graciliano Ramos.* São Paulo: Brasiliense, 1983. 78 p., il. "Outros heróis e esse Graciliano". Lista de trabalhos de Graciliano Ramos incluída em "Cronologia": p. 68-75. (Encanto Radical, 30).

FERREIRA, Jair Francelino; BRUNETI, Almir de Campos. *Do meio aos mitos*: Graciliano Ramos e a tradição religiosa. Brasília, 1999. Dissertação (Mestrado) — Universidade de Brasília. 94 p.

FISCHER, Luis Augusto; GASTAL, Susana; COUTINHO, Carlos Nelson (Org.). *Graciliano Ramos.* [Porto Alegre]: SMC, 1993. 80 p. (Cadernos Ponto & Vírgula). Bibliografia: p. 79-80.

FONSECA, Maria Marília Alves da. *Análise semântico-estrutural da preposição "de" em* Vidas secas, S. Bernardo *e* Angústia. Niterói: UFF, 1980.

164 f. Dissertação (Mestrado) — Instituto de Letras, Universidade Federal Fluminense.

FRAGA, Myriam. *Graciliano Ramos*. São Paulo: Moderna, 2007. Coleção Mestres da Literatura. (Literatura infantojuvenil).

FREIXIEIRO, Fábio. *Da razão à emoção II*: ensaios rosianos e outros ensaios e documentos. Rio de Janeiro: Tempo Brasileiro, 1971. 192 p. (Temas de Todo o Tempo, 15).

GARBUGLIO, José Carlos; BOSI, Alfredo; FACIOLI, Valentim. *Graciliano Ramos*. Participação especial, Antonio Candido [et al.]. São Paulo: Ática, 1987. 480 p., il. (Coleção Autores Brasileiros. Antologia, 38. Estudos, 2). Bibliografia: p. 455-480.

GIMENEZ, Erwin Torralbo. *O olho torto de Graciliano Ramos: metáfora e perspectiva*. Revista USP, São Paulo, n° 63, p. 186-196, set/nov, 2004.

GUEDES, Bernadette P. *A Translation of Graciliano Ramos' Caetes*. Ann Arbor: Univ. Microfilms Int, 1976. 263 f. Tese (Doutorado) — University of South Carolina. Ed. fac-similar.

GUIMARÃES, José Ubireval Alencar. *Graciliano Ramos:* discurso e fala das memórias. Porto Alegre: PUC/RS, 1982. 406 f. Tese (Doutorado) — Instituto de Letras e Artes, Pontifícia Universidade Católica do Rio Grande do Sul.

GUIMARÃES, José Ubireval Alencar. *Graciliano Ramos e a fala das memórias*. Maceió: [Serviços Gráficos de Alagoas], 1988. 305 p., il. Bibliografia: p. [299]-305.

GUIMARÃES, José Ubireval Alencar. Vidas secas: um ritual para o mito da seca. Maceió: EDICULTE, 1989. 160 p. Apresentado originalmente como dissertação de Mestrado do autor. — Pontifícia Universidade Católica do Rio Grande do Sul. Bibliografia: p. [155]-157.

HAMILTON JUNIOR, Russell George. *A arte de ficção de Graciliano Ramos*: a apresentação de personagens. Ann Arbor: Univ. Microfilms Int., 1965. Tese (Doutorado) — Yale University. Ed. Fac-similar, 255 f.

HESSE, Bernard Hermann. *O escritor e o infante*: uma negociação para a representação em *Infância*. Brasília, 2007. Tese (Doutorado) — Orientação de Hermenegildo Bastos. Programa de Pós-graduação de Literatura — Universidade de Brasília.

HILLAS, Sylvio Costa. *A natureza interdisciplinar da teoria literária no estudo sobre* Vidas secas. Rio de Janeiro: UFRJ, 1999. 105 f. Dissertação (Mestrado) — Faculdade de Letras, Universidade Federal do Rio de Janeiro.

CONVERSAS ▪ GRACILIANO RAMOS **409**

HOLANDA, Lourival. *Sob o signo do silêncio*: *Vidas secas* e *O estrangeiro*. São Paulo: EDUSP, 1992. 91 p. Bibliografia: p. [89]-91. (Criação & Crítica, 8).

LEBENSZTAYN, Ieda. *Graciliano Ramos e a Novidade*: o astrônomo do inferno e os meninos impossíveis. São Paulo: Ed. Hedra em parceria com a Escola da Cidade (ECidade), 2010. 524 p.

LEITÃO, Cláudio Correia. *Origens e fins da memória*: Graciliano Ramos, Joaquim Nabuco e Murilo Mendes. Belo Horizonte, 1997. 230 f. Tese (Doutorado) — Universidade Federal de Minas Gerais.

LEITÃO, Cláudio. *Líquido e incerto*; memória e exílio em Graciliano Ramos Niterói: EdUFF, São João del Rei: UFSJ, 2003. 138 p.

LIMA, Valdemar de Sousa. *Graciliano Ramos em Palmeira dos Índios*. [Brasília]: Livraria-Editora Marco [1971]. 150 p., il. 2ª ed. Civilização Brasileira, 1980.

LIMA, Yêdda Dias; REIS, Zenir Campos (Coord.). *Catálogo de manuscritos do arquivo Graciliano Ramos*. São Paulo: EDUSP, [1992]. 206 p. (Campi, 8). Inclui bibliografia.

LINS, Osman. *Graciliano, Alexandre e outros*. Vitral ao sol. Recife, Editora Universitária da UFPE, p. 300-307, julho, 2004.

LOUNDO, Dilip. *Tropical rhymes, topical reasons*. An Antology of Modern Brazilian Literature. National Book Trust, Índia. Nova Délhi, 2001.

LUCAS, Fabio. *Lições de literatura nordestina*. Salvador: Fundação Casa de Jorge Amado, 2005. Coleção Casa de Palavras, 240 p. "Especificações de *Vidas secas*", p. 15-35, "A textualidade contida de Graciliano Ramos", p. 39-53, "Graciliano retratado por Ricardo Ramos", p. 87-98. Inclui bibliografia.

MAGALHÃES, Belmira. Vidas secas: os desejos de sinha Vitória. HD Livros Editora Curitiba, 2001.

MAIA, Ana Luiza Montalvão; VENTURA, Aglaeda Facó. *O contista Graciliano Ramos*: a introspecção como forma de perceber e dialogar com a realidade. Brasília, 1993. 111 f. Dissertação (Mestrado) — Universidade de Brasília.

MAIA, Pedro Moacir. *Cartas inéditas de Graciliano Ramos a seus tradutores argentinos Benjamín de Garay e Raúl Navarro*. Salvador: EDUFBA, 2008. 164 p.: il.

MALARD, Letícia. *Ensaio de literatura brasileira*: ideologia e realidade em Graciliano Ramos. Belo Horizonte: Itatiaia, [1976]. 164 p. (Coleção Universidade Viva, 1). Bibliografia: p. 155-164. Apresentado originalmente como tese de Doutorado da autora — Universidade Federal de Minas Gerais, 1972.

410 GRACILIANO RAMOS • CONVERSAS

MANUEL BANDEIRA, Aluisto [i.e. Aluisio] Azevedo, Graciliano Ramos, Ariano Suassuna: [recueil de travaux présentés au séminaire de 1974]. Poitiers: Centre de Recherches Latino-Américaines de l'Université de Poitiers, 1974. 167 p. (Publications du Centre de Recherches Latino-Américaines de l'Université de Poitiers). Francês ou português. Conteúdo: Roig, A. Manuel Bandeira, ou l'enfant père du poète, Garbuglio, J. C. Bandeira entre o Beco e Pasárgada, Vilhena, M. da C. Duas cantigas medievais de Manuel Bandeira, Mérian, J.-Y. Un roman inachevé de Aluisio Azevedo, Alvès, J. Lecture plurielle d'un passage de *Vidas secas*, David-Peyre, Y. Les personnages et la mort dans *Relíquias de Casa Velha*, de Machado de Assis, Moreau, A. Remarques sur le dernier acte de l'*Auto da Compadecida*, Azevedo-Batard, V. Apports inédits à l'oeuvre de Graciliano Ramos.

MARINHO, Maria Celina Novaes. *A imagem da linguagem na obra de Graciliano Ramos*: uma análise da heterogeneidade discursiva nos romances *Angústia* e *Vidas secas*. São Paulo: Humanitas, FFLCH/USP, 2000. 110 p. Apresentado originalmente como dissertação do autor (Mestrado) — Universidade de São Paulo, 1995. Bibliografia: p. [105]-110.

MAZZARA, Richard A. *Graciliano Ramos*. Nova York: Twayne Publishers, [1974]. 123 p. (Twayne's World Authors Series, TWAS 324. Brazil). Bibliografia: p. 121-122.

MEDEIROS, Heloísa Marinho de Gusmão. *A mulher na obra de Graciliano Ramos*. Maceió, Universidade Federal de Alagoas/Deptº de Letras Estrangeiras, 1994.

MELLO, Marisa Schincariol de. *Graciliano Ramos:* criação literária e projeto político (1930-1953). Rio de Janeiro, 2005. Dissertação (Mestrado). História Contemporânea. Universidade Federal Fluminense (UFF).

MERCADANTE, Paulo. *Graciliano Ramos*: o manifesto do trágico. Rio de Janeiro: Topbooks, 1993. 167 p. Inclui bibliografia.

MIRANDA, Wander Melo. *Corpos escritos*: Graciliano Ramos e Silviano Santiago. São Paulo: EDUSP; Belo Horizonte: Editora UFMG, 1992. 174 p. Apresentado originalmente como tese do autor (Doutorado) — Universidade de São Paulo, 1987. Bibliografia: p. [159]-174.

MIRANDA, Wander Melo. *Graciliano Ramos.* São Paulo: Publifolha, 2004. 96 p.

MORAES, Dênis de. *O velho Graça*. Rio de Janeiro: J. Olympio, 1992. xxiii, 407 p., il. Subtítulo de capa: Uma biografia de Graciliano Ramos. Bibliografia: p. 333-354. Inclui índice. São Paulo: Boitempo Editorial, 2012. 2ª ed., 360 p.

MOTTA, Sérgio Vicente. *O engenho da narrativa e sua árvore genealógica*: das origens a Graciliano Ramos e Guimarães Rosa. São Paulo: UNESP, 2006.

MOURÃO, Rui. *Estruturas*: ensaio sobre o romance de Graciliano. Belo Horizonte: Edições Tendências, 1969. 211 p. 2ª ed., Arquivo, INL, 1971. 3ª ed., Ed. UFPR, 2003.

MUNERATTI, Eduardo. *Atos agrestes*: uma abordagem geográfica na obra de Graciliano Ramos. São Paulo, 1994. 134 p. Dissertação (Mestrado em Geografia Humana) — Faculdade de Filosofia, Letras e Ciências Humanas, Universidade de São Paulo.

MURTA, Elício Ângelo de Amorim. *Os nomes (próprios) em* Vidas secas. Concurso monográfico "50 anos de Vidas secas". Universidade Federal de Alagoas, 1987.

NASCIMENTO, Dalma Braune Portugal do. *Fabiano, herói trágico na tentativa do ser*. Rio de Janeiro: UFRJ, 1976. 69 f. Dissertação (Mestrado) — Faculdade de Letras, Universidade Federal do Rio de Janeiro.

NASCIMENTO, Dalma Braune Portugal do. *Fabiano, herói trágico na tentativa do ser*. Rio de Janeiro: Edições Tempo Brasileiro, 1980. 59 p. Bibliografia: p. 55-59.

NEIVA, Cícero Carreiro. Vidas secas *e* Pedro Páramo: tecido de vozes e silêncios na América Latina. Rio de Janeiro: UFRJ, 2001. 92 f. Dissertação (Mestrado) — Faculdade de Letras, Universidade Federal do Rio de Janeiro.

NERY, Vanda Cunha Albieri. *Graça eterno.* No universo infinito da criação. (Doutorado em Comunicação e Semiótica). Pontifícia Universidade Católica de São Paulo, 1995.

NEVES, João Alves das. *Graciliano Ramos.* Coimbra: Atlântida, 1963. 212 p.

NOGUEIRA, Ruth Persice. *Jornadas e sonhos*: a busca da utopia pelo homem comum: estudo comparativo dos romances *As vinhas da ira* de John Steinbeck e *Vidas secas* de Graciliano Ramos. Rio de Janeiro: UFRJ, 1994. 228 f. Tese (Doutorado) — Faculdade de Letras, Universidade Federal do Rio de Janeiro.

NUNES, M. Paulo. *A lição de Graciliano Ramos.* Teresina: Editora Corisco, 2003.

OLIVEIRA, Celso Lemos de. *Understanding Graciliano Ramos.* Columbia, S.C.: University of South Carolina Press, 1988. 188 p. (Understanding Contemporary European and Latin American Literature). Inclui índice. Bibliografia: p. 176-182.

OLIVEIRA NETO, Godofredo de. *A ficção na realidade em* São Bernardo. 1ª ed. Belo Horizonte: Nova Safra; [Blumenau]: Editora da FURB, c1990. 109 p., il. Baseado no capítulo da tese do autor (Doutorado — UFRJ, 1988), apresentado sob o título: *O nome e o verbo na construção de* São Bernardo. Bibliografia: p. 102-106.

OLIVEIRA, Jurema José de. *O espaço do oprimido nas literaturas de língua portuguesa do século XX*: Graciliano Ramos, Alves Redol e Fernando Monteiro de Castro Soromenho. Rio de Janeiro: UFRJ, 1998. 92 p. Dissertação (Mestrado) — Faculdade de Letras, Universidade Federal do Rio de Janeiro.

OLIVEIRA, Luciano. *O bruxo e o rabugento.* Ensaios sobre Machado de Assis e Graciliano Ramos. Rio de Janeiro: Vieira & Lent, 2010.

OLIVEIRA, Maria de Lourdes. *Cacos de Memória*: Uma leitura de *Infância*, de Graciliano Ramos. Belo Horizonte, 1992. 115 f. Dissertação (Mestrado) — Universidade Federal de Minas Gerais.

PALMEIRA DOS ÍNDIOS. Prefeitura. *Dois relatórios ao governador de Alagoas.* Apresentação de Gilberto Marques Paulo. Recife: Prefeitura da Cidade do Recife, Secretaria de Educação e Cultura, Fundação de Cultura Cidade do Recife, 1992. 44 p. "Edição comemorativa ao centenário de nascimento do escritor Graciliano Ramos (1892-1953)." Primeiro trabalho publicado originalmente: Relatório ao Governador do Estado de Alagoas. Maceió: Impr. Official, 1929. Segundo trabalho publicado originalmente: 2º Relatório ao Sr. Governador Álvaro Paes. Maceió: Impr. Official, 1930.

PEÑUELA CAÑIZAL, Eduardo. *Duas leituras semióticas*: Graciliano Ramos e Miguel Ángel Asturias. São Paulo: Perspectiva, 1978. 88 p., il.

PEÑUELA CAÑIZAL, Eduardo. *Duas leituras semióticas*: Graciliano Ramos e Miguel Ángel Asturias. São Paulo: Perspectiva, Secretaria da Cultura, Ciência e Tecnologia do Estado de São Paulo, 1978. 88 p. (Coleção Elos, 21).

PEREGRINO JÚNIOR. *Três ensaios*: modernismo, Graciliano, Amazônia. Rio de Janeiro: São José, 1969. 134 p.

PEREIRA, Isabel Cristina Santiago de Brito; PATRIOTA, Margarida de Aguiar. *A configuração da personagem no romance de Graciliano Ramos*. Brasília, 1983. Dissertação (Mestrado) — Universidade de Brasília. 83 p.

PINTO, Rolando Morel. *Graciliano Ramos, autor e ator.* [São Paulo: Faculdade de Filosofia, Ciências e Letras de Assis, 1962.] 189 p. fac-sím. Bibliografia: p. 185-189.

PÓLVORA, Hélio. "O conto na obra de Graciliano." Ensaio p. 53-61. *Itinerários do conto: interfaces críticas e teóricas de modern short stories*. Ilhéus: Editus, 2002. 252 p.

PÓLVORA, Hélio. *Graciliano, Machado, Drummond e outros*. Rio de Janeiro: F. Alves, 1975. 158 p.

PÓLVORA, Hélio. "Infância: A maturidade da prosa." "Imagens recorrentes em *Caetés*." "O anti-herói trágico de *Angústia*." Ensaios p. 81-104. *O espaço interior*. Ilhéus: Editora da Universidade Livre do Mar e da Mata, 1999. 162 p.

PUCCINELLI, Lamberto. *Graciliano Ramos*: relações entre ficção e realidade. São Paulo: Edições Quíron, 1975. xvii, 147 p. (Coleção Escritores de Hoje, 3). "Originalmente a dissertação de Mestrado *Graciliano Ramos — figura e fundo*, apresentada em 1972 na disciplina de Sociologia da Literatura à Faculdade de Filosofia, Letras e Ciências Humanas da Universidade de São Paulo." Bibliografia: p. 145-146.

RAMOS, Clara. *Cadeia*. Rio de Janeiro: J. Olympio, c1992. 213 p., il. Inclui bibliografia.

RAMOS, Clara. *Mestre Graciliano*: confirmação humana de uma obra. [Capa, Eugênio Hirsch]. Rio de Janeiro: Civilização Brasileira, 1979. 272 p., il. (Coleção Retratos do Brasil, 134). Inclui bibliografia.

RAMOS, Elizabeth S. *Histórias de bichos em outras terras:* a transculturação na tradução de Graciliano Ramos. Salvador: UFBA, 1999. Dissertação (Mestrado) — Instituto de Letras, Universidade Federal da Bahia.

RAMOS, Elizabeth S. Vidas Secas e *The Grapes of Wrath — o implícito metafórico e sua tradução*. Salvador: UFBA, 2003. 162 f. Tese (Doutorado) — Instituto de Letras, Universidade Federal da Bahia.

RAMOS, Elizabeth S. *Problems of Cultural Translation in Works by Graciliano Ramos*. Yale University-Department of Spanish and Portuguese, Council on Latin American and Iberian Studies. New Haven, EUA, 2004.

RAMOS, Ricardo. *Graciliano*: retrato fragmentado. São Paulo: Globo, 2011. 2ª ed. 270 p.

REALI, Erilde Melillo. *Itinerario nordestino di Graciliano Ramos*. Nápoles [Itália]: Intercontinentalia, 1973. 156 p. (Studi, 4).

REZENDE, Stella Maris; VENTURA, Aglaeda Facó. *Graciliano Ramos e a literatura infantil*. Brasília, 1988. 101 p. Dissertação (Mestrado) — Universidade de Brasília.

RIBEIRO, Magdalaine. *Infância de Graciliano Ramos*. Autobiografia ou radiografia da realidade nordestina? In: Identidades e representações na cultura brasileira. Rita Olivieri-Gadot, Lícia Soares de Souza (Org.). João Pessoa: Ideia, 2001.

RIBEIRO, Maria Fulgência Bomfim. *Escolas da vida e grafias de má morte*: a educação na obra de Graciliano Ramos. Dissertação (Mestrado). Departamento de Letras e Artes, Universidade Estadual de Feira de Santana, 2003.

RISSI, Lurdes Theresinha. *A expressividade da semântica temporal e aspectual em* S. Bernardo *e* Angústia. Niterói: UFF, 1978. 142 f. Dissertação (Mestrado) — Instituto de Letras, Universidade Federal Fluminense.

SANT'ANA, Moacir Medeiros de. *A face oculta de Graciliano Ramos.* Maceió: Secretaria de Comunicação Social: Arquivo Público de Alagoas, 1992. 106 p., il. Subtítulo de capa: Os 80 anos de um inquérito literário. Inclui: "A arte e a literatura em Alagoas", do *Jornal de Alagoas*, publicado em 18/09/1910 (p. [37]-43). Inclui bibliografia.

SANT'ANA, Moacir Medeiros de. *Graciliano Ramos*: achegas biobibliográficas. Maceió: Arquivo Público de Alagoas, SENEC, 1973. 92 p., il. Inclui bibliografias.

SANT'ANA, Moacir Medeiros de. *Graciliano Ramos*: vida e obra. Maceió: Secretaria de Comunicação Social, 1992. 337 p., il. ret., fac-símiles. Dados retirados da capa. Bibliografia: p. 115-132.

SANT'ANA, Moacir Medeiros de. *Graciliano Ramos antes de* Caetés: catálogo da exposição biobibliográfica de Graciliano Ramos, comemorativa dos 50 anos do romance *Caetés*, realizada pelo Arquivo Público de Alagoas em novembro de 1983. Maceió: Arquivo Público de Alagoas, 1983. 42 p., il. Título de capa: Catálogo, Graciliano Ramos antes de *Cahetés*. Inclui bibliografia. Contém dados biográficos.

SANT'ANA, Moacir Medeiros de. *História do romance* Caetés. Maceió: Arquivo Público: Subsecretaria de Comunicação Social, 1983. 38 p., il. Inclui bibliografia.

SANT'ANA, Moacir Medeiros de. *O romance* S. Bernardo. Maceió: Universidade Federal de Alagoas, 1984. 25 p. "Catálogo da Exposição Bibliográfica 50 Anos de *S. Bernardo*" realizada pelo Arquivo Público de Alagoas em dezembro de 1984. Contém dados biográficos. Bibliografia: p. 17-25.

SANT'ANA, Moacir Medeiros de. Vidas secas: história do romance. Recife: Sudene, 1999. 150 p., il. "Bibliografia sobre *Vidas secas*": p. [95]-117.

SANTIAGO, Silviano. *Em liberdade*: uma ficção de Silviano Santiago. Rio de Janeiro: Paz e Terra, 1981. 235 p. (Coleção Literatura e Teoria Literária, 41).

SANTOS, Valdete Pinheiro. *A metaforização em* Vidas secas: a metáfora de base animal. Rio de Janeiro: UFRJ, 1979. 65 f. Dissertação (Mestrado) — Faculdade de Letras, Universidade Federal do Rio de Janeiro.

CONVERSAS • GRACILIANO RAMOS **415**

SÉMINAIRE GRACILIANO RAMOS, 1971, Poitiers. *Graciliano Ramos: Vidas secas*. Poitiers [França]: Centre de Recherches Latino-Américaines de l'Université de Poitiers, 1972. 142 p. (Publications du Centre de Recherches Latino-Américaines de l'Université de Poitiers). Seminários: fev.-jun. de 1971. Inclui bibliografia.

SERRA, Tânia Rebelo Costa. *Análise histórica de* Vidas secas *de Graciliano Ramos*. Brasília, 1980. 17 f.

SILVA, Bélchior Cornelio da. *O pio da coruja*: ensaios literários. Belo Horizonte: Ed. São Vicente, 1967. 170 p.

SILVA, Enaura Quixabeira Rosa e outros. Angústia *70 anos depois*. Maceió: Ed. Catavento, 2006. 262 p.

SILVA, Hélcio Pereira da. *Graciliano Ramos*: ensaio crítico-psicanalítico. Rio de Janeiro, Aurora, 1950. 134 p., 2ª ed. rev., Ed. G. T. L., 1954.

SILVEIRA, Paulo de Castro. *Graciliano Ramos*: nascimento, vida, glória e morte. Maceió: Fundação Teatro Deodoro, 1982. 210 p.: il.

SOUZA, Tânia Regina de. *A infância do velho Graciliano:* memórias em letras de forma. Editora da UFSC. Florianópolis, 2001.

STEGAGNO-PICCHIO, Luciana. *História da literatura brasileira*, Rio de Janeiro: Nova Aguilar, 2ª ed., 2004. 744 p. "O Nordeste em ponta seca: Graciliano Ramos." p. 531-533. Inclui bibliografia.

TÁTI, Miécio. "Aspectos do romance de Graciliano Ramos". *Temário* — Revista de Literatura e Arte, Rio de Janeiro, v. 2, n. 4, p. 1-19, jan.-abr., 1952.

UNIVERSIDADE DE BRASÍLIA. *Roteiro de* Vidas secas: seminário sobre o livro de Graciliano Ramos e o filme de Nelson Pereira dos Santos. Brasília, 1965. 63 p.

UNIVERSITÉ DE POITIERS. *Manuel Bandeira, Aluísio Azevedo, Graciliano Ramos, Ariano Suassuna*. Poitiers, 1974. Texto em francês e português. 167 p.

VENTURA, Susanna Ramos. *Escritores revisitam escritores*: a leitura de Fernando Pessoa e Ricardo Reis, por José Saramago, e de Graciliano Ramos e Cláudio Manuel da Costa, por Silviano Santiago. São Paulo, 2000. 194 p. Anexos. Dissertação (Mestrado) — Faculdade de Filosofia, Letras e Ciências Humanas, Universidade de São Paulo.

VERDI, Eunaldo. *Graciliano Ramos e a crítica literária*. Prefácio de Edda Arzúa Ferreira. Florianópolis: Ed. da UFSC, 1989. 184 p., il. Apresentado originalmente como dissertação de Mestrado do autor — Universidade Federal de Santa Catarina, 1983. Bibliografia: p. 166-180.

VIANA, Vivina de Assis. *Graciliano Ramos*. São Paulo: Nova Cultural, 1990. 144 p.

VIANNA, Lúcia Helena. *Roteiro de leitura*: *São Bernardo* de Graciliano Ramos. São Paulo: Ática, 1997. 152 p., il.

ZILBERMAN, Regina. São Bernardo *e os processos da comunicação*. Porto Alegre: Movimento, 1975. 66 p. (Coleção Augusto Meyer: Ensaios, 8). Inclui bibliografia.

Produções cinematográficas
Vidas secas — Direção de Nelson Pereira dos Santos, 1963.

São Bernardo — Direção, adaptação e roteiro de Leon Hirszman, 1972.

Memórias do cárcere — Direção de Nelson Pereira dos Santos, 1983.

Produção para rádio e TV
São Bernardo — novela em capítulos baseada no romance, adaptado para a Rádio Globo do Rio de Janeiro por Amaral Gurgel, em 1949.

São Bernardo — *Quarta Nobre* baseada no romance, adaptado em um episódio para a TV Globo por Lauro César Muniz, em 29 de junho de 1983.

A terra dos meninos pelados — musical infantil baseado na obra homônima, adaptada em quatro episódios para a TV Globo por Cláudio Lobato e Márcio Trigo, em 2003.

Graciliano Ramos — Relatos da Sequidão. DVD — Vídeo. Direção, roteiro e entrevistas de Maurício Melo Júnior. TV Senado, 2010.

Prêmios literários
Prêmio Lima Barreto, pela *Revista Acadêmica* (conferido a *Angústia*, 1936).

Prêmio de Literatura Infantil, do Ministério da Educação (conferido a *A terra dos meninos pelados*, 1937).

Prêmio Felipe de Oliveira (pelo conjunto da obra, 1942).

Prêmio Fundação William Faulkner (conferido a *Vidas secas*, 1962).

Por iniciativa do governo do Estado de Alagoas, os Serviços Gráficos de Alagoas S.A. (SERGASA) passaram a se chamar, em 1999, Imprensa Oficial Graciliano Ramos (Iogra).

Em 2001 é instituído pelo governo do Estado de Alagoas o ano Graciliano Ramos, em decreto de 25 de outubro. Neste mesmo ano, em votação popular, Graciliano é eleito o alagoano do século.

Medalha Chico Mendes de Resistência, conferida pelo grupo Tortura Nunca Mais, em 2003.

Prêmio Recordista 2003, Categoria Diamante, pelo conjunto da obra.

Exposições

Exposição Graciliano Ramos, 1962, Rio de Janeiro, Biblioteca Nacional.

Exposição Retrospectiva das Obras de Graciliano Ramos, 1963, Curitiba (10º aniversário de sua morte).

Mestre Graça: "Vida e Obra" — comemoração ao centenário do nascimento de Graciliano Ramos, 1992. Maceió, Governo de Alagoas.

Lembrando Graciliano Ramos — 1892-1992. Seminário em homenagem ao centenário de seu nascimento. Fundação Cultural do Estado da Bahia. Salvador, 1992.

Semana de Cultura da Universidade de São Paulo. Exposição Interdisciplinar Construindo Graciliano Ramos: *Vidas secas*. Instituto de Estudos Brasileiros/ USP, 2001-2002.

Colóquio Graciliano Ramos — Semana comemorativa de homenagem pelo cinquentenário de sua morte. Academia de Letras da Bahia, Fundação Casa de Jorge Amado. Salvador, 2003.

Exposição O Chão de Graciliano, 2003, São Paulo, SESC Pompeia. Projeto e curadoria de Audálio Dantas.

Exposição O Chão de Graciliano, 2003, Araraquara, SP. SESC — Apoio UNESP. Projeto e curadoria de Audálio Dantas.

Exposição O Chão de Graciliano, 2003/04, Fortaleza, CE. SESC e Centro Cultural Banco do Nordeste. Projeto e curadoria de Audálio Dantas.

Exposição O Chão de Graciliano, 2003, Maceió, SESC São Paulo e Secretaria de Cultura do Estado de Alagoas. Projeto e curadoria de Audálio Dantas.

4º Salão do Livro de Minas Gerais. Graciliano Ramos — 50 anos de sua morte, 50 anos de *Memórias do cárcere*, 2003. Câmara Brasileira do Livro. Prefeitura de Belo Horizonte.

Entre a morte e a vida. Cinquentenário da morte: Graciliano Ramos. Centenário do nascimento: Domingos Monteiro, João Gaspar Simões, Roberto Nobre. Exposição Bibliográfica e Documental. Museu Ferreira de Castro. Portugal, 2003.

Exposição O Chão de Graciliano, 2004, Recife, SESC São Paulo, Fundação Joaquim Nabuco e Banco do Nordeste. Projeto e curadoria de Audálio Dantas.

Exposição Conversas de Graciliano Ramos, 2014, São Paulo, Museu da Imagem e do Som. Curadoria de Selma Caetano.

Home page
http://www.graciliano.com.br
http://www.gracilianoramos.com.br

Este livro foi composto na tipologia Melior LT
Std, em corpo 10/15,5, e impresso em papel
off-white no Sistema Cameron da Divisão
Gráfica da Distribuidora Record